AGATHA CHRISTIE

Crime Stories

AGATHA CHRISTIE

Crime Stories

Meistererzählungen der
Queen of Crime

Bechtermünz Verlag

Sonderausgabe für
Bechtermünz Verlag im
Weltbild Verlag GmbH, Augsburg 1996

Umschlagmotiv: Heinz Flossmann, Gaimersheim
Umschlaggestaltung: Adolf Bachmann, Reischach
Gesamtherstellung: Ebner Ulm
Printed in Germany
ISBN 3-86047-515-0

Inhalt

Zeugin der Anklage

I

«So war die Geschichte, Herr Rechtsanwalt», schloß der gutaussehende junge Mann im schäbigen Tweedanzug seinen etwas aufgeregten Bericht. «Was soll man da nur machen?»

«Es ist wohl mit Sicherheit anzunehmen, daß die Polizei Sie verhaften wird, Mr. Vole, und da brauchen Sie einen Barrister*, der Sie vor Gericht verteidigt. Ich werde mich gleich mal mit meinem Kollegen in Verbindung setzen.»

Der Anwalt zog das Telefon zu sich heran und wählte eine Nummer.

«Mayhew von der Firma Mayhew und Brinskill am Apparat. Ich möchte gern mit Sir Wilfrid Robarts sprechen ... Wilfrid? Hier ist John. Ich habe da einen Klienten, dessen Fall dich bestimmt interessieren wird ... Ja, ich weiß, daß du viel zu tun hast, aber es ist sehr dringend ... Schön, wann könnten wir zu einer Besprechung kommen? ... Gut, wir werden pünktlich da sein.»

Er legte den Hörer auf und wandte sich an den jungen Mann. «Also, Sir Wilfrid Robarts erwartet uns um fünf Uhr. Da sein Büro im Temple** ist, treffen wir uns am besten dort in der Halle.»

Leonard Vole erhob sich, und der Rechtsanwalt begleitete ihn bis zur Tür.

* Rechtsanwalt bei den höheren englischen Gerichten.
** Sitz zweier Rechtskollegien

Eine müde Oktobersonne warf ihren wässerigen Schein auf die regennassen Straßen, als Leonard Vole in die Fleet Street – das Reich der Presse und des Gesetzes – einbog. Sobald er in die Halle des Temple trat, fühlte er sich um ein paar Jahrhunderte zurückversetzt. Draußen der dröhnende Verkehr der Gegenwart – drinnen die mittelalterliche Atmosphäre der dämmerigen Halle, über deren riesige Steinquader Gestalten in schwarzen Roben, weißen Beffchen und grauen Perücken hin und her eilten. Leonard Vole wurde von einem leichten Schauer erfaßt bei dem Gedanken, daß vielleicht schon bald ein paar solcher schwarzer Gestalten um seinen Kopf miteinander debattieren würden. Er hatte jedoch nicht viel Zeit, sich diesen Betrachtungen hinzugeben, denn er sah die hagere Gestalt seines Rechtsanwaltes auf sich zukommen, und wenige Minuten später betraten sie gemeinsam das Vorzimmer zu Sir Wilfrids Büro.

«Guten Morgen, Mr. Mayhew», begrüßte der Bürovorsteher Carter den Anwalt, während die Stenotypistin Greta den beiden die Hüte abnahm und an die Haken hängte. «Sir Wilfrid muß jeden Augenblick kommen. Ich werde aber sofort zum Garderobenraum hinübergehen und sagen, daß Sie hier sind mit ...»

«Mit Mr. Leonard Vole. Vielen Dank, Carter.»

«Vielleicht nehmen Sie inzwischen in Sir Wilfrids Büro Platz?» Damit führte er die Besucher in das innere Zimmer.

Mr. Mayhew setzte sich, während Leonard Vole unruhig auf und ab ging. Die Tür öffnete sich wieder. Greta erschien und bot ihnen eine Tasse Tee an, wobei sie Leonard Vole fasziniert betrachtete. Vole lächelte ihr freundlich zu und meinte, er sei einer Erfrischung nicht abgeneigt. Aber Mr. Mayhew fiel ihm schnell ins Wort und lehnte etwas schroff für beide ab, woraufhin Greta das Zimmer verließ, aber nicht, ohne Voles Lächeln zu erwidern.

«Wenn Sir Wilfrid kommt», wandte sich Mr. Mayhew an Vole, «möchte ich, daß Sie ihm die ganze Geschichte genau so erzählen, wie Sie sie mir erzählt haben.»

Der junge Mann versprach dies bereitwillig.

«Im Augenblick», fuhr Mr. Mayhew fort, «sind Sie also arbeitslos, nicht wahr?»

Vole wurde ziemlich verlegen. «Allerdings. Aber ich habe ein paar Pfund auf der Bank. Das ist ja nicht viel, doch vielleicht . . .»

Mr. Mayhew wehrte ab. «Oh, ich habe dabei nicht an – hm – mein Honorar gedacht. Es ist mir daran gelegen, ein klareres Bild von Ihren ganzen Verhältnissen zu bekommen. Wie lange sind Sie schon ohne Beschäftigung?»

«Seit einigen Monaten.»

«Und was haben Sie vordem gemacht?»

«Ich habe als Mechaniker in einer Autoreparaturwerkstatt gearbeitet.» Geduldig ließ Vole diese Fragen über sich ergehen.

«Wie lange waren Sie dort beschäftigt?» begann Mr. Mayhew von neuem.

«Etwa drei Monate.»

«Wurden Sie entlassen?» fragte Mr. Mayhew in etwas scharfem Ton.

«Nein, ich habe die Stelle selbst aufgegeben. Hatte mich mit dem Werkmeister in der Wolle. Ein richtiger Schw . . . ich wollte sagen, ein ziemlich gemeiner Kerl, der immer auf einem herumhackte.»

«So, so. Und davor?»

«Da arbeitete ich in einer Tankstelle. Aber die Situation wurde etwas heikel, und so ging ich eben.»

«Heikel?» fragte Mr. Mayhew erstaunt. «Inwiefern?»

Vole errötete leicht. «Na, die Tochter meines Arbeitgebers war halt ein wenig – in mich verschossen. Sie war fast noch ein Kind, und es ist nichts Unerlaubtes zwischen uns vorgefallen. Aber der Alte bekam die Geschichte satt und hielt es für richtiger, daß ich ginge. Wir trennten uns ganz freundschaftlich, und er gab mir noch ein anständiges Zeugnis.»

Bevor Mr. Mayhew zu einer neuen Frage ausholen konnte, fuhr Vole grinsend fort: «Und davor habe ich Schaumbesen auf Provisionsbasis verkauft. Sie waren aber nichts wert. Hätte selbst einen besseren Schaumbesen erfinden können.»

Als er spürte, daß Mr. Mayhew auf seinen leichtfertigen Ton nicht einging, setzte er hinzu: «Sie denken sicher, ich bin ein unsteter Geselle, der zu nichts Ausdauer hat. In gewissem Sinne stimmt das auch. Aber ich war nicht immer so. Das Leben in der Armee und im Ausland hat mich aus dem Geleise gebracht. Ich war in Deutschland; da gefiel es mir. Dort habe ich auch meine Frau kennengelernt. Sie war Schauspielerin. Seit meiner Rückkehr nach England habe ich nicht so recht Fuß fassen können. Ich weiß nicht, was ich eigentlich will. Am liebsten arbeite ich an Automobilen und mache kleine Erfindungen dafür. Das ist interessant . . .»

Weiter kam er mit seinen Offenbarungen nicht, denn in diesem Augenblick trat Sir Wilfrid Robarts ein, der seine Perücke in der Hand und seine Robe überm Arm trug. Carter, der ihm auf dem Fuße folgte, nahm beides an sich und half ihm, sich seiner übrigen amtlichen Kleidungsstücke – Anwaltsrock und Beffchen – zu entledigen. Sir Wilfrid eilte auf Mr. Mayhew zu und begrüßte ihn herzlich. Dieser stellte ihm Leonard Vole vor, und Sir Wilfrid bat den jungen Mann, Platz zu nehmen.

«Die Verhandlung hat etwas länger gedauert, als ich dachte. Lassen Sie uns rasch zur Sache kommen. Also, worum handelt es sich denn, Mr. Vole?»

«Meine Frau bildet sich steif und fest ein, daß man mich verhaften wird», stammelte Vole etwas verlegen. «Und da sie viel klüger ist als ich, mag sie vielleicht recht haben.»

«Weswegen sollte man Sie denn verhaften wollen?»

Vole zögerte einen Augenblick. «Wegen – wegen Mordes, Sir», brachte er schließlich stockend hervor.

Sir Wilfrid setzte sich auf die Kante seines Schreibtisches und blickte ihn fragend an. Mr. Mayhew zog eine Zeitung aus der Tasche und deutete auf einen Bericht. «Es handelt sich um den Fall von Miss Emily French, einer unverheirateten Dame, die mit einer älteren Haushälterin in Hampstead wohnte. Am Abend des 14. Oktober kehrte die Haushälterin in die Wohnung zurück und machte die Entdekkung, daß man anscheinend eingebrochen und ihre Herrin durch einen Schlag auf den Hinterkopf getötet hatte.»

«Und was haben Sie damit zu tun?» fragte Sir Wilfrid den jungen Mann.

«Ich war gerade an dem Abend bei ihr gewesen, und am nächsten Tage las ich in der Zeitung, daß die Polizei gern mit einem gewissen Leonard Vole sprechen möchte, da er ihnen ihrer Ansicht nach nützliche Auskunft geben könne. Ich ging natürlich sofort zur Wache, wo man eine ganze Reihe von Fragen an mich stellte.»

Sir Wilfrid unterbrach ihn scharf: «Hat man die übliche Warnung ausgesprochen?»

«Ich weiß nicht so recht. Sie haben mich gefragt, ob ich eine Aussage machen wolle. Die würden sie dann schriftlich niederlegen und bei einer eventuellen Verhandlung gebrauchen. Nennt man das eine Warnung?»

Sir Wilfrid tauschte einen bedeutungsvollen Blick mit Mr. Mayhew und seufzte. «Das war nicht gut. Aber es läßt sich nun nicht mehr ändern.»

«Ich habe ihnen alles gesagt, was ich wußte, und sie waren sehr höflich zu mir, die Herren Kriminalbeamten. Schienen auch mit meiner Aussage zufrieden zu sein. Als ich dann nach Hause kam und Romaine – das ist meine Frau – davon erzählte, bekam sie es mit der Angst zu tun. Sie redete sich ein, die Polizei stehe im Glauben, daß – daß *ich* der Täter sei. Und da hielt ich es für richtiger, einen Anwalt zu konsultieren. So kam ich zu Ihnen, Mr. Mayhew. Ich dachte, Sie könnten mir vielleicht einen Rat geben. Ich kann mir gar nicht vorstellen, daß mir so etwas passieren soll. Es kommt mir vor wie ein böser Traum, aus dem ich bald aufwachen muß. Das Ganze ist so lächerlich.»

«Lächerlich, Mr. Vole?» fragte Mr. Mayhew mit einiger Schärfe.

«Nun ja. Ich meine, ich bin immer sehr friedliebend gewesen – komme mit allen gut aus. Ich meine, ich bin kein Mensch, der – gewalttätig wird. Aber es wird doch wohl alles gut ausgehen, nicht wahr?» Dabei blickte er mit ängstlicher Miene von einem zum anderen.

Die Rechtsanwälte gingen nicht weiter darauf ein. Statt dessen fragte ihn Sir Wilfrid, ob er Miss French gut gekannt habe.

«O ja», antwortete Vole. «Sie war immer sehr nett zu mir. Manchmal wurde es mir allerdings etwas lästig. Sie machte meinetwegen viel zuviel Umstände. Aber sie meinte es gut, und als ich in der Zeitung las, daß sie ermordet worden sei, war ich ganz erschüttert; ich mochte sie nämlich sehr gern.»

Mr. Mayhew bat ihn dann, Sir Wilfrid doch zu erzählen, wie er ihre Bekanntschaft gemacht hatte, und Vole wandte sich gehorsam an Sir Wilfrid:

«Ich ging eines Tages durch die Oxford Street und beobachtete, wie eine alte Dame den Fahrdamm überquerte und mitten auf der Straße die unzähligen Pakete, mit denen sie beladen war, hinfallen ließ. Als sie sich bückte, um sie aufzuheben, rollte ein großer Omnibus in rasendem Tempo auf sie zu. Mit knapper Not gelang es ihr, den Bürgersteig zu erreichen. Na, ich habe dann die Pakete von der Straße aufgelesen und die alte Dame beruhigt. Sie wissen ja, wie das so ist.»

«Und war sie sehr froh darüber?» fragte Sir Wilfrid.

«O ja, sie floß über vor Dankbarkeit. Man konnte meinen, ich hätte ihr das Leben gerettet und nicht nur ein paar lumpige Pakete.»

«Und Sie haben ihr tatsächlich nicht das Leben gerettet?»

«O nein. Es war durchaus nichts Heroisches. Ich hatte überhaupt nicht angenommen, daß ich sie je wiedersehen würde.»

Sir Wilfrid, auf den diese schlichte Erzählung offenbar einen guten Eindruck machte, war inzwischen aufgestanden und hatte aus einer Schreibtischschublade ein Päckchen Zigaretten genommen. Er bot Vole eine an, der jedoch ablehnte, da er Nichtraucher sei.

«Zufällig», fuhr Vole fort, «saß ich zwei Tage später hinter ihr im Theater. Sie blickte sich um, erkannte mich, und wir kamen ins Gespräch. Schließlich lud sie mich ein, sie doch einmal zu besuchen. Sie drängte mich sehr, gleich einen Tag auszumachen. Und da es unhöflich schien, die Einladung abzulehnen, schlug ich den folgenden Sonnabend vor.»

«Sie haben sie dann in ihrem Haus in Hampstead aufgesucht, wo sie mit ihrer Haushälterin allein lebte, nicht wahr?»

«Ja. Außerdem hatte sie noch acht Katzen. Acht Stück! Das Haus war wunderschön möbliert. Aber es roch ein bißchen zu sehr nach Katzen.»

«Wußten Sie, daß Miss French reich war?»

«Nach ihren Reden zu urteilen, mußte sie ziemlich wohlhabend sein.»

Sir Wilfrid sah ihn forschend an. «Und wie steht's mit Ihren pekuniären Verhältnissen?»

«Oh», erwiderte Vole in heiterem Ton, «bei mir ist Ebbe in der Kasse. Schon lange.»

«Das ist ja eine dumme Geschichte.»

«Ja, nicht wahr? Ach so, Sie meinen wohl, man wird sagen, ich sei ein Speichellecker und hinter ihrem Geld hergewesen?»

Der Verdacht, den Sir Wilfrid geschöpft hatte, wurde durch diese offenherzige Frage ziemlich zerstreut. «Das ist vielleicht etwas kraß ausgedrückt. Doch so ähnlich werden die Leute wohl reden.»

«Aber das ist nicht wahr», beteuerte Vole leidenschaftlich. «Ganz bestimmt nicht. In Wirklichkeit tat sie mir leid. Sie schien so einsam zu sein. Ich bin selbst bei einer alten Tante groß geworden, bei meiner Tante Betsy, und ich mag alte Damen gern.»

«Sie sprechen immer von alten Damen. Wissen Sie eigentlich, wie alt Miss French war?»

«Ich wußte es nicht, habe es aber nach dem Mord durch die Zeitungen erfahren. Sie war sechsundfünfzig.»

«Sechsundfünfzig. Sie nennen das alt. Aber ich möchte bezweifeln, daß Miss French sich für alt hielt.»

«Na, sie war jedenfalls kein Küken mehr.»

Sir Wilfrid runzelte die Stirn über diesen leichtfertigen Ton und setzte sich in seinen Schreibtischsessel. Nach einer Weile fuhr er fort:»

«Sie haben Miss French also häufig besucht, nicht wahr?»

«Ja, etwa ein- bis zweimal in der Woche.»

«Haben Sie Ihre Frau bei diesen Besuchen mitgenommen?»

Diese Frage schien Vole peinlich zu sein. «Nein, das habe ich nicht getan.»

«Warum nicht?»

«Na – ehrlich gesagt, das hätte wohl nicht gut gepaßt.»

«Wem hätte das nicht gepaßt? Ihrer Frau oder Miss French?»

«Miss French . . .» Vole zögerte, und erst als Mr. Mayhew ihn ermunterte, fortzufahren, fügte er hinzu: «Sie war mir nämlich sehr zugetan.»

«Wollen Sie damit sagen, daß diese sechsundfünfzigjährige Frau in Sie, den Siebenundzwanzigjährigen, verliebt war?» fragte Sir Wilfrid erstaunt.

Vole wehrte ganz entsetzt ab. «Um Gottes willen, nein! Davon war nicht die Rede. Sie hat mich nur verwöhnt und verhätschelt, immer gut aufgetischt und dergleichen. Sie behandelte mich wie einen Lieblingsneffen.»

Sir Wilfrid überlegte eine Weile. «Sehen Sie mal, Mr. Vole, wenn es zu einer Verhandlung kommen sollte, wird man bestimmt fragen, warum Sie, ein gutaussehender, verheirateter junger Mann, einer älteren Dame, mit der Sie kaum etwas gemeinsam hatten, so viel Zeit widmeten.»

Vole gab dies ziemlich niedergeschlagen zu. «Ja, wie ich vorhin schon sagte, es wird heißen, ich sei hinter ihrem Geld hergewesen.» Mit gewinnender Offenheit setzte er hinzu: «Und in gewissem Sinne stimmt es ja vielleicht auch. Aber nur in einem gewissen Sinne.»

«Können Sie mir das etwas näher erklären?» fragte Sir Wilfrid, dem dieses Zugeständnis offenbar gefiel.

«Na, sie hat nie ein Geheimnis daraus gemacht, daß sie im Geld schwamm. Romaine und ich sind ziemlich knapp bei Kasse, und ich habe im stillen gehofft – das gebe ich unumwunden zu –, daß Miss French mir mal Geld leihen würde, falls wirklich Not am Mann sein sollte.»

«Haben Sie sie je um ein Darlehen gebeten oder Geld von ihr empfangen?»

«Nein, niemals. Unsere Lage war noch nicht so verzweifelt.»

Vole wurde auf einmal sehr nachdenklich. Der Ernst seiner Lage schien ihm zum Bewußtsein zu kommen. «Es sieht nicht gerade rosig für mich aus. Das sehe ich jetzt auch allmählich.»

«Wußte Miss French überhaupt, daß Sie verheiratet sind?»

Sir Wilfrid ließ nicht locker.

«O ja.»

«Und hat sie niemals Ihre Frau von sich aus eingeladen?»

«Nein.» Vole wurde wieder ein wenig verlegen. «Sie – sie lebte in der Illusion, daß meine Frau und ich nicht gut miteinander auskämen.»

«Haben Sie absichtlich diesen Eindruck bei ihr erweckt?»

«Nein, ganz gewiß nicht. Aber ich dachte mir, sie würde

das Interesse an mir verlieren, wenn ich Romaine zu sehr in den Vordergrund schöbe. Es lag mir zwar fern, sie anzubetteln. Aber ich hatte eine kleine Erfindung für Automobile gemacht, und ich dachte, ich könnte sie vielleicht dazu überreden, die Sache zu finanzieren. Ich habe aber nicht genassauert.»

Es trat eine Pause ein, und dann forderte Sir Wilfrid ihn auf, ihm etwas über die Haushälterin zu erzählen.

«Janet MacKenzie?» begann Leonard Vole. «Sie war ein regelrechter Drachen, das kann ich Ihnen versichern. Hat ihre Herrin nur so tyrannisiert. Sie hat ja gut für sie gesorgt. Aber in Janets Gegenwart durfte sich die arme Miss French nicht mucksen.» Er schwieg. Nach einer kleinen Pause setzte er nachdenklich hinzu: «Mich konnte Janet nicht ausstehen.»

«Warum nicht?» fragte Sir Wilfrid.

«Eifersucht, nehme ich an. Sie fürchtete wohl, daß ich sie von ihrem Platz bei der alten Dame verdrängen könnte. Dabei habe ich Miss French nur Gesellschaft geleistet und ihr bei den Steuererklärungen und Wertpapieren etwas geholfen. Sie füllte nämlich nicht gern Formulare aus.»

Sir Wilfrid blickte ihn prüfend an. «So, das haben Sie also auch gemacht? Mr. Vole, jetzt werde ich Ihnen eine schwerwiegende Frage stellen, und ich möchte eine ehrliche Antwort darauf haben. Es ging Ihnen doch finanziell schlecht, und Sie verwalteten das Vermögen dieser Dame. Haben Sie da zu irgendeiner Zeit mal einige dieser Wertpapiere für sich selbst verwandt?»

Vole fuhr auf und war im Begriff, dies leidenschaftlich abzustreiten. Aber Sir Wilfrid brachte ihn durch eine Geste zum Schweigen.

«Nein, nein, warten Sie einen Augenblick, bevor Sie antworten, Mr. Vole. Es gibt nämlich zwei Verteidigungsmöglichkeiten für Sie. Entweder können wir auf Ihrer absoluten Rechtschaffenheit und Ehrlichkeit aufbauen, oder wir können – falls Sie die alte Dame doch betrogen haben – sagen, daß für Sie kein Grund vorlag, die Frau zu ermorden; denn Sie hätten ja die Gans getötet, die die goldenen Eier legte. Wie Sie sehen, hat jeder Standpunkt etwas für sich. Aber von Ihnen möchte ich die reine Wahrheit hören.»

«Ich versichere Ihnen hoch und heilig, Sir Wilfrid, daß ich kein unredliches Spiel getrieben habe, und niemand kann mir etwas Gegenteiliges nachweisen. So wahr ich hier stehe.»

Sir Wilfrid sah ihn durchdringend an. «Ich danke Ihnen, Mr. Vole. Das bedeutet für mich eine ungeheure Erleichterung, und ich mache Ihnen das Kompliment, daß ich Sie für viel zu intelligent halte, um in einer so wichtigen Sache zu lügen. Und nun kommen wir zum ...»

«Vierzehnten Oktober», ergänzte Mr. Mayhew.

Sir Wilfrid erhob sich. «Hatte Miss French Sie für diesen Abend eingeladen, Mr. Vole?»

«Nein, das gerade nicht. Aber Janet MacKenzie hatte Ausgang, und ich wußte, daß Miss French dann allein war und sich einsam fühlte.»

«Es war Ihnen also bekannt, daß Janet MacKenzie nicht zu Hause war. Das ist nicht besonders günstig?»

«Wieso? Janet MacKenzie hatte freitags immer Ausgang, und da ist es doch ganz natürlich, daß ich diesen Abend wählte, um Miss French Gesellschaft zu leisten.»

Sir Wilfrid äußerte sich nicht weiter dazu, sondern bat Vole, ihm die Vorgänge des Abends zu schildern.

«Ich kam», berichtete Vole, «gegen ein Viertel vor acht bei Miss French an. Sie war gerade mit dem Essen fertig, und wir tranken noch eine Tasse Kaffee zusammen. Dann spielten wir Karten. Kurz vor neun Uhr verabschiedete ich mich von ihr. Da es ein schöner Abend war, ging ich zu Fuß und war kurz vor halb zehn zu Hause. Ich wohne in einem kleinen Haus in der Nähe des Bahnhofs Euston. Den Rest des Abends habe ich mit meiner Frau verbracht und bin nicht mehr ausgegangen. Das kann meine Frau bezeugen.»

Die beiden Rechtsanwälte tauschten wieder einen Blick, und Mr. Mayhew fragte: «Verstehen Sie sich gut mit Ihrer Frau?»

«O ja, wir sind außerordentlich glücklich verheiratet. Romaine ist wundervoll – einfach wundervoll ...»

Sir Wilfrid unterbrach diese Lobeshymne mit der nüchternen Frage: «Hat Sie eigentlich irgend jemand nach Hause kommen sehen?»

«Nein, aber wozu denn auch? Meine Frau kann doch ...»

«Leider ist die Aussage einer liebenden Ehefrau allein nicht völlig überzeugend», fiel ihm Sir Wilfrid ins Wort.

«Oh, glaubt man etwa, meine Frau würde meinetwegen lügen?»

«Das soll schon vorgekommen sein, Mr. Vole», bemerkte Sir Wilfrid trocken.

«Aber das ist doch in diesem Fall gar nicht nötig. Es verhält sich tatsächlich alles so, wie ich es geschildert habe. Sie glauben mir doch, Sir Wilfrid, nicht wahr?»

«Ja, ich glaube Ihnen schon. Doch müssen Sie nicht mich überzeugen, sondern die Geschworenen.»

«Aber mein Gott, warum hätte ich denn wohl Miss French töten sollen?»

Während diese Frage noch durch den Raum schwebte, klopfte es an die Tür, und Greta erschien mit der Abendzeitung. Sie legte das Blatt vor Sir Wilfrid auf den Tisch und wies dabei auf einen angestrichenen Artikel hin. Dann zog sie sich wieder zurück. Die beiden Rechtsanwälte beugten sich über die Zeitung und lasen die Stelle. Nach einer Weile richtete sich Sir Wilfrid auf.

«Hier wäre schon ein ganz ausreichendes Motiv. Miss French hat Ihnen nämlich ihr ganzes Vermögen vermacht.»

Vole schien wie vom Donner gerührt. «Mir? Ihr ganzes Vermögen? Das ist wohl ein Scherz?»

«Es ist kein Scherz, Mr. Vole. Es steht hier schwarz auf weiß. Sie können sich selbst davon überzeugen.»

Mit diesen Worten reichte er Vole das Abendblatt hin. «Haben Sie nichts davon gewußt?»

«Gar nichts. Ich bin ihr natürlich sehr dankbar. Aber unter diesen Umständen wollte ich, sie hätte es nicht getan. Jetzt sieht die Sache ziemlich finster für mich aus, nicht wahr? Mein Gott, werden sie mich nun wohl verhaften?»

«Damit müssen Sie wahrscheinlich rechnen», entgegnete Sir Wilfrid.

Vole stand ganz verwirrt auf. «Sie – Sie werden doch alles für mich tun, was sie können, nicht wahr, Sir?»

Sir Wilfrid ging auf ihn zu und sprach beruhigend auf ihn ein. «Machen Sie sich darüber keine Gedanken. Ich werde alles tun, was in meinen Kräften steht. Lassen Sie das nur meine Sorge sein.»

«Mein Gott, ich kann es noch gar nicht fassen. Ich kann es einfach nicht glauben, daß ich, Leonard Vole, auf der Anklagebank sitzen und des Mordes bezichtigt werden soll.»

Er schüttelte sich, als erwache er aus einem bösen Traum. Dann wandte er sich an Mr. Mayhew: «Ich verstehe nicht, warum die Polizei nicht glaubt, es sei ein Einbrecher gewesen. Das Fenster war doch eingeschlagen und alles durchwühlt – so stand es jedenfalls in den Zeitungen.»

Die Rechtsanwälte schwiegen. Nach dem letzten Bericht zu urteilen, schien die Polizei ganz und gar nicht der Ansicht zu sein, daß es sich um einen Einbruch handle.

In diesem Augenblick kam es zu einer neuen Unterbrechung. Der Bürovorsteher erschien und meldete Sir Wilfrid, daß zwei Herren draußen warteten, die Mr. Vole zu sprechen wünschten.

Als Sir Wilfrid mit Carter hinausging, um mit den Herren zu reden, fragte Vole ängstlich:

«Ist es nun soweit?»

Mr. Mayhew klopfte ihm beruhigend auf die Schulter und riet ihm, keine weiteren Aussagen zu machen.

«Wie wußten Sie denn nur, daß ich hier bin?»

«Man hat Sie wahrscheinlich beschatten lassen.»

«Dann», meinte Vole ganz ungläubig, «haben sie mich also wirklich in Verdacht?»

Ehe Mr. Mayhew antworten konnte, kam Sir Wilfrid mit einem Inspektor von Scotland Yard und noch einem Beamten wieder ins Zimmer. Der Inspektor entschuldigte sich wegen der Störung und ging sofort auf Vole zu.

«Heißen Sie Leonard Vole?»

«Ja.»

«Ich bin Polizeiinspektor Hearne und habe einen Haftbefehl gegen Sie wegen des am 14. Oktober an Emily French verübten Mordes. Ich muß Sie warnen, daß alles, was Sie sagen, aufgeschrieben wird und gegen Sie verwandt werden kann.»

Vole warf einen nervösen Blick auf Sir Wilfrid und verließ mit den Polizeibeamten das Zimmer.

Sobald Sir Wilfrid die Tür hinter ihnen zugemacht hatte, erklärte er:

«Ich muß schon sagen, John, der junge Mann befindet sich in einer viel schlimmeren Lage, als er selbst anzunehmen scheint.»

«Das stimmt», pflichtete ihm Mr. Mayhew bei. «Was für einen Eindruck hat er auf dich gemacht?»

«Er scheint außerordentlich naiv zu sein. Und doch in gewisser Hinsicht ganz gerieben. Intelligent, möchte ich wohl sagen. Aber er ist sich ganz bestimmt nicht der Gefahr bewußt, in der er schwebt.»

«Glaubst du, daß er es getan hat?»

«Keine Ahnung. Im großen und ganzen möchte ich wohl sagen, nein.» In schärferem Ton fügte er hinzu: «Bist du auch der Ansicht?»

«Ja», antwortete Mr. Mayhew, «das ist auch meine Meinung.»

Sir Wilfrid bot Mr. Mayhew die Tabaksdose an. Der nahm sie mit zum Schreibtisch und stopfte sich seine Pfeife.

«Na ja», meinte Sir Wilfrid, «er hat anscheinend einen guten Eindruck bei uns beiden hinterlassen. Warum, weiß ich nicht. Eine so fadenscheinige Geschichte ist mir noch nicht vorgekommen. Weiß der Himmel, was wir damit anfangen sollen! Die einzige Aussage zu seinen Gunsten könnte von seiner Frau kommen – und wer wird schon einer Ehefrau glauben? Dazu ist sie noch eine Ausländerin. Neun der zwölf Geschworenen glauben von vornherein, daß jeder Ausländer ein Lügner ist. Außerdem wird sie vollständig aufgelöst sein und überhaupt nicht verstehen, was der Staatsanwalt zu ihr sagt. Immerhin, wir werden wohl mit ihr reden müssen. Ich kann dir aber jetzt schon sagen, sie wird hier einen hysterischen Anfall nach dem anderen bekommen.»

«Vielleicht möchtest du den Fall lieber nicht übernehmen?»

«Davon ist nicht die Rede gewesen. Ich habe nur darauf hingewiesen, daß der junge Mann uns eine unmögliche Geschichte aufgetischt hat.»

«Aber eine wahre», behauptete Mr. Mayhew und gab Sir Wilfrid die Tabaksdose zurück, während er nach Streichhölzern Ausschau hielt.

«Sie muß wahr sein», stimmte Sir Wilfrid zu und reichte Mr. Mayhew eine Zündholzschachtel. «Sonst könnte sie nicht so idiotisch sein. Alle Tatsachen sprechen ja gegen ihn. Und doch könnte man sich vorstellen, daß alles so passiert ist, wie er es geschildert hat. Verdammt noch mal, ich hatte selbst eine Tante Betsy, die ich zärtlich liebte.»

Mr. Mayhew entdeckte, daß die Schachtel leer war, und warf sie in den Papierkorb. «Er hat eine sehr sympathische Art.»

«Ja, er müßte eigentlich leichtes Spiel mit den Geschworenen haben, wenn er auch beim Richter keinen Blumentopf mit seinem Wesen gewinnen kann. Aber er ist der Typ, der sich auf dem Zeugenstand leicht ins Bockshorn jagen läßt. Es hängt eben sehr viel von seiner Frau ab.»

Es klopfte an die Tür, und Greta trat ziemlich aufgeregt ins Zimmer.

«Na, Greta, was ist denn los?»

«Mrs. Vole ist hier», erwiderte die Sekretärin im Flüsterton.

Während Mr. Mayhew ganz erstaunt den Namen wiederholte, winkte Sir Wilfrid Greta zu sich und sagte:

«Der junge Mann, den Sie hier sahen, ist soeben wegen Mordes verhaftet worden. Glauben Sie, daß er der Täter ist?»

«O nein, Sir, auf keinen Fall.»

«Warum nicht?»

«Weil er viel zu nett ist.»

«Das ist also die Dritte im Bunde», sagte Sir Wilfrid zu Mr. Mayhew und forderte Greta auf, Mrs. Vole ins Zimmer zu führen. «Wahrscheinlich sind wir drei leichtgläubige Narren, die sich von einem sympathischen jungen Mann einwickeln lassen.»

In diesem Augenblick trat eine etwa fünfunddreißigjährige Frau mit kastanienbraunem Haar und schiefergrauen Augen sehr ruhig und gelassen ins Zimmer. Mr. Mayhew stellte sich und seinen Kollegen vor und ging mit teilnahmsvoller Miene auf sie zu, erhielt jedoch eine leichte Abfuhr.

«Sie sind also Mr. Mayhew», sagte Romaine Vole, und in ihrer dunklen Stumme schwang ein leiser ironischer Unterton mit. «Man hat mir in Ihrem Büro gesagt, daß ich Sie hier mit meinem Mann vorfinden würde. Aber wenn ich mich nicht irre, habe ich soeben meinen Mann unten in einen Wagen steigen sehen, und zwar in Begleitung von zwei Herren.»

«Nun, meine liebe Mrs. Vole», legte sich hier Sir Wilfrid ins Mittel, «Sie dürfen sich nicht aufregen.» Er hielt jedoch betroffen inne, als er merkte, daß Mrs. Vole die Ruhe selber war, und fuhr etwas verlegen fort: «Wollen Sie nicht Platz nehmen?»

Mrs. Vole setzte sich in den Sessel, den Sir Wilfrid ihr zurechtrückte, und Sir Wilfrid begann von neuem:

«Es liegt durchaus kein Grund zur Beunruhigung vor, und Sie dürfen den Mut nicht sinken lassen.»

«O nein, das werde ich auch nicht tun», erwiderte Mrs. Vole nach einer kleinen Pause.

«Dann kann ich es Ihnen ja ruhig sagen: Ihr Mann ist soeben verhaftet worden.»

«Wegen des Mordes an Miss Emily French?»

«Ja, leider. Aber bitte regen Sie sich nicht auf.»

«Sie sagen mir das dauernd, Sir Wilfrid, dabei bin ich doch ganz ruhig.»

«Ja. Ich sehe, Sie sind sehr tapfer.»

«Wenn es Ihnen Spaß macht, können Sie es so nennen.»

«Vor allen Dingen muß man die Ruhe bewahren und mit Vernunft an die Sache herangehen.»

«Das soll mir recht sein. Aber Sie dürfen mir nichts verheimlichen, Sir Wilfrid. Sie brauchen mich nicht zu schonen. Ich will alles wissen.» Ihre Stimme nahm eine andere Klangfarbe an, als sie hinzusetzte: «Ich möchte auch – das Schlimmste wissen.»

Erleichtert über ihre sachliche Einstellung, begann Sir Wilfrid sie über das Verhältnis ihres Mannes zu Miss French auszuholen. Sie parierte seine Fragen mit großem Geschick und brachte ihn öfters in Verlegenheit. Als er schließlich aus ihrem eigenen Munde vernahm, daß sie diese merkwürdige Freundschaft nicht gestört habe, erklärte er begeistert:

«Ich bewundere Ihre Haltung, Mrs. Vole, besonders da ich weiß, wie sehr Sie Ihren Mann lieben.»

«So, Sie wissen, wie sehr ich meinen Mann liebe?» Sie lächelte ihn an. «Darf ich fragen, woher Sie das wissen?»

«Ihr Mann hat es mir verraten. Er sprach von Ihrer Liebe in Worten, die mich wirklich bewegt haben.»

Es entstand eine kleine Pause. «Männer», sagte Mrs. Vole lakonisch, «sind mitunter sehr einfältig.»

Sir Wilfrid zog erstaunt die Augenbrauen hoch. «Wie bitte?»

«Es ist belanglos, Sir Wilfrid. Fahren Sie bitte fort.»

Sir Wilfrid erhob sich und kam auf das Testament zu sprechen. «Kurz nachdem Miss French Ihrem Mann begegnete, hat sie ein neues Testament gemacht, in dem sie, abgesehen von kleineren Vermächtnissen, Ihrem Mann ihr ganzes Vermögen hinterlassen hat.»

«Ja.»

«Das wissen Sie?» fragte Sir Wilfrid höchst erstaunt.

«Ich habe es in der Abendausgabe gelesen.»

«Ach so. Aber vorher hatten Sie keine Ahnung davon, wie? Ihr Mann doch wohl auch nicht?»

Wiederum schien sie mit der Antwort zu zögern.

«Hat er Ihnen das gesagt, Sir Wilfrid?»

«Ja. Wollen Sie etwa das Gegenteil behaupten?»

«Nein, o nein. Ich will gar nichts behaupten.»

Sir Wilfrid nahm wieder an seinem Schreibtisch Platz. «Mrs. Vole, es scheint kein Zweifel zu bestehen, daß Miss French Ihren Mann wie einen Sohn oder einen Lieblingsneffen betrachtete.»

«Meinen Sie das wirklich?» Die Ironie in ihrer Stimme war unverkennbar und brachte Sir Wilfrid in eine gewisse Verlegenheit. Um so heftiger verteidigte er diese Ansicht.

«Ja. Das ist meine Meinung. Ganz entschieden. Das könnte unter den Umständen auch als ganz natürlich und normal gelten.»

«Was für Heuchler sind Sie doch in diesem Lande!» platzte Mrs. Vole heraus.

Mr. Mayhew ließ sich vor Entsetzen in den nächsten Sessel fallen, während Sir Wilfrid sich bemühte, der Sache die Spitze abzubiegen:

«Nun, meine liebe Mrs. Vole, Sie vertreten natürlich in

diesen Dingen einen kontinentalen Standpunkt. Aber glauben Sie mir, es wäre im höchsten Grade unklug, den Eindruck zu erwecken, als habe Miss French für Ihren Mann andere – hm – Gefühle gehabt als die einer – Mutter oder – sagen wir mal – einer Tante.»

«O ja, wenn Ihnen das besser paßt, sagen wir ruhig – Tante.»

«Man muß nämlich bei all diesen Dingen immer daran denken, was für eine Wirkung sie auf die Geschworenen haben.»

«Darüber habe ich ziemlich viel nachgedacht.»

«Ganz recht, Mrs. Vole. Wir müssen Hand in Hand arbeiten. Nun kommen wir zum Abend des vierzehnten Oktober. Das war vor einer Woche. Können Sie sich noch daran erinnern?»

«O ja, sehr gut.»

«Ihr Mann hat mir erzählt, er sei gegen neun Uhr von Miss French fortgegangen, habe den Weg zu Fuß zurückgelegt und sei um fünf Minuten vor halb zehn zu Hause angelangt.»

Sir Wilfrid blickte fragend zu Mrs. Vole hinüber. Diese erhob sich und ging langsam zum Kamin. Die beiden Anwälte standen ebenfalls auf.

«Fünf Minuten vor halb zehn», sagte Mrs. Vole tonlos und nachdenklich vor sich hin.

«Um halb zehn», fuhr Sir Wilfrid fort, «kehrte die Haushälterin zurück, um etwas zu holen, das sie vergessen hatte. Als sie an der Wohnzimmertür vorbeikam, hörte sie, wie sich Miss French mit einem Manne unterhielt. Sie behauptete, daß dieser Mann Leonard Vole gewesen sei, und Inspektor Hearne erklärte, diese Aussage habe zur Verhaftung Ihres Mannes geführt. Mr. Vole hat mir jedoch versichert, daß er ein unumstößliches Alibi habe, da er um halb zehn bei Ihnen zu Hause war.»

Sir Wilfrid blickte erwartungsvoll zu Mrs. Vole hinüber, die schweigend am Kaminsims lehnte. Nach einer beklemmenden Pause drängte Sir Wilfrid: «Das stimmt doch, nicht wahr? Um halb zehn war er bei Ihnen, ja?»

«Hat er Ihnen das gesagt?» fragte sie schließlich, während beide Anwälte sie gespannt ansahen. «Daß er um halb zehn bei mir war?»

«Stimmt es etwa nicht?» fragte Sir Wilfrid ein wenig gereizt.

Wieder entstand eine längere Pause. Mrs. Vole ging langsam zu ihrem Sessel zurück und ließ sich nieder.

«Aber natürlich», lautete ihre ruhige Antwort, die bei Sir Wilfrid einen Seufzer der Erleichterung auslöste. Er setzte sich ebenfalls wieder.

«Die Polizei hat Sie wahrscheinlich schon über diesen Punkt vernommen. Was haben Sie da gesagt?»

«Ja, sie war gestern abend bei mir, und ich habe gesagt: ‹Leonard ist an dem Abend um 9.25 Uhr nach Hause gekommen und nicht wieder ausgegangen.›» Den letzten Satz leierte sie herunter, als habe sie ihn auswendig gelernt. Als sie bei Mr. Mayhew eine gewisse Nervosität bemerkte, setzte sie hinzu: «Das war doch richtig so, nicht wahr?»

«Was soll das heißen, Mrs. Vole?» fragte Sir Wilfrid.

«Leonard wünscht, daß ich das sage, nicht wahr?»

«Es ist doch die Wahrheit. Das haben Sie vorhin gerade bestätigt.»

«Ich muß dies ganz richtig verstehen. Wenn ich sage, ja, es verhält sich so, Leonard war um halb zehn bei mir – werden sie ihn dann freisprechen? Werden sie ihn aus der Haft entlassen?»

Ihr Verhalten kam den beiden Anwälten ziemlich rätselhaft vor.

Mr. Mayhew beantwortete ihre Frage:

«Wenn Sie beide die Wahrheit sprechen, dann werden sie ihn – freilassen müssen.»

«Aber als ich das der Polizei sagte, hat man es mir nicht geglaubt. Das Gefühl hatte ich wenigstens.»

Sie schien durchaus nicht unglücklich darüber zu sein. Im Gegenteil, sie erweckte den Eindruck, als verursache ihr diese Tatsache eine gewisse Befriedigung. Mit plötzlich hervorbrechender Bosheit fügte sie hinzu: «Vielleicht habe ich es nicht sehr gut gesagt?»

Die beiden Männer sahen sich schweigend an. Dann begegneten Sir Wilfrids Augen dem kühlen, ein wenig frechen Blick von Mrs. Vole. Sie saßen sich wie zwei Feinde gegenüber. Sir Wilfrid änderte seine Taktik.

«Wissen Sie, Mrs. Vole», sagte er, «ich verstehe Ihre Haltung in dieser Angelegenheit nicht ganz. Vielleicht machen Sie sich die Lage Ihres Mannes nicht recht klar.»

«Ich habe Ihnen bereits gesagt», entgegnete sie, «daß ich gern genau wissen möchte, wie schwarz die Sache für – meinen Mann aussieht. Ich sage der Polizei, Leonard war um halb zehn bei mir zu Hause – und man glaubt mir nicht. Aber vielleicht hat ihn jemand beobachtet, als er Miss Frenchs Haus verließ, oder beim Heimweg auf der Straße gesehen?»

Sie blickte durchdringend und ein wenig verschlagen von einem zum anderen, und Mr. Mayhew gab zögernd zu, daß dies nicht der Fall sei.

«Dann hängt sein Freispruch also nur von seinem Wort – und meinem ab.» Sie wiederholte mit ziemlicher Heftigkeit: «Und meinem. Ich danke Ihnen, meine Herren; das ist alles, was ich wissen wollte.»

Damit erhob sie sich, aber Mr. Mayhew bat sie, noch ein wenig zu bleiben. «Es ist so vieles zu besprechen, Mrs. Vole.»

«Nicht mit mir.»

«Warum nicht, Mrs. Vole?» fragte Sir Wilfrid.

«Ich werde doch schwören müssen, daß ich die Wahrheit sage, die reine Wahrheit und nichts als die Wahrheit, nicht wahr?»

Sie schien belustigt zu sein.

«So lautet die Eidesformel, Mrs. Vole.»

«Und wenn ich nun auf Ihre Frage, wann Leonard Vole an jenem Abend nach Hause gekommen sei, antworten sollte ...»

«Ja, was würden Sie dann sagen?»

«Ach, ich könnte so vieles sagen.»

«Mrs. Vole, lieben Sie Ihren Mann eigentlich?» fragte Sir Wilfrid, der aus ihrem Verhalten nicht mehr klug zu werden schien.

«Leonard behauptet, ja», entgegnete sie mit einem spöttischen Blick auf Mr. Mayhew.

«Mr. Vole glaubt es jedenfalls», warf dieser ein.

«Aber Leonard ist nicht sehr klug.»

«Sie wissen doch wohl», bemerkte Sir Wilfrid, «daß das Gesetz Sie nicht dazu zwingen kann, gegen Ihren Mann auszusagen.»

«Wie außerordentlich bequem!»

«Und Ihr Mann ...»

«Leonard Vole ist nicht mein Mann», fiel sie Sir Wilfrid ins Wort.

«Was sagen Sie da?»

«Wir haben uns zwar in Berlin trauen lassen, aber ich habe ihm nicht gesagt, daß ich zu der Zeit verheiratet war und mein Mann noch lebte. Leonard hat mich aus der russischen Zone geholt und in dieses Land gebracht.»

«Dann müßten Sie ihm im Grunde genommen sehr dankbar sein. Sind Sie das?» fragte Sir Wilfrid ziemlich scharf.

«Dankbarkeit kann einem auch zuviel werden.»

«Hat Mr. Vole Sie eigentlich jemals gekränkt?»

Sie blickte ihn höhnisch an. «Leonard? Mich gekränkt? Er verehrt sogar den Boden, über den ich schreite.»

«Und Sie?»

Wieder fochten sie ein kleines Duell mit den Augen aus. Dann wandte sie sich lachend ab und sagte: «Sie wollen zuviel wissen, Sir Wilfrid.»

«Wir müssen uns über einen Punkt endlich Klarheit verschaffen», ließ sich Mr. Mayhew hören. «Ihre Aussagen waren einigermaßen zweideutig. Was ist nun wirklich am Abend des 14. Oktober geschehen?»

Mrs. Vole wiederholte mit monotoner Stimme: «Leonard kam um 21.25 Uhr nach Hause und ist nicht wieder fortgegangen. Ich habe ihm ein Alibi gegeben, nicht wahr?»

«Allerdings», erwiderte Sir Wilfrid und ging auf sie zu. «Mrs. Vole ...» Er sah den Ausdruck in ihren Augen und brach ab. Nach einer Weile sagte er: «Sie sind eine außergewöhnliche Frau, Mrs. Vole.»

«Und Sie sind hoffentlich zufrieden.» Mit diesen Worten drehte sie sich um und verließ das Zimmer.

«Zufrieden? Das ist gut! Die Frau führt etwas im Schilde – aber was? Die Sache ist mir ganz und gar nicht geheuer, John.»

«Eins steht fest», schmunzelte Mr. Mayhew. «Sie hat bestimmt nicht einen hysterischen Anfall nach dem anderen bekommen.»

«Kalt wie eine Hundeschnauze», gab Sir Wilfrid zu.

«Wenn die als Zeugin auftritt, gibt's ein Fiasko, besonders wenn Myers als Staatsanwalt fungiert. Wie gedenkst du die Sache zu handhaben?»

«Wie üblich. Dauernd unterbrechen – soviel Einspruch erheben wie möglich.»

«Was ich nicht verstehen kann, ist, daß der junge Vole von ihrer Liebe so überzeugt ist. Er selbst liebt sie wirklich und verläßt sich vollständig auf sie.»

«Dumm genug von ihm. Traue niemals einer Frau!»

2

Sechs Wochen später wurde im Hauptkriminalgericht Old Bailey die Schwurgerichtsverhandlung gegen Leonard Vole eröffnet. Wie stets bei Mordprozessen war der Gerichtssaal bis auf den letzten Platz besetzt. Nachdem die Geschworenen vereidigt waren, wandte sich der Sprecher an den Angeklagten:

«Leonard Vole, Sie stehen unter der Anklage, am vierzehnten Tage des Oktober Emily Jane French in der Grafschaft London ermordet zu haben. Sprechen Sie, Leonard Vole: Sind Sie schuldig oder nicht schuldig?»

«Nicht schuldig», antwortete Vole mit fester Stimme.

Daraufhin erhob sich Staatsanwalt Myers und begründete die Anklage in einer kurzen Ansprache an den Richter und die Geschworenen. Als er schilderte, wie am Abend des 14. Oktober die Haushälterin Janet MacKenzie unerwartet von ihrem Besuch bei Freunden zurückkehrte, um ein vergessenes Schnittmuster zu holen, und um 21.25 im Wohnzimmer die Stimmen ihrer Herrin und des Angeklagten hörte, wurde er vom Angeklagten unterbrochen, der aufsprang und leidenschaftlich beteuerte: «Das ist nicht wahr! Das bin ich nicht gewesen!»

Der Staatsanwalt nahm von dem Zwischenruf keine Notiz und fuhr fort:

«Janet MacKenzie war überrascht; denn Miss French hatte Leonard Voles Besuch an jenem Abend nicht erwartet. Sie verließ jedoch das Haus wieder, und als sie um 23 Uhr zurückkehrte, fand sie Miss Emily French ermordet vor. Das Zimmer war in großer Unordnung. Ein Fenster war eingeschlagen, und die Vorhänge flatterten heftig hin und her. Von Entsetzen erfaßt, rief Janet MacKenzie die Polizei an, und am 20. Oktober wurde der Angeklagte verhaftet. Für die Anklage steht fest, daß Miss Emily Jane French am Abend des 14. Oktober zwischen 21.30 und 22 Uhr durch einen Schlag mit einem ‹Totschläger› ermordet und dieser Schlag von dem Angeklagten ausgeführt worden ist. Ich werde nun Inspektor Hearne vernehmen.»

Inspektor Hearne betrat den Zeugenstand. Sobald er vereidigt war, forderte Myers ihn auf, über seinen Befund am Tatort zu berichten.

«Ich stellte fest», sagte Hearne, «daß Miss Emily French tot war. Sie lag auf dem Gesicht und hatte schwere Verletzungen am Hinterkopf erlitten. Ein Fenster war eingeschlagen, und Glasscherben lagen auf dem Fußboden. Später entdeckte ich auch einige Glassplitter draußen unter dem Fenster.»

Diesen Punkt griff Myers auf. «Hat die Tatsache, daß Glasscherben sowohl drinnen als auch draußen vorhanden waren, eine besondere Bedeutung?»

«Das draußen befindliche Glas ließ nicht darauf schließen, daß das Fenster von außen eingeschlagen worden war.»

«Sie meinen also, daß man das Fenster vom Zimmer aus eingeschlagen hatte und den Eindruck erwecken wollte, als sei es von außen geschehen?»

Sir Wilfrid sprang auf. «Ich erhebe Einspruch. Mein Herr Kollege legt dem Zeugen die Antwort ja geradezu in den Mund. Er muß sich doch zumindest an die Regeln der Beweisaufnahme halten.»

«Ich werde meine Frage anders formulieren», erklärte Myers. «Wenn ein Fenster von außen eingedrückt wird, wo liegen nach Ihren Erfahrungen die Glasscherben?»

«Auf der Innenseite.»

«Was haben Sie ferner unternommen?»

«Wir haben das Haus durchsucht, Aufnahmen gemacht und Fingerabdrücke genommen.»

«Was für Fingerabdrücke haben Sie gefunden?»

«Die von Miss French, Janet MacKenzie und Leonard Vole. Sonst keine.»

«Herr Inspektor, haben Sie nach allem, was Sie sahen, den Eindruck gewonnen, daß es sich tatsächlich um einen Einbruch handelt?»

Wieder schnellte Sir Wilfrid hoch. «Mylord, ich muß protestieren. Mein verehrter Herr Kollege versucht ja wieder, eine Meinung von diesem Zeugen zu erlangen.»

«Ja, Mr. Myers», erklärte der Richter, «Sie werden sich wohl etwas mehr Mühe geben müssen.»

«Herr Inspektor», begann Myers von neuem, «haben Sie etwas entdeckt, das sich nicht mit einem Einbruch vereinbaren läßt?»

«Nur das Glas, Sir, sonst nichts.»

«Da scheinen wir ja hier eine Niete gezogen zu haben, Mr. Myers», bemerkte der Richter trocken.

Myers ging unerschütterlich zu einem anderen Punkt über. «Sagen Sie mal, Herr Inspektor, trug Miss French wertvollen Schmuck?»

«Ja, Sir. Sie trug eine Diamantbrosche und zwei Brillantringe im Wert von neunhundert Pfund.»

«Und die hatte man ihr gelassen? Ist überhaupt etwas gestohlen worden?»

«Nach Janet MacKenzies Aussage fehlte nichts.»

«Ist es Ihnen in Ihrer Praxis schon einmal vorgekommen, daß ein Einbrecher das Haus verläßt, ohne etwas mitzunehmen?»

«Nein; es sei denn, er ist überrascht worden, Sir.»

«Aber in diesem Falle hat es doch nicht den Anschein, als sei der Einbrecher gestört worden?»

«Nein, Herr Staatsanwalt.»

«Sie haben da noch ein Beweisstück, Herr Inspektor. Einen Rock, nicht wahr?»

Der Rock wurde herübergereicht, identifiziert und vom Gerichtsdiener auf den Tisch gelegt.

«Woher haben Sie den Rock, Herr Inspektor?»

«Ich fand ihn kurz nach der Verhaftung des Angeklagten

in seiner Wohnung und ließ ihn durch unseren Gerichtslaboranten auf Blutspuren hin untersuchen.»

«Ferner legen Sie noch das Testament von Miss French vor, nicht wahr, Herr Inspektor?»

«Ja, Herr Staatsanwalt.»

Der Gerichtsdiener reichte dem Inspektor das Testament und legte es dann zu dem Rock auf den Tisch.

«Datiert vom 8. Oktober?»

«Ja, Sir.»

«Und wer ist der Haupterbe?»

«Wenn man von einigen kleineren Vermächtnissen absieht, der Angeklagte, Sir.»

«Wie hoch ist der reine Vermögenswert?»

«Soweit es sich im Augenblick übersehen läßt, etwa fünfundachtzigtausend Pfund.»

Myers nahm Platz und ließ einen triumphierenden Blick durch den Zuschauerraum gleiten.

Sir Wilfrid erhob sich. Es lag nun an ihm, diese wirklich sehr belastende Zeugenaussage abzuschwächen. Er wandte sich an den Inspektor:

«Sie erwähnten, daß Sie nur Fingerabdrücke von Miss French, Janet MacKenzie und Leonard Vole gefunden hätten. Hinterläßt ein Einbrecher bei einem Einbruch gewöhnlich Fingerabdrücke, oder trägt er Handschuhe?»

«Gewöhnlich trägt er Handschuhe.»

«Demnach ist es also nicht überraschend, wenn nach einem Einbruch keine Fingerabdrücke des Einbrechers gefunden werden?»

«Nein, Sir.»

«Am Abend des 14. Oktober war es ziemlich windig, nicht wahr?»

«Ich kann mich nicht daran erinnern, Sir.»

«Mein Herr Kollege erwähnte, daß nach Aussage von Janet MacKenzie die Vorhänge flatterten. Vielleicht ist Ihnen das auch aufgefallen?»

«Sie bauschten sich allerdings ziemlich stark, Sir.»

«Das spricht dafür, daß es ein windiger Abend war. Wenn nun ein Einbrecher das Fenster von außen eingedrückt und dann den Flügel aufgerissen hat, so ist es doch sehr gut möglich, daß ein Windstoß den Flügel heftig zurückschleuderte und auf diese Weise ein paar Glasstücke *draußen* vor dem Fenster zu Boden fielen.»

«Ja, Sir.»

«Die Zahl der Gewalttaten ist in letzter Zeit stark angewachsen. Das geben Sie doch zu, Herr Inspektor?»

«Sie ragt über den Durchschnitt hinaus, Sir.»

«Nehmen wir einmal an, daß ein paar Rüpel einbrachen und Miss French attackierten, um dann ungehindert stehlen zu können. Als einer sie mit dem Totschläger niederschlug und entdeckte, daß sie tot war, ist es da nicht sehr gut möglich, daß die Burschen, von Panik ergriffen, Reißaus nahmen, ohne sich etwas anzueignen? Vielleicht hatten sie es nur auf Geld abgesehen und wollten mit Juwelen nichts zu tun haben.»

Hier erhob sich Myers und fiel ihm ins Wort. «Nach meiner Ansicht kann Inspektor Hearne unmöglich erraten, was in den Köpfen einiger Verbrecher vor sich ging, die wahrscheinlich nur in der Phantasie meines Herrn Kollegen existieren.»

Sir Wilfrid ging zu einem anderen Punkt über. «Soviel ich weiß, ist der Angeklagte von selbst zu Ihnen gekommen und hat seine Aussagen sehr bereitwillig gemacht.»

«Das stimmt, Sir.»

«Und hat der Angeklagte nicht immer wieder seine Unschuld beteuert?»

«Allerdings, Sir.»

Sir Wilfrid, der wußte, daß man Blutspuren am Rockärmel des Angeklagten gefunden hatte, zeigte dem Inspektor ein Messer. «Dies ist ein französisches Gemüsemesser, das wir vom Küchentisch in der Wohnung des Angeklagten genommen haben und das Ihnen von seiner Frau bei ihrem ersten Verhör gezeigt worden ist. Stimmt's, Herr Inspektor?»

«Ja, Sir.»

«Prüfen Sie, bitte, die Schneide des Messers mit Ihrem Finger – aber vorsichtig! Geben Sie zu, daß Spitze und Schneide dieses Messers so scharf wie eine Rasierklinge sind?»

«Ja, Sir.»

«Und wenn Sie damit – sagen wir mal – Schinken schnitten und mit der Hand ausrutschten, könnten Sie sich da nicht eine sehr unangenehme Verletzung beibringen, die gar nicht wieder aufhören will zu bluten?»

Myers sprang auf. «Ich erhebe Einspruch! Das sind Ansichten und keine Tatsachen.»

Sir Wilfrid zog die Frage zurück und versuchte es auf andere Weise. «Herr Inspektor, als Sie den Angeklagten nach den Blutspuren auf seinem Rockärmel befragten, hat er Sie da nicht auf eine kürzlich verheilte Narbe an seinem Handgelenk aufmerksam gemacht und Ihnen erklärt, daß sie von einer Wunde herrühre, die er sich beim Schinkenschneiden zugezogen habe?»

«Ja, das hat er getan.»

«Und die Frau des Angeklagten hat Ihnen dasselbe erzählt, nicht wahr?»

«Das erste Mal. Hinterher . . .»

«Ein einfaches Ja oder Nein, bitte. Hat Ihnen die Frau des Angeklagten dieses Messer gezeigt und gesagt, daß ihr Mann sich damit beim Schinkenschneiden verletzt habe?»

«Ja, Sir.»

Kaum hatte Sir Wilfrid das Kreuzverhör beendet, als Myers schon wieder aufsprang und den Inspektor mit Fragen bombardierte.

«Was hat Ihre Aufmerksamkeit zuerst auf den Rock gelenkt, Herr Inspektor?»

«Der Ärmel schien vor kurzem gewaschen worden zu sein.»

«Selbst wenn wir annehmen, daß die fragliche Wunde durch dieses Messer verursacht worden ist, so war doch nichts vorhanden, woraus man schließen konnte, ob der Angeklagte sich die Verletzung aus Versehen oder absichtlich beigebracht hatte, nicht wahr?»

Sir Wilfrid erhob Einspruch. «Das geht zu weit, Mylord. Wenn mein verehrter Herr Kollege seine Fragen gleich selbst beantwortet, dürfte die Anwesenheit des Zeugen überflüssig sein.»

Myers zog die Frage zurück und entließ den Inspektor. Nun wurde der Polizeiarzt Dr. Wyatt gerufen, und Myers forderte ihn auf, den Geschworenen alles zu erzählen, was er über den Tod von Miss Emily French wisse.

«Am 14. Oktober abends um elf Uhr», begann Dr. Wyatt, «sah ich die Leiche von Miss Emily French. Die Untersuchung ergab, daß Miss French durch einen Schlag mit einem harten Gegenstand auf den Kopf getötet worden war. Sie muß sofort tot gewesen sein. Die Körpertemperatur und andere Faktoren deuteten darauf hin, daß der Tod zwischen halb zehn und zehn Uhr eingetreten sein mußte.»

«Waren Anzeichen dafür vorhanden, daß Miss French sich gegen den Angreifer gewehrt hat?» fragte Myers.

«Ich habe nichts davon bemerkt. Im Gegenteil, ich hatte den Eindruck, daß der Schlag völlig unerwartet für sie kam.»

Myers stellte keine weiteren Fragen und überließ Sir Wilfrid das Feld.

«Herr Doktor, sagen Sie mir bitte genau, welche Stelle am Kopf getroffen worden ist. Es war doch wohl nur ein Schlag, nicht wahr?»

«Ja, nur einer. Er traf links die Junktur der parietalen, der okzipitalen und der Schläfenknochen.»

«Allgemeinverständlich ausgedrückt hieße das?»

«Die Stelle hinter dem linken Ohr.»

«Kann man daraus schließen, daß der Schlag von einer linkshändigen Person ausgeführt worden ist?»

«Das ist möglich, läßt sich aber nicht mit Bestimmtheit sagen.»

«Erforderte dieser Schlag sehr viel Kraft?»

«Keineswegs.»

«Dann hätte er also auch von einer Frau ausgeführt werden können, nicht wahr?»

«Gewiß.»

Als nächste Zeugin ließ Myers Janet MacKenzie aufrufen. Eine ältere, männlich aussehende Schottin mit bärtiger Oberlippe und weißen Porzellanzähnen betrat den Gerichtssaal, und aus den Blicken, die sie dem Angeklagten zuschleuderte, ging deutlich hervor, daß sie nicht die geringste Sympathie für den jungen Mann hatte. Zu Beginn der Vereidigung hielt sie die Bibel in der linken Hand, bis der Gerichtsdiener sie darauf aufmerksam machte, daß sie in die rechte Hand gehöre.

Myers wandte sich ihr mit einschmeichelnder Miene zu: «Sie waren also Gesellschafterin und Haushälterin bei der verstorbenen Miss Emily French?»

«Ich war ihre Haushälterin. Halte nicht viel von Gesellschafterinnen. Armselige, schwächliche Kreaturen, die Angst haben, sich mal die Hände schmutzig zu machen.»

«Ganz recht, ganz recht. Ich wollte damit ja auch nur sagen, daß Sie von Miss French geachtet und geschätzt wurden und ihr mehr waren als eine Angestellte.»

«Zwanzig Jahre habe ich für sie gesorgt und ihr Vertrauen genossen, und manches Mal habe ich sie daran gehindert, eine Dummheit zu begehen. Sie war zu warmherzig und impulsiv.»

«Wann haben Sie den Angeklagten zum erstenmal gesehen?»

«Ende August kam er ins Haus. Erst einmal die Woche,

dann zwei- oder dreimal. Scharwenzelte immer um sie herum, erzählte ihr, wie jung sie aussehe, und schmeichelte ihr, wenn sie etwas Neues anhatte.»

Myers unterbrach hastig diesen Redefluß und veranlaßte sie, den Geschworenen noch einmal die Ereignisse des verhängnisvollen Abends zu schildern, was sie auch in epischer Breite tat.

«Sind Sie ganz sicher», fragte Myers schließlich, «daß es der Angeklagte war, dessen Stimme Sie gehört haben?»

«O ja, ich kenne seine Stimme zur Genüge.»

«Wie wissen Sie denn, daß die von Ihnen angegebenen Zeiten stimmen?»

«Ich habe meine Uhr mit der meiner Freundin verglichen, und sie gingen ganz gleich. Und als ich dann gegen elf nach Hause kam» – hier zitterte ihre Stimme vor Erregung –, «lag die arme Seele am Boden. Ihr Kopf war eingeschlagen. Sämtliche Schubladen waren herausgezogen und der Inhalt durchgewühlt. Eine Vase lag zerbrochen auf dem Fußboden. Die Gardinen bauschten sich im Wind. Ich habe dann gleich die Polizei angerufen.»

«Glaubten Sie wirklich, daß es Einbrecher gewesen waren?»

Sir Wilfrid erhob hier heftigen Einspruch, und der Richter ließ die Frage nicht zu. Statt dessen fragte Myers:

«Was haben Sie getan, nachdem Sie die Polizei angerufen hatten?»

«Ich habe das Haus nach einem Eindringling durchsucht, habe aber außer dem Durcheinander im Wohnzimmer nichts weiter entdeckt.»

«Was wußten Sie eigentlich über den Angeklagten?»

«Ich wußte, daß er Geld brauchte.»

«Hat er Miss French um Geld gebeten?»

«Nein, dazu war er zu schlau.»

«Hat er Miss French bei ihren Geschäftsangelegenheiten geholfen?»

«Ja, das hat er getan, obwohl es gar nicht nötig war. Miss French hatte einen klaren Kopf für solche Dinge.»

«Ist Ihnen bekannt, wann Miss French ihr letztes Testament machte?»

«Das war am 8. Oktober. Ich hörte, wie sie am Tage vorher mit ihrem Rechtsanwalt telefonierte. Er solle kommen, da sie ein neues Testament machen wolle. Der Angeklagte war auch dabei und protestierte dauernd, und die gnädige Frau sagte: ‹Aber ich möchte es gern, mein lieber Junge. Ich wäre neulich beinahe vom Bus überfahren worden, und das kann jeden Augenblick wieder passieren.›»

«Miss MacKenzie, wußten Sie, daß der Angeklagte verheiratet war?»

«Nein, und meine Herrin auch nicht.»

Sir Wilfrid erhob Einspruch mit der Begründung, daß Miss MacKenzie nur Vermutungen darüber anstellen könne, was ihre Herrin gewußt oder nicht gewußt habe.

«Dann wollen wir es anders ausdrücken», fuhr Myers fort. «Sie waren zu der Ansicht gelangt, daß Miss French Leonard Vole für unverheiratet hielt. Stützte sich diese Ansicht auf irgendwelche Tatsachen?»

«Ja, die Bücher, die sie aus der Bibliothek bestellte. Sie las das *Leben der Baronin Burdett Courtts* und ein Buch über Disraeli und seine Frau. Beide Bücher handeln von Frauen, die sehr viel jüngere Männer geheiratet hatten. Ich wußte schon, was sie im Sinn hatte.»

«Ich fürchte», unterbrach sie der Richter, «daß dies aus dem Protokoll gestrichen werden muß.»

«Warum?» fragte Janet MacKenzie.

«Weil ich es durchaus für möglich halte, daß eine Frau ein Buch über das Leben Disraelis liest, ohne eine Heirat mit einem jüngeren Manne zu planen.»

Diese Bemerkung löste unter den Zuschauern Heiterkeit aus, die aber bald vom Gerichtsdiener unterdrückt wurde.

Sir Wilfrid begann sein Kreuzverhör mit ein paar sanften

und freundlichen Redensarten, um keinen Antagonismus bei ihr zu erwecken. Dann kam er auf das Testament zurück.

«Miss MacKenzie, war Ihnen bekannt, daß Miss French in ihrem vorletzten Testament fast ihr ganzes Vermögen Ihnen vermacht hatte?»

«Ja, das hat sie mir selbst gesagt. ‹Alles Schwindel, diese Wohltätigkeitsvereine›, erklärte sie. ‹Hierfür Geld und dafür Geld. Nur an die Stellen, für die es eigentlich gedacht ist, kommt es nicht. Ich habe Ihnen alles vermacht, Janet, und Sie können damit tun, was Sie für richtig halten.›»

«In ihrem letzten Testament hat Miss French Ihnen aber nur ein kleines Vermächtnis hinterlassen. Der Haupterbe ist Leonard Vole.»

«Ja, und es wäre eine himmelschreiende Ungerechtigkeit, wenn er je einen Penny davon in die Hand bekäme», stieß sie giftig hervor.

Sir Wilfrid kam nun auf den Abend des 14. Oktober zu sprechen. «Sie behaupten, Sie hätten gehört, wie sich der Angeklagte mit Miss French unterhielt. Worüber sprachen denn die beiden?»

«Ich habe nicht verstanden, was gesagt wurde. Ich hörte nur, daß sie sich unterhielten und lachten.»

«Mit anderen Worten, Sie hörten nur das Geräusch von Stimmen. Wie kommen Sie dann zu der Behauptung, daß es die Stimme des Angeklagten war?»

«Weil ich seine Stimme ganz genau kenne.»

«Die Tür war doch verschlossen, nicht wahr?»

«Ja, sie war zu.»

«Ich vermute, daß Sie beide Male sehr schnell an der Tür vorbeigegangen sind, um bald wieder zu Ihrer Freundin zu kommen. Habe ich recht?»

«Ich war nicht in Eile; hatte ja den ganzen Abend vor mir.»

«Aber Miss MacKenzie, Sie wollen doch wohl nicht bei den Geschworenen den Eindruck erwecken, als hätten Sie an der Tür gelauscht?»

Ein Schmunzeln ging durch den Zuschauerraum, als Janet MacKenzie sich heftig gegen diesen Verdacht wehrte. Nun spielte Sir Wilfrid seinen Trumpf aus:

«Miss MacKenzie, soweit ich unterrichtet bin, sind Sie ein Mitglied der staatlichen Krankenversicherung.»

«Ja. Viereinhalb Shilling muß ich jede Woche bezahlen. Einen Haufen Geld für eine Frau in meinen Verhältnissen.»

«Da haben Sie vollkommen recht», sagte Sir Wilfrid verständnisvoll. «Aber sagen Sie mal, Miss MacKenzie, haben Sie nicht kürzlich einen Hörapparat beantragt?»

«Das stimmt. Schon vor sechs Monaten, und ich habe ihn immer noch nicht.»

«Ihr Gehör ist demnach nicht ganz in Ordnung, wie?» Er senkte seine Stimme und fragte leise: «Wenn ich Ihnen nun sage, Miss MacKenzie, daß Sie mit Ihrem schlechten Gehör eine Stimme durch eine geschlossene Tür wahrscheinlich gar nicht erkennen können, was werden Sie mir da antworten?»

Nach einer kleinen Pause fuhr er mit normaler Stimme fort: «Können Sie mir sagen, was ich eben gefragt habe?»

«Ich kann Leute nicht verstehen, wenn sie murmeln.»

«Tatsache ist, daß Sie mich nicht verstanden haben, obwohl ich nur ein paar Schritte von Ihnen entfernt im offenen Gerichtssaal stehe. Und doch wollen Sie bei einer normalen Unterhaltung die Stimme des Angeklagten hinter einer geschlossenen Tür erkannt haben, an der Sie rasch vorübergegangen sind.»

«Er war es, das sage ich Ihnen. Er war's.»

«Der Wunsch ist wohl der Vater des Gedankens. Sie haben eben ein Vorurteil gegen den Angeklagten.»

«Aber wer soll es denn sonst gewesen sein?»

«Sehen Sie, da haben wir's ja: wer soll es denn sonst gewesen sein? Sie hatten eben nur den Angeklagten im Kopf. Nun sagen Sie mal, Miss MacKenzie, wenn Miss French abends allein war, hat sie doch sicher hin und wieder das Radio angedreht, nicht wahr?»

«Ja, sie interessierte sich sehr für ein gutes Hörspiel.»

«Dann war es doch durchaus möglich, daß das Lachen sowie die Männer- und Frauenstimme aus dem Radio kamen. An jenem Abend wurde nämlich zu der Zeit ein Lustspiel gegeben.»

«Es war aber nicht das Radio.»

«Wie können Sie das so eigensinnig behaupten?»

«Weil das Radio gar nicht im Hause war; es wurde repariert.»

Sir Wilfrid wurde durch diese unerwartete Antwort ein wenig aus dem Geleise geworfen. Er faßte sich aber schnell und ging unbeirrt zu einem neuen Angriff über.

«Miss MacKenzie, wenn Sie wirklich im Glauben lebten, daß Miss French den Angeklagten heiraten wollte, so muß Sie das doch sehr aufgeregt haben. Dadurch war ja Ihre ganze Lebensweise bedroht; denn der Angeklagte hätte Miss French wahrscheinlich dazu überredet, Sie zu entlassen, nicht wahr?»

«Das hätte meine Herrin wohl nicht getan nach all diesen Jahren. Aber er hätte bestimmt kein Mittel unversucht gelassen. Auf jeden Fall wäre durch ihn alles anders geworden.»

«So etwas kann einen natürlich aus der Fassung bringen.» Sir Wilfrid war die Teilnahme selbst. «Kein Wunder, daß Sie so erbittert gegen den Angeklagten sind!»

Der Staatsanwalt erhob sich mit der recht sarkastischen Bemerkung:

«Mein verehrter Herr Kollege hat ja wirklich keine Mühe gescheut, um aus Ihnen das Motiv der Rachsucht zu extrahieren ...»

«Eine schmerzlose Extraktion – völlig schmerzlos», warf Sir Wilfrid dazwischen, ohne aufzustehen, aber so, daß die Geschworenen es hören konnten.

Myers ignorierte diesen Zwischenruf und fuhr fort: «Miss MacKenzie, Sie haben durch die geschlossene Tür die Stimme des Angeklagten erkannt, ohne seine Worte verstanden zu haben. Wollen Sie bitte den Geschworenen erklären, wie Sie zu der Überzeugung kamen, daß es seine Stimme war?»

Langsam und nachdrücklich, als habe sie jedes Wort erwogen, antwortete Miss MacKenzie: «Man kann eine Stimme erkennen, auch wenn man nicht versteht, was gesprochen wird.»

Als sie den Zeugenstand verließ, versäumte sie es nicht, dem Richter einen guten Morgen zu wünschen, wodurch sie beim Publikum abermals Heiterkeit auslöste.

Nach ihr wurde Mr. Clegg, ein Assistent am gerichtsmedizinischen Institut von Scotland Yard vernommen. Er bestätigte, daß er den Rock des Angeklagten auf Blutspuren hin untersucht und an einem Ärmel auch einige entdeckt habe.

«Haben Sie festgestellt», fragte Myers, «welcher Gruppe dieses Blut angehört?»

«Ja, es gehört zur Gruppe 0.»

«Hat man Ihnen auch eine Blutprobe von Miss French zur Untersuchung übergeben?»

«Ja. Ihr Blut gehört ebenfalls der Gruppe 0 an.»

Myers überließ den Zeugen dem Verteidiger mit einer Miene, als wolle er sagen: Nun sehen Sie zu, wie Sie mit diesem Burschen fertig werden. Zu seinem großen Erstaunen ließ sich Sir Wilfrid von seinem Partner eine Bescheinigung reichen.

«Ich habe hier ein Attest, das besagt, daß Leonard Vole Blutspender am Nord-Londoner Krankenhaus ist und ebenfalls der Blutgruppe 0 angehört. Wie Ihnen sicherlich bekannt ist, hat der Angeklagte sich geschnitten. Das Blut an seinem Ärmel könnte also ebensogut aus seiner eigenen Wunde stammen, nicht wahr?»

«Das ist durchaus möglich», gab Mr. Clegg zu, und mit dieser Antwort wurde dem Staatsanwalt der Wind aus den Segeln genommen.

Nun ließ der Staatsanwalt die Zeugin Romaine Heilger rufen. Als diese den Zeugenstand betrat, erhob sich ein lautes Gemurmel im Saal, so daß der Gerichtsdiener gezwungen war, die Anwesenden zur Ruhe zu ermahnen. Die Zeugin legte den Eid ab, und durch die ersten Fragen stellte der Staatsanwalt heraus, daß sie zwar eine Ehe mit dem Angeklagten geschlossen hatte, daß diese Ehe aber ungültig war, da ihr erster Mann, von dem sie nicht geschieden war, zu der Zeit noch lebte. Als Beweis legte der Staatsanwalt dem Richter einen Trauschein vor, aus dem hervorging, daß am 18. April 1946 in Leipzig die Eheschließung zwischen der Zeugin und Otto Gerth Heilger vollzogen worden war. Daraufhin erklärte der Richter die Zeugin für vernehmungsfähig, nachdem Sir Wilfrid zuerst versucht hatte, sie als befangen abzulehnen.

Der Staatsanwalt fragte zunächst: «Mrs. Heilger, sind Sie willens, gegen den Angeklagten, den Sie bisher Ihren Mann genannt haben, auszusagen?»

Sie antwortete mit fester Stimme: «Ja, ich bin dazu bereit.»

Jetzt sprang Leonard Vole von der Anklagebank auf und rief entsetzt: «Aber Romaine – was sagst du denn da – bist du von Sinnen?»

Der Richter wandte sich an den Angeklagten: «Ich muß auf Ruhe bestehen. Ihr Anwalt wird Ihnen sagen, daß Sie in Kürze Gelegenheit haben werden, sich selbst zu verteidigen.»

Myers fuhr mit der Vernehmung fort: «Schildern Sie uns bitte die Vorgänge des 14. Oktober.»

«Ich war den ganzen Abend zu Hause.»

«Und Leonard Vole?»

«Leonard ging um halb acht fort.»

«Und wann kam er zurück?»

«Um zehn Minuten nach zehn.»

Wieder sprang der Angeklagte auf und rief erregt: «Das

ist nicht wahr. Ich bin kurz vor halb zehn nach Hause gekommen!»

Mr. Mayhew eilte zu ihm und versuchte, ihn zu beschwichtigen. Aber Vole fuhr fort: «Wie kommst du nur dazu, so etwas zu behaupten? Ich verstehe das einfach nicht.» Er sank in sich zusammen und verbarg das Gesicht in den Händen, während er im Flüsterton wiederholte: «Ich verstehe es einfach nicht.»

«Was geschah», fragte der Staatsanwalt, «als Leonard Vole um zehn Minuten nach zehn nach Hause kam?»

«Er war ganz außer Atem und sehr erregt. Hastig zog er seinen Rock aus und untersuchte die Ärmel. Dann sagte er: ‹Verdammt noch mal, da sind ja Blutspritzer! Hier, wasch mal die Aufschläge aus.› Ich fragte ihn, was geschehen sei, und er antwortete: ‹Ich habe sie umgebracht!›»

An dieser Stelle wurde die Zeugin wieder von dem Angeklagten unterbrochen, der wie von Sinnen rief: «Das ist nicht wahr! Kein Wort davon ist wahr!»

Der Richter beugte sich erstaunt vor: «Sind Sie sich eigentlich bewußt, was Sie hier sagen, Mrs. Heilger?»

«Ich soll doch die Wahrheit sprechen, nicht wahr?» lautete ihre Antwort.

Der Staatsanwalt setzte das Verhör fort: «Als der Angeklagte sagte: ‹Ich habe sie umgebracht›, wußten Sie da sofort, wer damit gemeint war?»

«Ja, ich wußte, daß es sich um die alte Dame handelte, die er so oft besucht hatte.»

«Und was geschah dann?»

«Leonard schärfte mir ein zu sagen, daß er um halb zehn nach Hause gekommen und den ganzen Abend bei mir gewesen sei. Vor allen Dingen sollte ich nicht vergessen, daß er um halb zehn zu Hause gewesen sei. Ich fragte ihn, ob die Polizei wisse, daß er diesen Mord begangen habe. Darauf antwortete er mir: ‹Nein, sie werden annehmen, es handle sich um einen Einbrecher.›»

«Mrs. Heilger, bei Ihrer ersten Vernehmung haben Sie ausgesagt, daß Leonard Vole um halb zehn zu Hause gewesen sei. Jetzt haben Sie Ihre Aussage geändert. Warum?»

«Weil es um einen Mord geht. Ich kann nicht weiterhin lügen, nur um ihn zu retten. Gewiß, ich bin ihm dankbar. Er hat mich in dieses Land gebracht, und bisher habe ich auch alles getan, worum er mich gebeten hat, weil ich ihm verpflichtet war.»

«Doch wohl auch, weil Sie ihn liebten?»

«Nein, ich habe ihn nie geliebt.»

«Romaine!» klang ein verzweifelter Schrei von der Anklagebank zu ihr herüber. Doch sie achtete nicht darauf und wiederholte:

«Ich habe ihn nie geliebt.»

«Aber Sie waren dem Angeklagten Dank schuldig und daher zunächst bereit, ihm ein Alibi zu verschaffen. Später kam es Ihnen dann zum Bewußtsein, daß Sie nicht richtig gehandelt hatten, nicht wahr?»

«Ja, so war es.»

«Warum hielten Sie auf einmal ihre Handlungsweise für falsch?»

«Ich sagte es Ihnen ja schon. Weil es sich um einen Mord handelt. Ich kann doch nicht vor Gericht lügen und unter Eid aussagen, daß Leonard zur Zeit des Verbrechens bei mir zu Hause war. Nein, das kann ich nicht. Das kann ich beim besten Willen nicht. Ich muß die Wahrheit sprechen.»

«Und was Sie heute ausgesagt haben, das ist also die reine Wahrheit vor Gott?»

«Ja, das ist die Wahrheit.»

Sir Wilfrid begann nun das Kreuzverhör.

«Wußte der Angeklagte, als er mit Ihnen diese Formehe einging, daß Sie verheiratet waren und Ihr erster Mann noch lebte?»

«Nein.»

«Er handelte also im guten Glauben?»

«Ja.»

«Und Sie waren ihm sehr dankbar?»

«Natürlich war ich ihm dankbar.»

«Das haben Sie bewiesen, indem Sie hierherkamen und gegen ihn aussagten.»

«Ich muß doch die Wahrheit sagen!»

«Ist es aber die Wahrheit?» fragte Sir Wilfrid wütend.

«Ja.»

«Ich warne Sie um Ihrer selbst willen, wenn Ihnen das Schicksal des Angeklagten auch gleichgültig ist. Die Strafe für Meineid ist schwer.»

Hier legte sich Myers ins Mittel. «Mylord, ich weiß nicht, ob diese theatralischen Ausbrüche die Geschworenen beeindrucken sollen, aber ich möchte doch darauf hinweisen, daß kein Grund vorliegt, die Glaubwürdigkeit der Zeugin anzuzweifeln.»

«Mr. Myers», erwiderte der Richter, «es geht hier um Leben und Tod, und da möchte ich der Verteidigung, soweit es angängig ist, jeden Spielraum lassen. Bitte, Sir Wilfrid.»

Durch eine Reihe geschickter Fragen verwickelte Sir Wilfrid die Zeugin in Widersprüche, als er sie über die Blutspuren am Ärmel verhörte.

«Vielleicht ist Ihr Gedächtnis in bezug auf andere Teile Ihrer Geschichte ebenso unzuverlässig. Ursprünglich haben Sie der Polizei gesagt, daß Leonard Vole sich beim Schinkenschneiden verletzt habe und das Blut am Ärmel daher stamme. Warum haben Sie damals gelogen?»

«Ich habe gesagt, was Leonard mir aufgetragen hatte.»

«Und sogar das Messer gezeigt, mit dem er den Schinken geschnitten hatte, wie?»

«Als Leonard die Blutflecke am Ärmel entdeckte, hat er sich absichtlich einen Schnitt beigebracht, um den Anschein zu erwecken, daß das Blut von ihm selbst stamme.»

«Das habe ich nicht getan!» rief der Angeklagte dazwischen. Sobald sich dieser wieder beruhigt hatte, fuhr Sir Wilfrid fort:

«Sie geben also zu, daß Ihre ursprüngliche Aussage der Polizei gegenüber ein Gewebe von Lügen war. Sie scheinen eine vortreffliche Lügnerin zu sein. Man fragt sich nur: Haben Sie damals gelogen, oder lügen Sie jetzt? Wenn sie wirklich so entsetzt darüber gewesen wären, daß ein Mord begangen worden war, warum haben Sie da nicht schon bei Ihrer ersten Vernehmung die Wahrheit gesagt?»

«Ich hatte Angst vor Leonard.»

Sir Wilfrid wies auf die zusammengesunkene Gestalt auf der Anklagebank: «Sie hatten Angst vor Leonard Vole – Angst vor dem Mann, dem Sie soeben durch Ihre Aussage das Herz gebrochen und allen Lebensmut genommen haben? Ich denke, die Geschworenen werden wissen, wem sie mehr Glauben schenken sollen.»

Der Staatsanwalt wandte sich an den Richter: «Mylord, die Beweisaufnahme der Anklage ist abgeschlossen.»

Nun hielt Sir Wilfrid eine kurze Ansprache an den Richter und die Geschworenen. Er betonte, daß der Indizienbeweis gegen den Angeklagten sehr belastend sei, und erwähnte lobend die unparteiischen Aussagen der Polizei und der Sachverständigen. Jedoch warnte er davor, den Aussagen der Haushälterin Janet MacKenzie und der Frau, die sich bisher Romaine Vole genannt habe, allzu große Bedeutung beizumessen. «Meine Damen und Herren, glauben Sie etwa, daß diese Zeuginnen in ihren Aussagen vorurteilsfrei gewesen sind? Janet MacKenzie, die durch das neue Testament ihrer Herrin ein Vermögen verloren hat, weil ihr Platz durch diesen unglückseligen jungen Mann ohne sein Dazutun eingenommen worden war... Romaine Vole oder Heilger – wie sie sich auch nennen mag –, die ihn in eine Heirat lockte, wobei sie ihm verheimlichte, daß sie schon verheiratet war. Diese Frau schuldet ihm mehr, als sie je wiedergutmachen kann. Sie benutzte ihn nur als Mittel zum Zweck. Er sollte sie lediglich vor politischer Verfolgung retten: Sie hat ja gestanden, daß sie ihn niemals liebte. Nun hat er seinen Zweck erfüllt. Ich bitte Sie, meine Damen und Herren, ihre Aussage sehr sorgfältig zu prüfen – die Aussage einer Frau, der wahrscheinlich die verderbliche Doktrin eingeimpft worden ist, daß die Lüge eine Waffe sei, die man jederzeit zu seinem eigenen Vorteil anwenden dürfe. Meine Damen und Herren, ich rufe jetzt den Angeklagten, Leonard Vole, auf.»

Leonard Vole, der sich inzwischen wieder gefaßt hatte, ging festen Schrittes zum Zeugenstand und legte den Eid ab.

In dem nun folgenden Verhör gab Sir Wilfrid dem Angeklagten Gelegenheit, vor Gericht das zu wiederholen, was er ihm im Verlauf ihrer ersten Unterredung gesagt hatte. Zum Schluß fragte er ihn: «Sie haben die Aussage der Frau gehört, die Sie bis jetzt als Ihre Frau ansahen.»

«Ja», erwiderte Vole erregt, «und ich kann nicht verstehen . . .»

Sir Wilfrid fiel ihm ins Wort: «Ich weiß, daß Sie das alles sehr aufgeregt hat. Aber ich bitte Sie, alle Gefühle auszuschalten und meine Frage sachlich zu beantworten. Hat die Zeugin die Wahrheit gesprochen oder nicht?»

«Sie hat nicht die Wahrheit gesprochen.»

«Nun noch eine letzte Frage, Mr. Vole. *Haben Sie Emily French getötet?*»

«Nein, ich habe sie nicht getötet.»

Sobald Sir Wilfrid Platz genommen hatte, begann Staatsanwalt Myers mit dem Kreuzverhör.

«Zu welchem Zeitpunkt in Ihrer Bekanntschaft mit Miss French haben Sie erfahren, daß sie eine reiche Frau war?»

«Ich hatte keine Ahnung davon, als ich sie zuerst besuchte.»

«Aber sobald Ihnen dies klargeworden war, beschlossen Sie, die Bekanntschaft zu pflegen, nicht wahr?»

«Ich weiß, es sieht so aus. Aber ich mochte sie wirklich gern. Geld hatte nichts damit zu tun.»

«Wieviel Geld hatten Sie auf der Bank, als Sie verhaftet wurden?»

«Sehr wenig. Nur ein paar Pfund.»

Wieder holte Myers zu einem bösen Schlag aus. «Ich werde es Ihnen sagen. Bei Ihrer Verhaftung waren Sie finanziell in einer verzweifelten Situation!»

«Das stimmt nicht. Ich machte mir wohl Sorgen, das gebe ich zu. Aber meine Lage war nicht hoffnungslos.»

«Sie hatten also Geldsorgen, machten die Bekanntschaft einer reichen Frau und bewarben sich eifrig um ihre Gunst.»

«Sie verdrehen mir ja die Worte im Munde. Ich sagte Ihnen doch, ich mochte Miss French wirklich gern.»

«Obwohl Miss French eine tüchtige Geschäftsfrau war, haben Sie ihr bei den Steuererklärungen geholfen. Wie kamen Sie dazu?»

«Das Ausfüllen der Formulare machte ihr Schwierigkeiten. Sie wissen ja selbst, daß es nicht so einfach ist, sich darin zurechtzufinden.»

«Bei dieser Gelegenheit haben Sie dann gleich erfahren, wie hoch ihr Einkommen war. Sehr vorteilhaft! Sie haben doch bestimmt gehofft, einen finanziellen Vorteil aus Ihrer Freundschaft mit Miss French zu ziehen, nicht wahr?»

«Nicht in dem Sinne, wie Sie es meinen.»

«Sie scheinen ja meine Gedanken besser zu kennen als ich. In welchem Sinne haben Sie denn einen finanziellen Vorteil erhofft?»

«Ich habe eine Erfindung gemacht – einen Scheibenwischer, der bei Schneefall besonders gut funktioniert – und ich nahm an, daß Miss French die Sache vielleicht finanzieren würde. Aber das war nicht der einzige Grund, warum ich sie besuchte. Ich wiederhole nochmals: Ich mochte sie gern.»

«Ja, ja, das haben wir nun reichlich oft gehört – wie gut Sie sie leiden konnten.»

«Das stimmt aber auch», beharrte der Angeklagte.

«Mr. Vole, es hat sich herausgestellt, daß Sie etwa eine Woche vor Miss Frenchs Tod in einem Reisebüro waren und Erkundigungen über Vergnügungsreisen ins Ausland eingezogen haben.»

«Selbst wenn ich das getan habe», parierte Vole, «ist das etwa ein Verbrechen?»

«Keineswegs. Viele Leute machen solche Reisen, *wenn sie sie bezahlen können.* Aber Sie konnten sich doch so etwas nicht leisten, Mr. Vole.»

«Ich war allerdings etwas knapp. Daraus habe ich keinen Hehl gemacht.»

«Und doch gingen Sie in das betreffende Reisebüro in Begleitung einer Blondine – einer ‹Erdbeerblonden› –, wie ich höre, und ...»

«Mit einer Erdbeerblonden?» warf der Richter ein.

«Ja, das ist die Bezeichnung für eine Dame mit rötlichblondem Haar, Mylord.»

«Ich bildete mir ein, alle blonden Typen zu kennen. Doch eine Erdbeerblonde ist mir noch nicht über den Weg gelaufen. Aber man lernt bekanntlich nie aus. Bitte, fahren Sie fort, Mr. Myers.»

«Was haben Sie dazu zu sagen, Mr. Vole?»

«Meine Frau ist nicht blond, und außerdem geschah das alles nur zum Spaß.»

«Dann geben Sie also zu, daß Sie sich dort erkundigt haben, und zwar nicht nach billigen Ausflügen, sondern nach den teuersten Luxusreisen. Wie gedachten Sie denn, das zu bezahlen?»

«Überhaupt nicht.»

«Und ich sage Ihnen, Sie wußten, daß Sie in einer Woche ein großes Vermögen erben würden – von einer älteren Dame, die Ihnen ihr volles Vertrauen geschenkt hatte.»

«Das wußte ich nicht. Ich hatte nur alles ein wenig satt, und da hingen die verlockenden Plakate in den Fenstern – mit Kokospalmen und blauem Meer. Also ging ich hinein und holte mir Auskunft. Ich machte wohl einen etwas schäbigen Eindruck, denn der Angestellte musterte mich ziemlich geringschätzig. Das brachte mich hoch. Da habe ich mich ein wenig aufgespielt» – er grinste plötzlich, als mache ihm die Szene jetzt noch Spaß – «und nach den extravagantesten Reisen gefragt – alles nur Luxusklasse mit einer Kabine auf dem Bootsdeck!»

«Und das sollen Ihnen die Geschworenen glauben?»

«Niemand braucht mir etwas zu glauben. Aber so war es. Es war vielleicht etwas kindisch. Aber ich hatte Spaß daran.» Er machte auf einmal einen pathetischen Eindruck, als er hinzusetzte: «Ich habe dabei bestimmt nicht an Mord oder Erbschaft gedacht.»

«Dann war es also nur ein bemerkenswerter Zufall, daß Miss French wenige Tage später ermordet wurde und Ihnen ihr ganzes Vermögen hinterließ?»

«Ich versichere Ihnen nochmals, ich habe sie nicht getötet.»

«Wie Sie hörten, sagte Mrs. Heilger aus, daß Sie nicht um *fünfundzwanzig Minuten nach neun,* sondern um *zehn Minuten nach zehn* nach Hause gekommen sind . . .»

«Das ist nicht wahr!» rief der Angeklagte.

«. . . daß Ihr Anzug Blutflecke aufwies und daß Sie ihr gegenüber unumwunden zugegeben haben, Sie hätten Miss French umgebracht.»

Der Angeklagte schluckte krampfhaft und beteuerte dann wieder: «Es ist nicht wahr. Ich versichere es Ihnen. Kein Wort davon ist wahr!»

«Können Sie mir einen Grund nennen, warum diese junge Dame, die doch als Ihre Frau galt, eine derartig belastende Aussage gegen Sie gemacht haben sollte, wenn die Geschichte nicht wahr wäre?»

«Nein, das kann ich eben nicht. Das ist ja gerade das Furchtbare. Sie muß unter dem seelischen Druck verrückt geworden sein.»

«So? Auf mich machte sie einen außerordentlich klaren und beherrschten Eindruck. Ist Wahnsinn der einzige Grund, den Sie angeben können?»

Der Angeklagte rang die Hände. «Ich verstehe es einfach nicht. Mein Gott, was ist bloß passiert? Was ist in sie gefahren?»

«Sehr wirkungsvoll – diese Szene, Mr. Vole. Aber vor Gericht haben wir es nur mit Tatsachen zu tun. Wir haben lediglich Ihr Wort dafür, daß Sie um fünfundzwanzig Minuten nach neun zu Hause angelangt und nicht wieder fortgegangen sind.»

Der Angeklagte blickte wild umher. «Es muß mich doch jemand gesehen haben – auf der Straße oder als ich ins Haus ging.»

«Das sollte man eigentlich annehmen. Aber die einzige Person, die Sie an jenem Abend kommen sah, behauptete, es sei zehn Minuten nach zehn gewesen. Auch behauptet diese Person, daß Ihr Anzug Blutspuren aufgewiesen habe.»

«Ich hatte mich geschnitten.»

«Sehr einfach, sich eine Verletzung beizubringen für den Fall, daß später Fragen gestellt werden sollten.»

Hier brach der Angeklagte zusammen und schrie hysterisch in den Saal: «Sie verdrehen aber auch alles – alles, was ich sage. Sie stellen mich ganz anders hin, als ich in Wirklichkeit bin.»

«Sie haben sich den Schnitt absichtlich beigebracht.»

«Das habe ich nicht getan.»

«Sie sind um zehn Minuten nach zehn nach Hause gekommen.» Wie Hammerschläge prasselten die Anschuldigungen auf den Angeklagten herab.

«Das stimmt nicht. Sie *müssen* es mir glauben. Sie müssen es mir *glauben*!»

«Sie haben Emily French ermordet.»

«Nein, nein, ich habe es nicht getan. Ich habe sie nicht umgebracht. Ich habe noch nie einen Menschen getötet. O Gott! Es ist wie ein Alpdruck – wie ein böser, schrecklicher Traum!»

Einem Nervenzusammenbruch nahe, wurde der Angeklagte abgeführt, und damit war der erste Verhandlungstag zu Ende.

Sir Wilfrid und Mr. Mayhew kehrten zu Fuß in Sir Wilfrids Büro zurück.

«Verdammter Nebel!» knurrte Sir Wilfrid, als er die Fenstervorhänge zuzog. «Da kommt man nun aus einem dumpfen Gerichtssaal und will ein bißchen frische Luft schnappen. Und was findet man? Nebel!»

«Aber der draußen ist nicht so dicht wie der, in den wir durch Mrs. Heilgers Schrullen geraten sind», erwiderte Mr. Mayhew. Sir Wilfrid pflichtete ihm aufrichtig bei. «Diese verflixte Frau! Vom ersten Moment an, als sie mir unter die Augen kam, habe ich Unheil gewittert. Ein durch und durch rachsüchtiges Weibsbild und viel zu gerissen für den einfältigen jungen Tropf auf der Anklagebank. Aber was führt sie im Schilde? Was will sie erreichen?»

«Daß Leonard Vole verurteilt wird, wie mir scheint.»

«Undankbare Kreaturen, die Frauen. Aber warum so gehässig? Wenn sie seiner überdrüssig war, brauchte sie ja nur das Feld zu räumen. Finanziell konnte er ihr sowieso nichts bieten.»

Greta erschien mit einem Tablett und stellte vor jeden eine Tasse hin. «Ich habe Ihnen Ihren Tee gebracht, Sir Wilfrid.»

«Tee? Wir brauchen ein stärkeres Getränk.»

«Ohne Ihren Tee können Sie ja gar nicht leben, Sir. Wie ist es denn heute gegangen?»

«Schlecht.»

«O nein, hoffentlich nicht; denn er hat's bestimmt nicht getan.»

«Immer noch derselben Ansicht?» Er blickte sie nachdenklich an. «Woher diese felsenfeste Überzeugung?»

«Weil er nicht der Typ ist. Er ist richtig nett. Niemals würde er einer alten Dame den Schädel einschlagen. Sie werden ihn aber schon loseisen, nicht wahr, Sir?»

«Ich – werde – ihn – loseisen», lautete die grimmige Antwort. Als Greta die Tür hinter sich zugemacht hatte, fuhr er fort:

«Wie, das mag der liebe Himmel wissen. Schade, es gibt nur eine Frau unter den Geschworenen ... Frauen mögen ihn anscheinend gern ... hat wohl etwas, das den mütterlichen Instinkt in ihnen wachruft. Frauen wollen ihn bemuttern.»

«Wogegen Mrs. Heilger – *nicht* der mütterliche Typ ist.»

«Nein, John, sie ist eine leidenschaftliche Natur. Heißblütig hinter der kühlen Fassade. Die würde zum Messer greifen und einen Mann erstechen, wenn er sie betröge. Ha, ich lechze förmlich danach, sie kleinzukriegen, ihre Lügen aufzudecken und sie den Geschworenen in ihrer richtigen Couleur zu zeigen.»

«Entschuldige, Wilfrid, aber läßt du das Ganze nicht zu einem persönlichen Duell zwischen dir und ihr ausarten?»

«Hast du den Eindruck? Vielleicht hast du recht. Aber sie ist eine schlechte Frau, John. Und das Leben eines jungen Mannes hängt von dem Ausgang dieses Duells ab.»

Mr. Mayhew holte sich einen Pfeifenreiniger vom Kaminsims und meinte nachdenklich: «Die Geschworenen mochten sie nicht.»

«Den Eindruck hatte ich auch, John. Zunächst einmal ist sie eine Ausländerin, und sie sind mißtrauisch gegen Ausländer. Dann ist sie mit dem Mann nicht verheiratet und hat so gut wie eingestanden, daß sie sich der Bigamie schuldig gemacht hat. Das können sie nicht einfach hinnehmen. Und letzten Endes hält sie nicht zu ihrem Mann, wenn er am Boden liegt. Das mag man in diesem Lande nicht.»

«Das ist ja nur gut.»

«Ja, aber nicht gut genug. Und dann diese dumme Angelegenheit mit dem Reisebüro. Die Frau macht ein Testament zu seinen Gunsten, und sofort holt er sich Auskunft über Luxusreisen. Das ist natürlich Wasser auf die Mühle des Staatsanwalts.»

Mr. Mayhew stimmte ihm zu. «Seine Erklärung klang auch nicht gerade überzeugend.»

Mit Sir Wilfrid ging auf einmal eine vollständige Veränderung vor sich. Er wurde geradezu menschlich. Lächelnd sagte er: «Aber weißt du, John, meine Frau macht's genauso. Sie läßt sich von einem Reisebüro ausgedehnte Auslandsreisen zusammenstellen. Für uns beide. Und dabei bleiben wir letzten Endes doch immer zu Hause.»

Er erhob sich und ging eine Weile nachdenklich im Zimmer auf und ab, während Mr. Mayhew seine Pfeife stopfte. Auf beiden Gesichtern lag ein nachsichtiges Lächeln. Dann kam der Rechtsanwalt in Sir Wilfrid wieder an die Oberfläche:

«Die Phantasien unserer Frauen sind leider kein Beweismaterial. Aber man kann verstehen, warum der junge Mann Reiseprospekte verlangte.»

Er kramte eine Streichholzschachtel aus der Schublade seines Schreibtisches hervor und reichte sie seinem Freund, der die Entdeckung machte, daß die Schachtel leer war. Er warf sie in den Papierkorb und steckte seine Pfeife in die Tasche.

«Na, keine Lust zu rauchen, John?» fragte Sir Wilfrid.

«Danke, im Augenblick nicht. Das war übrigens ein guter Punkt – Janet MacKenzies Schwerhörigkeit.»

«Ja, da haben wir ihr eine ausgewischt. Aber dafür zahlte sie es uns mit dem Radio heim.»

«Wer war wohl der Mann, den Janet MacKenzie im Gespräch mit Miss French gehört hat?»

«Da gibt's zwei Möglichkeiten. Entweder hat sie die ganze Geschichte erfunden ...»

«Das würde sie doch bestimmt nicht tun», unterbrach ihn Mr. Mayhew schockiert.

«Na, was hat sie denn gehört? Nun erzähle mir nur nicht, daß es ein Einbrecher war, der erst liebenswürdig mit Miss French plauderte, bevor er ihr den Schädel einschlug, du alter Spaßvogel!»

«Das ist natürlich sehr unwahrscheinlich.»

«Ich glaube nicht, daß die grimmige Alte davor zurückschrecken würde, so etwas zu erfinden. Weißt du, ich glaube, sie würde vor nichts zurückschrecken. Nein», sagte er bedeutungsvoll, «ich glaube, sie würde vor *nichts* zurückschrecken.»

Mr. Mayhew war ehrlich entrüstet: «Großer Gott! Du meinst doch nicht etwa ...?»

In diesem Augenblick betrat Carter das Zimmer. «Verzeihung, Sir Wilfrid, eine junge Person möchte Sie in der Angelegenheit Vole sprechen.»

Sir Wilfrid tippte sich auf die Stirn: «Hat sie einen leichten Dachschaden?»

«O nein, Sir Wilfrid. *Den* Typ kenne ich gleich heraus.»

«Wie sieht sie denn aus, und was will sie?»

«Es ist eine ziemlich gewöhnliche Person, und sie drückt sich reichlich derb aus. Sie behauptet, etwas zu wissen, das dem Angeklagten helfen würde.»

Sir Wilfrid seufzte. «Höchst unwahrscheinlich. Aber wir müssen leider nach jedem Strohhalm greifen. Bringen Sie sie also herein.»

Die Frau, die Carter kurz darauf ins Zimmer führte, war ungefähr fünfunddreißig Jahre alt. Sie war billig und auffallend gekleidet und stark geschminkt. Blonde Haarsträhnen verdeckten eine Seite ihres Gesichts. Ihre Hände zuckten verräterisch. Sobald Carter den Raum verlassen hatte, blickte sie scharf von einem zum anderen. «Was? Zweie? Ich rede nicht mit zweien.» Sie wandte sich wieder zum Gehen. Aber Sir Wilfrid klärte sie flink auf: «Dies ist Mr. Mayhew, Leonard Voles Anwalt, und ich bin Sir Wilfrid Robarts, sein Verteidiger.»

Die Frau blickte ihn prüfend an: «Ach ja, richtig, mein Schatz. Habe euch ohne Perücken nicht erkannt. Zum Anbeißen seht ihr alle darin aus. Ihr steckt wohl ein bißchen die Köpfe zusammen, wie? Na, vielleicht kann ich euch helfen, wenn für mich was dabei herausspringt.»

«Wissen Sie, Miss – hm –»

«Aber mein Teuerster, Namen sind doch ganz überflüssig. Ich könnte euch ja einen nennen, aber es wäre wahrscheinlich nicht der richtige.» Sie ging zu einem Sessel und ließ sich darin nieder.

«Wie Sie wollen», erwiderte Sir Wilfrid. «Sie sind sich aber gewiß klar darüber, daß es Ihre Pflicht ist, als Zeugin aufzutreten, wenn Sie etwas wissen, ja?»

«Ach, hören Sie auf damit. Ich hab' doch nicht gesagt, daß ich was weiß. Ich *habe* was. Das ist ein ganz anderer Vers.»

«Was haben Sie denn in Ihrem Besitz, Madam?» fragte Mr. Mayhew.

«Nicht so hastig! Ich war heute in der Verhandlung und habe die Aussage dieser – dieser Person gehört. Und so arrogant, wie die war! Das ist 'ne Giftnudel. Eine richtige Jesabel!»

«Ganz recht», stimmte Sir Wilfrid zu. «Aber wie wäre es, wenn wir zur Sache kämen?»

Ihr Gesicht nahm einen verschlagenen Ausdruck an. «Ja, aber wie schneide ich dabei ab? Was ich hier habe, ist wertvoll. Sagen wir mal, hundert Pfund.»

Hier legte sich Mr. Mayhew ins Mittel: «Ich fürchte, so hoch können wir uns nicht versteigen. Aber wenn Sie uns vielleicht Näheres über dieses geheimnisvolle Angebot verraten würden . . .»

«Ich verstehe schon. Ihr wollt natürlich keine Katze im Sack kaufen. Aber ihr könnt ganz beruhigt sein. Ich habe schon das richtige ‹Material›.» Sie öffnete ihre schäbige Handtasche und zog ein Bündel Briefe hervor. «Hier ist es. Briefe.»

«Briefe», fragte Sir Wilfrid, «die Romaine Vole dem Angeklagten geschrieben hat?»

«Dem Angeklagten? Daß ich nicht lache. Den armseligen Schlucker hat sie ja richtig an der Nase herumgeführt.» Sie kniff ein Auge zu. «Ich habe was zu *verkaufen*, mein Lieber, vergessen Sie das nicht.»

Mr. Mayhew schaltete sich diplomatisch ein: «Wenn wir einen Blick in die Briefe tun dürften, könnten wir Ihnen sagen, wieviel sie uns wert sind.»

«Aalglatt, was? Aber wie gesagt, ihr sollt sie nicht unbesehen kaufen. Doch was dem einen recht ist, ist dem anderen billig. Wenn ihr den Jungen durch diese Briefe freikriegt und das ausländische Weibsbild dahin bringt, wo sie hingehört, dann heißt es hundert Pfund für mich herausrücken. Gemacht?»

Mr. Mayhew nahm zehn Pfund aus seiner Brieftasche. «Wenn diese Briefe der Verteidigung von Nutzen sind, bin ich bereit, Ihnen zehn Pfund für Ihre Auslagen anzubieten.»

Die Frau kreischte förmlich los: «Was? Zehn lumpige Pfund für solche Briefe! Kommt überhaupt nicht in Frage.»

Sir Wilfrid ging zu Mayhew hinüber und nahm ihm die Brieftasche und das Geld aus der Hand. Dann wandte er sich wieder der Frau zu. «Wenn ein Brief darunter ist, der dazu beiträgt, die Unschuld meines Klienten zu beweisen, dann wären Ihre Unkosten mit zwanzig Pfund wohl nicht schlecht bezahlt.»

Mit diesen Worten entnahm er der Brieftasche weitere zehn Pfund und reichte sie seinem Freunde leer wieder zurück.

«Fünfzig Pfund», erklärte die Frau, «und die Sache ist gemacht.»

«Zwanzig Pfund und nicht einen Penny mehr.»

Als er das Geld auf den Tisch zählte, leckte sich die Frau die Lippen. Es war mehr, als sie erhofft hatte.

«Na, meinetwegen, ihr Gauner. Da habt ihr sie. Ein ziemlicher Packen. Der oberste wird den Kram schon schmeißen.»

Sie legte die Briefe auf den Tisch und wollte gerade das Geld einstecken. Aber Sir Wilfrid kam ihr zuvor: «Einen Augenblick noch! Woher wissen wir denn, ob es ihre Handschrift ist?»

«Die Briefe sind von ihr geschrieben, das ist so sicher wie das Amen in der Kirche.»

«Ich besitze einen Brief von Mrs. Vole», sagte Mr. Mayhew, «aber leider nicht hier, sondern in meinem Büro.»

«Dann müssen wir uns eben für den Augenblick auf Sie verlassen», meinte Sir Wilfrid und händigte ihr das Geld aus.

Er glättete die Briefe und begann zu lesen, während die Frau ein paar Schritte auf die Tür zu machte.

«Unglaublich», stieß Sir Wilfrid hervor.

«Diese kaltblütige Rachsucht!» erklärte Mr. Mayhew, der über Sir Wilfrids Schulter hinweg mitlas.

Sir Wilfrid ging auf die Frau zu: «Wie sind Sie überhaupt zu den Briefen gekommen?»

«Das möchtet ihr wohl wissen!»

«Was haben Sie eigentlich gegen Romaine Vole?»

Die Frau ging langsam zum Schreibtisch, drehte die Lampe so, daß das Licht auf ihr Gesicht fiel. Dann schob sie ihr Haar zur Seite. Sir Wilfrid wich mit einem Ausruf des Entsetzens zurück; die Wange war völlig zerschnitten und durch rote Narben entstellt.

«Mein Gott, hat Mrs. Vole das getan?»

«Sie nicht. Aber der Kerl, mit dem ich ging. Es war ein ernstes Verhältnis. Er war ja ein bißchen jünger als ich. Aber er mochte mich gern, und ich liebte ihn. Dann kam *sie* dazu, verliebte sich in ihn und hat ihn mir abspenstig gemacht. Zuerst hat sie sich heimlich mit ihm getroffen, und eines Tages haute er ab. Ich ging ihm nach und fand sie zusammen. Ich habe ihr dann gesagt, was ich von ihr hielt, und da ging er auf mich los. Er gehörte zu einer Rasiermesserbande und hat mein Gesicht schön zurechtgestutzt. ‹So, jetzt sieht dich kein Mann mehr an›, hat er noch gesagt.»

Sir Wilfrid fragte tief gerührt: «Haben Sie ihn nicht angezeigt?»

«Ich? Seh' ich so aus? Außerdem war er ja nicht schuld daran, sondern sie – sie ganz allein. Sie hat ihn mir ausgespannt und gegen mich aufgehetzt. Aber ich habe auf eine günstige Gelegenheit gelauert. Ich habe ihr nachgestellt und sie beobachtet. Ich weiß so einiges von ihr. Weiß auch, wo der Bursche wohnt, den sie hin und wieder heimlich besucht. Auf diese Weise habe ich auch die Briefe in die Hände gekriegt. So, jetzt kennen Sie die ganze Geschichte, Mister. Möchten Sie mir nicht vielleicht einen Kuß geben, Herr Rechtsanwalt?»

Sie strich das Haar wieder zur Seite und hielt Sir Wilfrid die zerschlitzte Backe hin. Als er zurückwich, lachte sie kurz auf. «Na, ich nehme es Ihnen nicht krumm, wenn Sie kein Verlangen spüren.»

«Sie tun mir aufrichtig leid», stammelte Sir Wilfrid, dem der Auftritt sehr peinlich war. «John, hast du noch einen Fünfer?»

Als Mr. Mayhew ihm die leere Brieftasche zeigte, nahm Sir Wilfrid einen Fünfpfundschein aus seiner eigenen Tasche und reichte ihn ihr: «Wollen noch fünf Pfund hinzulegen.»

Die Frau griff hastig danach. «So, ihr habt mich also hintergangen, wie? Hab's ja gleich gewußt, daß ich viel zu nachgiebig war. Die Briefe haben es in sich, was?»

«Ja», entgegnete Sir Wilfrid, «ich glaube, sie werden uns nützlich sein. John, lies einmal diesen.»

Während sich die beiden Anwälte von neuem über die Briefe beugten, schlich sich die Frau auf leisen Sohlen zur Tür hinaus. «Wir ziehen am besten einen Handschriftenexperten hinzu», schlug Mr. Mayhew vor.

«Vor allen Dingen», erklärte Sir Wilfrid, «müssen wir

den Namen und die Adresse des Mannes haben, an den die Briefe gerichtet sind.»

Er drehte sich um und entdeckte zu seiner Überraschung, daß die Frau verschwunden war. Er stürzte ins Vorzimmer und schickte Greta hinter ihr her.

«Bei diesem Nebel», meinte er resigniert, als er zu Mr. Mayhew zurückkehrte, «wird es nicht viel Zweck haben. Verdammt noch mal.»

«Du wirst den Namen nie erfahren. Sie hat alles sehr sorgfältig ausgeklügelt. Weigerte sich sogar, uns ihren Namen zu geben, und schlüpfte uns dann wie ein Aal durch die Finger. Es ist ein zu großes Risiko für sie, als Zeugin aufzutreten.»

«Sie würde unter Schutz stehen», wandte Sir Wilfrid ein. Aber es klang nicht sehr überzeugend.

«So? Wie lange wohl? Letzten Endes würde er sie doch fassen. Sie hat schon allerlei gewagt, indem sie hierherkam. Den Mann will sie ja auch nicht mit hineinziehen. Sie hat es in der Hauptsache auf Romaine Heilger abgesehen.»

«Und was für ein nettes Pflänzchen unsere teure Romaine ist! Aber jetzt werden wir ihr das Handwerk schon legen.»

3

Am nächsten Morgen begann der letzte Verhandlungstag, der die Urteilsverkündung bringen sollte.

Sobald alles im Gerichtssaal versammelt war, klopfte der Gerichtsdiener dreimal an die Tür des Richters und forderte alle Anwesenden auf, sich von den Plätzen zu erheben. Als der Richter den Saal betrat, verkündete der Gerichtsdiener:

«Wer vor dem Königlichen Gerichtshof zum Zwecke der Rechtsprechung noch etwas vorzubringen hat, der trete vor und bezeuge dem hohen Gericht seine Achtung. Gott schütze die Königin.»

Nachdem alles wieder Platz genommen hatte, erhob sich Sir Wilfrid und bat den Richter um Erlaubnis, die Zeugin Romaine Heilger noch einmal vernehmen zu dürfen, da ihm nach Schluß der gestrigen Verhandlung äußerst wichtiges Beweismaterial in die Hände gefallen sei, woraufhin Staatsanwalt Myers aufsprang und heftig dagegen protestierte. Der Richter wies ihn mit ruhiger Sachlichkeit zurecht und gab Sir Wilfrid das Wort, der sofort einen Präzedenzfall zitierte. Der Richter erkundigte sich dann, worum es sich bei diesem neuen Beweismaterial handle.

«Um Briefe, Mylord, Briefe, die Mrs. Heilger geschrieben hat.»

Der Richter wünschte die Briefe zu sehen. Sie wurden ihm gereicht, und er begann zu lesen.

Myers stand wieder auf: «Da mein Herr Kollege mich eben erst von dieser Sache unterrichtet hat, hatte ich keine Gelegenheit, etwas darüber nachzuschlagen. Aber es schwebt mir da ein Fall vor, ich glaube aus dem Jahre 1930, das Verfahren gegen Porter ...»

«Nein, Mr. Myers», erwiderte der Richter, «es war das Verfahren gegen Potter, und es war im Jahre 1931. Ich erinnere mich sehr gut daran; denn ich war damals Staatsanwalt.»

«Und wenn mein Gedächtnis mich nicht täuscht, so erhoben Sie einen ähnlichen Einspruch, Mylord, und dieser wurde angenommen.»

«Ihr Gedächtnis täuscht Sie aber leider, Mr. Myers. Mein Einspruch wurde damals von Richter Swindon abgelehnt – wie Ihrer jetzt von mir.»

Während Romaine Heilger in den Zeugenstand gerufen wurde, machten sich bei dem Angeklagten deutliche Zeichen der Aufregung bemerkbar, und Mr. Mayhew sah sich veranlaßt, ihm beschwichtigend zuzureden.

Sir Wilfrid erinnerte Mrs. Heilger zunächst daran, daß sie noch unter Eid stehe, und fragte dann: «Mrs. Heilger, kennen Sie einen Mann, dessen Vornamen Max ist?»

Bei der Erwähnung dieses Namens fuhr sie heftig zusammen, erklärte aber in der nächsten Sekunde ganz gelassen: «Ich habe niemals einen Mann namens Max gekannt. Nie in meinem Leben.»

«Und doch ist es in Ihrem Lande kein seltener Name. Haben Sie tatsächlich nie einen Max gekannt?»

«Ach so, in Deutschland – ja – vielleicht. Ich kann mich nicht entsinnen. Es ist schon lange her.»

«So weit brauchen Sie nicht zurückzudenken. Ein paar Wochen genügen. Sagen wir mal» – hier zog er einen Brief hervor und faltete ihn umständlich auseinander – «bis zum 17. Oktober dieses Jahres.»

«Was haben Sie denn da?» fragte Romaine, sichtlich bestürzt.

«Einen Brief. Einen Brief, den Sie am 17. Oktober an einen Mann namens Max geschrieben haben.»

«Das ist erlogen. Ich habe einen solchen Brief nie geschrieben. Ich weiß überhaupt nicht, was Sie damit bezwekken wollen.»

«Dieser Brief ist nur einer von vielen, die Sie während einer beträchtlichen Zeitspanne an diesen Mann geschrieben haben.»

«Lügen – weiter nichts als Lügen!» rief die Zeugin erregt.

Sir Wilfrid warf ihr einen vielsagenden Blick zu. «Anscheinend unterhielten Sie zu diesem Mann intime Beziehungen.»

«Wie können Sie so etwas behaupten?» fuhr der Angeklagte dazwischen. «Das ist nicht wahr!»

Der Richter ermahnte ihn, in seinem eigenen Interesse zu schweigen.

«Aber», fuhr Sir Wilfrid fort, «der allgemeine Inhalt dieser Briefe geht mich nichts an. Ich interessiere mich im besonderen nur für einen Brief. Der fängt an: ‹*Mein geliebter Max. Es ist etwas ganz Unwahrscheinliches passiert. Ich glaube, alle unsere Schwierigkeiten werden jetzt ein Ende haben.*›»

«Alles erlogen!» tobte die Zeugin. «Ich habe den Brief nicht geschrieben. Woher haben Sie den überhaupt? Wer hat ihn Ihnen gegeben?»

«Das tut nichts zur Sache.»

«Sie haben ihn gestohlen. Sie sind nicht nur ein Lügner, sondern auch ein Dieb. Oder hat eine Frau Ihnen diesen Brief gegeben? Ich habe recht, nicht wahr?»

«Vorläufig haben Sie nur den Anfang des Briefes gehört. Leugnen Sie nach wie vor, ihn geschrieben zu haben?»

«Natürlich habe ich ihn nicht geschrieben. Er ist gefälscht. Es ist unerhört, daß man mich zwingt, derartige Lügen anzuhören – Lügen, die von einer eifersüchtigen Frau erfunden worden sind.»

«Ich glaube, *Sie* sind es, die hier lügt. Sie haben vor Gericht unter Eid dauernd in der unverschämtesten Weise gelogen. Und der Grund, warum Sie gelogen haben, geht deutlich aus diesem Brief hervor.»

«Sie sind ja total verrückt. Warum sollte ich wohl einen solchen Unsinn schreiben?»

«Weil sich ein Weg in die Freiheit für Sie aufgetan hatte. Die Tatsache, daß ein unschuldiger Mann mit dem Tode bestraft werden würde, machte Ihnen beim Schmieden Ihrer Pläne nicht das geringste aus. Sie haben sogar in Ihrem Brief erwähnt, wie geschickt Sie es angefangen haben, Leonard Vole wie durch Zufall mit einem Schinkenmesser zu verwunden.»

Außer sich vor Wut fiel ihm die Zeugin ins Wort: «Das stimmt schon mal nicht. Ich habe geschrieben, daß es ihm selbst beim Schinkenschneiden –» Sie preßte die Hand auf den Mund; denn in diesem Augenblick kam ihr zum Bewußtsein, daß man sie in eine Falle gelockt hatte.

«Ach, Sie wissen also, was in diesem Brief steht – noch ehe ich ihn vorgelesen habe», triumphierte Sir Wilfrid.

Die Zeugin warf nun jegliche Selbstbeherrschung über Bord: «Verdammt noch mal! Der Teufel soll Sie holen! Ich hasse Sie!» Sie blickte wild umher. «Lassen Sie mich hier heraus! Lassen Sie mich gehen!»

Mit diesen Worten verließ sie den Zeugenstand, aber der Gerichtsdiener vertrat ihr den Weg. Der Richter befahl ihm, der Zeugin einen Stuhl zu geben, und forderte Sir Wilfrid auf, den Geschworenen den ganzen Brief vorzulesen. Sir Wilfrid las:

«Mein geliebter Max! Es ist etwas ganz Unwahrscheinliches passiert. Ich glaube, alle unsere Schwierigkeiten werden jetzt zu Ende sein. Ich kann zu Dir kommen, ohne befürchten zu müssen, daß die wertvolle Arbeit, die Du in diesem Lande leistest, gefährdet wird. Die alte Dame, von der ich Dir erzählte, ist ermordet worden, und ich glaube, man hat Leonard in Verdacht. Er ist an jenem Abend bei ihr gewesen, und seine Fingerabdrücke werden überall zu finden sein. Es soll um halb zehn passiert sein.

Um diese Zeit war Leonard schon zu Hause, aber sein Alibi hängt von mir ab – von mir ganz allein. Ich kann ja sagen, er sei erst viel später nach Hause gekommen und habe Blut an seiner Kleidung gehabt. Er hatte auch tatsächlich Blut am Ärmel, da er sich beim Abendessen geschnitten hatte. Das würde ganz schön passen. Ich könnte sogar aussagen, er habe mir erzählt, daß er sie getötet habe. O Max, Geliebter, sag mir, ob ich es so machen soll – es wäre wunderbar, frei zu sein und nicht mehr die liebende, dankbare Gattin spielen zu müssen. Ich weiß, daß die Bewegung und die Partei an erster Stelle stehen, aber wenn Leonard wegen Mordes verurteilt würde, könnte ich ohne Gefahr zu Dir kommen, und wir könnten immer zusammen sein. Deine Dich anbetende Romaine.»

Es herrschte tiefe Stille im Saal. Die Geschworenen hatten sich wie gebannt nach vorn gebeugt. Der Richter forderte nun Mrs. Heilger auf, wieder in den Zeugenstand zu treten, und fragte, was sie zu diesem Brief zu sagen habe.

Die Zeugin war wie versteinert und antwortete resigniert: «Nichts.»

Der Angeklagte sprang auf und rief leidenschaftlich:

«Romaine, sag ihnen doch, daß du das nicht geschrieben hast. Ich weiß, daß du es nicht getan hast.»

Mrs. Heilger drehte sich um und zischte zwischen den Zähnen hervor: «Natürlich habe ich es geschrieben.»

«Das», erklärte Sir Wilfrid, «dürfte für die Verteidigung genügen, Mylord.»

Der Richter fragte den Staatsanwalt, ob er ein Kreuzverhör anzustellen wünsche. Von dieser Aufgabe nicht sonderlich begeistert, erhob sich Myers und fragte die Zeugin, ob man einen Zwang auf sie ausgeübt habe und ob sie sich darüber klar sei, was ein Eid vor einem englischen Gerichtshof bedeute.

«Müssen Sie mich immer noch mehr quälen?» lautete die verzweifelte Antwort. «Ich habe den Brief geschrieben. Nun lassen Sie mich endlich gehen.»

Der Richter erinnerte den Staatsanwalt daran, daß Sir Wilfrid die Zeugin bei der früheren Vernehmung auf die Heiligkeit des Eides hingewiesen habe, und Mrs. Heilger machte er darauf aufmerksam, daß sie sich demnächst wegen Meineides zu verantworten habe. Damit entließ er die Zeugin und forderte Sir Wilfrid auf, sein Plädoyer zu beginnen.

Als Sir Wilfrid mit seinem sehr eindrucksvollen Plädoyer zu Ende war, zogen sich die Geschworenen für knapp fünf Minuten zurück. Sobald sie ihre Plätze wieder eingenommen hatten, forderte der Sprecher den Angeklagten auf, sich zu erheben, und fragte dann die Geschworenen: «Sind Sie sich alle über das Urteil einig?»

Der Obmann stand auf und antwortete: «Ja.»

«Haben Sie den Angeklagten, Leonard Vole, für schuldig oder für nicht schuldig befunden?»

«Nicht schuldig, Mylord.»

Dieses Urteil löste ein beifälliges Gemurmel unter den

Zuschauern aus, das aber sehr schnell vom Gerichtsdiener unterdrückt wurde; denn nun sprach der Richter zu dem Angeklagten:

«Leonard Vole, Sie sind des am 14. Oktober an Emily French verübten Mordes für nicht schuldig erklärt worden. Sie werden hiermit freigesprochen und können den Gerichtssaal verlassen.»

Der Richter erhob sich, und alle Anwesenden folgten seinem Beispiel.

Allmählich leerte sich der Gerichtssaal, und schließlich blieben nur noch Leonard Vole und seine beiden Anwälte zurück. Vole bedankte sich bei ihnen, daß sie ihn aus einer «ekelhaften Patsche», wie er sich ausdrückte, gerettet hatten. Er machte jedoch Sir Wilfrid den Vorwurf, daß er zu scharf gegen Romaine vorgegangen sei.

«Hören Sie mal, Vole», entgegnete Sir Wilfrid mit großem Nachdruck, «Sie sind nicht der erste junge Mann, der in eine Frau vernarrt und infolgedessen so mit Blindheit geschlagen ist, daß er nicht erkennt, wie sie in Wirklichkeit ist. Diese Frau hat alles darangesetzt, um Ihnen die Schlinge um den Hals zu legen.»

«Ja, aber warum? Das kann ich immer noch nicht begreifen. Sie schien stets so voller Hingabe zu sein. Ich hätte schwören können, daß sie mich liebte – und doch hatte sie die ganze Zeit diesen anderen am Bändel.» Er schüttelte den Kopf. «Unglaublich. Es muß etwas anderes dahinterstecken.»

In diesem Augenblick schob ein Polizist Romaine Heilger durch die Tür mit den Worten:

«Sie warten am besten hier drinnen. Draußen ist noch eine große Menschenmenge versammelt, und die Volksseele kocht. An Ihrer Stelle würde ich warten, bis die Masse sich verlaufen hat.»

Mrs. Heilger bedankte sich und eilte schnurstracks auf Leonard Vole zu. Aber Sir Wilfrid versperrte ihr den Weg.

«Wollen Sie Leonard etwa vor mir schützen?» fragte Romaine Heilger mit leichter Ironie. «Das ist wirklich nicht notwendig.»

«Sie haben genügend Unheil angerichtet», brummte Sir Wilfrid.

«Darf ich Leonard nicht einmal gratulieren, daß er nun frei ... und reich ist?»

«Reich?» fragte Vole zögernd.

«Ja, Mr. Vole, ich glaube, Sie werden Ihre Erbschaft bald antreten können», versicherte ihm Mr. Mayhew.

«Nach allem, was ich durchgemacht habe, scheint Geld keine besondere Rolle zu spielen. Romaine, ich kann nicht verstehen ...»

«Leonard», fiel sie ihm ins Wort, «ich kann dir alles erklären.»

«Nein!» donnerte Sir Wilfrid dazwischen.

Mrs. Heilger und Sir Wilfrid blickten sich feindselig an.

«Sagen Sie mir, Sir Wilfrid, komme ich nun wegen Meineides ins Gefängnis?»

«Das ist so gut wie sicher. Es mag Sie vielleicht interessieren, daß ich Sie gleich bei unserer ersten Begegnung durchschaut habe. Ich habe mir damals sofort geschworen, Ihnen einen Strich durch die Rechnung zu machen. Und beim Barte des Propheten, ich habe es geschafft! Ich habe Vole freibekommen trotz ihrer Schliche!»

«*Trotz* – meiner Schliche! Würde man mir geglaubt haben, wenn ich gesagt hätte, Leonard sei an dem Abend bei mir zu Hause gewesen und nicht wieder fortgegangen? Nein, man hätte sich gesagt: diese Frau liebt den Mann – sie würde alles für ihn sagen und tun. Gewiß, man hätte mir vielleicht Sympathie entgegengebracht. Aber *geglaubt* hätte man mir nicht.»

«Wenn Sie die Wahrheit gesprochen hätten, schon.»

«Na, ich weiß nicht ... Jedenfalls wollte ich keine Sympathie – ich wollte Abscheu und Mißtrauen erwecken, wollte die Geschworenen davon überzeugen, daß ich verlogen sei. Und als ich dann von Ihnen als Lügnerin entlarvt wurde, da glaubten sie endlich ...» Sie machte plötzlich eine Handbewegung, und ihre Stimme nahm einen völlig veränderten, vulgären Ton an, als sie fortfuhr: «So, nun kennen Sie die ganze Geschichte, Mister – möchten Sie mir nicht vielleicht einen Kuß geben, Herr Rechtsanwalt?»

Sir Wilfrid war wie vom Donner gerührt. «Mein Gott! Sie sind also ...»

«Die Frau mit den Narben und den Briefen. Jawohl. Ich hatte die Briefe geschrieben, die ich Ihnen brachte. Ich hatte mir die Narben aufgemalt, die Ihren Ekel und Ihr Mitleid erregten. Nicht *Sie* haben Leonard das Leben gerettet, sondern ich. Und dafür muß ich ins Gefängnis wandern ...» Sie schloß die Augen. «Aber am Ende werden wir wieder vereint und glücklich sein.»

Sir Wilfrid war sichtlich gerührt. «Aber meine liebe Mrs. Vole, warum hatten Sie denn so wenig Vertrauen zu mir? Wir glauben nämlich, daß unsere britische Justiz auf seiten der Wahrheit steht. Wir hätten ihn auch so freibekommen.»

«Das konnte ich nicht riskieren.» Nach einer kleinen Pause setzte sie langsam hinzu: «Sie *dachten* nämlich, Leonard sei unschuldig ...»

Sir Wilfrid unterbrach sie rasch: «Und Sie *wußten*, daß er unschuldig war. Ich verstehe schon.»

«Aber Sie verstehen mich ganz und gar nicht, Sir Wilfrid. *Ich* wußte, daß er *schuldig* war ...»

Sir Wilfrid verstummte bestürzt. Erst nach einer geraumen Weile fand er die Sprache wieder. «Aber haben Sie denn keine Angst?»

«Angst? Wovor?»

«Mit einem Mörder zusammenzuleben?»

«Sie verstehen wieder nicht, Sir Wilfrid – wir lieben uns doch!»

«Mrs. Vole, bei unserer ersten Begegnung sagte ich Ihnen,

Sie seien eine außergewöhnliche Frau – ich sehe keinen Grund, meine Meinung zu ändern.»

Damit verließ Sir Wilfrid den Saal. In der gleichen Minute stürzte zu einer anderen Tür ein junges Mädchen mit rötlichblondem Haar und von einigermaßen aufdringlichem Benehmen herein. Es war die «Erdbeerblonde», von der der Staatsanwalt gesprochen hatte. Sie lief direkt auf Vole zu:

«O Len, Darling, ist es nicht wunderbar? Du bist frei! Man hat mich nicht hineinlassen wollen. Oh, es war schrecklich! Ich bin fast verrückt geworden!»

«Leonard – wer – ist – dieses Mädchen?» fragte Romaine heftig.

Statt Leonard antwortete das Mädchen mit einem gewissen Trotz: «Ich bin Leonards Freundin. Über Sie bin ich orientiert. Sie sind gar nicht seine Frau. Nie gewesen. Sie haben Ihr möglichstes getan, um ihn an den Galgen zu bringen. Aber das ist jetzt vorbei.» Sie wandte sich wieder Leonard Vole zu. «Wir werden jetzt ins Ausland reisen, wie du es mir versprochen hast, und alle die herrlichen Gegenden besuchen. Wir werden eine wunderschöne Zeit verleben und dies alles hier schnell vergessen.»

«Ist – das – wahr? Ist die wirklich deine Freundin, Leonard?» fragte Romaine mit gequältem Ausdruck.

Leonard zögerte zunächst mit der Antwort, sah dann aber ein, daß er Farbe bekennen mußte. Er ging ein paar Schritte auf Romaine zu und gestand:

«Ja, sie ist meine Freundin.»

«Nach allem, was ich für dich getan habe ... was kann *sie* dir da noch bedeuten?»

Leonard Vole ließ jetzt die Maske fallen, die er so lange getragen hatte, und zeigte sich in seiner ganzen Brutalität.

«Sie ist fünfzehn Jahre jünger als du», erwiderte er lachend.

Romaine zuckte zusammen wie vom Blitz getroffen.

Leonard stellte sich dicht vor sie hin und sagte in drohendem Ton:

«Ich bin freigesprochen und bekomme das Geld. Nach unseren Gesetzen kann ich desselben Verbrechens nicht noch einmal angeklagt werden. Also würde ich dir raten, deinen Mund zu halten. Sonst kann es sein, daß du selbst noch wegen Beihilfe gehängt wirst.»

Romaine warf den Kopf zurück und nahm eine sehr würdevolle Haltung an. «Nein», rief sie, «das wird nicht geschehen. Ich werde nicht wegen Beihilfe angeklagt. Auch nicht wegen Meineides. Ich werde des Mordes angeklagt . . .»

Noch ehe irgend jemand erfassen konnte, was geschah, hatte sie blitzschnell das Messer ergriffen, das immer noch als Beweisstück hinter ihr auf dem Tisch lag, und es Leonard in den Leib gestoßen.

«. . . des Mordes an dem einzigen Mann, den ich je geliebt habe.»

Als Leonard, tödlich getroffen, zu Boden sank, blickte sie zum Richterstuhl empor und sagte mit feierlicher Stimme:

«Schuldig, Mylord.»

Haus Nachtigall

«Auf Wiedersehen, Liebling!»

«Auf Wiedersehen, mein Schatz!»

Alix Martin lehnte sich über das schmale Gartentor und sah ihrem Mann nach, der den Weg zum Dorf hinunterging. Kleiner und kleiner wurde die Gestalt, jetzt war sie in einer Kurve verschwunden, aber Alix verharrte immer noch in der gleichen Stellung. In Gedanken versunken, strich sie eine Locke ihres dichten braunen Haares aus ihrem Gesicht. Ihre Augen blickten träumerisch in die Ferne.

Alix Martin war nicht schön, strenggenommen nicht einmal hübsch. Ihr Gesicht war das einer Frau, die nicht mehr in den besten Jahren ist. Trotzdem war es strahlend und weich, und ihre früheren Kollegen aus dem Büro hätten sie wahrscheinlich kaum wiedererkannt.

Miss Alix King war eine ordentliche, geschäftstüchtige junge Frau gewesen, etwas forsch in ihrem Verhalten, aber sie stand offensichtlich mit beiden Füßen auf der Erde.

Alix war durch eine harte Schule gegangen. Fünfzehn Jahre lang, von ihrem achtzehnten Lebensjahr an, bis sie dreiunddreißig war, hatte sie für sich selbst gesorgt, sieben Jahre davon auch noch für ihre kranke Mutter. Den Unterhalt hatte sie durch ihre Arbeit als Stenotypistin verdient. Dieser Existenzkampf hatte die weichen Linien ihres Gesichtes gehärtet.

Sicher, es hatte auch Liebe gegeben – so eine Art. Dick

Windyford, ein Büroangestellter und Kollege. Ohne es sich je anmerken zu lassen, hatte Alix natürlich gewußt, was er für sie empfand. Nach außen hin waren sie Freunde gewesen, mehr nicht. Mit seinem spärlichen Gehalt konnte Dick im Moment noch nicht ans Heiraten denken. Er mußte für die Schulkosten eines jüngeren Bruders aufkommen.

Unerwartet war es dann plötzlich mit der täglichen Plakkerei zu Ende. Eine entfernte Kusine war gestorben und hatte Alix ihr Geld hinterlassen. Es waren ein paar tausend Pfund, genug, um ein paar hundert im Jahr einzubringen. Für Alix bedeutete es Freiheit, Leben, Unabhängigkeit. Nun brauchten Dick und sie nicht länger zu warten.

Aber Dick reagierte eigenartig. Er hatte niemals offen zu Alix über seine Liebe gesprochen, und jetzt schien er es weniger denn je zu beabsichtigen. Er ging ihr aus dem Wege, wurde mürrisch und verschlossen.

Alix erkannte den Grund schnell. Dick war zu feinfühlend und stolz, um ausgerechnet jetzt, da sie Geld hatte, um ihre Hand anzuhalten. Sie liebte ihn dafür noch mehr und hatte sich schon vorgenommen, selbst den ersten Schritt zu tun, als zum zweitenmal das Unerwartete in ihr Leben trat.

Im Hause einer Freundin lernte sie Gerald Martin kennen. Er verliebte sich stürmisch in sie, und eine Woche später waren sie bereits verlobt. Alix, die von sich selbst überzeugt gewesen war, daß ihr so etwas nie passieren könne, war im siebenten Himmel.

Damit hatte sie unwissentlich den Weg gefunden, um Dick Windyford wachzurütteln. In Rage und voller Empörung war er zu ihr gekommen.

«Dieser Mann ist ein völlig Fremder für dich. Du weißt überhaupt nichts über ihn», hatte er ihr vorgehalten.

«Ich weiß, daß ich ihn liebe.»

«Wie kannst du das nach einer Woche?»

«Nicht jeder braucht elf Jahre, um herauszufinden, daß er in ein Mädchen verliebt ist», hatte sie ihn ärgerlich angeschrien.

Sein Gesicht war weiß.

«Ich habe dich geliebt, seit ich dich zum erstenmal sah. Ich dachte, du liebst mich auch.»

Alix war ehrlich. «Ich glaubte das auch», gab sie zu. «Aber das war, weil ich nicht wußte, was Liebe ist.»

Dick war außer sich. Bitten, Flehen, sogar Drohungen – Drohungen gegen den Mann, der ihn verdrängt hatte, stieß er aus. Alix war erstaunt, als sie den Vulkan erlebte, der unter dem reservierten Äußeren des Mannes steckte, von dem sie glaubte, ihn so gut zu kennen.

Als sie an diesem sonnigen Morgen an das Gartentor des Landhauses gelehnt stand, wanderten ihre Gedanken zurück zu diesem Gespräch. Einen Monat lang war sie verheiratet, und sie war wunschlos glücklich. Jetzt, da ihr Mann, der ihr alles bedeutete, nicht da war, schlich sich trotzdem ein Beigeschmack von Angst in ihr perfektes Glück. Und der Grund für diese Angst war Dick Windyford.

Dreimal seit ihrer Hochzeit hatte sie den gleichen Traum gehabt. Die Umgebung war stets eine andere, aber die Hauptsache war immer die gleiche. *Sie sah ihren Mann tot daliegen, und Dick Windyford stand über ihn gebeugt, und sie wußte, daß es Dick war, der ihn erschlagen hatte.* Aber so schrecklich das auch war, es gab noch etwas Entsetzlicheres, und zwar nach dem Erwachen, denn im Traum schien es völlig natürlich und unvermeidlich zu sein. *Sie, Alix Martin, war froh, daß ihr Mann tot war.* Sie streckte dem Mörder die Hände entgegen, manchmal dankte sie ihm. Der Traum endete immer gleich: Sie war in Dick Windyfords Arme geschmiegt.

Sie hatte ihrem Mann nichts von diesem Traum erzählt, aber innerlich hatte er sie tiefer beunruhigt, als sie zugeben wollte. War es eine Warnung – eine Warnung vor Dick Windyford?

Alix wurde aus ihren Gedanken gerissen, als das schrille Läuten des Telefons aus dem Haus drang. Sie ging hinein und nahm den Hörer ab. Plötzlich schwankte sie und hielt sich an der Wand fest.

«Wer, sagten Sie, ist am Apparat?»

«Aber, Alix, was ist denn los mit dir? Ich hätte deine Stimme fast nicht erkannt. Hier ist Dick.»

«Oh», brachte sie hervor. «Oh! Wo – wo bist du?»

«In ‹Traveller's Arms›, so heißt das wohl, nicht wahr? Oder kennst du nicht einmal eure Dorfwirtschaft? Ich habe Urlaub, möchte ein bißchen fischen hier. Hast du etwas dagegen, daß ich euch heute nach dem Abendessen besuche?»

«Nein!» antwortete Alix scharf. «Du darfst nicht kommen!»

Nach einer kleinen Pause kam Dicks veränderte Stimme wieder. «Es tut mir leid», sagte er förmlich, «ich möchte dich natürlich nicht belästigen –»

Alix unterbrach ihn hastig. Er mußte ihr Benehmen als reichlich ungewöhnlich betrachten. Es war auch ungewöhnlich. Ihre Nerven hatten sie im Stich gelassen.

«Ich meinte nur, daß wir für heute abend schon verabredet sind», erklärte sie und versuchte ihrer Stimme einen möglichst natürlichen Klang zu geben. «Möchtest du nicht – würdest du morgen zum Abendessen kommen?»

Aber Dick hatte den plötzlichen Meinungsumschwung offenbar bemerkt.

«Vielen Dank», antwortete er, «aber ich werde dann lieber gleich weiterfahren. Es hängt noch davon ab, ob ein Freund von mir herkommt oder nicht. Auf Wiedersehen, Alix.» Er hielt einen Moment inne und fügte dann hastig und mit veränderter Stimme hinzu: «Viel Glück, Alix.»

Mit einem Gefühl der Erleichterung legte Alix den Hörer auf die Gabel. Er darf nicht herkommen, wiederholte sie in Gedanken. Er darf nicht herkommen. Gott, was bin ich dumm, mich so aufzuregen! Trotzdem bin ich froh, daß er nicht kommt.

Sie nahm einen Strohhut vom Tisch und ging wieder hinaus in den Garten. Einen Moment blieb sie stehen und blickte auf den Namen, der draußen am Tor eingeschnitzt stand: Haus Nachtigall.

«Ist das nicht ein sehr eigentümlicher Name?» hatte sie zu Gerald gesagt, bevor sie heirateten. Er hatte gelacht.

«Du kleines Londoner Stadtkind», hatte er liebevoll geantwortet. «Ich glaube, du hast noch nie eine Nachtigall gehört. Ich bin froh darüber. Wir werden sie an einem Sommerabend zusammen vor unserem eigenen Haus hören.»

Als sich Alix jetzt daran erinnerte, spürte sie ein Gefühl des Glücks in sich aufsteigen. Es war Gerald, der Haus Nachtigall gefunden hatte. Er war zu Alix gekommen, vor Aufregung ganz außer sich gewesen: er habe genau das richtige für sie aufgetrieben, ein Juwel, die Chance des Lebens. Und als Alix es gesehen hatte, war sie von seinem Charme ebenfalls bezaubert. Gewiß, die Lage war ziemlich einsam, zwei Meilen vom nächsten Dorf entfernt. Aber das Haus selbst war so auserlesen mit seinem an frühere Zeiten erinnernden Äußeren und seinem soliden Komfort mit Badezimmern, Heißwasseranlagen, elektrischem Licht und Telefon, daß Alix diesen Reizen sogleich erlegen war. Doch dann stellte sich heraus, daß die Sache einen Haken hatte. Der Besitzer, ein reicher Mann, lehnte es ab, das Haus zu vermieten. Er wollte nur verkaufen.

Gerald Martin war nicht imstande, sein Kapital zu diesem Zeitpunkt flüssig zu machen. Er hatte zwar ein gutes Einkommen, aber das Äußerste, was er aufbringen konnte, wären tausend Pfund gewesen. Der Besitzer wollte dreitausend. Aber Alix hatte ihr Herz schon an dieses Haus verloren, und sie wußte Rat. Über ihr eigenes Geld konnte sie sofort verfügen, da es in Pfandbriefen angelegt war. Sie würde die Hälfte davon abzweigen, um ihr Heim zu kaufen. So wurde

Haus Nachtigall ihr Eigentum, ein Entschluß, den Alix bisher keinen Augenblick bereut hatte. Sicher, das Hauspersonal mochte die ländliche Abgeschiedenheit nicht, darum hatte sie im Moment auch keine Hilfe. Aber Alix, jahrelang nur den eintönigen Bürobetrieb gewohnt, machte es Spaß, Leckerbissen zu kochen und das Haus in Ordnung zu halten. Für den Garten, in dem prachtvolle Blumen wuchsen, hatte sie einen alten Mann aus dem Dorf, der zweimal wöchentlich, und zwar immer montags und freitags, kam.

Sie war deshalb erstaunt, ihn heute, Mittwoch, hinter dem Haus in einem Blumenbeet beschäftigt, anzutreffen.

«Nanu, George, was machen Sie denn hier?» fragte sie, als sie auf ihn zukam.

Der alte Mann richtete sich mühsam auf und hob zwei Finger an den Schirm seiner uralten Mütze.

«Ich dachte mir schon, daß Sie sich wundern würden, Madam. Aber es ist so. Auf dem Gut wird am Freitag ein Fest gefeiert, und ich sagte mir, weder Mr. Martin noch seine junge Frau werden etwas dagegen haben, wenn ich mal statt Freitag schon am Mittwoch komme.»

«Ist schon in Ordnung», antwortete Alix. «Ich wünsche Ihnen viel Vergnügen.»

«Das werde ich haben», meinte George treuherzig. «Es ist 'ne feine Sache, zu wissen, daß man sich so richtig vollessen kann, ohne selbst bezahlen zu müssen. Der Gutsbesitzer ist bei seinen Leuten nie kleinlich gewesen. Und dann dachte ich mir auch, Madam, ich kann Sie genausogut jetzt, bevor Sie wegfahren, nach Ihren Wünschen für die Rabatten fragen. Sie wissen wohl nicht, wann Sie zurückkommen, Madam?»

«Aber ich fahre gar nicht fort.»

George starrte sie an.

«Fahren Sie denn morgen nicht nach London?»

«Nein. Wie kommen Sie auf diese Idee?»

George rückte mit einer langsamen Bewegung seine Mütze ins Genick.

«Mr. Martin hat es mir erzählt, als ich ihn gestern im Dorf traf. Er sagte, daß Sie beide morgen nach London fahren, und es sei ungewiß, wann Sie wieder zurückkämen.»

«Unsinn», lachte Alix. «Sie müssen ihn mißverstanden haben.» Trotzdem wunderte sie sich, was Gerald wohl zu dem alten Mann gesagt hatte, er konnte ihn doch nicht so mißverstanden haben. Nach London fahren? Sie wollte niemals wieder nach London.

«Ich hasse London», sagte sie plötzlich bitter.

«Aha», meinte George gelassen. «Na, dann werd' ich mich wohl verhört haben. Und doch, er sagte es ja ganz deutlich. Ich bin froh, daß Sie hierbleiben. Ich halte nichts von diesen Spazierfahrten, und von London halte ich schon gar nichts. Ich habe, Gott sei Dank, nie hinfahren müssen. Zu viele Autos – das ist das Schlimmste heutzutage. Wenn die Leute erst mal ein Auto haben, dann können sie nicht mehr an einem Platz bleiben. Mr. Ames, dem dieses Haus früher gehörte, war immer ein friedlicher, ruhiger Mann gewesen, bis er sich so ein Ding kaufte. Noch nicht einen Monat hat er es gehabt, als er schon das Haus zum Verkauf anbot. Und 'ne Menge Geld hatte er hier reingesteckt, mit fließend Wasser in allen Schlafzimmern und dem elektrischen Licht und so. ‹Das Geld kriegen Sie nie wieder›, sagte ich ihm, aber er meinte, er bekäme zweitausend Pfund für dieses Haus, und zwar auf den Penny. Und richtig, er bekam es auch.»

«Es waren dreitausend», unterbrach Alix lächelnd seinen Redeschwall.

«Zweitausend», wiederholte George. «Die Summe, die er damals verlangte, wurde hier lange genug diskutiert.»

«Es waren wirklich dreitausend», sagte Alix.

George war nicht zu überzeugen. «Frauen verstehen

nichts von Zahlen», meinte er. «Sie wollen mir doch nicht erzählen, daß Mr. Ames den Nerv hatte, von Ihnen dreitausend zu verlangen?»

«Er verlangte es nicht von mir, sondern von meinem Mann», antwortete Alix.

George kniete sich wieder hin.

«Der Preis war zweitausend», murmelte er störrisch.

Alix hatte keine Lust, sich mit ihm zu streiten. Sie ging zu einem anderen Beet und pflückte sich einen schönen, dicken Blumenstrauß.

Als sie ins Haus gehen wollte, bemerkte sie im Vorbeigehen einen kleinen dunkelgrünen Gegenstand, der zwischen den Blättern eines Beetes hervorschaute. Sie bückte sich, hob ihn auf und sah, daß es das Notizbuch ihres Mannes war.

Sie öffnete es und durchblätterte amüsiert die Eintragungen. Gleich zu Beginn ihres Ehelebens hatte sie erkannt, daß Gerald, der impulsiv und gefühlvoll war, einen ausgeprägten Sinn für Ordnung und Systematik besaß, was eigentlich nicht zusammenpaßte. Er war geradezu versessen darauf, daß die Mahlzeiten pünktlich eingehalten wurden, und er plante seinen Tagesablauf mit der Präzision eines Uhrwerkes voraus.

Während sie das Notizbuch durchstöberte, entdeckte sie zu ihrer Erheiterung die Eintragung vom 14. März: «Alix heiraten, 14 Uhr 30, St.-Peters-Kirche.»

«Der große Junge», murmelte sie und blätterte weiter. Plötzlich stutzte sie.

«‹Mittwoch, 18. Juni› – das ist ja heute!»

In dem Raum, der für dieses Datum zur Verfügung stand, war mit Geralds gestochener Schrift eingetragen: «21 Uhr.» Sonst stand da nichts.

Was hatte Gerald um neun Uhr abends vor? Alix überlegte. Sie lächelte, denn sie sagte sich, wenn das eine Geschichte wäre, eine solche, wie man sie öfter liest, wäre unzweifelhaft mehr darüber aus dem Notizbuch zu entnehmen gewesen. Zumindest hätte es den Namen der anderen Frau enthalten.

Langsam durchblätterte sie auch die zurückliegenden Eintragungen. Es gab Verabredungen, Besprechungstermine, knappe Anmerkungen über Geschäftsabschlüsse, aber nur einen Frauennamen, nämlich ihren eigenen.

Dennoch, als sie das Büchlein in die Tasche steckte und mit ihrem Blumenstrauß ins Haus ging, spürte sie eine leichte Unruhe. Dick Windyfords Worte kamen ihr in den Sinn, als hätte er sie in diesem Moment wiederholt: «Dieser Mann ist ein völlig Fremder für dich. Du weißt überhaupt nichts über ihn.»

Das stimmte. Was wußte sie von ihm? Gerald war immerhin vierzig. In vierzig Jahren mußte eine Frau in seinem Leben eine Rolle gespielt haben ...

Alix schüttelte ungeduldig den Kopf. Sie durfte solchen Gedanken keinen Platz einräumen. Sie hatte ein viel brennenderes Problem. Sollte sie ihrem Mann erzählen, daß Dick angerufen hatte, oder nicht? Es war ja möglich, daß Gerald ihn sowieso im Dorf getroffen hatte. In diesem Fall würde er es sicher, sobald er nach Hause kam, erwähnen. Dann wäre die Sache ohne ihr Zutun erledigt. Wenn nicht, was dann? Alix entschied, daß sie lieber nichts sagen würde. Wenn sie ihrem Mann davon erzählte, würde er sicher vorschlagen, Dick einzuladen. Dann müßte sie ihm erklären, daß Dick sich schon selbst einladen wollte, daß sie aber eine Ausrede gebraucht hatte, um sein Kommen zu verhindern. Und wenn Gerald sie dann fragen würde, weshalb sie das getan habe – was sollte sie dann sagen? Ihm ihren Traum erzählen? Er würde doch nur lachen, oder, was noch schlimmer wäre, er würde sagen, er verstehe nicht, warum sie diesem Traum eine derartige Bedeutung zukommen ließ.

Endlich beschloß Alix, nichts zu erwähnen. Es war das

erste Geheimnis, das sie vor ihrem Mann hatte, und sie war nicht glücklich dabei.

Als sie hörte, wie Gerald kurz vor dem Mittagessen aus dem Ort zurückkam, eilte sie in die Küche, und um ihre Verlegenheit zu verbergen, gab sie sich hier sehr beschäftigt. Sie merkte sofort, daß Gerald Dick Windyford nicht getroffen hatte. Alix war erleichtert und beklommen zugleich. Jetzt war sie zur Verschwiegenheit verdammt.

Erst am Abend nach dem Essen, als sie in dem eichengetäfelten Wohnzimmer saßen, fiel Alix das Notizbuch wieder ein.

«Hier hast du etwas, mit dem du die Blumen gegossen hast», sagte sie und warf es ihm in den Schoß.

«Das habe ich wohl in den Randbeeten verloren, was?»

«Ja. Und jetzt kenne ich alle deine Geheimnisse.»

«Nicht schuldig», lachte Gerald und schüttelte den Kopf.

«Wie steht's mit deinem Vorhaben heute abend um neun Uhr?»

«Ach, das?» Er schien einen Augenblick etwas überrascht, dann lächelte er, als ob ihm irgend etwas ganz besonderen Spaß machte. «Es ist eine Verabredung mit einem außergewöhnlich netten Mädchen, Alix. Sie hat braunes Haar, blaue Augen und ist dir sehr ähnlich.»

«Ich verstehe nicht», antwortete Alix mit vorgetäuschter Strenge. «Du weichst mir aus.»

«Nein, das tue ich nicht. Spaß beiseite – ich wollte nur nicht vergessen, heute abend einige Negative zu entwickeln. Ich möchte gern, daß du mir dabei hilfst.»

Gerald Martin war ein begeisterter Fotograf. Er besaß eine altmodische Kamera mit hervorragenden Objektiven und entwickelte seine Filme in einem kleinen Keller selbst, den er als Dunkelkammer eingerichtet hatte.

«Und das muß genau um neun Uhr sein», neckte ihn Alix.

«Mein liebes Kind», erwiderte Gerald, und eine Spur Gereiztheit lag in seiner Stimme, «man sollte eine Sache immer für eine ganz bestimmte Zeit planen. Dann erledigt man seine Arbeit ordnungsgemäß.»

Alix saß eine oder zwei Minuten still und beobachtete ihren Mann, wie er in einem Sessel lag und rauchte, betrachtete den zurückgeworfenen dunklen Kopf, die klar gezeichneten Linien seines glattrasierten Gesichts, die gegen den düsteren Hintergrund abstachen. Und plötzlich, aus heiterem Himmel, überfiel sie eine Welle der Panik, und bevor sie sich zurückhalten konnte, rief sie: «Ach, Gerald! Ich wünschte, ich wüßte mehr über dich!»

Ihr Mann wandte sich ihr mit erstauntem Gesicht zu.

«Aber, meine liebe Alix, du weißt alles über mich. Ich habe dir von meiner Jugendzeit in Northumberland erzählt, von meinem Leben in Südafrika und von den letzten zehn Jahren in Kanada, die mir Erfolg brachten.»

«Ach, Geschäfte», meinte Alix wegwerfend.

Plötzlich lachte Gerald auf.

«Ich weiß, was du meinst – Liebesgeschichten. Ihr Frauen seid doch alle gleich. Etwas anderes interessiert euch nicht.»

Alix fühlte, wie ihr der Hals trocken wurde, während sie undeutlich murmelte: «Nun, aber es muß doch – Liebesgeschichten gegeben haben. Ich meine, wenn ich nur wüßte ...»

Wieder trat minutenlang Stille ein. Unwillig runzelte Gerald Martin die Stirn. Als er zu reden anfing, tat er es ernst und ohne eine Spur seiner vorherigen neckenden Art.

«Alix, hältst du dieses Blaubart-Gehabe für klug? Es gab Frauen in meinem Leben. Ich streite es nicht ab. Du würdest es mir auch sowieso nicht glauben. Aber ich kann dir ehrlich versichern, daß keine von ihnen mir etwas bedeutete.»

Es war eine Aufrichtigkeit in seinem Ton, die Alix beruhigte.

«Zufrieden?» fragte er mit einem Lächeln. Dann blickte er

sie mit einem Anflug von Neugierde an. «Wie bist du eigentlich ausgerechnet heute abend auf dieses unerquickliche Thema gekommen?»

Alix stand auf und begann ruhelos hin und her zu laufen.

«Ach, ich weiß es nicht», antwortete sie. «Ich war schon den ganzen Tag über nervös.»

«Das ist seltsam», sagte Gerald leise, als spräche er mit sich selbst, «sehr seltsam.»

«Was ist daran seltsam?»

«Aber, mein Liebes, ich habe das nur so gesagt, weil du gewöhnlich ausgeglichen und nett bist.»

«Heute war alles dazu angetan, mich zu verärgern», beichtete sie. «Sogar der alte George. Er hatte so eine lächerliche Idee im Kopf, daß wir nach London fahren würden. Er sagte, du hättest es ihm erzählt.»

«Wo hast du ihn getroffen?» fragte Gerald scharf.

«Er kam statt Freitag schon heute zur Arbeit.»

«Der verdammte alte Dummkopf», schnauzte Gerald zornig.

Alix blickte ihn überrascht an. Das Gesicht ihres Mannes war vor Wut verzerrt. Niemals vorher hatte sie ihn so aufgebracht gesehen. Als er ihr Erstaunen bemerkte, bemühte er sich, seine Selbstkontrolle wiederzugewinnen.

«Na, er ist auch ein verflixter alter Schwätzer», knurrte er.

«Was hast du denn zu ihm gesagt, daß er auf solche Ideen kommt?»

«Ich? Ich habe überhaupt nichts gesagt. Wenigstens – ach ja, jetzt erinnere ich mich. Ich habe einen kleinen Witz gemacht und ihm erzählt, daß ich am Morgen nach London fahre. Das hat er wohl ernst genommen. Vielleicht hört er auch nicht mehr richtig. Du hast ihn natürlich aufgeklärt?»

Gespannt wartete er auf ihre Antwort.

«Sicher. Aber er ist einer von der Sorte alter Männer, die sich von einer Idee nicht mehr abbringen lassen.»

Dann erzählte sie Gerald von Georges Behauptung, das Haus habe nur zweitausend Pfund gekostet.

Gerald war einen Augenblick still, dann sagte er langsam:

«Ames war gewillt, zweitausend Pfund in bar und den Rest in Pfandbriefen zu nehmen. Ich nehme an, daß er das durcheinandergebracht hat.»

«Wahrscheinlich», stimmte Alix zu.

Dann blickte sie auf die Uhr.

«Wir sollten anfangen, Gerald. Fünf Minuten Verspätung!»

Ein undefinierbares Lächeln trat in sein Gesicht.

«Ich habe es mir heute anders überlegt», antwortete er ruhig. «Ich werde heute abend keine Bilder mehr entwikkeln.»

Die Gedanken einer Frau sind eine seltsame Sache. Als Alix an diesem Mittwoch abend zu Bett ging, war sie ruhig und mit sich zufrieden. Der Ärger war vergessen und ihr Glück ungetrübt wie eh und je.

Aber am Abend des folgenden Tages spürte sie, daß irgendwelche Kräfte wieder daran waren, dieses Gefühl des Glücks zu unterminieren. Dick Windyford hatte nicht noch einmal angerufen. Trotzdem führte sie ihre Unruhe auf seinen Aufenthalt im Dorf zurück. Immer und immer wieder kamen ihr seine Worte in den Sinn: «Dieser Mann ist ein völlig Fremder. Du weißt überhaupt nichts über ihn.» Und sie sah ihren Mann wieder vor sich, wie er sagte: «Alix, hältst du dieses Blaubart-Gehabe für klug?» Weshalb hatte er das gesagt? Eine Warnung hatte in diesen Worten gelegen – ein Anflug von Drohung, so als wollte er sagen: «Schnüffle nicht in meiner Vergangenheit, Alix, sonst kannst du eine peinliche Überraschung erleben.»

Bis Freitag morgen hatte sich Alix eingeredet, daß es tatsächlich eine Frau in Geralds Leben gegeben hatte, eine Affäre, die er eifrig vor ihr zu verbergen versuchte. Ihre Eifersucht kannte keine Grenzen.

War es eine Frau, die er neulich abends um neun Uhr treffen wollte? War seine Geschichte, Negative entwickeln zu wollen, eine Notlüge, die er aus dem Augenblick heraus erdacht hatte? Vor drei Tagen noch hätte sie geschworen, daß sie ihren Mann durch und durch kannte. Jetzt hatte sie das Gefühl, daß er ein Fremder war, über den sie nichts wußte. Sie erinnerte sich an seinen Ärger über den alten George. So aufgebracht war er noch nie gewesen. Eine Kleinigkeit, vielleicht, aber sie zeigte ihr, daß sie den Mann, mit dem sie verheiratet war, nicht wirklich kannte.

Am Freitag mußten verschiedene Kleinigkeiten aus dem Dorf besorgt werden. Am Nachmittag schlug Alix vor, daß sie dies erledigen werde; Gerald könne im Garten bleiben. Aber zu ihrer Verwunderung war er damit nicht einverstanden und erklärte eigensinnig, daß er sich um die Sachen kümmern werde und daß sie zu Hause bleiben solle.

Alix gab nach, aber seine Beharrlichkeit erstaunte und alarmierte sie. Weshalb wollte er so ängstlich vermeiden, daß sie ins Dorf ging?

Plötzlich fiel ihr eine Erklärung dafür ein. War es nicht möglich, daß er Dick Windyford getroffen hatte, ohne ihr etwas davon zu sagen? Als sie heirateten, war Alix nicht eifersüchtig gewesen. Und jetzt? – Konnte es mit Gerald nicht das gleiche sein? Vielleicht wollte er nur verhindern, daß sie Dick wiedersah? Diese Erklärung war so einleuchtend, und sie hatte etwas so Tröstliches, daß Alix sich nur zu gern daran klammerte.

Aber später, nach dem Tee, war sie wiederum ruhelos und nervös. Sie kämpfte mit einer Versuchung, die sie seit Geralds Weggehen verspürte. Zu guter Letzt, als sie sich lange genug eingeredet hatte, daß das Ankleidezimmer ihres Mannes eine gründliche Reinigung nötig habe, ging sie mit einem Staubtuch hinauf. «Wenn ich nur sicher wäre», wiederholte sie immer wieder, «wenn ich nur ganz sicher wäre!»

Vergeblich versuchte sie, sich davon zu überzeugen, daß alles, was kompromittierend sein könnte, gewiß schon vor Jahren vernichtet worden war. Dagegen wiederum argumentierte sie, daß Männer oft die verrücktesten Beweisstücke aus übertriebener Sentimentalität aufbewahrten.

Am Ende unterlag der letzte Widerstand in Alix. Ihre Wangen brannten vor Scham über ihr Tun, während sie atemlos in gebündelten Briefpäckchen und Dokumenten wühlte, die Schubladen herauszog und sogar die Taschen der Anzüge ihres Mannes durchstöberte. Nur zwei Schubladen machten ihr einen Strich durch die Rechnung. Die unterste der Kommode und eine schmale Lade rechts im Schreibtisch waren verschlossen. Aber inzwischen hatte Alix jede Hemmung verloren. Sie war nun fest überzeugt, in einem dieser beiden Fächer Beweise für die Existenz dieser eingebildeten Frau aus der Vergangenheit zu finden, die ihr im Kopf herumspukte.

Ihr fiel ein, daß Gerald seine Schlüssel achtlos unten auf die Anrichte gelegt hatte. Sie holte sie und probierte einen nach dem anderen aus. Der dritte paßte für das Schreibtischfach. Begierig öffnete Alix. Sie fand ein Scheckbuch und eine prall mit Geldnoten gefüllte Brieftasche und dann, ganz hinten, ein Bündel Briefe, säuberlich mit einem Band zusammengeschnürt. Ihr Herz klopfte zum Zerspringen, als sie das Band löste.

Brennende Schamröte übergoß ihr Gesicht, und sie ließ das Bündel zurück in die Schublade fallen, schob sie zu und verschloß sie wieder. Es waren die Briefe, die sie vor ihrer Hochzeit an Gerald geschrieben hatte.

Sie wandte sich jetzt der Kommode zu, mehr aus dem Gefühl heraus, nichts auslassen zu wollen, als in der Erwartung, etwas zu entdecken. Ärgerlich stellte sie fest, daß keiner der Schlüssel von Geralds Bund paßte. Sie ging in ein anderes

Zimmer und kam mit einer Auswahl kleiner Schlüssel zurück. Befriedigt fand sie heraus, daß ein Reserveschlüssel vom Kleiderschrank paßte. Sie schloß die Schublade auf und zog sie heraus. Was sie fand, war nichts als eine Rolle Zeitungsausschnitte, die durch die Zeit bereits verschmutzt und vergilbt waren.

Ein Seufzer der Erleichterung entfuhr Alix. Nichtsdestoweniger las sie die Ausschnitte. Sie war neugierig, was Gerald so sehr interessiert haben könnte, daß er diese vergilbte Zeitungsrolle aufbewahrt hatte. Es waren fast alles amerikanische Zeitungen, beinahe sieben Jahre alt, die von einem notorischen Schwindler und Bigamisten, Charles Lemaitre, handelten. Lemaitre wurde verdächtigt, seine Frauen um die Ecke gebracht zu haben. Unter dem Fußboden in einem der Häuser, die er gemietet hatte, war ein Skelett gefunden worden, und die meisten Frauen, die er «geheiratet» hatte, waren wie vom Erdboden verschwunden.

Er hatte sich mit außerordentlicher Geschicklichkeit verteidigt und wurde dabei von einem der besten Anwälte der Vereinigten Staaten unterstützt. Das Urteil «Freispruch mangels Beweisen» mochte vielleicht diesen Fall am besten charakterisiert haben. Jedenfalls wurde er, was die Hauptanklage betraf, für nicht schuldig erklärt. Für andere Delikte, die ihm zur Last gelegt wurden, erhielt er eine längere Gefängnisstrafe.

Alix erinnerte sich an die Aufregung, die dieser Prozeß seinerzeit verursacht hatte, und auch an die Sensation, als es Lemaitre nach ungefähr drei Jahren gelungen war, auszubrechen. Er wurde niemals wieder gefaßt. Die Persönlichkeit dieses Mannes und seine außergewöhnliche Macht über Frauen war ausführlich in der englischen Presse diskutiert worden. Auch seine Reizbarkeit vor Gericht, seine leidenschaftlichen Proteste und seine manchmal auftretenden physischen Zusammenbrüche, die er seines schwachen Herzens wegen erlitt, wurden eingehend besprochen.

In einem der Zeitungsausschnitte war ein Bild von ihm, und Alix betrachtete es mit Interesse. Ein Herr mit Vollbart, der etwas Schulmeisterhaftes an sich hatte.

An wen erinnerte sie dieses Gesicht nur? Plötzlich wurde es ihr mit Schrecken bewußt: an Gerald selbst. Seine und dieses Mannes Augen und Stirn hatten eine Ähnlichkeit, die nicht zu übersehen war. Vielleicht hatte er die Ausschnitte deswegen aufgehoben? Ihr Blick ging weiter zur Bildunterschrift. In dem Notizbuch des Angeklagten waren gewisse Daten gefunden worden, und man war überzeugt, daß es die Daten waren, an denen er seine Opfer umgebracht hatte. Und dann war da noch von einer Frau die Rede, die den Verhafteten durch die Tatsache identifiziert hatte, daß er am linken Handgelenk ein Muttermal hatte, genau über der Innenfläche seiner Hand.

Alix ließ das Papier zu Boden fallen. Sie schwankte. Ihr Mann hatte an der gleichen Stelle eine Narbe.

Später wunderte sie sich darüber, daß sie sofort so überzeugt gewesen war. Gerald Martin war Charles Lemaitre. Sie fühlte es. Nein, sie wußte es jetzt. Gedankenfetzen jagten durch ihr Gehirn. Das Geld für das Haus, ihr Geld. Die Pfandbriefe, die sie auf seinen Namen eingetragen hatte. Sogar ihr Traum erschien ihr in seiner wirklichen Bedeutung. Ihr Unterbewußtsein hatte sich immer vor Gerald gefürchtet und hatte versucht, sich von ihm freizumachen. Es war Dick Windyford gewesen, an den sich ihr Unterbewußtsein um Hilfe gewandt hatte. Das war es auch, weshalb sie die Wahrheit so schnell erkannt hatte. Ohne Zweifel sollte sie das nächste Opfer Lemaitres werden.

Ein dünner Schrei entrang sich ihren Lippen. *Mittwoch um neun Uhr.* Der Keller mit seinen Steinplatten, die man so leicht hochheben konnte! Schon einmal hatte er sein Opfer in einem Keller vergraben. Es war alles vorausgeplant gewesen für Mittwoch abend. Aber es noch niederzuschreiben – ein Wahnsinn!

Nein, das war ja logisch. Gerald machte sich stets Notizen über seine Verabredungen. Mord war für ihn ein Geschäft wie alles andere. Aber wie war sie nur davongekommen? Was hatte sie geschützt? In letzter Minute hatte er umdisponiert ...

Wie ein Blitz kam ihr die Antwort: der alte George!

Jetzt verstand sie den offenen Zorn ihres Mannes. Zweifellos hatte er sich den Weg geebnet, indem er jedem erzählt hatte, daß sie am nächsten Tag nach London fahren würden. Dann war George unerwartet zur Arbeit gekommen, hatte London ihr gegenüber erwähnt, und sie hatte die Geschichte richtiggestellt. Es war zu riskant gewesen, sie an diesem Abend zu beseitigen. Wenn sie diese triviale Geschichte nicht erwähnt hätte! Alix schauderte.

Aber sie hatte keine Zeit zu verlieren. Sie mußte gehen, bevor er zurückkam. Eilig legte sie die Zeitungsausschnitte in das Fach zurück und verschloß es. Dann stand sie bewegungslos da, wie zu Stein erstarrt. Sie hatte das Quietschen des Gartentors gehört. Ihr Mann war bereits zu Hause.

Einen Augenblick blieb sie starr vor Schreck, dann schlich sie auf Zehenspitzen ans Fenster, versteckte sich hinter den Gardinen und sah hinaus.

Ja, es war Gerald. Er lächelte und summte eine kleine Melodie. In seiner Hand hielt er etwas, das der entsetzten Frau das Herz stillstehen ließ: es war ein nagelneuer Spaten. Instinktiv kam Alix zu der Gewißheit, es würde heute abend sein.

Aber noch hatte sie eine Chance. Summend ging Gerald um das Haus herum zur Rückseite. Ohne einen Moment zu zögern, rannte sie die Treppe hinunter und aus dem Haus. Doch als sie gerade aus der Tür kam, erschien ihr Mann von der anderen Seite. «Hallo», rief er. «Wohin läufst du so eilig?»

Alix bemühte sich verzweifelt, ruhig und unauffällig zu erscheinen. Ihre Chance war für den Augenblick verpatzt, aber wenn sie vorsichtig war und seinen Verdacht nicht erregte, konnte noch alles gutgehen.

«Ich wollte ein bißchen spazierengehen», sagte sie. Aber ihre Stimme war schwach und klang nicht überzeugend.

«Fein», sagte Gerald, «ich komme mit.»

«Nein, bitte, Gerald. Ich bin nervös. Ich habe Kopfschmerzen und möchte lieber allein sein.»

Besorgt sah er sie an. Sie bildete sich sofort ein, daß in seinen Augen Verdacht aufglomm.

«Was ist los mit dir, Alix? Du bist blaß, und du zitterst ja.»

«Nichts.» Sie zwang sich zu einem Lächeln. «Ich habe Kopfschmerzen, das ist alles. Ein wenig frische Luft wird mir guttun.»

«Aber es ist nicht schön von dir, zu sagen, du möchtest mich nicht dabeihaben», erklärte Gerald mit einem leichten Lächeln. «Ich gehe mit, ob du willst oder nicht.»

Sie wagte nicht, weiter zu protestieren. Falls er Verdacht schöpfte, daß sie wußte ...

Mit Mühe gelang es ihr, sich unbefangen zu geben. Dennoch hatte sie das unbehagliche Gefühl, daß er sie von Zeit zu Zeit verstohlen betrachtete, als wenn er nicht ganz zufrieden wäre.

Als sie nach Hause zurückkehrten, bestand er darauf, daß sie sich hinlegte. Er spielte, wie immer, den besorgten Ehemann, brachte Eau de Cologne und rieb ihr damit Stirn und Schläfen ein. Alix fühlte sich so hilflos, als wäre sie in eine Falle geraten.

Nicht eine Minute ließ er sie allein. Er ging mit ihr in die Küche und half ihr, die kalte Platte hereinzutragen, die sie schon vorbereitet hatte. Sie würgte die Bissen hinunter und zwang sich, fröhlich und natürlich zu wirken. Sie wußte jetzt, daß sie um ihr Leben kämpfte. Sie war allein mit diesem Mann, meilenweit von jeder Hilfe entfernt. Sie war völlig in seiner Gewalt. Ihre einzige Chance lag darin, sein Mißtrauen zu zerstreuen. Vielleicht ließ er sie ein paar Minuten allein, wenigstens so lange, daß sie in die Diele gehen und Hilfe herbeitelefonieren konnte. Das war jetzt ihre einzige Hoffnung.

Plötzlich erinnerte sie sich, daß er seinen Plan schon einmal geändert hatte. Angenommen, sie erzählte ihm, daß Dick Windyfort heute abend kommen werde?

Die Worte lagen ihr schon auf der Zunge, aber sie schwieg. Diesen Mann konnte man ein zweites Mal nicht von seinem Vorhaben abhalten. Seine Entschlossenheit hatte etwas Beängstigendes an sich. Sie würde das Verbrechen nur noch beschleunigen. Wahrscheinlich würde er sie dann gleich umbringen und Dick Windyford anrufen, um ihm irgendeine Geschichte zu erzählen, die ihn entschuldigte.

Ach, wenn nur Dick Windyford heute abend käme!

Plötzlich hatte sie eine Idee. Sie blinzelte verstohlen zu ihrem Mann hinüber, als hätte sie Angst, daß er ihre Gedanken erraten könnte. Während sie sich ihren Plan zurechtlegte, schöpfte sie wieder Hoffnung. Sie benahm sich jetzt so ungezwungen und natürlich, daß sie sich selbst bewunderte. Sie machte Kaffee und trug ihn auf die Veranda hinaus, wo sie manchmal an schönen Abenden saßen.

«Übrigens», sagte Gerald plötzlich, «ich möchte, daß du mir nachher hilfst, einige Negative zu entwickeln.»

Alix spürte einen kalten Schauder ihren Rücken hinunterlaufen. Aber es gelang ihr, gleichgültig zu fragen:

«Kannst du das nicht allein? Ich bin heute abend wirklich etwas müde.»

«Es wird nicht lange dauern.» Er lächelte maliziös. «Und ich kann dir versichern, daß du danach überhaupt nicht mehr müde sein wirst.»

Die Worte schienen ihn zu amüsieren. Alix zitterte. Jetzt oder nie war der Zeitpunkt gekommen, wo sie ihren Plan ausführen mußte. Sie erhob sich.

«Ich rufe nur rasch den Metzger an», meinte sie leichthin.

«Den Metzger? Um diese Zeit?»

«Sein Geschäft ist natürlich geschlossen, Dummerchen. Aber er ist sicher zu Hause. Morgen ist Sonnabend, und ich möchte, daß er mir ein paar Kalbskoteletts bringt, bevor sie mir jemand vor der Nase wegschnappt. Der Gute tut alles für mich.»

Rasch ging sie ins Haus und schloß die Tür hinter sich. Sie hörte, wie Gerald ihr nachrief: «Laß die Tür offen!»

«Ich will nicht, daß die Nachtfalter hereinkommen», sagte sie rasch. «Ich kann sie nicht ausstehen.» Dann fügte sie hinzu: «Hast du Angst, ich flirte mit dem Metzger, mein Lieber?»

Kaum drinnen, wählte sie die Nummer des Gasthauses «Traveller's Arms». Augenblicklich war dic Verbindung hergestellt.

«Mr. Windyford, bitte. Ist er noch da? Kann ich mit ihm sprechen?»

Dann blieb ihr das Herz stehen. Die Tür wurde aufgestoßen, und ihr Mann kam in die Diele.

«Geh weg, Gerald», sagte sie empfindlich, «ich mag nicht, wenn man mir beim Telefonieren zuhört.»

Er lachte nur und ließ sich auf einem Stuhl nieder.

«Ist das wirklich der Metzger, den du anrufst?» fragte er spöttisch.

Alix war verzweifelt. Ihr Plan war schiefgegangen. Im nächsten Moment würde Dick Windyford an den Apparat kommen. Sollte sie es wagen und um Hilfe rufen?

Und dann, während sie nervös den kleinen Schlüssel am Apparat, mit dem man ein Gespräch beliebig unterbrechen konnte, hin und her drehte, fiel ihr ein anderer Plan ein.

Es wird schwierig sein, sagte sie sich. Es bedeutet, daß ich den Kopf nicht verliere, die richtigen Worte wähle und nicht stottere. Aber ich glaube, ich schaffe es. Ich muß es schaffen!

Und in diesem Augenblick hörte sie Dick Windyfords Stimme am anderen Ende der Leitung.

Alix holte tief Luft, dann drehte sie den Schlüssel und sprach.

«Hier ist Mrs. Martin, Haus Nachtigall. Bitte kommen Sie» – sie drehte den Schlüssel um – «morgen früh mit sechs Kalbskoteletts.» Sie drehte den Schlüssel. «Vielen Dank, Mr. Hexworthy. Entschuldigen Sie, wenn ich so spät noch angerufen habe, aber die Koteletts sind wirklich» – wieder Drehen – «eine Sache von Leben und Tod.» Schlüsseldrehen. «Gut, morgen früh.» Schlüsseldrehen. «So schnell wie möglich.»

Sie legte den Hörer auf und wandte sich ihrem Mann zu.

«So redest du also mit deinem Metzger», sagte Gerald.

«Das ist weibliche List», erwiderte Alix leichthin.

Die Aufregung brachte sie halb um. Er hatte nichts gemerkt. Selbst wenn Dick sie nicht verstanden hatte – kommen würde er jedenfalls.

Sie ging hinüber ins Wohnzimmer und schaltete das elektrische Licht ein. Gerald folgte ihr.

«Du scheinst wieder bester Laune zu sein», sagte er und beobachtete sie gespannt.

«Ja», entgegnete sie, «meine Kopfschmerzen sind vergangen.»

Sie setzte sich in ihren Sessel und lächelte ihrem Mann zu, als er ihr gegenüber Platz nahm. Sie war gerettet. Es war erst fünfundzwanzig Minuten nach acht. Lange vor neun würde Dick kommen.

«Der Kaffee, den du mir serviert hast, hat mir nicht geschmeckt», beschwerte sich Gerald. «Er war bitter.»

«Ich habe eine neue Sorte ausprobiert. Ich werde ihn nicht mehr nehmen, wenn du ihn nicht magst, Liebling.»

Alix nahm sich eine Handarbeit und begann zu sticken. Gerald las ein paar Seiten in seinem Buch, dann blickte er zur Uhr und legte es weg.

«Halb neun. Zeit, um in den Keller zu gehen und mit der Arbeit anzufangen.»

Die Handarbeit fiel Alix aus den Händen.

«Oh, noch nicht. Laß uns bis neun warten.»

«Nein, mein Kind. Halb neun. Diese Zeit habe ich mir vorgenommen. Um so früher kannst du zu Bett gehen.»

«Aber ich möchte lieber bis neun warten.»

«Du weißt, wenn ich eine Zeit festsetze, halte ich mich daran. Komm, Alix. Ich werde keine Minute länger warten.»

Alix blickte zu ihm auf, und sosehr sie sich auch dagegen wehrte, eine Welle des Entsetzens durchflutete sie. Die Maske war gefallen. Gerald zupfte an seinen Fingern. Seine Augen leuchteten vor Aufregung. Immer wieder fuhr er mit der Zunge über seine trockenen Lippen. Jetzt machte er sich nicht mehr die Mühe, seine Erregung zu verbergen.

Alix dachte: Es ist wahr. Er kann es nicht abwarten. Er benimmt sich wie ein Wahnsinniger.

Er kam auf sie zu und berührte ihre Schulter. Sie sprang auf.

«Komm, mein Schatz. Oder ich werde dich tragen.»

Seine Stimme klang fröhlich, aber eine unmißverständliche Grausamkeit schwang im Unterton mit. Mit letzter Kraft machte sie sich frei und hielt sich kauernd an der Wand fest. Sie war machtlos. Sie konnte nicht weglaufen. Sie konnte überhaupt nichts tun. Und er kam immer näher.

«Also, Alix ...»

«Nein – nein!» Sie schrie. Kraftlos streckte sie ihre Hände aus, um ihn abzuhalten.

«Gerald, halt ein. Ich muß dir etwas sagen, etwas beichten!»

«Beichten?» fragte er neugierig.

«Ja, beichten.» Sie hatte dieses Wort aufs Geratewohl gewählt. Verzweifelt redete sie weiter und versuchte, damit seine Aufmerksamkeit zu fesseln.

«Ein ehemaliger Liebhaber, nehme ich an», sagte er höhnisch.

«Nein», antwortete Alix. «Etwas anderes. Man nennt es – ich glaube, man nennt es ein Verbrechen.»

Sofort merkte sie, daß sie den richtigen Ton angeschlagen hatte. Instinktiv hörte er ihr zu. Als sie das fühlte, beruhigten sich ihre Nerven etwas. Noch hatte sie eine Chance. Sie ging durch das Zimmer und setzte sich wieder in ihren Sessel.

«Du solltest dich auch lieber hinsetzen», sagte sie leise.

Sogar ihre Handarbeit hatte sie wiederaufgenommen. Aber ihre Ruhe war auch nur eine Fassade. Sie mußte eine Geschichte erfinden, die ihn fesselte, bis Hilfe kam.

«Ich erzählte dir», begann sie, «daß ich fünfzehn Jahre lang als Stenotypistin gearbeitet habe. Das ist nicht ganz die Wahrheit. Es gab zwei Unterbrechungen. Die erste passierte, als ich zweiundzwanzig Jahre alt war. Ich begegnete einem Mann, einem älteren Herrn, der ein wenig Besitz hatte. Er verliebte sich in mich und wollte mich zur Frau. Ich sagte zu, und wir heirateten.» Sie machte eine kleine Pause. – «Ich brachte ihn dazu, eine Lebensversicherung zu meinen Gunsten abzuschließen.»

Alix sah das außerordentliche Interesse im Gesicht ihres Mannes und fuhr mit neuer Sicherheit fort.

«Während des Krieges arbeitete ich in der Arzneimittelabteilung eines Krankenhauses. Ich hatte dort die Verwaltung von Medikamenten und Giften unter mir.»

Wieder unterbrach sie sich. Jetzt hatte sie ihn gepackt. Daran bestand kein Zweifel. Mörder haben Interesse an Mordgeschichten. Sie hatte damit gerechnet und Erfolg gehabt. Verstohlen blickte sie auf die Uhr. Es war fünfundzwanzig Minuten vor neun.

«Es gibt ein Gift – so ein kleines weißes Pulver. Eine Prise davon bringt den Tod. Kennst du dich vielleicht ein wenig mit Giften aus?»

Sie bebte, als sie diese Frage stellte. Wenn er mit Giften Bescheid wußte, mußte sie auf der Hut sein.

«Nein», antwortete Gerald. «Ich weiß sehr wenig davon.»

Ein Seufzer der Erleichterung kam über ihre Lippen.

«Du hast sicher schon einmal etwas von Hyoszamin gehört? Das Gift, von dem ich spreche, hat die gleiche Wirkung, nur ist es absolut unnachweisbar. Jeder Arzt würde den Totenschein auf Herzschlag ausstellen. Ich habe ein kleines Quantum davon gestohlen und aufbewahrt.»

Sie schwieg und ordnete ihre Gedanken.

«Weiter!» befahl Gerald.

«Nein. Ich habe Angst. Ich kann es dir nicht sagen. Ein andermal.»

«Jetzt», rief er ungehalten. «Ich will es jetzt hören!»

«Wir waren einen Monat lang verheiratet. Ich war sehr gut zu meinem Mann. Er rühmte mich bei allen Nachbarn. Jeden Abend bereitete ich ihm seinen Kaffee. Eines Abends, als wir allein waren, streute ich eine Prise des tödlichen Alkaloids in seine Tasse.»

Wieder machte Alix eine Pause und fädelte sorgfältig einen neuen Faden in ihre Nadel. Sie, die niemals schauspielern konnte, überflügelte jetzt die größten Mimen der Welt. Sie lebte ihre Rolle als kaltblütige Giftmischerin.

«Es war sehr friedlich. Ich saß und beobachtete ihn. Nur einmal hat er ein wenig nach Luft geschnappt. Ich öffnete die Fenster. Er sagte, er könne nicht mehr vom Stuhl aufstehen. Dann starb er.»

Sie lächelte. Es war nur noch eine Viertelstunde bis neun Uhr. Gewiß würde Dick jeden Augenblick hier sein.

«Wie hoch war die Versicherungssumme?» erkundigte sich Gerald.

«Ungefähr zweitausend Pfund. Ich habe damit spekuliert und das Geld verloren. Ich ging wieder ins Büro. Aber nicht lange. Dann lernte ich einen anderen Mann kennen. Ich hatte im Geschäft meinen Mädchennamen behalten, daher wußte er nicht, daß ich schon einmal verheiratet war. Er war jung, sah gut aus und war ganz gut situiert. Wir haben in aller Stille in Sussex geheiratet. Er wollte keine Lebensversicherung abschließen. Aber er hat natürlich ein Testament zu meinen Gunsten gemacht. Er liebte es, daß ich ihm seinen Kaffee selbst zubereitete, genau wie mein erster Mann.»

Alix lächelte nachdenklich und fügte dann schlicht hinzu: «Ich mache einen sehr guten Kaffee.»

Dann fuhr sie fort:

«Ich hatte einige Freunde im Dorf, in dem wir lebten. Sie bemitleideten mich sehr, daß mein Mann so plötzlich einem Herzschlag erlag. Der Arzt war mir unsympathisch. Ich glaube zwar nicht, daß er mich verdächtigte, aber er war jedenfalls über den plötzlichen Tod meines Mannes sehr überrascht.

Ich weiß nicht genau, weshalb ich wieder in mein Büro zurückging. Gewohnheit, wahrscheinlich. Mein zweiter Mann hinterließ viertausend Pfund. Diesmal spekulierte ich nicht. Ich investierte es. Und dann, na, du weißt ja –»

Aber sie wurde unterbrochen. Gerald Martin, hochrot im Gesicht, halb erstickt, deutete mit dem Zeigefinger auf sie.

«Der Kaffee! Mein Gott, der Kaffee!»

Sie blickte ihn starr an.

«Ich weiß jetzt, warum er so bitter war. Du Teufelin! Du hast deinen Trick zum dritten Mal angewendet!»

Seine Hände umklammerten die Armlehnen seines Sessels. Er war nahe daran, sich auf sie zu stürzen.

«Du hast mich vergiftet!»

Alix war vor ihm zum Kamin zurückgewichen. Sie wollte schon die Lippen öffnen, um es abzustreiten, dann hielt sie inne. Jede Sekunde würde er sie anspringen. Sie nahm all ihre Kraft zusammen. Ihre Augen hielten seinem Blick stand.

«Ja», sagte sie, «ich habe dich vergiftet. Das Gift wirkt schon. Du kannst schon nicht mehr aus dem Sessel aufstehen. Du kannst dich nicht mehr bewegen.»

Nur noch ein paar Minuten!

Da. Was war das? Schritte auf der Straße. Das Quietschen des Gartentors. Dann Schritte auf dem Weg zum Haus. Die äußere Tür öffnete sich.

«Du kannst dich nicht bewegen», wiederholte sie.

Dann schlüpfte sie an ihm vorbei und flüchtete kopfüber aus dem Zimmer. Ohnmächtig fiel sie in die Arme von Dick Windyford.

«Mein Gott, Alix!» rief er aus.

Dann wandte er sich an den Mann neben ihm, eine große, kräftige Gestalt in Polizeiuniform.

«Sehen Sie nach, was passiert ist!»

Er legte Alix behutsam auf eine Couch und beugte sich über sie.

«Mein kleines Mädchen», murmelte er, «mein armes kleines Mädchen. Was haben sie mit dir gemacht?»

Ihre Lider zuckten, und ihre Lippen murmelten seinen Namen.

Dick fuhr hoch, als der Polizist seinen Arm berührte.

«In dem Zimmer ist nichts, Sir, außer einem Mann, der in einem Sessel sitzt. Er sieht aus, als hätte er einen schweren Schock erlitten, und ...»

«Und?»

«Nun, Sir, er ist tot.»

Sie waren überrascht, als sie Alix' Stimme hörten. Sie sprach wie im Traum; ihre Augen waren noch geschlossen.

«Und dann», sagte sie, als ob sie etwas zitierte, «starb er.»

Schwanen-Gesang

I

Es war elf Uhr an einem Maimorgen in London. Mr. Cowan blickte aus dem Fenster, während hinter ihm die steife Pracht eines Salons im Ritz-Hotel prangte. Er gehörte zu der Zimmerflucht, die von Madame Paula Nazorkoff, dem berühmten Opern-Star, bewohnt wurde. Mr. Cowan war Madames Impresario; jetzt erwartete er die Sängerin zu einer Besprechung. Er wandte den Kopf, als sich die Tür öffnete, doch es war nur Miss Read, Madame Nazorkoffs Sekretärin, ein blasses, tüchtiges Mädchen.

«Oh, Sie sind es, meine Liebe», sagte Mr. Cowan. «Ist Madame noch nicht auf?» Miss Read schüttelte den Kopf.

«Wir waren um zehn Uhr verabredet», sagte Mr. Cowan. «Jetzt warte ich schon eine geschlagene Stunde.»

Er zeigte weder Ärger noch Überraschung. Mr. Cowan hatte sich inzwischen an die Unberechenbarkeiten des künstlerischen Temperaments gewöhnt. Er war groß, glatt rasiert, seine ganze Haltung war etwas zu tadellos, seine Kleidung etwas zu gepflegt. Sein Haar war sehr schwarz und glänzend, und seine Zähne waren von aggressivem Weiß. Er stieß, wenn er ein «s» aussprach, leicht an, was nicht gerade ein Lispeln war, diesem aber gefährlich nahekam. Es bedurfte keiner besonderen Vorstellungsgabe, um zu erkennen, daß der Name seines Vaters wahrscheinlich Cohen gelautet hatte. In dieser Minute flog die Tür an der anderen Seite des Raumes auf, und ein französisches Mädchen stürmte herein.

«Steht Madame gerade auf?» fragte Cowan hoffnungsvoll. «Was gibt es Neues, Elise?»

Elise warf beide Hände in die Luft. «Madame ist heute wie siebzehn Teufel, nichts ist ihr recht! Die schönen gelben Rosen, die Monsieur ihr gestern abend schicken ließ . . ., sie sagt, für New York wären sie ganz in Ordnung, aber es sei eine Idiotie, sie ihr nach London zu schicken. In London, sagt sie, seien nur rote Rosen möglich, und dann reißt sie die Tür auf und schleudert die gelben Rosen auf den Gang, wo sie auf einem Monsieur landen, *très comme il faut*, einem hohen militärischen Würdenträger, glaube ich. Und er ist außer sich.»

Cowan zog die Augenbrauen hoch, sonst aber verriet nichts seine Bewegung.

Dann holte er ein kleines Notizbuch aus seiner Tasche und notierte die Worte «rote Rosen».

Elise stürzte durch die andere Tür wieder hinaus, und Cowan wandte sich erneut dem Fenster zu. Vera Read setzte sich an den Schreibtisch und begann, Briefe zu öffnen und zu sortieren. Zehn Minuten verstrichen in Schweigen, und dann barst die Tür zum Schlafzimmer auf, und Paula Nazorkoff flammte in den Raum. Ihr Erscheinen hatte die Wirkung, daß der Raum kleiner, Vera Read noch farbloser und Cowan als bloße Figur im Hintergrund erschien.

«Aha, meine Kinder», sagte die Primadonna. «Bin ich nicht pünktlich?»

Sie war eine hochgewachsene Frau und für eine Sängerin nicht über Gebühr füllig. Ihre Arme und Beine waren noch schlank, und ihr Hals hatte die Form einer schönen Säule. Ihr Haar, das im Nacken einen üppigen Knoten bildete, war von dunklem, brennendem Rot. Wenn sie auch dieser Farbe mit Henna nachgeholfen hatte, so war die Wirkung deshalb nicht weniger echt. Sie war keine junge Frau mehr, mindestens vierzig, doch die Züge ihres Gesichts waren noch reizvoll, obgleich die Haut nicht mehr so straff und um ihre blitzenden, dunklen Augen herum bereits etwas faltig war. Ihr Lachen war das eines Kindes, ihre Verdauung die eines Straußes, ihr Temperament das eines Teufels, und sie genoß den Ruf, der größte dramatische Sopran ihrer Zeit zu sein. Sie ging augenblicklich auf Cowan los.

«Haben Sie alles getan, was ich Ihnen befohlen habe? Haben Sie diesen abscheulichen englischen Flügel weggeschafft und in die Themse geworfen?»

«Ich habe einen anderen besorgt», sagte Cowan und deutete in die Ecke, wo der Flügel stand.

Die Nazorkoff flog darauf zu und hob den Deckel.

«Ein Erard», sagte sie. «Das ist schon besser. Wir wollen mal sehen.»

Die herrliche Sopranstimme erstrahlte in einem Arpeggio, lief dann leicht die Skala hinauf und herunter, zweimal, schwang sich dann weich zu einem hohen Ton auf, hielt ihn, er schwoll an, wurde lauter und lauter, dann wieder leiser und weicher und verhauchte in Nichts.

«Ah!» sagte Paula Nazorkoff voll naiver Befriedigung. «Was habe ich doch für eine schöne Stimme! Sogar in London habe ich eine wunderschöne Stimme.»

«Das ist wirklich so», beglückwünschte sie Cowan in ehrlicher Bewunderung. «Ich brauche gar keine Wette einzugehen, daß London Ihnen ebenso zu Füßen liegen wird wie New York.»

«Glauben Sie?» fragte die Sängerin.

Der Anflug eines Lächelns umspielte ihre Lippen, und es war klar, daß diese Frage für sie gar keine Frage war.

«Das ist eine sichere Sache», sagte Cowan.

Paula Nazorkoff schloß den Deckel und schritt auf den Tisch zu mit diesem langsamen, wogenden Gang, der auf der Bühne so wirkungsvoll ist.

«Gut, gut», sagte sie, «wir wollen zum Geschäftlichen kommen.

Haben Sie die Arrangements bei sich, mein Freund?»

Cowan nahm einige Blätter aus der Aktenmappe, die er auf einen Stuhl gelegt hatte.

«Es hat sich nicht viel verändert», bemerkte er. «Sie werden fünfmal im Covent Garden singen, und zwar dreimal die Tosca, zweimal die Aida.»

«Aida! Pah», sagte die Primadonna. «Es wird mich umbringen vor Langeweile. Tosca ist etwas anderes.»

«Aber ja», sagte Cowan. «Tosca ist *Ihr* Part.»

Paula Nazorkoff drehte sich um.

«Ich bin die größte Tosca der Welt», sagte sie einfach.

«So ist es», sagte Cowan. «Das macht Ihnen niemand nach.»

«Ich vermute, Roscari wird den Scarpia singen?»

Cowan nickte. «Und Emile de Lippi.»

«Was?» schrie die Nazorkoff. «Lippi, dieser häßliche, kleine quakende Frosch, quak – quak – quak. Ich werde nicht mit ihm singen, ich werde ihn beißen, ich werde ihm das Gesicht zerkratzen.»

«Nun, nun», sagte Cowan beschwichtigend.

«Er singt nicht, sage ich euch, er bellt wie ein Straßenköter.»

«Ja, ja, schon gut, wir werden sehen», sagte Cowan.

Er war zu klug, um mit temperamentvollen Sängerinnen zu streiten.

«Und wer singt den Cavaradossi?» fragte die Nazorkoff.

«Der amerikanische Tenor Hensdale.»

Sie nickte. «Das ist ein netter kleiner Junge, er singt recht hübsch.»

«Und einmal singt ihn Barrère, glaube ich.»

«Das ist ein Künstler», sagte Madame großzügig. «Aber daß dieser quakende Frosch Lippi der Scarpia sein soll! Pah, ich werde nicht mit ihm singen.»

«Überlassen Sie das ruhig mir», sagte Cowan besänftigend.

Er räusperte sich und nahm einen neuen Stoß Papiere auf.

«Und dann arrangiere ich gerade ein Sonderkonzert in der Albert Hall.»

Die Nazorkoff schnitt eine Grimasse.

«Ich weiß, ich weiß», sagte Cowan. «Aber das macht jeder.»

«Ich werde gut sein», sagte die Nazorkoff, «und es wird voll sein bis unters Dach, und ich werde viel Geld verdienen. *Ecco!*»

Wieder kramte Cowan in Papieren.

«Dann ist hier noch ein ganz anderes Angebot», sagte er. «Und zwar möchte Lady Rustonbury, daß Sie bei ihr singen.»

«Rustonbury?»

Die Augenbrauen der Primadonna zogen sich zusammen, so als ob sie mit Anstrengung etwas in ihrem Gedächtnis suchte.

«Ich habe kürzlich diesen Namen gelesen, erst ganz kürzlich. Das ist eine Stadt – oder ein Dorf, nicht wahr?»

«Ja, das ist richtig, ein hübscher, kleiner Ort in Hertfordshire. Und was den Besitz von Lord Rustonbury angeht, Rustonbury Castle, das ist ein richtiger Feudalbesitz, mit Geistern und Ahnengalerie und Geheimtreppen und einem erstklassigen Privattheater. Sie schwimmen in Geld und geben immer irgendwelche Privatveranstaltungen. Sie schlug vor, wir sollten eine ganze Oper aufführen, am liebsten wäre ihr *Butterfly*.»

«Butterfly?»

Cowan nickte.

«Und sie können bezahlen. Wir müssen natürlich das Angebot von Covent Garden annehmen, aber sogar danach wird sich Ihr Auftritt dort allein finanziell schon lohnen. Aller Wahrscheinlichkeit nach wird auch eine Königliche Hoheit anwesend sein. Es wird eine Bombenreklame für Sie.»

Madame hob ihr immer noch schönes Kinn.

«Brauche ich Reklame?» fragte sie stolz.

«Von einer guten Sache kriegt man nie genug», sagte Cowan.

«Rustonbury», murmelte die Sängerin. «Wo habe ich das doch gelesen . . .»

Plötzlich sprang sie auf, lief auf den Tisch zu und begann in einer Illustrierten zu blättern, die dort lag. Es entstand eine Pause. Sie hielt inne, als ihre Hand auf einer der Seiten verweilte. Dann ließ sie die Wochenzeitschrift auf den Boden gleiten und ging langsam zu ihrem Sessel zurück. Mit einem ihrer gewohnten raschen Stimmungswechsel schien sie jetzt eine völlig andere Persönlichkeit zu sein. Sie gab sich ruhig, fast streng. «Treffen Sie alle Vorbereitungen für Rustonbury. Ich möchte dort singen, allerdings unter einer Bedingung – die Oper muß *Tosca* sein.»

Cowan machte ein wenig zuversichtliches Gesicht.

«Das wird ziemlich schwierig sein – für eine Privatvorstellung, wissen Sie, die vielen Dekorationen und all das.»

«*Tosca* oder nichts.»

Cowan sah sie an, nickte kurz und stand auf.

«Ich werde sehen, was ich tun kann», sagte er ruhig.

Auch die Nazorkoff stand auf. Mehr als sonst schien sie bei der Sache zu sein, als sie ihm ihre Bedingungen auseinandersetzte.

«Es ist meine größte Rolle, Cowan. Ich singe diese Partie, wie keine andere Frau sie jemals gesungen hat.»

«Es ist eine großartige Rolle», sagte Cowan. «Die Callas begründete ihren Ruhm damit.»

«Die Callas?» schrie die andere, während Röte in ihre Wangen stieg. Sie redete weiter und gab sehr ausführlich ihre Meinung über die Callas wieder.

Cowan, der daran gewöhnt war, den Urteilen von Sängerinnen über andere Sängerinnen zu lauschen, lenkte seine innere Aufmerksamkeit ab, bis die Tirade vorüber war; dann sagte er hartnäckig: «Jedenfalls singt sie *vissi d'arte*, während sie auf dem Bauch liegt.»

«Warum nicht?» fragte die Nazorkoff. «Was sollte sie davon abhalten! Ich werde die Arie singen, während ich auf dem Rücken liege und mit den Beinen in der Luft herumstrampele.»

Cowan schüttelte mit großem Ernst den Kopf.

«Ich glaube nicht, daß das übermäßig künstlerisch ist», belehrte er sie. «Aber es macht Eindruck, wie Sie wissen.»

«Niemand kann *vissi d'arte* so singen wie ich», sagte die Nazorkoff überzeugt. «Ich singe das mit einer Klosterstimme – so wie es die guten Nonnen mich vor vielen Jahren gelehrt haben. Mit der Stimme eines Chorknaben oder eines Engels, ohne Gefühl, ohne Leidenschaft.»

«Ich weiß», sagte Cowan herzlich. «Ich habe Sie gehört, Sie sind wundervoll.»

«Das ist Kunst», sagte die Primadonna, «den Preis zu bezahlen, zu leiden, zu erdulden und dann zum Schluß: nicht nur das Können zu haben, sondern auch die Macht, zurückzukehren, ganz zurück bis zum Beginn und die verlorene Schönheit und das Herz eines Kindes wiederzuerobern.»

Cowan warf ihr einen erstaunten Blick zu. Sie sah durch ihn hindurch mit einem merkwürdigen leeren Ausdruck in den Augen, und etwas in diesem ihrem Blick gab ihm ein unheimliches Gefühl. Mit halbgeöffneten Lippen flüsterte sie ein paar Worte wie zu sich selbst. Er fing sie gerade noch auf.

«Endlich», murmelte sie. «Endlich – nach so vielen Jahren.»

2

Lady Rustonbury war sowohl eine ehrgeizige als auch eine künstlerische Frau. Die Vereinigung dieser beiden Eigenschaften hatte ihr einen durchschlagenden Erfolg verschafft. Sie hatte das große Glück, einen Mann zu haben, dem weder

Ehrgeiz noch Kunst etwas bedeuteten und der sie daher gewähren ließ. Der Earl of Rustonbury war ein großer, eckiger Mann, mit einem Interesse für Pferde und sonst gar nichts. Er bewunderte seine Frau. Er war stolz auf sie und froh, daß sie – dank seinem Reichtum – ihre Pläne ausführen konnte. Das Privattheater war vor weniger als hundert Jahren von seinem Großvater erbaut worden. Es war Lady Rustonburys liebstes Spielzeug – sie hatte schon ein Drama von Ibsen aufführen lassen, dann ein Stück der allerneuesten Schule: alles Scheidung und Rauschgift, und eine poetische Fantasie mit kubistischer Szenerie. Die nun folgende Aufführung von *Tosca* hatte weitgespanntes Interesse geweckt. Lady Rustonbury hatte dazu eine sehr vornehme Hausparty arrangiert, und was in London Rang und Namen hatte, kam, um der Vorstellung beizuwohnen.

Madame Nazorkoff und ihre Gesellschaft waren kurz vor dem Mittagessen angekommen. Der junge amerikanische Tenor Hensdale sollte den Cavaradossi singen und Roscari, der berühmte italienische Bariton, den Scarpia. Die Kosten für diese Aufführung waren enorm gewesen, aber darum kümmerte sich niemand. Paula Nazorkoff war in bester Stimmung, sie war charmant, freundlich gelöst und auf angenehmste Art sie selbst. Cowan betete, daß alles sich so weiterentwickeln möge.

Nach dem Essen begab sich die Gesellschaft ins Theater und begutachtete die Bühnenbilder und die verschiedenen Requisiten. Das Orchester unterstand der Leitung von Mr. Samuel Ridge, einem der berühmtesten Dirigenten Englands. Alles schien ohne die geringsten Schwierigkeiten abzulaufen. Und merkwürdig genug, dieser Umstand beunruhigte Cowan. Er fühlte sich mehr zu Hause in einer Atmosphäre der Nervosität; dieser ungewöhnliche Friede störte ihn.

«Alles geht um eine Spur zu glatt», murmelte er zu sich selbst. «Madame ist wie eine Katze, die man mit Schlagsahne gefüttert hat. Es ist zu schön, um so weitergehen zu können. Es muß noch etwas geschehen.»

Vielleicht hatte Mr. Cowan als Ergebnis seines lange währenden Kontaktes mit der Opernwelt einen sechsten Sinn entwickelt; gewiß waren seine Befürchtungen gerechtfertigt. Es war gerade kurz vor sieben Uhr an diesem Abend, als das französische Mädchen, Elise, in größter Verwirrung zu ihm hereinstürzte.

«Ach, Mr. Cowan, kommen Sie, schnell, bitte, bitte, kommen Sie schnell.»

«Was ist denn passiert?» fragte Cowan neugierig. «Madame paßt wohl etwas nicht, wie? Krach, nicht wahr?»

«Nein, nein, es ist nicht Madame; es ist Signor Roscari. Er ist krank, er stirbt!»

«Stirbt? Kommen Sie!»

Cowan rannte hinter ihr her, als sie ihn zum Schlafzimmer des unglücklichen Italieners führte. Der kleine Mann lag auf dem Bett, vielmehr krümmte er sich darauf, in Zukkungen, die komisch gewirkt hätten, wäre der Fall nicht so ernst gewesen. Paula Nazorkoff stand über ihn gebeugt; sie grüßte Cowan gebieterisch.

«Aha, da sind Sie ja. Unser armer Roscari, er leidet entsetzlich. Zweifellos hat er etwas Verkehrtes gegessen.»

«Ich sterbe», stöhnte der kleine Mann. «Diese Schmerzen, es ist schrecklich. Au, oh!»

Er wand sich wieder, preßte beide Hände gegen seinen Magen und rollte sich auf dem Bett herum.

«Wir müssen einen Arzt holen», sagte Cowan.

Paula hielt ihn zurück, als er gerade zur Tür gehen wollte. «Der Arzt ist schon unterwegs. Er wird alles tun, was möglich ist, um dem armen Leidenden hier zu helfen. Dafür ist schon gesorgt. Aber Roscari wird keinesfalls heute abend singen können.»

«Ich werde nie mehr singen, ich sterbe», stöhnte der Italiener.»

«Nein, nein, Sie sterben nicht», sagte Paula. «Sie haben sich nur den Magen verdorben, aber das bleibt sich gleich, Sie können unmöglich heute singen.»

«Ich bin vergiftet worden.»

«Ja, es ist zweifellos Ptomaine», sagte Paula. «Elise, bleiben Sie bei ihm, bis der Arzt kommt.»

Die Sängerin winkte Cowan, ihr aus dem Zimmer zu folgen.

«Was wollen wir tun?» fragte sie.

Cowan schüttelte hoffnungslos den Kopf. Es war schon zu spät, um aus London einen Ersatz für Roscari zu beschaffen. Lady Rustonbury, die man gerade von der Krankheit ihres Gastes in Kenntnis gesetzt hatte, stürzte durch den Korridor auf die beiden zu. Ihre Hauptsorge – wie die Paula Nazorkoffs – war das Gelingen der Aufführung von *Tosca.*

«Wenn doch nur jemand hier in der Nähe wohnte», stöhnte die Primadonna.

«Ah!» Lady Rustonbury stieß einen Freudenschrei aus. «Natürlich, Bréon.»

«Bréon?»

«Ja, Edouard Bréon, Sie wissen doch, der berühmte französische Bariton. Er wohnt hier in der Nähe. Diese Woche war in der Zeitschrift *Country Homes* sein Haus abgebildet. Das ist unser Mann.»

«Welch eine Himmelsantwort!» schrie die Nazorkoff. «Bréon als Scarpia, ich erinnere mich, das war eine seiner größten Partien. Aber er hat sich von der Bühne zurückgezogen, nicht wahr?»

«Ich bringe ihn schon hierher», sagte Lady Rustonbury. «Überlassen Sie das nur mir.»

Und da sie eine Frau von schnellen Entschlüssen war, ließ sie sofort den Hispano Suiza vorfahren. Zehn Minuten später wurde Edourad Bréons Landsitz von einer aufgeregten Gräfin heimgesucht. Wenn Lady Rustonbury einmal einen Entschluß gefaßt hatte, führte sie ihn auch durch, und zweifellos erkannte Monsieur Bréon, daß es für ihn nur die Möglichkeit gab, sich zu fügen. Es muß allerdings auch noch bemerkt werden, daß er eine Schwäche für Gräfinnen hatte. Er stammte aus kleinen Verhältnissen, hatte sich in seinem Beruf an die Spitze hinaufgearbeitet und hatte dann mit Herzögen und Prinzen verkehrt. Diese Tatsache hatte niemals die befriedigende Wirkung auf ihn verloren. Seitdem er sich jedoch an diesen abgeschiedenen Ort Englands zurückgezogen hatte, war er als unzufrieden bekannt. Er vermißte die Schmeichelei und den Applaus, und der englische Landadel hatte ihn nicht so prompt aufgenommen, wie er gehofft und erwartet hatte. So fühlte er sich jetzt durch Lady Rustonburys Bitte sehr geschmeichelt und war hoch erfreut.

«Ich werde mein Bestes tun», sagte er lächelnd. «Wie Sie wissen, habe ich schon lange nicht mehr vor Publikum gesungen. Ich habe nicht einmal Schüler, nur ein oder zwei als besondere Gunst. Und das jetzt, weil Signor Roscari unglücklicherweise erkrankt ist ...»

«Ja, es ist ein schrecklicher Schlag», sagte Lady Rustonbury.

«Nicht, daß er wirklich ein großer Sänger wäre», sagte Bréon. Er erzählte ihr ausführlich, warum das so sei. Es hatte, seit Edouard Bréon sich zurückgezogen hatte, wie es schien, keinen Bariton von Weltruf mehr gegeben.

«Madame Nazorkoff singt die Tosca», sagte Lady Rustonbury. «Ich darf wohl sicher annehmen, daß Sie sie kennen?»

«Ich habe nie mit ihr gesprochen», sagte Bréon. «Ich habe sie einmal in New York singen gehört. Eine große Künstlerin – sie hat das Talent für Dramatik.»

Lady Rustonbury fühlte sich erleichtert – bei diesen Sängern konnte man ja nie wissen – sie hegten solche merkwürdigen Eifersüchteleien und Antipathien.

Sie betrat nach ungefähr zwanzig Minuten wieder die Vorhalle des Schlosses und schwenkte triumphierend die Hände.

«Ich habe ihn», rief sie lachend. «Der liebe Monsieur Bréon war wirklich zu liebenswürdig. Ich werde es ihm nie vergessen.» Alle drängten sich um den Franzosen, und die allgemeine Dankbarkeit und Anerkennung ihm gegenüber war wie Weihrauch für ihn. Edouard Bréon, obwohl jetzt nahe an die Sechzig, war noch ein gutaussehender Mann, breit und dunkel und von einer magnetischen Ausstrahlung.

«Moment mal», sagte Lady Rustonbury. «Wo ist denn Madame? Oh, da ist sie ja.»

Paula Nazorkoff hatte an dem allgemeinen Begrüßungsrummel für den Franzosen nicht teilgenommen. Sie war in einem hohen Eichenstuhl neben dem Kamin sitzen geblieben. Es war natürlich kein Feuer darin, denn der Abend war warm, und die Sängerin fächelte sich langsam mit einem riesigen Palmwedel Kühlung zu. Sie saß dort so unbeteiligt und wie entrückt, daß Lady Rustonbury fürchtete, sie fühle sich beleidigt.

«Monsieur Bréon», sagte sie. Sie führte ihn zu der Sängerin. «Sie sagten, Sie hätten noch nie mit Madame Nazorkoff gesprochen.»

Nach einer letzten fächelnden Bewegung, die wie eine anmutige Geste wirkte, legte Paula Nazorkoff den Palmwedel nieder und streckte ihre Hand dem Franzosen entgegen. Er ergriff sie und beugte sich tief darüber, und ein schwacher Seufzer kam von den Lippen der Primadonna.

«Madame», sagte Bréon, «wir haben niemals zusammen gesungen. Das ist die Strafe meines Alters! Aber das Schicksal meinte es gut mit mir und kam zu meiner Rettung.»

Paula lachte leise.

«Sie sind sehr liebenswürdig, Monsieur Bréon. Als ich noch eine arme, kleine unbekannte Sängerin war, saß ich zu Ihren Füßen. Ihr Rigoletto – welche Kunst, welche Vollendung! Niemand konnte Sie erreichen.»

«Leider!» sagte Bréon und ließ einen tiefen Seufzer hören. «Meine Tage sind vorbei. Scarpia, Rigoletto, Radames,

Sharpless, wie viele Male habe ich sie gesungen, und jetzt – nie mehr!»

«Doch – heute abend.»

«Ach ja, richtig, Madame – ich vergaß – heute abend.»

«Sie haben schon mit vielen Toscas zusammen gesungen», sagte die Nazorkoff arrogant, «aber noch nie mit mir!»

Der Franzose verbeugte sich.

«Es wird mir eine Ehre sein», sagte er weich. «Es ist eine große Rolle, Madame.»

«Es bedarf nicht nur einer Sängerin, sondern auch einer Schauspielerin», warf Lady Rustonbury ein.

«Das ist wahr», stimmte Bréon zu. «Ich erinnere mich noch, als ich damals als junger Mann in Italien war, besuchte ich ein etwas abseits gelegenes Theater in Mailand. Der Platz kostete mich nur ein paar Lire, aber ich habe da ebenso gute Sänger gehört wie später in der Metropolitan Opera in New York. Ein ganz junges Mädchen sang damals die Tosca. Sie sang das wie ein Engel. Ich werde niemals ihre Stimme in *vissi d'arte* vergessen, diese Klarheit, diese Reinheit. Aber die dramatische Kraft fehlte ihr.» Die Nazorkoff nickte.

«Das kommt erst später», sagte sie ruhig.

«Richtig. Dieses junge Mädchen – Bianca Capelli hieß sie – ich interessierte mich für ihre Karriere. Durch mich hätte sie die Chance zu einem großen Engagement gehabt, aber sie war dumm – hoffnungslos dumm.»

Er zuckte die Achseln.

«Wieso dumm?»

Es war Lady Rustonburys vierundzwanzigjährige Tochter, Blanche Amery, die sich mit dieser Frage am Gespräch beteiligte. Ein schlankes Mädchen mit großen blauen Augen. Der Franzose wandte sich ihr sofort höflich zu.

«Leider, Mademoiselle, sie war wegen irgendeines gemeinen Burschen da in eine Sache verwickelt. Er war ein Schurke, ein Mitglied der Camorra, dieser Verschwörerbande in Neapel. Er geriet in Schwierigkeiten mit der Polizei, wurde zum Tode verurteilt. Sie kam zu mir und bat mich, etwas zu unternehmen, damit ihr Geliebter gerettet würde.»

Blanche Amery starrte ihn an.

«Und Sie taten es?» fragte sie atemlos.

«Ich Mademoiselle, was konnte ich tun? Ein Fremder im Land.»

«Hatten Sie nicht doch damals einigen Einfluß?» fragte die Nazorkoff mit ihrer tiefen, bebenden Stimme.

«Wenn ich ihn hatte, bezweifle ich, ob ich ihn ausgenützt hätte. Der Mann war es nicht wert. Ich tat für das Mädchen, was ich konnte.»

Er lächelte ein wenig, und das Lächeln mißfiel plötzlich dem englischen Mädchen, denn etwas an dem Ausdruck dieses Lächelns war unangenehm. Sie spürte, daß das, was er sagte, in dem Moment nicht mit dem übereinstimmte, was er dachte.

«Sie taten, was Sie konnten», sagte die Nazorkoff. «Das war sehr freundlich von Ihnen, und war das Mädchen auch dankbar?»

Der Franzose zuckte die Achseln.

«Der Mann wurde hingerichtet», sagte er, «und das Mädchen ging in ein Kloster. *Et voilà!* Die Welt hat eine Sängerin verloren.»

Die Nazorkoff lachte leise.

«Wir Russen sind nicht so standhaft», sagte sie leichthin.

Blanche Amery, die zufällig Cowan ansah, während die Sängerin sprach, bemerkte, wie er erstaunt zu ihr hinübersah. Er öffnete die Lippen halb, schloß sie dann aber wieder gehorsam, als Paula ihm einen warnenden Blick zugeworfen hatte.

Der Butler erschien in der Tür.

«Dinner», sagte Lady Rustonbury und erhob sich. «Ihr armen Künstler, ihr tut mir leid. Es muß doch schrecklich sein, vor dem Singen immer so hungern zu müssen. Aber nachher wird es ein köstliches Essen geben.»

«Wir werden uns darauf freuen», sagte Paula Nazorkoff. Sie lachte leise. «Nachher!»

3

Im Theater war soeben nach dem ersten Akt der *Tosca* der Vorhang gefallen. Die Zuschauer bewegten sich und sprachen leise miteinander. Die Königlichen Hoheiten, charmant und leutselig, saßen in den drei Samtstühlen vor der ersten Reihe. Jeder flüsterte und tuschelte mit seinem Nachbarn. Allgemein herrschte die Meinung, die Nazorkoff habe im ersten Akt nicht ihren großen Ruf bestätigt. Die meisten Anwesenden wußten nicht, daß gerade darin die Kunst der Nazorkoff bestand, im ersten Akt ihre Stimme und sich selbst zu schonen. Sie machte aus Tosca eine leichte, frivole Figur, tändelnd mit Liebe, kokett-eifersüchtig und anspruchsvoll. Bréon überzeugte noch als herrlich zynischer Scarpia, obgleich der Schmelz seiner Stimme den Höhepunkt bereits überschritten hatte. Nichts während seines Spiels deutete auf den alternden Wüstling hin. Er machte aus Scarpia eine schöne, fast gütige Gestalt, nur mit einem Schuß subtiler Gemeinheit, die aber unter dem äußeren Schein fast verborgen blieb. Im letzten Teil, als Scarpia in Gedanken verloren dasteht und über seinen Plan, Tosca zu retten, nachsinnt, hatte Bréon sein unvergleichliches Können gezeigt. Jetzt hob sich der Vorhang wieder für den zweiten Akt, die Szene in Scarpias Zimmer.

Diesmal wurde beim Auftritt der Tosca die Kunst der Nazorkoff mit einem Schlage offenbar. Hier war sie eine Frau in Todesangst, und sie spielte ihre Rolle mit der Sicherheit einer überragenden Schauspielerin. Wie sie Scarpia leichthin grüßte, wie sie sich lässig gab und lächelte, verfehlte nicht die Wirkung auf ihn. In dieser Szene spielte Paula Nazorkoff mit den Augen; sie agierte mit Todesruhe, mit teilnahmslos lächelndem Gesicht. Nur ihre Augen, die immer wieder Scarpia blitzende Blicke zuwarfen, verrieten ihre wahren Gefühle. Und so nahm die Geschichte ihren Fortgang, die Folterszene, der Zusammenbruch Toscas, schließlich die völlige Selbstaufgabe, wie sie zu Scarpias Füßen niederfällt und ihn vergebens um Gnade anfleht. Der alte Lord Leconmere, der ein Musikkenner war, nickte, und ein ausländischer Botschafter, der neben ihm saß, flüsterte:

«Sie übertrifft sich selbst, die Nazorkoff, heute abend. Es gibt keine andere Frau auf der Bühne, die sich so ausspielt in dieser Rolle, wie sie es tut.»

Leconmere nickte.

Und jetzt hatte Scarpia seinen Preis genannt, Tosca flieht entsetzt von ihm fort zum Fenster. Dann hört man von ferne Trommelschläge, und Tosca wirft sich voller Verzweiflung auf das Sofa. Scarpia steht über sie gebeugt, erzählt, wie seine Leute den Galgen errichten – dann Schweigen, und wieder der weit entfernte Trommelwirbel. Die Nazorkoff liegt bäuchlings auf dem Sofa, ihr Kopf hängt tief herab, berührt fast den Boden, ihr Gesicht wird durch das herabfallende Haar verdeckt. Dann, in herrlichem Gegensatz zu der Leidenschaft und der seelischen Not der vergangenen zwanzig Minuten, erklingt ihre Stimme, hoch und klar, die Stimme, die – genau wie sie Cowan gesagt hatte – die eines Chorknaben oder eines Engels ist.

«Vissi d'arte, vissi d'amore, non feci mai male ad anima viva! Con man furtiva quante miserie conobbi, auiutai.»

Es war die Stimme eines verwunderten, verwirrten Kindes. Dann kniet sie noch einmal nieder, bittend und flehend, bis zu dem Augenblick, da Spoletta das Zimmer betritt. Tosca, völlig erschöpft, fügt sich, und Scarpia spricht die schicksalhaften zweideutigen Worte aus. Spoletta geht noch einmal fort. Dann kommt der dramatische Augenblick, da Tosca, die mit zitternder Hand ein Glas Wein hochhebt, das Messer auf dem Tisch erblickt und es hinter sich verbirgt.

Bréon erhebt sich, schön, kämpferisch, entflammt in Leidenschaft. *«Tosca, finalmente mia!»* Dann das blitzschnelle Zustoßen des Messers, und Toscas Aufschrei der Rache:

«Questo è il bacio di Tosca!» (Das ist der Kuß der Tosca!)

Niemals vorher hatte die Nazorkoff solche Intensität bei Toscas Racheakt gezeigt. Dieses letzte wilde Flüstern *«Muori dannato»*, und dann mit einer merkwürdig ruhigen Stimme, die das ganze Theater erfüllte:

«Orgli perdono!» (Jetzt vergebe ich ihm!)

Das sanfte Todesthema ertönt, als Tosca mit ihrer Zeremonie beginnt, zu beiden Seiten seines Kopfes Kerzen aufstellt, ihm ein Kruzifix auf die Brust legt, ihr letztes Innehalten, als sie sich in der Tür noch einmal umdreht, das Dröhnen der Trommeln aus der Ferne; und der Vorhang fällt.

Diesmal brach ein echter Begeisterungssturm im Publikum los, doch er war von kurzer Dauer. Jemand stürzte hinter dem Vorhang hervor und sprach mit Lord Rustonbury. Er erhob sich, und nachdem er sich ungefähr zwei Minuten lang Gewißheit verschafft hatte, wandte er sich vorbeugend zu Sir Donald Calthorp, einem berühmten Arzt. Fast in Sekundenschnelle verbreitete sich im Zuschauerraum die Nachricht von dem Geschehenen. Ein Unfall war geschehen, jemand war ernstlich verletzt worden. Einer der Sänger erschien vor dem Vorhang und erklärte, daß Monsieur Bréon unglücklicherweise einen Unfall erlitten habe – die Oper müsse abgebrochen werden. Wieder ging das Gerücht um, Bréon sei erstochen worden, die Nazorkoff habe den Kopf verloren, sie habe ihre Rolle so intensiv mitgelebt, daß sie tatsächlich den Partner erstochen hätte. Lord Leconmere, der mit seinem Freund, dem Botschafter, sprach, spürte, wie ihn jemand am Arm berührte, wandte sich um und sah in Blanche Amerys Augen.

«Es war kein Unfall», hörte er das Mädchen sagen. «Ich bin sicher, es war kein Unfall. Hörten Sie nicht, kurz vor dem Dinner, die Geschichte, die er erzählte von diesem Mädchen in Italien? Dieses Mädchen war Paula Nazorkoff. Als sie so etwas von ‹wir Russinnen› sagte, bemerkte ich den verblüfften Blick von Mr. Cowan. Sie hat wohl einen russischen Namen angenommen, er aber wußte nur zu gut, daß sie Italienerin ist.»

«Aber meine liebe Blanche», sagte Lord Leconmere.

«Ich versichere Ihnen, es ist so. In ihrem Schlafzimmer lag eine Zeitschrift, aufgeschlagen auf der Seite, auf der Monsieur Bréon in seinem englischen Landsitz abgebildet ist. Sie wußte davon, bevor sie hierherkam. Ich glaube, sie hat dem armen kleinen Italiener etwas gegeben, das ihn krank machte.»

«Aber warum?» schrie Lord Leconmere. «Warum?»

«Aber verstehen Sie nicht? All das ist die Geschichte der Tosca. Er begehrte sie in Italien, sie aber war ihrem Geliebten treu, und sie ging zu Bréon, um ihn zu bitten, ihrem Geliebten zu helfen, und er gab vor, er würde ihr helfen. Doch statt dessen ließ er ihn sterben. Und jetzt war endlich die Stunde ihrer Rache da. Haben Sie nicht gehört, wie sie ausstieß ‹Ich bin Tosca›? Und ich sah Bréon Gesicht, als sie das sagte: Da begriff er die Wahrheit – er hatte sie wiedererkannt.»

In ihrer Garderobe saß Paula Nazorkoff regungslos, einen weißen Hermelinmantel um ihre Schultern gezogen. Es klopfte an die Tür.

«Herein!» rief die Primadonna.

Elise trat ein. Sie schluchzte.

«Madame, Madame, er ist tot! Und –»

«Ja?»

«Madame, wie soll ich es Ihnen nur sagen? Da draußen stehen zwei Herren von der Polizei und wollen Sie sprechen.»

Paula Nazorkoff erhob sich zu ihrer vollen Höhe.

«Ich werde mit ihnen gehen», sagte sie ruhig.

Sie löste eine Perlenkette von ihrem Hals und legte sie in die Hände des französischen Mädchens.

«Die sind für Sie, Elise, sie sind immer sehr lieb gewesen. Dort, wo ich jetzt hingehe, brauche ich sie nicht mehr. Verstehen Sie, Elise? Ich werde nie wieder die Tosca singen.»

Sie blieb einen Moment an der Tür stehen, ihre Augen tasteten durch die Garderobe, so, als ob sie auf die vergangenen dreißig Jahre ihrer Karriere zurückschaute.

Dann murmelte sie leise den letzten Satz einer anderen Oper: «Das Spiel ist aus!»

Der Unfall

«. . . und ich sage Ihnen, es ist dieselbe Frau! Gar kein Zweifel.»

Kapitän Haydock blickte in das lebhaft interessierte Gesicht seines Freundes und seufzte. Er wünschte, Evans wäre mit seinem Urteil nicht immer so schnell bei der Hand. Während seiner vielen Jahre auf See hatte der alte Kapitän gelernt, die Dinge, die ihn nichts angingen, ruhen zu lassen.

Sein Freund Evans, ehemaliger Kriminalinspektor, hatte eine andere Philosophie. «Nach erhaltenen Informationen handeln», das war sein Motto in früheren Tagen gewesen. Und er hatte es jetzt derart ausgeweitet, daß er sich die Informationen stets selbst beschaffte. Evans war ein tüchtiger Beamter gewesen und auch dementsprechend befördert worden. Sogar jetzt, da er pensioniert war und sich in einem Landhaus zur Ruhe gesetzt hatte, war er der alte geblieben.

«Ich vergesse nicht leicht ein Gesicht», wiederholte er immer wieder selbstzufrieden. «Mrs. Anthony, ja es ist ganz sicher Mrs. Anthony. Als Sie sagten, Mrs. Merrowdene, erkannte ich sie sofort.»

Kapitän Haydock rutschte unbehaglich in seinem Sessel hin und her. Die Merrowdenes waren, von Evans abgesehen, seine nächsten Nachbarn, und die Identifizierung von Mrs. Merrowdene als Hauptperson eines früheren Sensationsprozesses war ihm unangenehm.

«Es ist schon lange her», sagte er gedehnt.

«Neun Jahre», entgegnete Evans, akkurat wie immer, «neun Jahre und drei Monate. Erinnern Sie sich an den Fall?»

«Ziemlich ungenau.»

«Es stellte sich heraus, daß Mr. Anthony öfters kleinere Mengen Arsen zu sich genommen hatte», erinnerte ihn Evans. «Deshalb wurde sie freigesprochen.»

«Warum hätte man das auch nicht tun sollen?»

«Es war das einzige Urteil, das man auf Grund des Beweismaterials fällen konnte. Durchaus korrekt.»

«Dann ist es ja in Ordnung», entgegnete Haydock. «Und ich sehe nicht ein, weshalb wir uns noch damit herumquälen müssen.»

«Wer quält sich denn?»

«Ich dachte, Sie.»

«Aber keine Spur», meinte Evans heiter.

«Die Geschichte ist vorbei und zu Ende», faßte Haydock zusammen. «Wenn Mrs. Merrowdene in ihrem Leben einmal das Unglück hatte, wegen Mordes vor Gericht gestellt und freigesprochen zu werden –»

«Normalerweise betrachtet man es nicht als Unglück, wenn man freigesprochen wird», unterbrach ihn Evans.

«Sie verstehen schon, wie ich es meine», entgegnete Haydock unwillig. «Wenn die arme Frau eine so schreckliche Geschichte durchstehen mußte, kommt es uns nicht zu, die ganze Sache wiederaufleben zu lassen, nicht wahr?»

Evans schwieg.

«Aber Evans, die Frau war unschuldig. Sie haben es eben selbst gesagt.»

«Ich sagte nicht, sie war unschuldig, sondern, sie wurde freigesprochen.»

«Das ist doch dasselbe.»

«Nicht immer.»

Haydock hatte gerade begonnen, seine Pfeife in einem Aschenbecher auszuklopfen. Er unterbrach seine Tätigkeit und setzte sich mit einem Ruck auf.

«Hallo», rief er. «Also daher weht der Wind. Sie glauben, daß sie nicht unschuldig war?»

«Das möchte ich nicht sagen. Ich ... nun, ich weiß es nicht. Anthony hatte die Angewohnheit, regelmäßig in kleinen Mengen Arsen zu nehmen. Seine Frau besorgte es für ihn. Eines Tages, durch ein Versehen, nahm er zuviel. War es sein Fehler oder der seiner Frau? Niemand konnte es sagen, und die Geschworenen entschieden zu ihren Gunsten. Das ist völlig richtig, und ich sehe keinen Fehler darin. Trotz alledem – ich würde es gern genau wissen.»

Kapitän Haydock beschäftigte sich wieder mit seiner Pfeife.

«Nun», meinte er behaglich, «das geht uns nichts an.»

«Da bin ich mir nicht so sicher.»

«Aber gewiß –»

«Hören Sie mir einen Augenblick zu», bat Evans. «Sie erinnern sich, wie Mr. Merrowdene neulich abends in seinem Laboratorium herumexperimentierte –»

«Ja. Er erwähnte den Marsh'schen Test für Arsen. Er sagte, *Sie* wüßten alles darüber, das läge auf *Ihrer* Linie – und er kicherte dabei. Er würde das nicht gesagt haben, wenn er auch nur einen Augenblick vermutet hätte –» Evans unterbrach ihn.

«Sie meinen, er hätte es nicht gesagt, wenn er etwas *wüßte.* Wie lange sind doch die beiden jetzt verheiratet? Sechs Jahre? Ich gehe jede Wette ein, daß er keine Ahnung hat, daß seine Frau einst die berüchtigte Mrs. Anthony war.»

«Und er wird es von mir gewiß nicht erfahren», sagte Haydock mit Nachdruck.

Evans kümmerte sich nicht darum, sondern fuhr fort:

«Sie haben mich gerade unterbrochen. Im Anschluß an den Marsh'schen Test erhitzte Merrowdene eine Substanz in einem Reagenzglas, den metallischen Rückstand löste er in Wasser und präzipitierte ihn durch Beifügung von Silbernitrat. Das war eine Probe auf Chlorate. Ein kleiner, bescheidener, hübscher Test. Aber ich konnte zufällig die Worte in einem Buch lesen, das offen auf dem Tisch lag: ‹H_2SO_4 zersetzt Chlorate durch Entwicklung von Cl_4O_2. Erhitzt man es, entstehen starke Explosionen. Die Mixtur sollte daher kühl gehalten und nur in kleinsten Mengen verwendet werden.›»

Haydock starrte seinen Freund verständnislos an.

«Ja, und?»

«Nichts weiter. In meinem Beruf macht man auch Tests. Man zählt die Tatsachen zusammen, wägt sie ab, zerlegt den Rest, nachdem man Voreingenommenheit und durchschnittliche Ungenauigkeit von Zeugen berücksichtigt hat. Aber es gibt noch einen anderen Test, einen Mord nachzuweisen, einen, der ziemlich genau ist, aber auch ziemlich gefährlich. Ein Mörder gibt sich selten mit einem Verbrechen zufrieden. Läßt man ihm Zeit, und fühlt er sich unbeobachtet, wird er ein neues verüben. Wie zum Beispiel bei einem Mann, den man des Mordes an seiner Frau verdächtigt. Vielleicht sähe der Fall gar nicht so schwarz für ihn aus. Dann schaut man sich seine Vergangenheit an. Findet man heraus, daß er schon öfter verheiratet war und daß alle seine Frauen starben, dann sagt man sich, recht eigenartig, nicht wahr? Dann *weiß* man es. Nicht juristisch, verstehen Sie? Ich spreche von einer inneren Gewißheit. Wenn man die hat, kann man anfangen, nach Beweisen zu suchen.»

«Und?»

«Ich komme schon zu dem entscheidenden Punkt. Es geht in dieser Form natürlich nur, wenn es eine Vergangenheit gibt, in der man wühlen kann. Aber angenommen, Sie fangen Ihren Mörder bei seinem ersten Verbrechen? Dann wäre dieser Test sinnlos. Der Verdächtige wird freigesprochen. Er fängt ein neues Leben unter einem anderen Namen an. Wird der Mörder das Verbrechen wiederholen, ja oder nein?»

«Das ist eine schreckliche Idee!»

«Sagen Sie immer noch, es ginge uns nichts an?»

«Jawohl, das sage ich. Sie haben keinen Grund, Mrs. Merrowdene zu verdächtigen.»

Der Ex-Inspektor schwieg einen Moment. Dann sagte er: «Ich erzählte Ihne, daß wir uns mit ihrer Vergangenheit beschäftigten und nichts fanden. Das ist nicht ganz richtig. Sie hatte einen Stiefvater. Als Mädchen von achtzehn Jahren liebte sie einen jungen Mann, mit dem der Stiefvater nicht einverstanden war. Eines Tages ging sie mit ihrem Stiefvater an einem recht gefährlichen Teil der Klippen spazieren. Da passierte ein Unfall. Der Stiefvater ging zu nahe an den Rand, der bröckelte ab, und er fiel hinunter und war tot.»

«Sie glauben doch nicht etwa ...»

«Es war ein *Unfall*! Anthonys Überdosis von Arsen war auch ein Unfall. Sie wäre nie vor Gericht gestellt worden, wenn damals nicht durchgesickert wäre, daß da noch ein anderer Mann existierte – er machte sich aus dem Staub, nebenbei bemerkt. Es sah aus, als sei er nicht so ganz überzeugt, selbst wenn die Geschworenen es sein sollten. Ich sage Ihnen, Haydock, was diese Frau betrifft, befürchte ich einen neuen – Unfall!»

«Es sind neun Jahre seit dieser Affäre vergangen. Weshalb sollte es jetzt einen neuen Unfall geben, wie Sie es nennen?»

«Ich habe nicht gesagt, jetzt. Ich sagte, irgendwann. Wenn das erforderliche Motiv auftaucht.»

«Ich kann mir nicht vorstellen, wie Sie das verhindern wollen», sagte Haydock.

«Ich auch nicht», entgegnete Evans kleinlaut.

«Meiner Meinung nach sollte man die Sache auf sich beruhen lassen. Es ist noch nie etwas dabei herausgekommen, in anderer Leute Angelegenheiten herumzustochern», brummte der Kapitän.

Dieser Rat war nicht nach dem Geschmack des Inspektors. Er war ein Mann der Geduld, aber auch des Entschlusses. Er verabschiedete sich von seinem Freund und begab sich hinunter ins Dorf. In Gedanken erwog er die Möglichkeiten, wie ein eventuelles Verbrechen verhindert werden könnte.

Bei der Post wollte er einige Briefmarken kaufen, und dort stieß er ausgerechnet mit George Merrowdene zusammen. Der ehemalige Chemieprofessor war ein kleiner, verträumt aussehender Mann, höflich und gütig in seiner Art, aber mit seinen Gedanken gewöhnlich woanders. Er erkannte Evans und begrüßte ihn freundlich. Dann bückte er sich, um die Briefe aufzusammeln, die durch den Zusammenstoß zu Boden gefallen waren. Evans war ihm behilflich und schielte dabei auf die Briefe. Die Adresse auf einem Umschlag verstärkte seinen Verdacht sofort. Er trug den Namen einer bekannten Versicherungsgesellschaft. Sofort stand sein Entschluß fest.

Der arglose Merrowdene merkte kaum, wie es kam, daß er nun zusammen mit dem Inspektor durch das Dorf ging, und noch weniger hätte er sagen können, weshalb er plötzlich von seiner Lebensversicherung sprach. Evans hatte keine Mühe, ihn für sich zu gewinnen. Merrowdene gab bereitwillig Auskunft, daß er gerade sein Leben zugunsten seiner Frau versichert habe, und fragte nach Evans' Meinung über die Versicherungsgesellschaft, mit der er abgeschlossen hatte.

«Ich habe schon manch eine unüberlegte Investition gemacht», erklärte er, «mit dem Resultat, daß mein Vermögen zusammengeschrumpft ist. Sollte mir etwas passieren, wäre meine Frau schlecht versorgt. Die Versicherung soll das verhindern.»

«Hat sie gegen diese Idee keinen Einspruch erhoben?» erkundigte sich Evans beiläufig. «Manche Frauen tun das, wissen Sie. Sie meinen, es brächte Unglück oder so etwas.»

«Ach, Margaret ist sehr praktisch», entgegnete Merrowdene lächelnd. «Überhaupt nicht abergläubisch. Ich glaube, es war sogar ursprünglich ihre eigene Idee. Sie wollte nicht, daß ich mir Sorgen machte.»

Evans hatte die Information, die er wollte. Er verließ den Professor kurz darauf. Sein Gesicht spiegelte grimmige Entschlossenheit wider. Der verstorbene Mr. Anthony hatte auch eine Lebensversicherung zugunsten seiner Frau abgeschlossen – gerade ein paar Wochen vor seinem Tod.

Für Evans gab es keinen Zweifel mehr. Aber was er unternehmen konnte, stand auf einem anderen Blatt. Er wollte keinen auf frischer Tat ertappten Verbrecher verhaften, sondern ein Verbrechen verhindern. Und das war etwas ganz anderes und viel schwieriger.

Den ganzen Tag über war er sehr nachdenklich. Am Nachmittag gab der Primelzüchterverein ein Fest auf dem Besitz des örtlichen Gutsherrn, und Evans ging hin. Er spielte beim *Penny dip*, einer Art Lotterie, mit und warf mit Bällen nach leeren Blechdosen. In Gedanken aber war er ständig bei seinem Problem. Er ließ sich sogar von Sarah, der Wahrsagerin, für eine halbe Krone die Zukunft deuten und mußte über sich selbst lächeln, als er sich erinnerte, wie er während seiner Amtszeit gegen diese Wahrsager vorgegangen war.

Er war nicht so richtig bei der Sache, bis das Ende eines Satzes seine Aufmerksamkeit erregte.

«... und Sie werden in Kürze, in allernächster Kürze, in einer Sache stecken, bei der es um Tod oder Leben geht ... Leben oder Tod eines Menschen.»

«Ha? Wie war das?» fragte er.

«Ein Beschluß. Sie werden einen Beschluß zu fassen haben. Sie müssen sehr vorsichtig sein, sehr, sehr vorsichtig. Wenn Sie einen Fehler machen, den kleinsten Fehler auch nur ...»

Die Wahrsagerin erschauderte. Inspektor Evans wußte, daß das alles Unsinn war, trotzdem war er beeindruckt.

«Ich warne Sie. Sie dürfen keinen Fehler machen. Wenn Sie es doch tun, sehe ich die Folgen ganz klar – den Tod.»

Komisch, verflixt komisch. Tod. Daß ihre Phantasie sie darauf gebracht hatte!

«Wenn ich einen Fehler mache, wird das einen Todesfall zur Folge haben? Ist es so?»

«Ja.»

«Aus diesem Grunde», meinte Evans trocken und reichte ihr das Geldstück hinüber, «darf ich also keinen Fehler machen, was?»

Er sprach zwar unbekümmert, war aber auch fest entschlossen, aufzupassen. Leichter gesagt als getan! Er durfte keinen Schnitzer machen. Ein Leben, ein kostbares menschliches Leben hing davon ab. Und niemand war da, der ihm helfen konnte.

Er blickte hinüber zu seinem Freund Haydock, der in einiger Entfernung stand. Von ihm konnte er keine Hilfe erwarten. «Laß die Dinge auf sich beruhen», war Haydocks Devise.

Haydock unterhielt sich mit einer Frau. Sie verabschiedete sich jetzt von ihm und kam auf Evans zu. Der Inspektor erkannte sie. Es war Mrs. Merrowdene. Impulsiv stellte er sich ihr genau in den Weg.

Mrs. Merrowdene war eine sehr gutaussehende Frau. Sie hatte eine breite, gerade Stirn und einen sanften Gesichtsausdruck. Mit ihren wunderschönen braunen Augen glich sie einer italienischen Madonna, und das unterstrich sie noch dadurch, daß sie ihr Haar in der Mitte gescheitelt trug. Ihre Stimme war warm und dunkel.

Sie lächelte Evans zu.

«Ich dachte mir doch, daß Sie es waren, Mrs. Anthony – ich meine, Mrs. Merrowdene», sagte er hintergründig.

Diesen Fehler hatte er absichtlich gemacht, und er beobachtete sie dabei, ohne es sich anmerken zu lassen. Er sah, wie sich ihre Augen weiteten und wie sie kurz den Atem anhielt. Aber sie zuckte nicht mit der Wimper. Sie betrachtete ihn würdevoll.

«Ich suche meinen Mann», sagte sie ruhig. «Haben Sie ihn irgendwo gesehen?»

«Er war dort drüben, als ich ihn zuletzt sah.»

Sie gingen Seite an Seite in der bezeichneten Richtung und plauderten. Der Inspektor fühlte, wie seine Bewunderung wuchs. Welch eine Frau! Diese Selbstbeherrschung! Dieses wunderbare Gleichgewicht! Ein bemerkenswerter Mensch – und sehr gefährlich.

Er fühlte sich unbehaglich, obgleich er mit seinem ersten Schritt zufrieden war. Er hatte sie wissen lassen, daß er sie erkannt hatte. Sie würde auf der Hut sein und es nicht wagen, irgend etwas Übereiltes zu tun. Blieb noch Merrowdene. Wenn man ihn nur warnen könnte!

Sie fanden den kleinen Mann, wie er abwesend eine Porzellanpuppe betrachtete, die er gewonnen hatte. Seine Frau schlug vor, nach Hause zu gehen, und er stimmte freudig zu. Mrs. Merrowdene wandte sich an den Inspektor.

«Wollen Sie nicht mitkommen und eine Tasse Tee bei uns trinken, Mr. Evans?»

Lag da nicht ein leichter Ton von Herausforderung in ihrer Stimme? Er meinte, ihn bemerkt zu haben.

«Vielen Dank, Mrs. Merrowdene. Gern.»

Auf dem Weg unterhielten sie sich über alltägliche Dinge. Die Sonne schien, und ein leichter Wind wehte. Die Welt schien ruhig und friedlich.

Ihr Hausmädchen sei auch bei dem Fest, erklärte Mrs. Merrowdene, als sie in dem hübschen Landhaus ankamen. Sie ging in ihr Zimmer, um ihren Hut abzusetzen. Dann kam sie zurück und begann den Tee bereitzustellen. Auf einem kleinen silbernen Kocher brachte sie Wasser zum Sieden. Aus einem Fach neben dem Kamin nahm sie drei hauchdünne Schalen und Untertassen.

«Wir haben einen ganz speziellen chinesischen Tee», sagte sie. «Und wir trinken ihn immer auf chinesische Weise, aus Schalen, nicht aus Tassen.»

Sie brach ab, blickte in eine der Schalen und tauschte sie mit einem Ausdruck von Verärgerung gegen eine andere aus.

«George, das ist nicht nett von dir. Du hast schon wieder eine dieser Schalen benutzt», schalt sie ihren Mann.

«Es tut mir leid, Liebes», antwortete der Professor entschuldigend. «Sie haben eine so brauchbare Größe. Die anderen, die ich bestellt habe, sind noch nicht angekommen.»

«Eines schönen Tages wirst du uns alle vergiften», meinte seine Frau mit einem halben Lachen. «Mary findet sie im Labor und bringt sie mit herauf. Wenn nicht etwas sehr Auffälliges darin ist, macht sie sich nicht die Mühe, sie abzuwaschen. Neulich hast du sogar eine davon für Zyankali benutzt. Wirklich, George, es ist höchst gefährlich.»

Merrowdene schien etwas ärgerlich.

«Mary hat überhaupt nichts aus meinem Labor wegzunehmen. Sie darf dort nichts anfassen.»

«Aber wir lassen oft unsere Tassen nach dem Tee dort stehen. Woher soll sie das wissen? Sei doch vernünftig, Lieber.»

Der Professor ging in sein Laboratorium und murmelte vor sich hin. Lächelnd goß Mrs. Merrowdene kochendes Wasser über den Tee und blies die Flamme auf dem silbernen Kocher aus.

Evans war überrascht. Aus irgendeinem Grunde ließ sich Mrs. Merrowdene in die Karten blicken. Sollte das der «Unfall» werden? Sprach sie bewußt von all dem, um sich von vornherein ein Alibi zu verschaffen? Er wäre gezwungen, zu ihren Gunsten auszusagen, wenn der «Unfall» eines Tages passierte. Wie dumm von ihr, denn bevor ...

Plötzlich hielt er den Atem an. Sie hatte den Tee in drei Schalen gegossen. Eine setzte sie vor sich hin, eine vor ihn und die dritte auf einen kleinen Tisch beim Feuer, in der Nähe des Sessels, in dem gewöhnlich ihr Mann saß. Als sie diese letzte Schale auf den Tisch stellte, verzog ein eigenartiges Lächeln ihren Mund.

Dieses Lächeln gab den Ausschlag.

Eine bemerkenswerte Frau – eine gefährliche Frau. Kein

Warten, keine Vorbereitungen. Heute nachmittag, genau heute nachmittag – mit ihm hier als Zeugen. Diese Kühnheit verschlug ihm den Atem. Es war raffiniert, verdammt raffiniert. Er würde ihr nichts beweisen können. Sie baute darauf, daß er nichts ahnte – einfach weil es noch so früh war. Eine Frau, die blitzschnell dachte und handelte.

Er holte tief Luft und beugte sich vor.

«Mrs. Merrowdene, ich bin ein Mann mit sonderbaren Einfällen. Würden Sie so liebenswürdig sein und bei einem davon mitmachen?»

Sie blickte ihn fragend an.

Er stand auf, nahm die Schale, die vor ihr stand, und ging hinüber zu dem kleinen Tisch, wo er sie gegen die andere vertauschte. Diese brachte er zurück und stellte sie vor sie hin.

«Ich möchte sehen, wie Sie das trinken!»

Ihre Blicke trafen sich. Sie sah ihn fest und unergründlich an. Langsam wich die Farbe aus ihrem Gesicht.

Sie streckte die Hand aus und hob die Schale hoch. Er hielt den Atem an. Angenommen, er hatte sich von Anfang an geirrt?

Sie führte die Schale an die Lippen. Im letzten Moment lehnte sie sich vor und goß den Inhalt in einen Blumentopf. Dann richtete sie sich auf und sah ihn herausfordernd an.

Er stieß einen langen Seufzer der Erleichterung aus und setzte sich wieder hin.

«Nun?» fragte sie. Ihre Stimme klang verändert. Sie war leicht spöttisch und herausfordernd.

Er antwortete bedächtig. «Sie sind eine sehr kluge Frau, Mrs. Merrowdene. Ich glaube, Sie verstehen mich. Es darf kein zweites Mal geben. Wissen Sie, was ich meine?»

«Ja, ich weiß», sagte sie.

Er nickte zufrieden mit dem Kopf. Sie war sehr vorsichtig. Sie wollte nicht gehängt werden.

«Auf Ihr langes Leben und das Ihres Gatten», sagte er bedeutungsvoll und hob die Schale mit dem Tee an die Lippen.

Dann veränderte sich sein Gesicht. Es verzog sich grauenvoll ... er mußte aufstehen ... hinausschreien. Sein Körper wurde steif, sein Gesicht lief rot an. Er fiel hin, stürzte über den Stuhl. Seine Glieder verkrampften sich.

Mrs. Merrowdene lehnte sich vor und beobachtete ihn. Ein leichtes Lächeln umspielte ihre Lippen. Sie sprach zu ihm, ganz sanft und liebenswürdig.

«Sie haben einen Fehler gemacht, Mr. Evans. Sie glaubten, ich wollte George töten ... Wie dumm von Ihnen, wie furchtbar dumm.»

Sie saß noch eine Minute lang da und blickte auf den toten Mann – den dritten, der gedroht hatte, ihren Weg zu kreuzen und sie von dem Mann zu trennen, den sie liebte.

Ihr Lächeln vertiefte sich. Mehr denn je glich sie einer Madonna. Dann hob sie ihre Stimme und rief:

«George! George! ... Oh, bitte, komm her. Ich fürchte, ein schrecklicher Unfall ist passiert! Armer Mr. Evans!»

Ein guter Freund

Sir Edward Palliser, Kronanwalt, wohnte am Queen Anne's Close, Nr. 9. Queen Anne's Close war eine Sackgasse im Zentrum von Westminster, die ihre friedliche Alt-Londoner Atmosphäre, weitab von der Hektik des zwanzigsten Jahrhunderts, bewahrt hatte. Diese Atmosphäre gefiel Sir Edward ausgezeichnet.

Sir Edward war zu seiner Zeit einer der bedeutendsten Strafverteidiger gewesen. Nun, da er nicht länger vor Gericht plädierte, beschäftigte er sich damit, eine wohlsortierte Bibliothek kriminalistischer Literatur zusammenzutragen. Darüber hinaus war er der Verfasser eines Buches mit dem Titel: *Lebensläufe berühmter Verbrecher*.

An diesem Abend saß Sir Edward vor dem Kamin in seiner Bibliothek, trank einen ausgezeichneten schwarzen Kaffee und zerbrach sich den Kopf über eine Ausgabe von Lombroso. Was für geistreiche Theorien, und wie überholt sie doch waren!

Die Tür öffnete sich fast lautlos. Über den tiefen Teppich kam sein wohlerzogener Diener heran und murmelte diskret: «Eine junge Dame wünscht Sie zu sprechen, Sir.»

«Eine junge Dame?» fragte Sir Edward überrascht. Das war etwas, das nicht oft geschah. Dann fiel ihm ein, daß es seine Nichte Ethel sein könnte – aber nein, in diesem Fall würde Armour es ihm gesagt haben. Vorsichtig fragte er: «Hat die Dame ihren Namen genannt?»

«Nein, Sir, aber sie sagte, sie wäre sicher, daß Sie sie empfangen würden.»

«Führen Sie sie herein», sagte Sir Edward Palliser. Er war neugierig und genoß dieses Gefühl.

Eine schlanke, dunkelhaarige junge Dame, Ende Zwanzig, die ein schwarzes, gutsitzendes Kostüm und einen kleinen schwarzen Hut trug, kam mit ausgestreckter Hand und einem Ausdruck freudigen Wiedererkennens auf Sir Edward zu. Armour zog sich zurück, lautlos schloß sich die Tür hinter ihm.

«Sir Edward, Sie erkennen mich doch wieder, nicht wahr? Ich bin Magdalena Vaughan.»

«Aber natürlich.» Er drückte herzlich die ausgestreckte Hand. Nun erinnerte er sich wieder genau an sie. Die Heimreise von Amerika auf der *Siluric!* Das reizende Kind – denn damals war sie kaum mehr als ein Kind gewesen –, dem er den Hof gemacht hatte, natürlich diskret,. wie es sich für einen Mann in seiner Position ziemte. Sie war so entzückend jung gewesen, so lebhaft, so voll von Bewunderung und tiefer Hingabe – genau das, was das Herz eines Mannes gefangennimmt, der sich den Sechzig nähert. Die Erinnerung ließ zusätzliche Wärme in seinen Händedruck strömen.

«Das ist äußerst reizend von Ihnen. Bitte, nehmen Sie doch Platz.» Er rückte ihr, leicht und gefällig plaudernd, einen Sessel zurecht und fragte sich dabei, was wohl der Grund ihres Kommens war. Als endlich sein leichtes Geplauder versiegte, herrschte Stille im Zimmer.

Ihre Hand auf der Sessellehne öffnete und schloß sich nervös, sie befeuchtete ihre Lippen, dann sagte sie plötzlich: «Sir Edward – bitte helfen Sie mir!»

Er war überrascht und murmelte automatisch: «Ja?»

Sie fuhr fort, und ihr Ton wurde immer eindringlicher: «Sie sagten damals, wenn ich irgendwann einmal Hilfe brauchen sollte – wenn es irgend etwas auf der Welt geben würde, was Sie für mich tun könnten – daß Sie es tun würden.»

Ja, das hatte er tatsächlich gesagt. Eine Floskel, die man so zu sagen pflegt, besonders in der Stunde des Abschieds. Er konnte sich noch an das Versagen seiner Stimme erinnern, an die Art, wie er ihre Hand an die Lippen führte.

«Wenn es je etwas gibt, was ich für Sie tun kann – denken Sie daran, ich meine es ernst.»

Ja, man pflegt solche Dinge zu sagen – aber nur sehr, sehr selten muß man sein Wort einlösen. Und bestimmt nicht nach – wieviel? – neun oder zehn Jahren. Er warf ihr einen schnellen Blick zu. Sie war noch immer ein sehr gutaussehendes Mädchen, aber das, was er seinerzeit so anziehend fand, hatte sie längst verloren: ihr taufrisches, unberührtes jugendliches Aussehen. Vielleicht war ihr Gesicht jetzt ausdrucksvoller geworden – ein jüngerer Mann hätte das sicher gefunden –, aber Sir Edward war jetzt weit entfernt von der Welle der Wärme und Zuneigung, die ihn damals am Ende jener Atlantikreise überwältigt hatte.

Auf seinem Gesicht spiegelte sich Vorsicht. Er sagte förmlich: «Gewiß werde ich alles für Sie tun, was in meiner Macht steht – obwohl ich bezweifle, daß ich jetzt noch sehr viel für irgend jemanden tun kann.»

Offensichtlich bemerkte sie nicht, daß er seinen Rückzug vorbereitete. Sie gehörte zu den Menschen, die immer nur eine Idee verfolgen. Und in diesem Augenblick sah sie nur ihre eigene Zwangslage. Sir Edwards Bereitschaft, ihr zu helfen, setzte sie als selbstverständlich voraus.

«Wir sind in einer schrecklichen Bedrängnis, Sir Edward.»

«Wir? Sind Sie verheiratet?»

«Nein, ich meine meinen Bruder und mich, und natürlich auch William und Emily, in diesem Fall. Aber ich muß Ihnen das genau erklären. Ich habe ... ich hatte eine Tante, Miss Crabtree. Vielleicht haben Sie darüber in der Zeitung gelesen? Es war schrecklich. Sie wurde getötet – ermordet.»

«Ach ja.» Sir Edwards Gesicht hellte sich auf. Es war interessant.

«Vor einem Monat, nicht wahr?»

Sie nickte. «Nicht ganz. Vor drei Wochen.»

«Ja, ich erinnere mich. Sie bekam einen Schlag auf den Kopf, in ihrem eigenen Haus. Den Täter hat man noch nicht gefaßt.»

Magdalena Vaughan nickte wieder. «Nein, man hat den Mann nicht gefaßt. Ich glaube, daß man ihn niemals fassen wird, denn es gibt keinen fremden Täter.»

«Was sagen Sie da?»

«Ja, es ist schrecklich. In den Zeitungen hat darüber nichts gestanden. Aber das ist es, was die Polizei vermutet. Sie weiß, daß niemand an jenem Abend das Haus betreten hat.»

«Sie meinen ...»

«... daß es einer von uns vieren gewesen ist. Es *muß* so gewesen sein. Die Polizei weiß nicht wer, und wir wissen es auch nicht. Wir wissen es einfach nicht! Und so sitzen wir jeden Tag herum und starren uns gegenseitig mißtrauisch und verstohlen an. Ach, wenn es doch ein Fremder gewesen wäre ...»

Sir Edward blickte Magdalena mit wachsendem Interesse an. «Sie wollen sagen, daß die Familienmitglieder unter Verdacht stehen?»

«Ja. Die Polizei hat das natürlich nicht behauptet. Die Beamten waren sehr nett und höflich. Aber sie haben das Haus auf den Kopf gestellt, sie haben uns alle und Martha immer und immer wieder verhört ... Und weil sie nicht wissen, wer es war, warten sie ab. Ich habe Angst, eine schreckliche Angst!»

«Mein liebes Kind, jetzt übertreiben Sie wohl ein bißchen.»

«Oh, nein. Es ist einer von uns vieren – es muß so sein.»

«Wer sind die vier, von denen Sie sprechen?»

Magdalena richtete sich auf und sprach etwas gefaßter. «Das bin ich und mein Zwillingsbruder Matthew. Tante Lily war unsere Großtante, Großmutters Schwester. Wir lebten bei ihr, seitdem wir vierzehn waren. Und dann ist da noch William Crabtree. Er ist Tante Lilys Neffe, der Sohn ihres Bruders. Er lebte gleichfalls bei ihr, zusammen mit seiner Frau Emily.»

«Hat sie ihre Verwandten unterstützt?»

«Mehr oder weniger. William hat etwas eigenes Geld. Er ist nicht gesund und kann nicht arbeiten. Er ist ein ruhiger, in sich gekehrter Mensch. Ich bin sicher, daß er unmöglich ... Ach, es ist schrecklich, daran auch nur zu denken!»

«Ich habe die ganze Angelegenheit noch immer nicht recht verstanden. Vielleicht können Sie mir die genauen Einzelheiten schildern, falls es Sie nicht zu sehr aufregt.»

«Oh, nein, ich will Ihnen gerne alles erzählen. Es ist alles noch so deutlich in meinem Gedächtnis. Wir hatten zusammen Tee getrunken, danach ging jeder seinen persönlichen Beschäftigungen nach. Ich hatte etwas zu nähen, Matthew tippte einen Artikel, denn er arbeitet nebenbei als Journalist, und William beschäftigte sich mit seinen Briefmarken. Emily war nicht zum Tee erschienen. Sie hatte eine Kopfschmerztablette eingenommen und sich hingelegt. Wir waren also alle irgendwie beschäftigt. Und als Martha um halb acht ins Wohnzimmer kam, um für das Abendessen zu dekken, da lag Tante Lily da – tot. Ihr Kopf war – ganz zertrümmert.»

«Die Tatwaffe hat man gefunden, nehme ich an?»

«Ja, es war ein massiver Briefbeschwerer, der immer auf dem Tisch neben der Tür lag. Die Polizei untersuchte ihn auf Fingerabdrücke, fand aber keine. Er war abgewischt worden.»

«Und Ihr erster Verdacht?»

«Wir nahmen natürlich an, daß es ein Einbrecher war. Zwei oder drei Schubladen des Schreibtisches waren herausgezogen, so, als ob ein Dieb etwas gesucht hätte. Selbstverständlich nahmen wir an, daß es ein Dieb war! Doch dann kam die Polizei und stellte fest, daß Tante Lily schon mindestens eine Stunde tot war, und fragte Martha, wer ins Haus gekommen wäre, und Martha sagte: ‹Niemand.› Alle Fenster waren von innen verriegelt, und es gab keine Anzeichen, daß man versucht hatte, sie zu öffnen. Und dann begannen sie, uns Fragen zu stellen ...»

Sie stockte. Mit ängstlichen, flehenden Augen suchte sie Trost in Sir Edwards Blick.

«Wer hat vom Tod Ihrer Tante einen Nutzen?»

«Das ist einfach. Wir haben alle den gleichen Nutzen. Ihr Vermögen wird zu gleichen Teilen unter uns aufgeteilt.»

«Und wie groß ist dieses Vermögen?»

«Der Anwalt erklärte uns, daß es etwa achtzigtausend Pfund nach Abzug der Erbschaftssteuer beträgt.»

Sir Edward riß leicht erstaunt die Augen auf. «Das ist eine ganz beträchtliche Summe. Sie kannten, nehme ich an, die Größe des Vermögens Ihrer Tante?»

Magdalena schüttelte den Kopf. «Nein, das hat uns völlig überrascht. Tante Lily war immer schrecklich sparsam. Sie hielt sich nur einen Dienstboten und redete immer viel über gutes Wirtschaften.»

Sir Edward nickte gedankenvoll. Magdalena beugte sich in ihrem Sessel ein wenig vor. «Sie werden mir helfen, nicht wahr?»

Ihre Worte trafen Sir Edward wie ein Schock gerade in dem Moment, als er anfing, sich für den Fall zu interessieren.

«Meine liebe junge Dame, was kann ich schon tun? Wenn Sie einen guten Rechtsanwalt brauchen, kann ich Ihnen eine Adresse geben ...»

Sie fiel ihm ins Wort. «Oh, nein, das ist es nicht, was ich brauche! Ich bitte um Ihre persönliche Hilfe – als mein Freund.»

«Das ist sehr schmeichelhaft von Ihnen, aber ...»

«Ich bitte Sie, kommen Sie in unser Haus, stellen Sie Fragen, sehen Sie sich um, und bilden Sie sich selbst ein Urteil!»

«Aber meine liebe ...»

«Erinnern Sie sich daran, was Sie versprachen. Überall, zu jeder Zeit, sagten Sie, wenn ich Hilfe brauche ...»

Ihre Augen, flehend, doch zuversichtlich, suchten die seinen. Sir Edward fühlte sich beschämt und seltsam gerührt. Diese Offenheit, dieser unbedingte Glaube daran, daß ein eitles Versprechen, vor zehn Jahren, eine heilige, absolut bindende Sache ist! Wie viele Männer hatten wohl schon diese Worte ausgesprochen – fast ein Klischee –, und wie wenige waren jemals aufgefordert worden, sie in die Tat umzusetzen? So entgegnete er ziemlich lahm: «Ich bin sicher, daß es eine Menge Leute gibt, die Ihnen besser helfen könnten als ich.»

«Natürlich habe ich eine Menge Freunde.» (Er amüsierte sich über die naive Selbstsicherheit, die sich darin ausdrückte.) «Aber verstehen Sie, sie sind alle nicht erfahren genug. Nicht so wie Sie. Sie haben Erfahrung darin, Menschen zu befragen. Und mit all Ihrer Erfahrung *müssen* Sie es wissen.»

«Wissen was?»

«Ob sie schuldig oder unschuldig sind.»

Sir Edward lächelte ziemlich grimmig in sich hinein. Er schmeichelte sich, daß er es im allgemeinen tatsächlich gewußt hatte. Leider war in vielen Fällen seine Meinung nicht die der Geschworenen gewesen.

Magdalena schob mit einer nervösen Geste ihren Hut aus der Stirn, sah sich im Zimmer um und sagte: «Wie still es ist hier. Haben Sie nicht hin und wieder das Verlangen nach etwas Leben?»

Die Sackgasse! Ihre Worte, so unabsichtlich, aufs Geratewohl sie gesprochen waren, hatten ihn an der empfindlichsten Stelle getroffen. Eine Sackgasse, ja. Aber da gab es immer einen Weg hinaus – den Weg, den man gekommen war – den Weg zurück in die Welt ...

Etwas Ungestümes und Jugendliches begann sich in ihm zu regen. Ihr unbedingtes Vertrauen appellierte an die besten

Seiten seines Wesens; und ihr Problem weckte das Interesse des geborenen Kriminalisten in ihm. Ja, er wollte die Menschen sehen, von denen sie gesprochen hatte. Er wollte sich sein eigenes Urteil bilden.

So sagte er: «Wenn Sie tatsächlich überzeugt sind, daß ich Ihnen von Nutzen sein kann ... Aber denken Sie daran, ich garantiere für nichts!» Er hatte erwartet, daß sie vor Freude überwältigt sein würde, aber sie nahm sein Angebot sehr ruhig auf.

«Ich wußte, daß Sie mir helfen würden. Ich habe Sie immer als wahren Freund betrachtet. Wollen Sie gleich mitkommen?»

«Nein. Ich denke, es wird zweckmäßiger sein, wenn ich Sie morgen aufsuche. Bitte, geben Sie mir noch die Adresse von Miss Crabtrees Rechtsanwalt. Es könnte sein, daß ich ein paar Fragen an ihn habe.»

Sie schrieb die Adresse auf und gab sie ihm. Dann stand sie auf und sagte ein wenig verlegen: «Ich ... ich bin Ihnen überaus dankbar. Auf Wiedersehen!»

«Und Ihre eigene Adresse?»

«Wie dumm von mir! Palatine Walk 18, in Chelsea.»

Es war drei Uhr am Nachmittag des folgenden Tages, als Sir Edward Palliser mit ruhigen, gleichmäßigen Schritten das Haus am Palatine Walk erreichte. In der Zwischenzeit hatte er verschiedene Dinge herausgefunden. Zunächst hatte er Scotland Yard einen Besuch abgestattet, dessen stellvertretender Commissioner ein alter Freund von ihm war, und dann hatte er ein Gespräch mit dem Anwalt der verstorbenen Miss Crabtree geführt. Nun konnte er den Fall besser beurteilen.

Miss Crabtrees pekuniäre Regelungen waren ein bißchen sonderbar gewesen. Sie hatte niemals von einem Scheckbuch Gebrauch gemacht, sondern ihren Anwalt von Zeit zu Zeit angewiesen, eine bestimmte Summe in Fünfpfundnoten für sie bereitzuhalten. Es war fast immer die gleiche

Summe, viermal im Jahr dreihundert Pfund. Wenn sie das Geld abholte, pflegte sie in einer vierrädeirigen Kutsche zu kommen, das einzige sichere Transportmittel in ihren Augen. Sonst verließ sie nie das Haus.

In Scotland Yard erfuhr Sir Edward, daß man die Frage der Finanzen besonders sorgfältig untersucht hatte. Die nächste Abhebung von Miss Crabtree war fällig gewesen. Vermutlich waren also die vorhergehenden dreihundert Pfund verbraucht, oder zumindestens fast verbraucht worden. Doch dieser Punkt schien nicht klar zu sein. Bei Überprüfungen des Haushaltsbuches wurde es schnell klar, daß diese Aufwendungen von Miss Crabtree wesentlich weniger als dreihundert Pfund im Vierteljahr betrugen. Auf der anderen Seite hatte sie die Angewohnheit, notleidenden Verwandten oder Freunden etwas zukommen zu lassen. Ob zur Zeit ihres Todes sich viel oder wenig Geld im Haus befand, war also ein ungeklärter Punkt. Gefunden hatte man keins.

Es war dieser spezielle Punkt, der Sir Edward im Kopf herumging, während er sich seinem Ziel näherte. Die Tür des Hauses (das ohne Kellergeschoß war) wurde von einer kleinen, wachsam blickenden, ältlichen Frau geöffnet. Sie führte ihn in ein großes Wohnzimmer auf der linken Seite der kleinen Eingangshalle, wo ihn Magdalena begrüßte. Deutlicher noch als am Tag zuvor bemerkte er die Spuren nervöser Anspannung in ihrem Gesicht.

«Sie haben mich gebeten, Fragen zu stellen, und deswegen bin ich gekommen», sagte Sir Edward lächelnd, während er ihr die Hand gab. «Zunächst einmal möchte ich gern wissen, wer Ihre Tante zuletzt sah und zu welcher Uhrzeit das war?»

«Martha war das, nach dem Fünf-Uhr-Tee. Sie hatte am Nachmittag die Rechnungen bei den Kaufleuten beglichen und brachte Tante Lily nun die Belege und das Wechselgeld.»

«Vertrauen Sie Martha?»

«Oh, ja, unbedingt. Sie ist schon – warten Sie – ich glaube dreißig Jahre bei Tante Lily beschäftigt. Sie ist absolut ehrlich und zuverlässig.»

Sir Edward nickte. «Eine andere Frage. Warum nahm Ihre Verwandte, Mrs. Crabtree, eine Kopfschmerztablette ein?»

«Nun, weil sie Kopfschmerzen hatte.»

«Natürlich, aber warum hatte sie Kopfschmerzen?»

«Nun, beim Mittagessen hatte es einen ziemlichen Streit gegeben. Emily ist sehr nervös und erregbar. Sie und Tante Lily hatten hin und wieder einmal Krach miteinander.»

«Und das war während des Mittagessens der Fall?»

«Ja. Tante Lily regte sich oft über Nichtigkeiten auf. Es fing mit einer Kleinigkeit an, und im Handumdrehen hatten sie einen großen Streit. Emily sagte Dinge, die sie gar nicht so gemeint haben konnte – daß sie das Haus verlassen und niemals wiederkommen wolle, daß man ihr jeden Bissen im Mund mißgönnen würde – solche albernen Sachen. Und Tante Lily entgegnete, je schneller sie und ihr Mann die Sachen packen und verschwinden würden, desto besser wäre es. Aber niemand hat das ernst gemeint, glauben Sie mir.»

«Weil Mr. und Mrs. Crabtree es sich gar nicht leisten konnten, zu packen und das Haus zu verlassen?»

«Oh, nein, nicht nur deshalb. William hatte Tante Lily sehr gern, wirklich!»

«Und dieser Tag war nicht zufällig ein Tag, an dem allgemein gestritten wurde?»

Magdalena stieg die Röte ins Gesicht. «Spielen Sie auf mich an? Auf den Ärger wegen meines Wunsches Mannequin zu werden?»

«Ihre Tante war damit nicht einverstanden?»

«Nein.»

«Warum wollten Sie Mannequin werden, Miss Magdalena? Erscheint Ihnen dieses Leben besonders attraktiv?»

«Nein, aber alles andere schien besser als das abhängige Leben hier.»

«Ich verstehe. Aber zukünftig werden Sie über ein ausreichendes Einkommen verfügen können, nicht wahr?»

«Ja, das stimmt. Jetzt hat sich alles geändert.» Diese Bemerkung machte sie mit entwaffnender Einfalt.

Sir Edward schmunzelte, ging aber nicht weiter darauf ein. Statt dessen fragte er: «Und Ihr Bruder? Hatte der auch Ärger?»

«Matthew? Nein.»

«Dann hatte er also kein Motiv, seine Tante aus dem Weg zu räumen?» Ihm entging nicht die momentane Bestürzung in ihren Zügen. Beiläufig sagte er: «Ach, ich vergaß. Er hatte doch eine Menge Schulden, nicht wahr?»

«Ja. Armer alter Matthew.»

«Aber das ist ja nun auch vorbei.»

Sie seufzte. «Ja. Es ist schon eine Erleichterung.»

Begriff sie eigentlich noch immer nicht? Hastig wechselte er das Thema. «Sind Ihre Verwandten und Ihr Bruder zu Hause?»

«Ja, ich sagte ihnen, daß Sie kommen. Sie sind bereit, zu helfen. Oh, Sir Edward, irgendwie habe ich das Gefühl, daß Sie herausfinden werden, daß alles in Ordnung ist – daß niemand von uns etwas mit dem Mord zu tun hat – daß es, trotz allem, ein Eindringling war!»

«Ich kann keine Wunder wirken. Es kann sein, daß ich die Wahrheit herausfinde, aber ich kann diese Wahrheit nicht zu der von Ihnen gewünschten machen.»

«Können Sie das nicht? Ich habe das Gefühl, daß Sie alles können – alles.»

Sie verließ das Zimmer. Verstört dachte er: Was meint sie damit? Will sie, daß ich ihr eine Verteidigungslinie vorschlage? Für wen?

Seine Überlegungen wurden durch den Eintritt eines etwa fünfzigjährigen Mannes unterbrochen. Er war von kraftvoller Gestalt, ging aber etwas vornübergebeugt. Seine Kleidung war unordentlich, sein Haar nachlässig gekämmt.

Er machte einen gutmütigen, aber etwas weichlichen Eindruck.

«Sir Edward Palliser? Wie geht es Ihnen? Magdalena schickt mich. Es ist sehr nett von Ihnen, daß Sie uns helfen wollen. Obwohl ich bezweifle, daß Sie etwas Neues entdekken. Ich glaube, daß man den Burschen nie mehr erwischen wird.»

«Sie glauben also, daß es ein Einbrecher war?»

«Nun, es muß so sein. Es kann niemand aus der Familie gewesen sein. Diese Burschen sind heutzutage sehr gerissen. Sie klettern wie die Katzen und kommen rein und raus, wie sie wollen.»

«Wo waren Sie, Mr. Crabtree, als die Tragödie geschah?»

«Ich beschäftigte mich mit meinen Briefmarken – oben in meinem kleinen Wohnzimmer.»

«Haben Sie irgend etwas gehört?»

«Nein, aber ich höre nie etwas, wenn ich mich mit einer Sache intensiv beschäftige. Sehr dumm von mir, aber das ist nun einmal so.»

«Liegt das Wohnzimmer, von dem Sie sprachen, über diesem Zimmer?»

«Nein, es liegt auf der Rückseite des Hauses.»

Wieder öffnete sich die Tür. Eine kleine blonde Frau trat ein. Ihre Hände zitterten nervös. Sie sah aufgeregt und gereizt aus.

«William, warum hast du nicht auf mich gewartet. Ich sagte doch: warte!»

«Entschuldige, meine Liebe, ich vergaß es. Sir Edward Palliser – meine Frau.»

«Wie geht es Ihnen, Mrs. Crabtree? Ich hoffe, Sie haben nichts dagegen, wenn ich Ihnen ein paar Fragen stelle. Ich weiß, wie Ihnen daran gelegen ist, daß die Sache aufgeklärt wird.»

«Natürlich. Aber ich kann Ihnen überhaupt nichts sagen, nicht wahr, William? Ich war fest eingeschlafen und wachte erst auf, als Martha schrie.» Ihre Hände zitterten noch immer.

«Wo liegt Ihr Zimmer, Mrs. Crabtree?»

«Über diesem hier. Aber ich habe nichts gehört – wie konnte ich auch? Ich schlief fest.»

Etwas anderes konnte Sir Edward nicht aus ihr herausbekommen. Sie wußte nichts – sie hatte nichts gehört – sie hatte fest geschlafen. Das wiederholte sie mit der Hartnäkkigkeit einer verängstigten Frau. Doch Sir Edward wußte, daß es tatsächlich so sein konnte, daß es möglicherweise die reine Wahrheit war.

Er entschuldigte sich schließlich mit der Bemerkung, daß er Martha ein paar Fragen stellen wolle. William Crabtree erbot sich, ihn in die Küche zu führen. In der Eingangshalle stieß Sir Edward fast mit einem schlanken, dunkelhaarigen jungen Mann zusammen, der auf dem Weg zur Haustür war.

«Mr. Matthew Vaughan?»

«Ja, aber hören Sie, ich kann nicht warten, ich habe eine Verabredung.»

«Matthew!» Die Stimme seiner Schwester kam von der Treppe. «Matthew, du hast versprochen . . .»

«Ich weiß, Schwesterlein. Aber ich kann nicht. Muß einen Freund treffen. Und, nebenbei, was hat es für einen Sinn, über die verdammte Sache immer und immer wieder zu reden? Wir haben genug mit der Polizei darüber geredet. Die ganze Sache hängt mir zum Hals heraus.»

Die Haustür schlug zu. Mr. Matthew Vaughan war gegangen.

Sir Edward wurde in die Küche geführt. Martha bügelte. Sie machte eine Pause, mit dem Bügeleisen in der Hand. Sir Edward schloß die Tür hinter sich. «Miss Vaughan hat mich gebeten, ihr zu helfen», sagte er. «Ich hoffe, Sie haben nichts dagegen, wenn ich Ihnen ein paar Fragen stelle?»

Sie sah ihn an, dann schüttelte sie den Kopf. «Niemand von ihnen hat es getan, Sir. Ich weiß, was Sie denken, aber das ist nicht so.»

«Das bezweifle ich nicht. Aber, wissen Sie, ihr nettes Wesen ist nicht das, was man einen Entlastungsgrund nennt.»

«Mag sein, Sir. Das Recht ist schon eine ziemlich spaßige Sache. Aber es gibt einen Entlastungsgrund, wie Sie es nennen, Sir. Niemand hätte es tun können, ohne daß ich es wüßte.»

«Aber sicherlich ...»

«Ich weiß, wovon ich rede, Sir. Da, horchen Sie!» Über ihren Köpfen war ein knarrendes Geräusch zu hören.

«Die Treppe, Sir. Jedesmal, wenn jemand hinauf- oder hinuntergeht, knarrt sie entsetzlich. Dabei kommt es nicht darauf an, wie leise man geht. Mrs. Crabtree lag in ihrem Bett, und Mr. Crabtree beschäftigte sich mit seinen scheußlichen Marken, und Miss Magdalena arbeitete oben an ihrer Nähmaschine; wenn einer der drei heruntergekommen wäre, hätte ich es gewußt. Aber es kam niemand.»

Sie sprach mit einer festen Gewißheit, die den ehemaligen Anwalt beeindruckte. Eine gute Zeugin, dachte er. Sie würde Gewicht haben.

«Vielleicht haben Sie es nicht bemerkt.»

«Doch, ich hätte es. Ich hätte es bemerkt, ohne es zu bemerken, sozusagen. Genauso, wie Sie es bemerken, wenn eine Tür schlägt und jemand hinausgeht.»

Sir Edward änderte seine Meinung. «Das sind drei, von denen wir gesprochen haben. Aber da ist noch ein vierter. War Mr. Matthew Vaughan gleichfalls oben?»

«Nein, er war in dem kleinen Zimmer direkt nebenan und schrieb auf der Maschine. Das kann man hier hören. Die Maschine stand nicht für einen Moment still. Nicht für einen Moment, Sir, das kann ich beschwören. Das Tippen kann einen schrecklich nervös machen, nebenbei gesagt.»

Sir Edward schwieg eine Weile, dann fragte er: «Sie haben sie gefunden, nicht wahr?»

«Ja, Sir. Lag da in ihrem Blut. Und niemand hat einen Ton gehört, wegen des Lärms von Mr. Matthews Schreibmaschine.»

«Wenn ich Sie recht verstehe, sagten sie, daß niemand das Haus betrat?»

«Ja. Wie sollte das auch geschehen, ohne mein Wissen? Die Türglocke läutet hier drinnen. Und es gibt nur die eine Tür.»

Er sah ihr direkt ins Gesicht. «Sie waren Miss Crabtree sehr zugetan?»

Ein warmes Leuchten erhellte Marthas Züge. «Ja, das war ich, Sir. Aber für Miss Crabtree ... nun, ich werde alt, und es macht mir nichts mehr aus, darüber zu sprechen. Ich kam in Schwierigkeiten, Sir, als ich ein junges Mädchen war, und Miss Crabtree stand mir bei, nahm mich wieder in ihren Dienst, als alles vorbei war. Ich hätte mein Leben für sie gegeben, ich hätte es wirklich getan.»

Sir Edward erkannte Aufrichtigkeit. Martha war aufrichtig.

«Soviel Sie wissen, kam also niemand durch die Haustür?»

«Es hätte niemand kommen können.»

«Ich sagte, soviel Sie wissen. Aber wenn Miss Crabtree jemanden erwartet hätte – wenn sie diesem Jemand selbst die Tür geöffnet hätte ...»

«Oh!» Martha schien überrascht zu sein.

«Das wäre doch möglich, Sir, aber es ist nicht sehr wahrscheinlich. Ich meine ...»

Martha war offensichtlich sehr erschrocken. Sie konnte es nicht in Abrede stellen, und doch hätte sie es gern getan. Warum? War es, weil sie wußte, daß die Wahrheit anders aussah? Die vier Personen im Haus – war einer von ihnen schuldig? Wollte Martha diesen Schuldigen schützen? Hatte die Treppe doch geknarrt? Hatte sich jemand verstohlen heruntergeschlichen und Martha wußte, wer es war? Sie selbst war ehrlich, davon war Sir Edward überzeugt.

Er ließ nicht locker und beobachtete sie dabei. «Miss Crabtree könnte dies doch getan haben. Das Fenster des Zimmers geht auf die Straße hinaus. Sie könnte gesehen haben, daß derjenige, auf den sie wartete, ankam, ging hinaus in die Halle und öffnete ihm – oder ihr – die Tür. Vielleicht wollte sie sogar, daß niemand diese Person sah.»

Martha war verwirrt. Schließlich sagte sie widerstrebend:

«Ja, Sie mögen recht haben, Sir. Daran habe ich nicht gedacht. Daß sie einen Herrn erwartete – ja, das könnte sein.» Es schien, als ob sie in dieser Idee Vorteile zu entdecken begann.

«Sie waren die letzte Person, die Miss Crabtree sah, stimmt das?»

«Ja, Sir. Nachdem ich das Teegeschirr abgeräumt hatte. Ich brachte ihr die quittierten Einkaufsbücher und den Rest von dem Geld, das sie mir gegeben hatte.»

«Hatte sie Ihnen das Geld in Fünfpfundnoten gegeben?»

«Eine Fünfpfundnote, Sir», sagte Martha mit erschrockener Stimme. «Die Lebensmittelrechnungen waren nie höher. Ich bin sehr vorsichtig.»

«Wo bewahrte Miss Crabtree ihr Geld auf?»

«Das weiß ich nicht genau, Sir. Ich würde sagen, daß sie es mit sich herumtrug – in ihrer schwarzen Samttasche. Natürlich kann sie es aber auch in einer der verschlossenen Schubladen in ihrem Schlafzimmer aufbewahrt haben. Sie hat sehr gerne Dinge weggeschlossen, obwohl sie oft die Schlüssel verlor.»

Sir Edward nickte. «Sie wissen nicht, wieviel Geld sie hatte – in Fünfpfundnoten, meine ich?»

«Nein, Sir, ich könnte nicht sagen, wie hoch der Betrag war.»

«Und sie sagte nichts zu Ihnen, woraus Sie entnahmen konnten, daß sie jemanden erwartete?»

«Nein, Sir.»

«Sind Sie ganz sicher? Was hat sie denn genau gesagt?»

Martha überlegte. «Ja ... sie sagte, daß ich ein Viertelpfund Tee zuviel verbraucht hätte; und dann, daß Mrs. Crabtree schrecklich albern wäre, weil sie keine Margarine essen wolle; und einer der Sixpences, die ich zurückgebracht hatte, gefiel ihr nicht – einer von der neuen Sorte mit den Eichenblättern drauf – sie meinte, er wäre falsch, und ich hatte große Mühe, sie vom Gegenteil zu überzeugen. Und sie sagte ... ja, daß der Fischhändler Schellfisch anstatt Weißfisch geliefert hätte, und ob ich ihm das gesagt hätte, und ich sagte ja; und ... ich glaube, das war alles, Sir.»

Marthas Erzählung hatte Sir Edward das Wesen der Verstorbenen besser erläutert, als es jede andere detaillierte Beschreibung vermocht hätte. Beiläufig sagte er: «Eine ziemlich schwierige Herrin, stimmt's?»

«Ein bißchen umständlich, aber, meine Güte, sie ging nicht oft aus, und so eingesperrt, wie sie war, brauchte sie irgend etwas, um sich aufzumuntern. Sie war peinlich genau, aber gutmütig – kein Bettler ging von ihrer Tür ohne irgend etwas. Schwer zufriedenzustellen mag sie ja gewesen sein, aber eine wirklich wohltätige Dame war sie.»

«Ich bin froh, Martha, daß sie wenigstens einen Menschen hinterläßt, der ihr nachtrauert.»

Die alte Köchin hielt den Atem an. «Sie meinen ... aber, sie haben sie doch alle gern gehabt, wirklich, wenn sie's auch nicht so zeigten. Hin und wieder hatten sie alle schon mal eine Meinungsverschiedenheit mit ihr, aber das hat doch nichts zu sagen.»

Sir Edward hob den Kopf und lauschte. Von oben kam ein Knarren.

«Das ist Miss Magdalena, die herunterkommt.»

«Woher wissen Sie das?» fragte er schnell.

Die alte Frau errötete. «Ich kenne ihren Schritt», stotterte sie. Sir Edward eilte hinaus. Martha hatte recht. Magdalena war gerade am Fuß der Treppe angelangt. Sie sah ihn hoffnungsvoll an.

«Ich bin kaum weitergekommen», sagte Sir Edward, ihren Blick beantwortend, und fügte hinzu: «Sie wissen nicht zufällig, welche Briefe Ihre Tante am Tag ihres Todes erhielt?»

«Sie liegen noch alle zusammen. Die Polizei hat sie natürlich schon durchgesehen.»

Sie führte ihn in das große Wohnzimmer, schloß eine Kommode auf und entnahm ihr eine große schwarze Samttasche mit einer altmodischen Silberschnalle. «Das ist Tantes Tasche. Es liegt alles noch genauso drin wie am Tag ihres Todes. Dafür habe ich gesorgt.»

Sir Edward dankte ihr und begann, den Inhalt der Tasche auf dem Tisch auszubreiten. Sie war, dachte er sich, das typische Beispiel für eine einer exzentrischen alten Dame gehörenden Handtasche. Er fand Wechselgeld, zwei Pfeffernüsse, drei Zeitungsausschnitte, ein vor Rührung triefendes gedrucktes Gedicht über die Arbeitslosen, einen *Old Moore's*-Almanach, ein großes Stück Kampfer, zwei Brillen und drei Briefe. Einen ziemlich versponnenen von jemandem, der sich «Kusine Lucy» nannte, eine Rechnung für eine Uhrreparatur und den Bettelbrief einer Wohlfahrtsorganisation.

Er sah sich alles sehr sorgfältig an, dann räumte er die Tasche wieder ein und gab sie Magdalena mit einem Seufzer zurück. «Ich danke Ihnen, Miss Magdalena. Leider ist hier auch nicht viel zu finden.» Er stand auf, überzeugte sich, daß man vom Fenster einen guten Blick auf die Vordertreppe hatte, und ergriff dann Magdalenas Hand.

«Sie wollen schon gehen?»

«Ja.»

«Aber wird ... wird alles in Ordnung kommen?»

«Niemand, der mit dem Gesetz zu tun hat, wird sich jemals zu so einer vorschnellen Aussage verleiten lassen», sagte Sir Edward ernst und verabschiedete sich.

Gedankenverloren ging er nach Hause. Die Lösung des Rätsels mußte in Reichweite liegen, doch er hatte sie noch nicht entdeckt. Irgend etwas fehlte noch, nur eine Kleinigkeit, um ihn auf die richtige Spur zu bringen.

Eine Hand legte sich plötzlich auf seine Schulter, und er zuckte zusammen. Es war Matthew Vaughan, etwas außer Atem.

«Ich habe Sie gesucht, Sir Edward, um mich für mein unhöfliches Verhalten vorhin zu entschuldigen. Es tut mir leid, aber ich war nicht in der besten Gemütsverfassung. Ich freue mich, daß Sie sich um die Sache kümmern. Fragen Sie mich, was Sie wollen. Wenn ich Ihnen in irgendeiner Form helfen kann ...»

Sir Edwards Haltung versteifte sich plötzlich. Sein Blick war fest auf etwas gerichtet, nicht auf Matthew, sondern auf etwas auf der anderen Straßenseite. Leicht verwundert wiederholte Matthew: «Wenn ich Ihnen in irgendeiner Form helfen kann ...»

«Das haben Sie bereits getan, lieber junger Freund», erwiderte Sir Edward, «indem Sie mich an diesem ganz bestimmten Punkt anhielten und meine Aufmerksamkeit auf etwas lenkten, was mir sonst bestimmt entgangen wäre.» Dabei zeigte er auf ein kleines Restaurant auf der anderen Straßenseite.

«*Die vierundzwanzig Amseln?*» fragte Matthew verwundert.

«Genau.»

«Das ist ein merkwürdiger Name – aber man kann dort ganz gut essen, glaube ich.»

«Auf den Versuch würde ich es nicht ankommen lassen», sagte Sir Edward. «Zwar bin ich von den Tagen meiner Kindheit weit entfernt, doch erinnere ich mich vermutlich an meine Kinderverse besser als Sie, junger Freund. Da gibt es eine Art Klassiker, der, wenn ich mich recht erinnere, so lautet: ‹Sing' ein Lied vom Sixpence, die Tasche voll mit Korn; vierundzwanzig Amseln, die waren bald verlor'n.› Der Rest interessiert uns nicht.» Er drehte sich auf dem Absatz um.

«Wohin gehen Sie?» fragte Matthew Vaughan.

«Zurück in Ihr Haus, mein Freund.»

Schweigend gingen sie zurück. Matthew warf hin und wieder einen verwunderten Blick auf seinen Begleiter. Als sie das Haus betreten hatten, ging Sir Edward zu der Kommode, nahm die Samttasche heraus und öffnete sie. Er blickte Matthew an, und der verließ widerwillig das Zimmer.

Sir Edward schüttelte das Wechselgeld auf den Tisch. Dann nickte er. Seine Erinnerung hatte ihn nicht getäuscht. Er stand auf und läutete. Dabei verbarg er etwas in seiner Hand. Auf das Läuten hin meldete sich Martha.

«Sie erzählten mir doch, Martha, wenn ich mich recht erinnere, daß Sie eine kleine Meinungsverschiedenheit mit Ihrer verstorbenen Herrin wegen eines der neuen Sixpences hatten?»

«Ja, Sir.»

«Aha! Aber das Merkwürdige ist, daß unter diesem Wechselgeld sich kein neuer Sixpence befindet. Hier sind zwei Sixpences, aber sie stammen beide aus der alten Serie.»

Martha starrte Sir Edward verwirrt an.

«Verstehen Sie, was das bedeutet? Jemand kam an diesem Nachmittag ins Haus – jemand, dem Ihre Herrin einen Sixpence gab – vermutlich im Austausch dagegen ...»

Mit einer raschen Bewegung hielt er ihr die Knittelverse vor die Augen. Ein Blick in ihr Gesicht genügte. «Das Spiel ist aus, Martha. Sie sehen, ich habe es durchschaut. Sie können jetzt ruhig alles gestehen.»

Martha sank auf einen Stuhl. Tränen liefen ihr übers Gesicht. «Es ist wahr ... es ist wahr ... Die Türglocke hatte nicht richtig geläutet – ich war nicht sicher. Aber dann dachte ich, daß ich besser doch mal nachsehe. Ich öffnete die Tür, als er sie gerade niederschlug. Das Bündel mit den Fünfpfundnoten lag vor ihr auf dem Tisch – das hatte ihn dazu gebracht, sie umzubringen – das und die Annahme, sie wäre allein im Haus, weil sie ihm selbst geöffnet hatte. Ich konnte nicht einmal schreien, so gelähmt war ich. Und dann drehte er sich um – und ich sah, daß es mein Junge war...

Es ist schon immer schlecht gewesen. Er hat von mir immer alles Geld bekommen, das ich nur übrig hatte. Zweimal hat er schon im Gefängnis gesessen. Er muß wohl gekommen sein, um mich zu besuchen, und als Miss Crabtree merkte, daß ich die Tür nicht öffnete, tat sie es selbst. Er war überrascht und zog eins von seinen Arbeitslosengedichten heraus, und die Herrin, immer wohltätig, ließ ihn herein und gab ihm einen Sixpence. Und die ganze Zeit lag das Bündel Geldscheine auf dem Tisch, wo es gelegen hatte, als ich mit ihr abrechnete. Und dann überwältigte der Teufel meinen Ben, und er schlich sich hinter sie und schlug sie nieder.»

«Und dann?» fragte Sir Edward.

«Oh, Sir, was konnte ich tun? Mein eigen Fleisch und Blut! Sein Vater war ein schlechter Mensch, und er gerät nach ihm – aber er ist doch mein Sohn! Ich schob ihn schnell hinaus und ging in die Küche zurück. Dann ging ich zur gewohnten Zeit hinein, um für das Abendessen zu decken. Glauben Sie, daß es sehr schlecht von mir war, Sir? Ich habe mich bemüht, Sie nicht zu belügen, als Sie mir Ihre Fragen stellten.»

Sir Edward stand auf. «Meine arme Frau», sagte er voller Mitleid. «Sie tun mir sehr leid. Trotzdem muß das Gesetz seinen Weg gehen, das wissen Sie.»

«Er ist ins Ausland geflohen, Sir. Ich weiß nicht, wo er ist.»

«Dann mag er vielleicht eine Chance haben, dem Galgen

zu entgehen. Aber bauen Sie nicht darauf. Bitten Sie jetzt Miss Magdalena herein!»

«Oh, Sir Edward, wie wundervoll ist das – wie wundervoll sind Sie!» rief Magdalena aus, als er seinen kurzen Bericht beendet hatte. «Sie haben uns alle gerettet. Wie kann ich Ihnen jemals danken?»

Sir Edward lächelte sie an und tätschelte zart ihre Hand. Er fühlte sich großartig. Die kleine Magdalena war so reizend auf der *Siluric* gewesen, so entzückend in der Blüte ihrer siebzehn Jahre! Natürlich war das jetzt vorbei.

«Das nächste Mal, wenn Sie einen Freund nötig haben ...»

«... komme ich sofort zu Ihnen.»

«Nein, nein», rief Sir Edward erschrocken. «Das ist genau das, was Sie nicht tun sollen. Gehen Sie zu einem jüngeren Mann!»

Gewandt entzog er sich den Dankbarkeitsbezeugungen der Familie, ließ ein Taxi kommen und sank mit einem Seufzer der Erleichterung in die Wagenpolster.

Selbst der Charme einer taufrischen Siebzehnjährigen schien fragwürdig zu sein. Mit einer wohlsortierten Bibliothek über Kriminalistik konnte er jedenfalls nicht konkurrieren.

Das Taxi bog in den Queen Anne's Close ein – seine Sackgasse.

Der Hund des Todes

Es war William P. Ryan, ein amerikanischer Zeitungskorrespondent, durch den ich zuerst von der Geschichte erfuhr. Am Tag vor seiner Rückreise nach New York aß ich mit ihm in London zu Abend und erwähnte dabei gesprächsweise, daß ich am nächsten Morgen nach Folbridge fahren wolle.

Er blickte auf und fragte scharf: «Nach Folbridge in Cornwall?»

Nun weiß unter tausend vielleicht gerade einer, daß es überhaupt ein Folbridge in Cornwall gibt. Die allermeisten halten es für selbstverständlich, daß der Ort Folbridge in Hampshire gemeint ist. Daher erweckte Ryans Ortskunde meine Neugier.

«Ja», erwiderte ich. «Kennen Sie es?»

Er bemerkte lediglich, da hole ihn doch dieser und jener. Dann fragte er, ob ich da unten zufällig ein Haus namens «Trearne» kenne.

Meine Neugier wuchs.

«Allerdings, sehr gut sogar. Genau da fahre ich nämlich hin. ‹Trearne› gehört meiner Schwester.»

«Na so was», sagte William P. Ryan. «Wenn das einen nicht glatt vom Stuhl haut!»

Ich ersuchte ihn, sich nicht länger in rätselhaften Andeutungen zu ergehen, sondern zu erklären, was er meine.

«Tja», sagte er, «um das zu tun, muß ich bis zu einem Erlebnis von mir bei Ausbruch des Krieges zurückgehen.»

Ich seufzte. Die Ereignisse, von denen hier die Rede ist, fanden im Jahr 1921 statt. Kein Mensch wünschte damals, an den Krieg erinnert zu werden. Wir begannen ihn gottlob gerade zu vergessen ... Außerdem pflegte William P. Ryan, wie ich wußte, unglaublich weitschweifig zu werden, sobald er auf seine Kriegserlebnisse zu sprechen kam.

Aber er war nicht mehr zu bremsen.

«Bei Ausbruch des Krieges war ich, wie Sie vermutlich wissen, für meine Zeitung in Belgien tätig und kam dort ziemlich viel herum. Nun, es gibt dort ein kleines Dorf – ich will es mal X nennen. Ein richtiges Kuhdorf, aber es gab ein ziemlich großes Kloster am Ort. Nonnen in Weiß – den Namen des Ordens kenne ich nicht. Er tut auch nichts zur Sache. Also, dieses Nest lag genau auf dem Weg des deutschen Vormarschs. Die Ulanen kamen ...»

Ich rutschte unruhig auf meinem Stuhl hin und her. William P. Ryan hob beschwichtigend die Hand.

«Keine Angst, es ist keine Geschichte über deutsche Kriegsverbrecher. Es hätte vielleicht eine werden können, aber es ist keine. Eigentlich liegt der Fall hier genau umgekehrt. Die Deutschen marschierten zum Kloster ... und als sie hinkamen, flog das ganze Ding in die Luft.»

«Oh!» bemerkte ich etwas erschrocken.

«Sonderbare Geschichte, nicht? Auf Anhieb würde ich sagen, die Deutschen haben eben gefeiert und dabei ihren eigenen Sprengstoff hochgejagt. Aber anscheinend hatten sie gar keinen dabei. Es war kein Sprengkommando. Also frage ich Sie, was sollte ein Haufen Nonnen von Sprengstoff verstehen? Das wären mir schöne Nonnen, was?»

«Das ist allerdings sonderbar», stimmte ich zu.

«Es war mir interessant, den Bericht der Bauern über das Ereignis zu hören. Für die lag der Fall sonnenklar. Nach ihrer Meinung war es schlicht ein erstklassiges, hundertprozentig funktionierendes modernes Wunder gewesen. Eine der Nonnen hatte nämlich anscheinend als eine angehende Heilige gegolten – Trancezustände, Visionen und so. Und die hatte nach Auffassung der Bauern die Explosion ausgelöst. Sie habe den Blitz herabgerufen, um die gottlosen Hunnen in die Luft zu sprengen – was er dann auch tat, und alles übrige im weiteren Umkreis dazu. Ein recht gründliches Wunder, muß ich sagen!

Ich hatte keine Zeit, der Wahrheit auf den Grund zu gehen. Aber Wunder standen zu der Zeit hoch im Kurs – die Engel von Mons und so weiter. Ich brachte also die Geschichte zu Papier; ich drückte gründlich auf die Tränendrüse, ging mit dem religiösen Kram richtig in die vollen und schickte das Ganze an meine Zeitung. Es kam in den Staaten sehr gut an. Die lasen zu der Zeit so was gern.

Aber – ich weiß nicht, ob Sie das verstehen – beim Schreiben wurde ich neugierig. Es interessierte mich, was wirklich passiert war. An der Stelle selbst war nichts zu sehen. Da standen bloß noch zwei Mauern, und auf der einen war ein schwarzer Rußfleck, der genau die Form von einem riesigen Wolfshund hatte. Die Bauern in der Gegend fürchteten sich zu Tode vor diesem Fleck. Sie nannten ihn den Hund des Todes und weigerten sich, nach Einbruch der Dunkelheit dort vorbeizugehen.

Abergläubische Ideen sind immer interessant. Es reizte mich, die Dame kennenzulernen, die das Ganze inszeniert haben sollte. Anscheinend war sie nicht ums Leben gekommen, sondern mit einem Häufchen von anderen Flüchtlingen nach England gegangen. Ich machte mir die Mühe, ihre Spur zu verfolgen, und fand heraus, daß man sie nach Folbridge in Cornwall geschickt und in Haus ‹Trearne› einquartiert hatte.»

Ich nickte. «Meine Schwester hat bei Kriegsausbruch eine ganze Menge von belgischen Flüchtlingen in ihrem Haus aufgenommen. Ungefähr zwanzig.»

«Ich hatte mir immer vorgenommen, die Frau mal aufzusuchen und mir von ihr selbst erzählen zu lassen, wie das

Unglück geschah. Aber vor lauter Arbeit und dem ganzen sonstigen Hin und Her habe ich schließlich nicht mehr dran gedacht. Cornwall liegt ja auch ein bißchen weit ab. Inzwischen hatte ich die Geschichte sowieso total vergessen; erst als Sie eben von Folbridge sprachen, ist sie mir wieder eingefallen.»

«Ich muß meine Schwester fragen», sagte ich. «Vielleicht hat sie etwas davon gehört. Die Belgier sind inzwischen natürlich längst wieder in ihre Heimat zurückgekehrt.»

«Freilich. Trotzdem, sollte Ihre Schwester tatsächlich etwas von der Sache wissen, würde ich mich freuen, wenn Sie mir Bescheid gäben.»

«Selbstverständlich», beteuerte ich.

Damit war der Fall erledigt.

Es war am zweiten Tag nach meiner Ankunft in «Trearne», als mir die Geschichte wieder einfiel. Meine Schwester und ich saßen gerade beim Tee auf der Terrasse.

«Kitty», sagte ich, «hattest du nicht eine Nonne unter deinen Belgiern?»

«Du meinst doch nicht etwa Schwester Marie-Angélique?»

«Möglicherweise», erwiderte ich vorsichtig. «Erzähl mir was von ihr.»

«Oh, mein Lieber, sie war eine höchst unheimliche Person. Sie lebt übrigens noch hier.»

«Was? Hier im Haus?»

«Nein, nein. Im Dorf. Dr. Rose – du erinnerst dich an Dr. Rose?»

Ich schüttelte den Kopf.

«Ich erinnere mich an einen alten Herrn von ungefähr dreiundachtzig.»

«Ach, das war Dr. Laird. Der ist tot. Dr. Rose ist erst seit ein paar Jahren hier. Er ist noch ganz jung und sehr aufgeschlossen für neue Ideen. Er hat sich ganz ungeheuer für

Schwester Marie-Angélique interessiert. Sie hat Halluzinationen und dergleichen, weißt du, und ist deshalb anscheinend vom medizinischen Standpunkt aus hochinteressant. Die Arme, sie wußte nicht wohin – meiner Meinung nach ist sie einfach nicht richtig im Kopf, aber irgendwie beeindruckend eben, wenn du verstehst, was ich meine ... na, wie gesagt, sie wußte nicht wohin, und da hat Dr. Rose sie freundlicherweise im Dorf untergebracht. Ich glaube, er schreibt eine Monographie über sie, oder wie man das bei Ärzten nennt.»

Kitty machte eine Pause und fragte dann plötzlich:

«Aber wieso weißt du denn von ihr?»

«Mir ist da eine recht merkwürdige Geschichte zu Ohren gekommen.»

Ich gab die Geschichte so weiter, wie ich sie von Ryan gehört hatte. Kitty hörte interessiert zu.

«Sie sieht aus wie jemand, der einen in die Luft sprengen könnte», bekräftigte sie am Schluß.

«Mir scheint», entgegnete ich mit wachsender Neugier, «ich muß diese Frau kennenlernen.»

«Tu's. Ich möchte gern wissen, was du von ihr hältst. Aber erst mußt du Dr. Rose aufsuchen. Warum gehst du nicht gleich nach dem Tee hinunter ins Dorf?»

Ich stimmte ihrem Vorschlag zu.

Dr. Rose war zu Hause, und ich stellte mich vor. Er schien ein angenehmer junger Mann zu sein, doch es lag etwas in seinem Wesen, das mich abstieß, eine Forschheit, die mich nicht sehr sympathisch berührte. Sobald ich Schwester Marie-Angéliques Namen erwähnte, richtete er sich gespannt auf. Offenbar war er brennend an ihr interessiert. Ich wiederholte ihm Ryans Erzählung.

«Aha!» sagte er nachdenklich. «Das erklärt allerdings vieles!» Nach einem schnellen Blick auf mich fuhr er fort: «Der Fall ist wirklich hochinteressant. Als die Frau hierherkam, hatte sie offenbar kurz zuvor einen schweren seelischen

Schock erlitten. Außerdem befand sie sich in einem hochgradigen geistigen Erregungszustand. Sie neigte zu Halluzinationen von äußerst erschreckender Natur. Ja, sie ist eine höchst ungewöhnliche Persönlichkeit. Vielleicht würden Sie gern mit mir kommen und sie kennenlernen. Sie ist wirklich einen Besuch wert.»

Ich erklärte mich nur zu gern einverstanden.

Wir machten uns zusammen auf den Weg. Unser Ziel war ein winziges Haus am Rande der Ortschaft. Folbridge ist ein höchst malerisches Dorf. Es liegt an der Mündung des Flusses Fol, mit dem Hauptteil am Ostufer, da das Westufer zu steil zum Bauen ist. Dennoch kleben dort ein paar Häuser am Hang, und das Haus des Doktors selbst erhob sich am äußersten westlichen Punkt der Steilklippe. Von dort blickte man direkt hinunter auf die hohen Wellen, die gegen schwarze Felsen brandeten.

Das Häuschen, zu dem uns der Weg nun führte, lag dagegen weiter im Land, außer Sichtweite des Meeres.

«Die Gemeindeschwester wohnt dort», erklärte Dr. Rose. «Ich habe für Schwester Marie-Angélique bei ihr ein Zimmer besorgt. Es kann nicht schaden, wenn sie eine ausgebildete Pflegerin in der Nähe hat.»

«Wirkt sie in ihrer Art ganz normal?» fragte ich neugierig.

«Das werden Sie gleich selbst beurteilen können», antwortete er lächelnd.

Die Gemeindeschwester, eine füllige, freundliche kleine Frau, schwang sich gerade auf ihr Fahrrad, als wir ankamen.

«Guten Abend, Schwester, was macht Ihre Patientin?» rief der Arzt.

«Ungefähr das gleiche wie immer, Doktor. Sitzt mit gefalteten Händen da und ist in Gedanken irgendwo weit weg. Oft antwortet sie nicht einmal, wenn ich sie anspreche, obwohl man natürlich bedenken muß, daß sie selbst heute noch sehr wenig Englisch versteht.»

Rose nickte, und während die Gemeindeschwester davonradelte, ging er auf die Haustür zu, klopfte energisch und trat ein.

Schwester Marie-Angélique ruhte auf einer Chaiselongue neben dem Fenster. Sie wandte uns das Gesicht zu, als wir das Zimmer betraten.

Sie hatte ein seltsames Gesicht – bleich, fast durchsichtig, mit riesigen Augen, in denen eine unendliche Tragik zu liegen schien.

«Guten Abend, Schwester», sagte der Arzt auf französisch.

«Guten Abend, *Monsieur le docteur.*»

«Gestatten Sie, daß ich Ihnen einen Freund vorstelle – Mr. Anstruther.»

Ich verbeugte mich, und sie neigte leise lächelnd den Kopf.

«Und wie geht es Ihnen heute?» erkundigte sich der Arzt, während er neben ihr Platz nahm.

«So ziemlich wie immer.» Sie verstummte kurz. «Alles erscheint mir so unwirklich. Sind es Tage, die vergehen, oder Monate – oder Jahre? Ich merke es kaum. Nur meine Träume sind Wirklichkeit für mich.»

«Dann träumen Sie also immer noch so viel?»

«Immerzu – immerzu – und, verstehen Sie, die Träume erscheinen mir wirklicher als das Leben.»

«Sie träumen von Ihrem Heimatland – von Belgien?»

Sie schüttelte den Kopf. «Nein. Ich träume von einem Land, das es nie gegeben hat – niemals. Aber das wissen Sie doch, Monsieur, das habe ich Ihnen schon oft erzählt.» Sie hielt inne und fragte dann unvermittelt: «Doch vielleicht ist dieser Herr auch Arzt – vielleicht ein Arzt für Geisteskrankheiten?»

«Aber nein», antwortete Rose beruhigend.

Als er lächelte, fiel mir auf, wie ungewöhnlich spitz seine Eckzähne waren. Ich fand plötzlich, daß der Mann etwas Wolfsähnliches an sich hatte.

«Ich dachte bloß, es würde Sie vielleicht interessieren, Mr. Anstruther kennenzulernen», fuhr Rose fort. «Er kann Ihnen von Belgien erzählen. Er hat unlängst Nachricht von Ihrem Kloster bekommen.»

Ihre Augen hefteten sich auf mich. Eine schwache Röte stieg in ihre Wangen.

«Es ist eigentlich nichts Besonderes», sagte ich hastig. «Ich aß bloß neulich mit einem Freund zu Abend, und dieser hat mir bei der Gelegenheit von der Ruine des Klosters erzählt.»

«Es liegt also in Trümmern!»

Ein leiser Ausruf, der eigentlich mehr ihr selber galt als uns. Dann fragte sie zögernd: «Sagen Sie, Monsieur, hat Ihr Freund Ihnen erzählt, wie – auf welche Weise das Kloster zerstört wurde?»

«Es flog in die Luft», erwiderte ich und setzte hinzu: «Die Bauern fürchten sich, nachts dort vorbeizugehen.»

«Warum fürchten sie sich?»

«Wegen eines schwarzen Flecks an einer Wand der Ruine. Sie haben eine abergläubische Angst davor.»

Sie beugte sich vor. «Sagen Sie mir, Monsieur – rasch, rasch – sagen Sie mir: Wie sieht der Fleck aus?»

«Er hat die Form eines riesigen Wolfshunds», antwortete ich. «Die Bauern nennen ihn den Hund des Todes.»

«Ah!» Ein schriller Schrei entrang sich ihrem Mund.

«Dann ist es also wahr – es ist wahr. All das, an was ich mich erinnere, ist wahr. Es ist kein Alptraum. Es ist geschehen! Es ist wirklich geschehen!»

«Was ist geschehen, Schwester?» fragte der Arzt sanft.

Sie wandte sich voll Eifer ihm zu.

«Ich erinnerte mich. Dort auf den Stufen erinnerte ich mich. Ich wußte wieder, auf welche Weise es zu geschehen hatte. Ich gebrauchte die Kraft, wie wir sie damals gebrauchten. Ich stand auf den Stufen des Altars und gebot ihnen, keinen Schritt weiter zu tun. Ich bat sie, in Frieden fortzugehen. Sie wollten nicht hören, sie kamen näher, obwohl ich sie warnte. Und da ...» Sie beugte sich vor und machte eine merkwürdige Handbewegung. «Und da ließ ich den Hund des Todes auf sie los ...»

Am ganzen Leib zitternd, sank sie auf ihre Chaiselongue zurück und schloß die Augen.

Der Arzt sprang auf, holte ein Glas aus dem Schrank, füllte es halb mit Wasser, fügte ein paar Tropfen aus einem Fläschchen hinzu, das er seiner Rocktasche entnahm, und brachte ihr das Glas.

«Trinken Sie», befahl er.

Sie gehorchte – völlig mechanisch, wie es den Anschein hatte. Ihre Augen starrten in die Ferne, als erblickten sie eine nur ihr sichtbare Vision.

«Dann ist alles wahr», murmelte sie. «Alles. Die Stadt der Kreise, das Volk des Kristalls – alles. Es ist alles wahr.»

«Es scheint so», sagte Rose.

Seine Stimme klang leise und beruhigend, offenbar mit dem Zweck, Schwester Marie-Angélique zu ermutigen und ihren Gedankenflug nicht zu stören.

«Erzählen Sie mir von der Stadt», sagte er. «Die Stadt der Kreise, so nannten Sie sie wohl?»

Sie antwortete mechanisch.

«Ja – es gab drei Kreise. Der erste Kreis war für die Erwählten, der zweite für die Priesterinnen und der äußere Kreis für die Priester.»

«Und im Mittelpunkt?»

Sie sog scharf den Atem ein, und in ihre Stimme trat ein Ton ehrfürchtiger Anbetung.

«Das Haus des Kristalls ...»

Während sie die Worte flüsterte, hob sie die rechte Hand zur Stirn und beschrieb mit dem Finger dort ein Zeichen.

Ihr Körper schien zu erstarren, ihre Augen schlossen sich. Sie schwankte ein wenig – und dann fuhr sie plötzlich in die Höhe, als schrecke sie aus tiefem Schlaf auf.

«Was ist?» stammelte sie verwirrt. «Was habe ich gesagt?»

«Es ist nichts», antwortete Rose. «Sie sind müde. Sie brauchen Ruhe. Wir werden jetzt gehen.»

Sie schien mir ein wenig benommen, als wir uns verabschiedeten.

«Nun», sagte Rose, sobald wir draußen waren, «was halten Sie davon?»

Er warf mir von der Seite her einen scharfen Blick zu.

«Ich nehme an, ihr Geist ist total verwirrt», erwiderte ich langsam.

«Das war Ihr Eindruck?»

«Nein – eigentlich wirkte sie ... nun ja, merkwürdig überzeugend. Als ich ihr zuhörte, hatte ich das Gefühl, daß sie tatsächlich getan hatte, was sie behauptete, nämlich eine Art gigantisches Wunder bewirkt. Sie selbst scheint jedenfalls fest daran zu glauben. Das ist der Grund, warum ...»

«Das ist der Grund, warum Sie meinen, sie müsse den Verstand verloren haben. Ganz recht. Aber betrachten wir die Sache einmal von einer anderen Warte aus. Angenommen, sie hat tatsächlich dieses Wunder bewirkt – angenommen, sie – sie hat tatsächlich ganz allein ein Gebäude und mehrere hundert Menschen vernichtet.»

«Durch bloße Willenskraft?» wandte ich lächelnd ein.

«Ich würde es nicht ganz so ausdrücken. Sie werden zugeben, daß eine einzige Person eine große Menschenmenge vernichten kann, indem sie beispielsweise auf einen Knopf drückt, der ein Minenfeld zur Explosion bringt.»

«Ja, aber das ist ein technischer Vorgang.»

«Stimmt, das ist ein technischer Vorgang, aber dem liegt die Dienstbarmachung und Beherrschung natürlicher Kräfte zugrunde. Ein Gewitter und ein Kraftwerk sind im Grund ein und dasselbe.»

«Ja, aber um das Gewitter zu beherrschen, brauchen wir technische Mittel.»

Rose lächelte. «Ich möchte kurz vom Thema abschweifen. Es gibt eine Substanz namens Wintergrün. In der Natur kommt sie in pflanzlicher Form vor. Sie kann aber auch vom Menschen auf synthetischem und chemischem Weg im Laboratorium hergestellt werden.»

«Was wollen Sie damit sagen?»

«Ich möchte damit sagen, daß es oft zwei Möglichkeiten gibt, zum gleichen Ergebnis zu gelangen. Zugegeben, unsere ist synthetisch. Vielleicht gibt es aber noch eine andere. Die außergewöhnlichen Resultate zum Beispiel, die von indischen Fakiren erzielt werden, lassen sich nicht einfach wegdiskutieren. Dinge, die wir übernatürlich zu nennen pflegen, sind keineswegs unbedingt übernatürlich. Einem Wilden würde eine elektrische Taschenlampe als etwas Übernatürliches erscheinen. Das Übernatürliche ist bloß das Natürliche, dessen Gesetze man nicht versteht.»

«Sie meinen also ...», sagte ich fasziniert.

«Daß ich die Möglichkeit, ein Mensch könnte unter Umständen in der Lage sein, irgendeine ungeheure zerstörerische Kraft anzuzapfen und sie seinen eigenen Zwecken dienstbar zu machen, nicht völlig ausschließen kann. Die Mittel, durch die das bewerkstelligt wird, mögen uns übernatürlich erscheinen – aber sie sind es in Wirklichkeit nicht.»

Ich starrte ihn an.

Er lachte. «Das ist eine theoretische Überlegung, sonst nichts», meinte er leichthin. «Sagen Sie, ist Ihnen eine Bewegung aufgefallen, die Schwester Marie-Angélique machte, als sie von dem Haus des Kristalls sprach?»

«Sie legte die Hand auf die Stirn.»

«Genau. Und beschrieb dort einen Kreis. Sehr ähnlich wie die Katholiken, wenn sie das Kreuzzeichen machen. Nun werde ich Ihnen etwas sehr Interessantes erzählen, Mr. Anstruther. Da das Wort Kristall so oft in den Reden meiner Patientin vorkam, versuchte ich ein Experiment. Ich lieh mir von jemand eine Kristallkugel und zeigte sie eines Tages unvorbereitet meiner Patientin, um deren Reaktion zu testen.»

«Und?»

«Nun, das Resultat war sehr merkwürdig und aufschlußreich. Ihr ganzer Körper wurde steif, und sie starrte auf den Kristall, als vermöge sie ihren Augen nicht zu trauen. Dann sank sie davor auf die Knie, murmelte ein paar Worte und verlor das Bewußtsein.»

«Wie lauteten die Worte?»

«Sehr eigenartig. Sie sagte: ‹Der Kristall! Dann ist der Glaube also noch lebendig!›»

«Erstaunlich!»

«Aufschlußreich, nicht wahr? Und nun die nächste Merkwürdigkeit. Als sie aus ihrer Ohnmacht erwachte, hatte sie alles vergessen. Ich zeigte ihr den Kristall und fragte sie, ob sie wisse, was das sei. Sie antwortete, sie nehme an, es sei eine Kristallkugel, wie Wahrsager sie benutzten. Ich fragte sie, ob sie schon einmal eine solche gesehen habe. Sie antwortete: ‹Noch nie, *Monsieur le docteur.*› Dann bemerkte ich einen verwunderten Ausdruck in ihren Augen. ‹Was beunruhigt Sie, Schwester?› fragte ich. Sie antwortete: ‹Es ist seltsam. Ich habe noch nie ein solchen Kristall gesehen, und doch scheint es mir, als sei er mir wohlbekannt. Da ist irgend etwas ... Wenn ich mich bloß erinnern könnte!› Die Gedächtnisanstrengung war offensichtlich so belastend für sie, daß ich ihr verbot, weiter darüber nachzudenken. Das Ganze ist nun zwei Wochen her. Ich habe absichtlich eine Zeitlang gewartet. Morgen will ich ein weiteres Experiment vornehmen.»

«Mit dem Kristall?»

«Mit dem Kristall. Ich werde sie dazu bringen, hineinzuschauen. Ich denke, das Resultat dürfte recht interessant sein.»

«Was erhoffen Sie sich davon?» fragte ich neugierig.

Die Frage war ohne Hintersinn, aber sie hatte eine unerwartete Wirkung. Rose erstarrte, das Blut stieg ihm ins Gesicht, und als er mir antwortete, hatte sich sein Tonfall fast unmerklich verändert. Er sprach förmlicher und sachlicher als zuvor.

«Aufschlüsse über gewisse, bisher nur unvollkommen erforschte geistige Störungen. Schwester Marie-Angélique ist ein hochinteressanter Fall.»

War Roses Interesse also doch nur rein professionell, fragte ich mich.

«Würde es Ihnen etwas ausmachen, wenn ich auch mitkäme?»

Vielleicht bildete ich es mir bloß ein, aber mir schien, als zögere er, bevor er antwortete. Ich hatte das plötzliche Empfinden, daß er mich nicht dabeihaben wollte.

«Gewiß. Ich sehe nichts, was dagegen spräche.» Nach kurzer Pause fügte er hinzu: «Sie werden wohl nicht mehr sehr lange in *Trearne* bleiben, nehme ich an?»

«Nur noch bis übermorgen.»

Ich hatte den Eindruck, daß meine Antwort ihn befriedigte. Seine Miene erhellte sich, und er begann mir von einigen seiner jüngsten Experimente mit Meerschweinchen zu erzählen.

Ich traf den Doktor am folgenden Nachmittag zur verabredeten Stunde, und wir gingen zusammen zu Schwester Marie-Angélique.

Heute war der Arzt von äußerster Liebenswürdigkeit. Ich nahm an, er war bemüht, den Eindruck, den er am Vortag auf mich gemacht hatte, zu verwischen.

«Sie müssen das, was ich gesagt habe, nicht zu ernst nehmen», bemerkte er lachend. «Ich möchte nicht, daß Sie mich für einen Dilettanten der okkulten Wissenschaften halten. Das Schlimme bei mir ist, ich habe eine fatale Schwäche für das Aufstellen von Theorien.»

«Wirklich?»

«Ja, und zwar je phantastischer, desto lieber.»

Er lachte, wie man über eine amüsante Schwäche lacht.

Als wir zu dem Haus kamen, hatte die Gemeindeschwester etwas mit Rose zu besprechen, und so blieb ich mit Schwester Marie-Angelique allein.

Ich sah, wie sie mich aufmerksam musterte. Schließlich begann sie zu sprechen.

«Meine gute Pflegerin hier erzählt mir, daß Sie der Bruder der freundlichen Dame von dem großen Haus, in dem ich einquartiert wurde, als ich aus Belgien kam, sind.»

«Ja», entgegnete ich.

»Sie war sehr freundlich zu mir. Sie ist ein guter Mensch.»

Sie schwieg und schien irgendwelchen Gedanken nachzuhängen.

Dann fragte sie plötzlich: «Und *Monsieur le docteur*, ist er auch ein guter Mensch?»

Ich geriet in leichte Verlegenheit.

«O ja. Ich meine – ich denke schon.»

«Aha!» Sie stockte und sagte dann: «Zu mir ist er ohne Zweifel sehr freundlich gewesen.»

«Davon bin ich überzeugt.»

Sie warf mir einen durchdringenden Blick zu.

«Monsieur – wenn Sie jetzt so mit mir sprechen – halten Sie mich für verrückt?»

«Aber, Schwester, so eine Idee wäre mir niemals ...»

Sie fiel mir kopfschüttelnd ins Wort.

«Bin ich verrückt? Ich weiß es nicht. Ich erinnere mich an Dinge ... ich vergesse Dinge ...»

Sie seufzte, und in diesem Augenblick trat Rose ins Zimmer.

Er begrüßte sie munter und erklärte ihr, was sie tun sollte.

«Gewisse Menschen besitzen die Gabe, Dinge in einer Kristallkugel zu sehen, wissen Sie. Und ich habe das Gefühl, daß auch Sie diese Gabe besitzen könnten, Schwester.»

Sie schien bestürzt.

«Oh, nein, das kann ich nicht. In die Zukunft blicken zu wollen – das ist Sünde.»

Rose war betroffen. Das war der Standpunkt der Ordensschwester – den hatte er nicht bedacht. Er wich geschickt aus.

«Man soll nicht in die Zukunft schauen, da haben Sie vollkommen recht. Aber in die Vergangenheit zurückzuschauen, das ist etwas anderes.»

«Die Vergangenheit?»

«Ja – es gibt viele seltsame Dinge in der Vergangenheit. Bilder, die bruchstückhaft aus der Erinnerung auftauchen – und wieder verlöschen. Versuchen Sie nichts in der Kristallkugel zu erblicken, da Ihnen das nicht gestattet ist. Nehmen Sie sie nur in die Hände – so. Blicken Sie hinein – tief hinein. Ja – tiefer – noch tiefer. Sie erinnern sich, nicht wahr? Sie erinnern sich. Sie hören meine Stimme. Sie können meine Fragen beantworten. Können Sie mich nicht hören?»

Schwester Marie-Angélique hatte wie geheißen die Kristallkugel ergriffen und hielt sie nun mit eigentümlicher Ehrfurcht zwischen den Händen. Als sie hineinblickte, wurde ihr Blick starr, ihr Kopf sank herab. Sie schien zu schlafen.

Sanft nahm der Doktor die Kristallkugel aus ihren Händen und legte sie auf den Tisch. Er hob das Augenlid der Frau hoch.

Dann kam er und setzte sich neben mich.

«Wir müssen warten, bis sie aufwacht. Es wird nicht lange dauern, denke ich.»

Er hatte recht. Nach Ablauf von fünf Minuten regte sich Schwester Marie-Angélique.

Sie schlug die Augen auf.

«Wo bin ich?»

«Sie sind hier – zu Hause. Sie haben ein wenig geschlafen. Sie haben geträumt, nicht wahr?»

Sie nickte. «Ja, ich habe geträumt.»

«Sie haben von dem Kristall geträumt?»

«Ja.»

«Erzählen Sie uns davon.»

«Sie werden mich für verrückt halten, *Monsieur le docteur.* Denn sehen Sie, in meinem Traum war der Kristall ein heiliges Zeichen. Ich sah in meinem Traum sogar einen zweiten Christus, einen Lehrer des Kristalls, der für seinen Glauben starb, dessen Anhänger gejagt und verfolgt wurden. Aber der Glaube blieb bestehen.»

«Der Glaube blieb bestehen?»

«Ja – fünfzehntausend volle Monde lang – ich meine, fünfzehntausend Jahre.»

«Wie lang war ein voller Mond?»

«Dreizehn gewöhnliche Monde. Ja, es war im fünfzehntausendsten vollen Mond – ich war Priesterin vom Fünften Zeichen im Haus des Kristalls. Es war in den ersten Tagen des Sechsten Zeichens . . .»

Sie runzelte die Stirn, ein Ausdruck von Furcht überschattete ihr Gesicht.

«Zu bald . . .», murmelte sie. «Zu bald. Ein Fehler . . . Ah ja, jetzt erinnere ich mich! Das Sechste Zeichen!» Sie sprang halb auf die Füße, fiel dann wieder zurück, strich sich mit der Hand über das Gesicht und flüsterte: «Aber was sage ich denn da? Ich rede irre. Dies alles ist ja nie geschehen.»

«Nun regen Sie sich bitte nicht auf.»

Doch sie blickte den Arzt aus ängstlichen, verständnislosen Augen an.

«*Monsieur le docteur*, ich begreife das nicht. Warum sollte ich solche Träume haben – solche Wahnvorstellungen? Ich war erst sechzehn, als ich in den Orden eintrat. Ich bin nie gereist. Und doch träume ich von Städten, von fremden Völkern, von seltsamen Gebräuchen. Warum?» Sie preßte beide Hände gegen den Kopf.

«Sind Sie jemals hypnotisiert worden, Schwester? Oder in Trance gefallen?»

«Ich bin niemals hypnotisiert worden, *Monsieur le docteur.* Was das andere anbetrifft, so hat sich während des Gebets in der Kapelle mein Geist oftmals von meinem Körper gelöst, und ich bin viele Stunden lang dagelegen wie tot. Ich sei von Gott gesegnet, sagte die Mutter Oberin, im Stand der Gnade. O ja!» rief sie plötzlich aus. «Ich erinnere mich, auch wir nannten es Stand der Gnade!»

«Ich würde gerne ein Experiment versuchen, Schwester», sagte Rose ruhig. «Es könnte vielleicht diese quälenden, bruchstückhaften Erinnerungen vertreiben. Ich möchte Sie bitten, noch einmal in den Kristall zu blicken. Ich werde dann ein bestimmtes Wort zu Ihnen sagen, und Sie werden mir mit einem anderen Wort antworten. Wir werden damit fortfahren, bis Sie müde werden. Konzentrieren Sie Ihre Gedanken auf den Kristall, nicht auf die Worte.»

Als ich die Kristallkugel wieder aus ihrer Umhüllung nahm und sie in Schwester Marie-Angéliques schmale Hände legte, fiel mir abermals die ehrfürchtige Art auf, mit der sie sie berührte. Ihre schönen, leuchtenden Augen blickten hinein. Eine kurze Weile herrschte Stille, dann sagte der Doktor: «Hund.»

Sofort antwortete Schwester Marie-Angélique: «Tod.»

Ich will das Experiment hier nicht in vollem Umfang wiedergeben. Der Doktor brachte absichtlich viele unwichtige und bedeutungslose Worte ins Spiel. Andere Worte wiederholte er mehrmals, wobei er dieselbe, manchmal aber auch eine unterschiedliche Antwort erhielt.

An jenem Abend sprachen wir in Doktor Roses kleinem Haus auf der Klippe über das Resultat des Experiments.

Rose räusperte sich und zog seine Notizbuch näher zu sich heran.

«Die Ergebnisse, die wir hier vorliegen haben, sind sehr interessant – sehr sonderbar. Auf die Worte ‹Sechstes Zeichen› zum Beispiel bekommen wir als Antwort abwechselnd ‹Zerstörung›, ‹Purpur›, ‹Hund›, ‹Macht›, dann wieder ‹Zerstörung› und am Ende noch einmal ‹Macht›. Wie Sie vielleicht bemerkt haben, verfuhr ich später umgekehrt und erhielt dabei folgendes Resultat: Auf ‹Zerstörung› erfolgte die Antwort ‹Hund›, wiederum ‹Tod›, und auf ‹Macht› – ‹Hund›. Das alles paßt zusammen, aber bei einer zweiten Wiederholung des Wortes ‹Zerstörung› erhalte ich die Antwort ‹Meer›, was völlig irrelevant erscheint. Auf die Worte ‹Fünftes Zeichen› bekomme ich ‹Blau›, ‹Gedanken›, ‹Vogel›, noch einmal ‹Blau› und schließlich den recht aufschlußreichen Ausdruck ‹Sich im Geiste einander eröffnen›. Aus dem Umstand, daß auf ‹Viertes Zeichen› das Wort ‹Gelb› folgt und später ‹Licht›, und daß ich auf ‹Erstes Zeichen› als Antwort ‹Blut› erhalte, schließe ich, daß jedes Zeichen eine bestimmte Farbe hatte und möglicherweise auch ein bestimmtes Symbol, beim Fünften Zeichen etwa ein ‹Vogel›, beim Sechsten Zeichen ein ‹Hund›. Ich nehme an, daß das Fünfte Zeichen etwas repräsentierte, was wir unter dem Begriff Telepathie kennen – Gedankenübertragung, ein ‹sich im Geiste einander eröffnen›. Das Sechste Zeichen wiederum bezeichnet ohne allen Zweifel die Macht der Zerstörung.»

«Was ist die Bedeutung von ‹Meer›?»

«Ich gestehe, dafür habe auch ich keine Erklärung. Ich habe das Wort später noch einmal verwandt und als Antwort ein banales ‹Boot› erhalten. Auf ‹Siebentes Zeichen› bekam ich zuerst ‹Leben›, und das zweite Mal ‹Liebe›. Auf ‹Achtes Zeichen› kam die Antwort ‹Keines›. Ich entnehme daraus, daß die Summe und Anzahl der Zeichen sieben betrug.»

«Aber das Siebente wurde nicht erreicht», sagte ich aus einer plötzlichen Eingebung heraus. «Denn durch das Sechste kam ‹Zerstörung›!»

«Ach, meinen Sie? Ich finde übrigens, wir nehmen diese – diese wirren Reden sehr ernst. Dabei sind sie eigentlich nur aus medizinischer Sicht von Interesse.»

«Bestimmt werden sie in der Psychiatrie Aufsehen erregen.»

Der Doktor kniff die Augen zusammen. «Mein lieber Mr.

Anstruther, ich habe nicht die Absicht, sie zu veröffentlichen.»

«Und Ihr Interesse daran?»

«Ist rein persönlicher Natur. Ich werde selbstverständlich ein Protokoll über den Fall anfertigen.»

«Ich verstehe.» Doch zum ersten Mal hatte ich das Empfinden, daß ich gar nichts verstand. Ich erhob mich.

«Nun, dann wünsche ich Ihnen eine gute Nacht, Doktor. Ich muß morgen wieder in die Stadt zurück.»

«Ach!» Mir schien, als spräche Genugtuung, vielleicht sogar Erleichterung aus diesem Ausruf.

«Ich wünsche Ihnen viel Glück bei Ihrer Untersuchung», fuhr ich in ungezwungenem Ton fort. «Lassen Sie nur ja nicht den Hund des Todes auf mich los, wenn wir uns das nächste Mal begegnen!»

Seine Hand ruhte in der meinen, als ich das sagte, und ich spürte, wie er zusammenzuckte. Doch er hatte sich rasch wieder in der Gewalt und entblößte die langen, spitzen Zähne zu einem Lächeln.

«Welche Macht wäre das für einen Mann, der die Macht liebt!» sagte er. «Das Leben eines jeden Menschen in der eigenen Hand zu halten!»

Und sein Lächeln wurde breiter.

Meine direkte Verbindung mit dem Fall war damit zu Ende. Später gelangte das Tagebuch des Arztes in meine Hände. Ich will die spärlichen Eintragungen daraus an dieser Stelle wiedergeben, obwohl man bedenken möge, daß sie erst eine ganze Zeit später in meinen Besitz kamen.

«5. *Aug.* Habe entdeckt, daß Schwester M. A. unter ‹den Erwählten› jene versteht, denen die Fortpflanzung der Rasse oblag. Sie standen offenbar in höchstem Ansehen, höher als die Priesterschaft. Vergleiche die ersten Christen!

7. *Aug.* Habe Schwester M. A. überredet, sich hypnotisieren zu lassen. Es gelang mir, sie in Hypnoseschlaf und Trance zu versetzen, fand aber keinen *Rapport*.

9. Aug. Hat es in dcr Vergangenheit Zivilisationen gegeben, mit denen verglichen die unsere ein Nichts ist? Seltsam, wenn es so wäre, und ich der einzige, der den Schlüssel dazu in Händen hielte ...

12. Aug. Schwester M. A. sagte heute, daß ‹im Stand der Gnade das Tor geschlossen sein muß, auf daß kein anderer Gewalt über den Leib gewinne›! Interessant! Aber verwirrend.

18. Aug. Das Erste Zeichen ist also nichts anderes als ... (*die folgenden Worte wurden ausradiert*) ... wie viele Jahrhunderte wird es dann noch dauern, bis das Sechste erreicht ist? Aber wenn es einen abkürzenden Weg gäbe zur Macht ...

20. Aug. Habe veranlaßt, daß M. A. mit Krankenschwester zu mir zieht. Sagte, Patientin müsse unter Morphium gehalten werden. Bin ich wahnsinnig? Oder werde ich der Übermensch sein, der die Macht über den Tod in seinen Händen hält?»

(Hier brechen die Aufzeichnungen ab.)

Es war, glaube ich, am 29. August, als ich den Brief erhielt. Er war unter der Anschrift meiner Schwester an mich adressiert, in schrägen, fremdländisch wirkenden Schriftzügen. Ich machte ihn mit einiger Neugier auf. Sein Inhalt lautete wie folgt:

«*Chèr Monsieur*, ich habe Sie nur zweimal gesehen, aber ich habe gefühlt, daß ich Ihnen vertrauen kann. Ob meine Träume wahr sein mögen oder nicht, sie sind in der letzten Zeit deutlicher geworden ... Und, Monsieur, einer zumindest, der Hund des Todes, ist kein Traum ... In jener Zeit, von der ich Ihnen erzählte (ob sie wirklich existierte oder nicht, weiß ich nicht), tat Er, der Hüter des Kristalls, das Sechste Zeichen zu früh den Menschen kund ... Das Böse hielt in ihren Herzen Einzug. Sie hatten die Macht, nach Belieben zu töten – und sie töteten ohne Gerechtigkeit – im Zorn. Sie waren vor Machtlust trunken. Als wir das sahen, wir, die wir noch rein waren, erkannten wir, daß wir den Kreis auch dieses Mal nicht vollenden und zum Zeichen des Ewigen Lebens gelangen sollten. Er, der der nächste Hüter des Kristalls gewesen wäre, war aufgerufen zu handeln. Damit das Alte sterbe und das Neue, nach endlosen Zeitaltern, wiederkehre, ließ er den Hund des Todes über das Meer (wobei er achtgab, den Kreis nicht zu schließen), und das Meer erhob sich in Gestalt eines Hundes und verschlang das ganze Land ...

Die Erinnerung daran ist mir schon einmal gekommen – auf den Stufen des Altars in Belgien ...

Dieser Dr. Rose, er gehört zur Bruderschaft. Er kennt das Erste Zeichen und die Form des Zweiten, wenn auch dessen Bedeutung allen außer wenigen Auserwählten verborgen ist. Nun sucht er das Geheimnis des Sechsten Zeichens von mir zu erfahren. Ich habe ihm bislang widerstanden – aber meine Kräfte lassen nach. Monsieur, es ist nicht gut, daß ein Mensch vor seiner Zeit zur Macht gelange. Viele Jahrhunderte müssen vergehen, ehe die Welt so weit sein wird, daß die Gewalt über den Tod in ihre Hände gelegt werden kann ... Ich beschwöre Sie, Monsieur, der Sie das Gute und Wahre lieben, helfen Sie mir ... ehe es zu spät ist.

Ihre Schwester in Christo
Marie-Angélique.»

Ich ließ das Blatt sinken. Der Grund unter meinen Füßen schien mir etwas weniger fest als gewöhnlich. Dann riß ich mich zusammen. Beinahe hätte der Glaube der armen Frau, subjektiv und aufrichtig, wie er war, selbst mich überzeugt! Eines stand fest. In seinem ehrgeizigen Forscherdrang mißbrauchte dieser Dr. Rose auf das gröblichste seinen ärztlichen Stand. Ich würde sofort hinfahren und ...

Plötzlich bemerkte ich unter meiner übrigen Post einen Brief von Kitty. Ich riß ihn auf.

«Es ist etwas Furchtbares passiert», las ich. «Du erinnerst

Dich an das Häuschen von Dr. Rose oben auf den Klippen? Es wurde in der vergangenen Nacht von einem Erdrutsch in die Tiefe gerissen, und der Doktor sowie diese arme Nonne, Schwester Marie-Angélique, kamen dabei ums Leben. Der Strand unten ist übersät mit Trümmern – sie haben sich zu einem höchst seltsam geformten Haufen getürmt – aus der Ferne sieht es fast aus wie ein riesiger Wolfshund ...»

Der Brief entfiel meiner Hand.

Die übrigen Geschehnisse mögen reiner Zufall sein. In derselben Nacht starb plötzlich ein gewisser Mr. Rose, ein reicher Verwandter des Arztes, wie ich erfuhr – es hieß, der Blitz habe ihn getroffen. Soweit bekannt, hatte es zu der Zeit in der fraglichen Gegend kein Gewitter gegeben, aber ein oder zwei Leute erklärten, sie hätten einen einzigen gewaltigen Donnerschlag vernommen. An dem Toten wurde ein Brandmal von «merkwürdiger Form» festgestellt. In seinem Testament hatte er sein ganzes Vermögen seinem Neffen, Dr. Rose, vermacht.

Nehmen wir einmal an, es sei Dr. Rose gelungen, Schwester Marie-Angélique das Geheimnis des Sechsten Zeichens zu entreißen. Ich hatte ihn gefühlsmäßig immer für einen skrupellosen Mann gehalten – er wäre gewiß nicht davor zurückgeschreckt, seinen Onkel umzubringen, wenn er hätte sicher sein dürfen, daß ihm die Tat nicht angelastet werden konnte. Aber ein Satz aus Schwester Marie-Angéliques Brief geht mir nicht aus dem Sinn. «... wobei er achtgab, den Kreis nicht zu schließen ...» Dr. Rose übte keine solche Vorsicht, wußte vielleicht nicht, welche Vorkehrungen zu treffen waren oder daß überhaupt eine Notwendigkeit dafür bestand. Also vollendete die Kraft, die er benutzte, ihren Kreis und wendete sich gegen ihn ...

Aber das ist natürlich alles Unsinn! Es gibt für jedes der

geschilderten Ereignisse eine natürliche Erklärung. Daß der Arzt an Schwester Marie-Angéliques Wahnvorstellungen glaubte, beweist bloß seine eigene geistige Labilität.

Und dennoch träume ich manchmal von einem Kontinent unter dem Meer, wo einst Menschen lebten und einen Grad der Zivilisation erlangten, der der unseren weit voraus ist ...

Oder kehrte sich in Schwester Marie-Angéliques Erinnerung die Zeit um – was manche für möglich halten –, und liegt diese Stadt der Kreise in der Zukunft und nicht in der Vergangenheit?

Unsinn – das Ganze war natürlich eine bloße Halluzination!

Der Traum vom Glück

«Bill umschlang sie mit seinen muskulösen Armen und preßte sie an seine Brust. Mit einem tiefen Seufzer bot sie ihm die Lippen zu einem leidenschaftlichen Kuß ...»

Seufzend ließ Edward Robinson den Roman *Sieg der Liebe* sinken und starrte durch die Fensterscheibe der Untergrundbahn. Sie fuhren gerade durch Stamford Brook. Edward Robinson dachte an Bill. Das war der hundertprozentig virile Mann, wie ihn Romanschriftstellerinnen sehen. Edward beneidete ihn um seine Muskeln, sein männliches Äußeres und seine phantastische Leidenschaftlichkeit. Er nahm das Buch wieder auf und las noch einmal die Beschreibung der stolzen Marchesa Bianca (derjenigen, die ihre Lippen dargeboten hatte). Ihre Schönheit war so hinreißend, ihr Zauber so berauschend, daß starke Männer von Liebe übermannt vor ihr hinsanken wie Kegel auf einer Kegelbahn.

Natürlich, dachte Edward, ist das alles dummes Zeug. Alles dummes Zeug. Und trotzdem möchte ich mal wissen ...

Seine Augen bekamen einen träumerischen Glanz. Gab es vielleicht doch irgendwo eine Welt voll Romantik und Abenteuer? Gab es Frauen, deren Schönheit einem berauschend zu Kopf stieg? Gab es Liebe, die einen verzehrte wie eine Flamme?

Das hier ist das wirkliche Leben, dachte Edward resigniert. So ist es nun einmal. Man muß sich einfach darein schicken, wie alle anderen Menschen auch.

Im großen und ganzen mußte er sich wohl als einen vom Schicksal begünstigten jungen Mann betrachten. Er hatte einen ausgezeichneten Posten als kaufmännischer Angestellter in einem florierenden Unternehmen. Er war gesund, er brauchte für niemanden zu sorgen, und er war mit Maude verlobt.

Bei dem bloßen Gedanken an Maude jedoch flog ein Schatten über sein Gesicht. Zwar hätte er es nie zugegeben, aber er fürchtete sich etwas vor ihr. Er liebte sie, das schon – noch immer erinnerte er sich, mit welchem Schauder des Entzückens er bei ihrer ersten Begegnung auf Maudes Nakken geblickt hatte, der schlank und weiß aus dem Kragen der billigen Bluse emporragte. Er hatte im Kino hinter ihr gesessen, und der Freund, mit dem er dort war, hatte sie gekannt und sie beide einander vorgestellt. Ganz ohne Zweifel, Maude war eine fabelhafte Person. Sie sah gut aus, war intelligent und sehr damenhaft, und sie hatte immer recht, in allen Dingen. Genau der Typ von Mädchen, wie alle Welt ihm versicherte, der eine ausgezeichnete Ehefrau abgeben würde.

Edward überlegte, ob wohl die Marchesa Bianca eine ausgezeichnete Ehefrau abgegeben hätte. Irgendwie bezweifelte er das. Er konnte sich die sinnliche Bianca mit ihren roten Lippen und ihren schwellenden Rundungen nicht vorstellen, wie sie beispielsweise für den maskulinen Bill die Hemdenknöpfe annähte. Nein, Bianca war eine romantische Phantasiegestalt, dieses hier war das wirkliche Leben. Er und Maude würden bestimmt sehr glücklich miteinander werden. Sie war so praktisch und vernünftig ...

Aber trotzdem wünschte er manchmal, sie wäre nicht so – nun, so kategorisch in ihrer Art. So schnell bereit, ihm «über den Schnabel zu fahren».

Das lag natürlich an ihrem vorausschauenden, praktischen

Wesen. Maude war sehr vernünftig. Und Edward war für gewöhnlich ebenfalls sehr vernünftig, aber manchmal ... Er hatte zum Beispiel schon dieses Jahr zu Weihnachten heiraten wollen. Maude dagegen hatte ihm erklärt, wieviel vernünftiger es doch sei, noch ein Weilchen zu warten – ein Jahr oder auch zwei vielleicht. Sein Gehalt war nicht sehr hoch. Er hatte ihr einen teuren Ring schenken wollen – sie war entsetzt gewesen und hatte ihn gezwungen, den Ring zurückzubringen und gegen einen billigeren einzutauschen. Sie besaß nur Qualitäten, aber Edward wünschte manchmal, sie hätte mehr Fehler und weniger Tugenden. Es war ihre Vortrefflichkeit, die ihn manchmal zu verzweifelten Entschlüssen trieb.

Zum Beispiel ...

Schuldbewußte Röte überzog sein Gesicht. Er mußte es ihr sagen – und zwar bald. Sein schlechtes Gewissen bewirkte bereits, daß er sich seltsam benahm. Morgen war Heiligabend, der erste von drei Feiertagen. Maude hatte ihm vorgeschlagen, den Tag mit ihr und ihrer Familie zu verbringen, und auf eine plumpe, dumme Art, eine Art, die fast zwangsläufig ihr Mißtrauen erregen mußte, hatte er sich herausgeredet – hatte ihr eine langatmige Geschichte von einem Freund aufgetischt, der auf dem Land lebe und den zu besuchen er fest versprochen habe.

Es gab gar keinen Freund auf dem Land. Es gab nur sein schlechtes Gewissen.

Vor drei Monaten hatte Edward Robinson sich zusammen mit ein paar hunderttausend anderen jungen Männern an einem Zeitungspreisausschreiben beteiligt. Zwölf Mädchennamen sollten in der Reihenfolge ihrer Beliebtheit angeordnet werden. Und da hatte Edward einen glänzenden Einfall gehabt. Sein eigenes Urteil war mit Sicherheit falsch – diese Erfahrung hatte er bei ähnlichen Wettbewerben schon oft gemacht. Er hatte also die Namen zuerst in der Reihenfolge aufgeschrieben, die seinem eigenen Geschmack entsprach, und sie sodann ein zweites Mal notiert, wobei er jeweils zwischen den ersten und den letztplazierten Namen seiner ursprünglichen Liste abwechselte. Als das Ergebnis verkündet wurde, hatte Edward von den zwölf Namen acht richtig getroffen und erhielt den ersten Preis von fünfhundert Pfund. Er ließ es sich nicht nehmen, dieses Resultat, das man ohne weiteres einem glücklichen Zufall hätte zuschreiben können, als direktes Ergebnis seines «Systems» zu betrachten, und war außerordentlich stolz auf sich.

Das nächste Problem war: Was sollte er mit den fünfhundert Pfund anfangen? Er wußte sehr gut, was Maude sagen würde. Lege es an – als Startkapital für unsere Zukunft. Und Maude hätte natürlich ganz recht, das war ihm klar. Doch Geld, das man in einem Preisausschreiben gewonnen hatte, das war seinem Gefühl nach etwas Besonderes.

Hätte er das Geld durch eine Erbschaft erhalten, so würde er es selbstverständlich bis auf den letzten Penny in Staatsanleihen oder Sparbriefen angelegt haben. Aber ein Glückstreffer, den man durch ein paar Federstriche erzielt hatte, gehörte für Edward ungefähr in die gleiche Kategorie wie der Sixpence, den man einem Kind zusteckte, damit es sich «etwas Schönes» dafür kaufe.

Und in einem bestimmten Schaufenster, an dem er tagtäglich auf dem Weg ins Büro vorbeiging, befand sich «etwas Schönes», der Traum aller Träume, ein kleiner Zweisitzer mit langer, spiegelblanker Kühlerhaube und darauf in dicken Ziffern der Preis: 465 Pfund.

«Wenn ich reich wäre», hatte Edward Tag für Tag zu dem Auto gesagt, «wenn ich reich wäre, dann gehörtest du mir.»

Und nun war er – wenn schon nicht reich, so doch im Besitz einer Summe, die es ihm erlaubte, seinen Traum zu verwirklichen. Der Wagen, dieses wunderschöne, chromglänzende Prachtstück, war sein, er brauchte ihn nur zu bezahlen.

Er hatte vorgehabt, Maude von dem Geld zu erzählen. Damit wäre er vor jeder Versuchung gefeit gewesen. Angesichts ihrer Mißbilligung, ja, ihres Entsetzens, hätte er niemals den Mut aufgebracht, seine verrückte Idee in die Tat umzusetzen. Aber zufällig war es dann Maude selber, die die Entscheidung herbeiführte. Er hatte sie ins Kino eingeladen – auf die besten Plätze. Darauf hatte sie ihm freundlich aber bestimmt die verwerfliche Torheit seines Benehmens vor Augen geführt – drei Shilling und sechs Pence gegenüber zwei Shilling und vier Pence, wo man von den hinteren Plätzen doch genauso gut sehen konnte!

Edward nahm die Vorwürfe mit verbissenem Schweigen entgegen. Maude hatte das befriedigende Gefühl, daß ihre Worte Eindruck auf ihn machten. Man durfte nicht zulassen, daß Edward seinen extravaganten Lebensstil beibehielt. Maude liebte Edward, aber sie wußte, er war schwach, und so oblag es ihr, ihm stets zur Seite zu stehen und ihn auf den rechten Weg zu geleiten. Sie beobachtete sein demütiges Verhalten mit innerer Genugtuung.

Edward benahm sich in der Tat wie ein getretener Wurm. Er krümmte sich. Zwar hatten ihn ihre Vorwürfe tief getroffen, doch genau in diesem Augenblick faßte er den Entschluß, den Wagen zu kaufen.

«Verdammt!» sagte er zu sich selbst. «Einmal in meinem Leben werde ich tun, was mir paßt. Da kann sich Maude auf den Kopf stellen!»

Und so geschah es, daß er am folgenden Morgen jenen gläsernen Palast mit seinen chromblitzenden, lackglänzenden Herrlichkeiten betrat und mit einer Nonchalance, die ihn selbst erstaunte, sein Traumauto kaufte. Es war wirklich das Einfachste auf der Welt, sich ein Auto zu kaufen!

Das war vor vier Tagen gewesen. Seither ging er, obzwar er sich nach außen hin nichts anmerken ließ, innerlich wie auf Wolken. Und Maude hatte er noch keine Silbe davon gesagt. Täglich benutzte er seine Mittagspause, um Unterricht im Gebrauch des Prachtvehikels zu nehmen, und er erwies sich dabei als überaus gelehriger Schüler.

Morgen, an Heiligabend, würde er seine erste Ausfahrt aufs Land machen. Er hatte Maude belogen, und er würde sie, wenn es sein mußte, wieder belügen. Er stand mit Leib und Seele im Bann seines neuen Besitztums. Es verkörperte für ihn Romantik und Abenteuer, all die Dinge, nach denen er sich immer vergeblich gesehnt hatte. Morgen würden sich er und seine neue Geliebte zusammen auf den Weg machen. Sie würden durch die kalte Winterluft brausen und, das nervenaufreibende Getümmel von London weit hinter sich lassend, in die menschenleere Welt entschwinden ...

In diesem Augenblick war Edward, ohne es selbst zu wissen, fast ein Poet.

Morgen ...

Er blickte auf das Buch in seiner Hand – *Sieg der Liebe*. Lachend steckte er es in die Tasche. Der Wagen, die roten Lippen der Marchesa Bianca und die erstaunlichen Heldentaten von Bill, all dies schien irgendwie miteinander verwoben. Morgen ...

Das Wetter, das für gewöhnlich optimistische Erwartungen zu enttäuschen pflegte, war Edward wohl gesonnen. Es lieferte ihm einen Tag, wie er ihn sich erträumt hatte, einen Tag mit glitzerndem Rauhreif, blaßblauem Himmel und einer primelgelben Sonne.

So fuhr Edward denn, die Brust von Abenteuerlust und Wagemut geschwellt, zur Stadt hinaus. Es gab kleinere Schwierigkeiten am Hyde Park Corner und eine betrübliche Panne bei Putney Bridge, es krachte öfters mal im Getriebe, die Bremsen quietschten häufig, und zahlreiche andere Autofahrer überschütteten Edward mit Verwünschungen, doch für einen Anfänger machte er seine Sache nicht schlecht. Schließlich erreichte er eine jener geraden, breiten Straßen, die das Herz jedes Autofahrers höher schlagen lassen. An diesem Tag herrschte wenig Verkehr. Edward fuhr dahin, immer weiter und weiter; trunken von seiner

Herrschaft über dieses Gefährt mit den schimmernden Flanken raste er durch die kalte, weiße Welt wie in einem göttlichen Rausch.

Es war ein phantastischer Tag. Er machte einmal Rast, um in einem altmodischen Gasthof zu Mittag zu essen, und legte danach nur noch einmal eine kurze Teepause ein. Endlich trat er widerwillig die Heimfahrt an – zurück nach London, zurück zu Maude, zu den unvermeidlichen Erklärungen, den Vorwürfen ...

Er schob den Gedanken seufzend von sich. Das hatte Zeit bis morgen. Heute war heute. Und was konnte faszinierender sein als diese schnelle Fahrt durch die Nacht, während die Scheinwerfer sich voraus ins Dunkle bohrten. Das war überhaupt das Beste von allem!

Nach seiner Rechnung blieb ihm keine Zeit mehr, um irgendwo zum Abendessen einzukehren. Dieses Fahren bei Dunkelheit war eine knifflige Sache. Er würde länger zurück nach London brauchen, als er gedacht hatte. Es war gerade acht Uhr, als er durch Hindhead kam und zum Rand der Devil's Punch Bowl gelangte. Der Mond schien, und der Schnee von vorgestern war noch nicht geschmolzen.

Er hielt an und blickte sich staunend um. Was machte es, wenn er nicht vor Mitternacht nach London zurückkam? Was machte es, wenn er überhaupt nicht zurückkam? Von dem hier würde er sich nicht so schnell losreißen.

Er stieg aus dem Wagen und trat an den Rand des Abhangs. In verführerischer Nähe sah er einen gewundenen Pfad, der ins Tal führte. Edward gab der Versuchung nach und wanderte die nächste halbe Stunde wie berauscht durch eine verschneite Wunderwelt. Niemals hatte er sich vorgestellt, daß es dergleichen geben könnte. Und all dieses gehörte ihm, ihm allein, ein Geschenk seiner strahlenden Geliebten, die oben auf der Straße getreulich seiner harrte.

Endlich kletterte er wieder bergauf, stieg in sein Auto und fuhr weiter, noch immer ein wenig benommen von der

Entdeckung einer Schönheit, die er eben erlebt hatte und die selbst dem prosaischsten Menschen zuweilen widerfährt.

Mit einem Seufzer kam er dann wieder zu sich und streckte die Hand in das Seitenfach des Wagens, in das er irgendwann im Lauf des Tages einen Wollschal gestopft hatte.

Aber der Schal war nicht mehr da. Das Fach war leer. Nein, doch nicht – es steckte etwas Kratziges, Hartes darin, wie ein Haufen Kieselsteine.

Edward griff mit der Hand tiefer hinein. Einen Augenblick später starrte er entgeistert auf das Ding, das zwischen seinen Fingern baumelte und im Mondlicht in hundert Feuern funkelte. Es war ein Brillanthalsband.

Edward starrte es minutenlang an, aber es war kein Zweifel möglich. Ein Brillanthalsband im Wert von wahrscheinlich Tausenden von Pfund hatte da einfach so im Seitenfach seines Autos gelegen!

Aber wer hatte es dort hineingetan? Als er aus der Stadt wegfuhr, war es mit Sicherheit noch nicht dagewesen. Während er im Schnee spazierenging, mußte jemand vorbeigekommen sein und das Ding absichtlich ins Auto gelegt haben. Aber warum? Hatte der Besitzer des Halsbands sich geirrt? Oder – war es möglicherweise gestohlen?

Noch während ihm alle diese Gedanken durch den Kopf schossen, zuckte Edward plötzlich zusammen, und es überlief ihn eiskalt. *Dies war gar nicht sein Wagen.*

Er war sehr ähnlich, gewiß. Er war vom gleichen leuchtenden Rot – rot wie die Lippen der Marchesa Bianca –, er besaß die gleiche lange, glänzende Kühlerhaube, aber an tausend Kleinigkeiten erkannte Edward, daß es sich nicht um sein eigenes Auto handelte. Die glänzende Lackierung wies hier und dort kleine Kratzer auf, der ganze Wagen zeigte unverkennbar Spuren eines längeren Gebrauchs. In dem Fall ...

Ohne länger zu zögern, setzte Edward zum Wenden an. Dieses war jedoch nicht seine starke Seite. Sobald er den

Rückwärtsgang einlegte, verlor er unweigerlich den Kopf und drehte das Lenkrad in die falsche Richtung. Außerdem verirrte sich sein Fuß häufig zwischen Gaspedal und Bremse, was fatale Folgen zeitigte. Schließlich jedoch gelang ihm das Manöver, und der Wagen brummte gehorsam wieder den Berg hinauf.

Edward entsann sich, vorhin in einiger Entfernung einen anderen Wagen bemerkt zu haben, dem er zu der Zeit jedoch keine sonderliche Beachtung geschenkt hatte. Auf dem Rückweg von seinem Spaziergang war er aus dem Tal über einen anderen Pfad heraufgeklettert und oben, wie er gemeint hatte, direkt hinter seinem Auto angekommen. Tatsächlich mußte es aber das fremde Auto gewesen sein.

Etwa zehn Minuten später befand er sich wieder an der Stelle, wo er vorhin geparkt hatte. Aber jetzt stand überhaupt kein Auto mehr am Straßenrand. Der Eigentümer dieses Wagens mußte in dem von Edward davongefahren sein – vielleicht auch er irregeführt durch die Ähnlichkeit. Edward holte das Brillanthalsband aus der Tasche und ließ es ratlos durch die Finger gleiten.

Was sollte er jetzt tun? Zum nächsten Polizeirevier laufen? Die Begleitumstände erklären, das Halsband abliefern und die Nummer seines eigenen Wagens angeben.

Übrigens, wie lautete eigentlich seine Wagennummer? Edward zerbrach sich den Kopf, doch sie wollte ihm auf den Tod nicht einfallen. Ihm wurde unbehaglich zumute. Er würde sich bei der Polizei reichlich lächerlich machen. Es war eine Acht in der Nummer, das war alles, woran er sich erinnern konnte. Natürlich kam es im Grunde nicht darauf an – zumindest ... Er warf einen beklommenen Blick auf die Brillanten. Womöglich würden die glauben – ach nein, das war ja ausgeschlossen ... oder etwa doch nicht ... daß er den Wagen und die Brillanten gestohlen hatte. Denn schließlich, wenn man sich's genau überlegte, würde wohl irgendein Mensch bei rechtem Verstand ein wertvolles

Brillanthalsband nachlässig in das offene Seitenfach eines Autos stopfen?

Edward stieg aus und ging um den Wagen herum. Die Nummer war XRJ 0061. Abgesehen von der Tatsache, daß es sich dabei mit Sicherheit nicht um seine eigene Autonummer handelte, sagte ihm das gar nichts. Er ging nun daran, systematisch sämtliche Ablagefächer des Wagens zu untersuchen. Dort, wo er die Brillanten gefunden hatte, machte er eine weitere Entdeckung – einen kleinen Papierzettel, auf den in Bleistift ein paar Worte gekritzelt waren. Im Licht der Scheinwerfer konnte Edward sie leicht entziffern.

«Treffpunkt: Graene, Ecke Salter's Lane, zehn Uhr.»

Der Name Graene kam ihm bekannt vor. Er hatte ihn unterwegs auf einem Ortsschild gelesen. Eine Minute später stand sein Entschluß fest. Er würde zu dieser Ortschaft Graene fahren, die Salter's Lane suchen, dort auf die Person, die den Zettel geschrieben hatte, warten und die Situation erklären. Das wäre weitaus besser, als sich auf dem nächsten Polizeirevier unsterblich zu blamieren.

Fast vergnügt fuhr er los. Schließlich war dies ein Abenteuer, etwas, das nicht alle Tage passierte. Das Brillanthalsband machte das Ganze spannend und geheimnisvoll.

Er hatte einige Schwierigkeiten, bis er Graene und dort die Salter's Lane fand, aber nachdem er in zwei Häusern nach dem Weg gefragt hatte, gelang es ihm schließlich.

Dennoch war es ein paar Minuten nach der angegebenen Zeit, als er vorsichtig eine enge Straße entlangfuhr und scharf nach links Ausschau hielt, wo, wie man ihm beschrieben hatte, die Salter's Lane abzweigen sollte.

Nach einer Straßenbiegung stieß er tatsächlich auf die Abzweigung, und schon als er stoppte, eilte eine Gestalt aus der Dunkelheit auf ihn zu.

«Endlich!» rief eine Frauenstimme. «Das hat ja eine Ewigkeit gedauert, Gerald!»

Während die Frau sprach, trat sie mitten in das grelle Scheinwerferlicht, und Edward stockte der Atem. Sie war das schönste Geschöpf, das er je gesehen hatte.

Sie war noch ganz jung, mit nachtschwarzem Haar und wundervollen roten Lippen. Der schwere Pelzmantel, der sie umhüllte, klaffte vorne auseinander, und Edward sah, daß sie in großer Abendtoilette war – das enganliegende, feuerrote Kleid betonte ihre makellose Figur. Um ihren Hals schloß sich eine Kette ausgesucht schöner Perlen.

Plötzlich fuhr die junge Frau erschrocken zusammen.

«Oh!» rief sie aus. «Sie sind ja gar nicht Gerald.»

«Nein», sagte Edward hastig. «Ich möchte die Sache erklären.» Er zog das Brillanthalsband aus der Tasche und hielt es ihr entgegen. «Mein Name ist Edward . . .»

Weiter kam er nicht, denn das Mädchen klatschte in die Hände und fiel ihm ins Wort.

«Edward, ach, natürlich! Ich freue mich ja so. Aber Jimmy, dieser Idiot, hat mir am Telefon gesagt, er würde Gerald mit dem Wagen herüberschicken. Ich finde es wirklich fabelhaft anständig von dir, daß du gekommen bist. Vergiß nicht, ich habe dich zum letztenmal gesehen, als ich sechs Jahre alt war. Aha, da hast du ja das Halsband. Steck's wieder ein. Der Dorfpolizist könnte vorbeikommen und es sehen. Brr, es ist eiskalt hier draußen! Laß mich rein.»

Wie im Traum öffnete Edward die Tür, und sie kletterte leichtfüßig zu ihm in den Wagen. Ihr Pelz streifte seine Wange, und ein flüchtiger Duft wie von regenfeuchten Veilchen stieg ihm in die Nase.

Er hatte keinen Plan, nicht einmal einen festen Gedanken. Ohne eine bewußte Entscheidung hatte er sich von der ersten Minute an mit Leib und Seele dem Abenteuer verschrieben. Die junge Frau hatte ihn Edward genannt – was tat es, daß er der falsche Edward war? Sie würde es schnell genug herausfinden. Er nahm den Fuß von der Kupplung, und sie fuhren los.

Nach kurzer Zeit fing die junge Frau an zu lachen. Ihr Lachen war genauso wunderbar wie alles übrige an ihr.

«Man merkt, daß du nicht viel von Autos verstehst. Es gibt wohl keine da draußen?»

Was mochte mit «da draußen» gemeint sein, fragte sich Edward. Laut sagte er: «Nicht viele.»

«Laß lieber mich fahren», schlug sie vor. «Es ist ziemlich kompliziert, sich in diesen engen Gassen zurechtzufinden, bis man wieder auf die Hauptstraße kommt.»

Er überließ ihr nur allzu gerne seinen Platz. Bald brausten sie mit einer halsbrecherischen Geschwindigkeit, die Edward insgeheim schaudern machte, durch die Nacht. Sie sah ihn von der Seite an.

«Ich fahre gern schnell. Du auch? Weiß du, du siehst Gerald kein bißchen ähnlich. Kein Mensch würde euch für Brüder halten. Du bist überhaupt ganz anders, als ich dich mir vorgestellt habe.»

«Zu gewöhnlich wohl, stimmt's?»

«Nicht gewöhnlich – anders. Ich werde nicht recht klug aus dir. Was macht unser armer Jimmy? Hat das Ganze wahrscheinlich tüchtig satt, wie?»

«Ach, Jimmy geht's ganz gut», entgegnete Edward aufs Geratewohl.

«Das sagt sich so leicht – dabei ist so ein verstauchter Knöchel schon ein gemeines Pech. Hat er dir die ganze Geschichte erzählt?»

«Kein Wort. Ich tappe völlig im dunkeln. Wie ist es denn passiert?»

«Oh, das Ganze hat fabelhaft geklappt. Jimmy, schön herausstaffiert in seinen Frauenklamotten, ging zur Haustür hinein, und zwei Minuten später kletterte ich dann die Wand hinauf zum Fenster. Drinnen war die Zofe von Agnes Larella gerade dabei, ihr Kleid und ihren Schmuck herauszulegen. Dann gab's unten plötzlich großes Geschrei, der Knallfrosch ging los, und alle schrien Feuer. Das Mädchen raste hinaus, ich sprang hinein, packte das Halsband und war im Nu wieder unten. Dann rannte ich durch die Gartenpforte auf der Rückseite, nahm die Abkürzung durch die *Punch Bowl* und stopfte im Vorbeilaufen schnell das Halsband und die Nachricht mit unserem Teffpunkt ins Autofach. Und dann ging ich wieder ins Hotel zu Louise – nachdem ich erst die Pelzstiefel ausgezogen hatte, natürlich. Sie hatte überhaupt nicht gemerkt, daß ich fort gewesen war. Ein perfektes Alibi.»

«Und was passierte mit Jimmy?»

«Na, davon weißt du bestimmt mehr als ich.»

«Er hat mir kein Wort gesagt», erklärte Edward leichthin.

«Ach, in dem ganzen Durcheinander hat er sich doch tatsächlich mit dem Fuß in seinem Rock verheddert und sich den Knöchel verstaucht. Man hat ihn zu seinem Wagen tragen müssen, und der Chauffeur von den Larellas fuhr ihn heim. Stell dir bloß vor, der Chauffeur hätte zufällig mit der Hand in das Seitenfach gefaßt!»

Edward stimmte in ihr Gelächter ein, doch seine Gedanken arbeiteten emsig. Er verstand die Geschichte jetzt so ungefähr. Den Namen Larella hatte er schon gehört – es war ein Name, der gleichbedeutend mit Reichtum war. Das Mädchen hier und ein unbekannter Mann namens Jimmy hatten gemeinsam einen Plan ausgeheckt, um das Halsband zu stehlen, und es war ihnen geglückt. Wegen seines verstauchten Knöchels und der Anwesenheit des Chauffeurs der Larellas war Jimmy nicht in der Lage gewesen, in das Seitenfach des Wagens zu schauen, ehe er das Mädchen anrief – wahrscheinlich hatte er auch gar nicht die Absicht gehabt, es zu tun. Aber es war nahezu sicher, daß der andere Unbekannte namens Gerald dies bei nächster Gelegenheit nachholen würde. Und er würde darin Edwards Schal finden!

«Schnell gegangen», bemerkte das Mädchen.

Eine hellerleuchtete Trambahn ratterte vorbei – sie befanden sich bereits in den Außenbezirken von London. Der Wagen schlängelte sich durch den Verkehr, daß Edward das Herz bis in den Hals hinauf schlug. Sie fuhr ausgezeichnet, diese junge Frau, aber wie riskant!

Eine Viertelstunde später hielten sie vor einem imposanten Haus an einem vornehmen kleinen Platz an.

«Wir können ein paar von unseren Klamotten hierlassen», sagte das Mädchen, «ehe wir weiterfahren zu ‹Ritson's›.»

«‹Ritson's›?» Edward wiederholte fast ehrfürchtig den Namen des berühmten Nachtclubs.

«Ja, hat Gerald dir das nicht gesagt?»

«Das hat er nicht», erwiderte Edward streng. «Was soll ich anziehen?»

Sie runzelte die Stirn. «Hat man dir denn gar nichts gesagt? Wir werden dich irgendwie ausstaffieren. Wir müssen die Sache durchziehen.»

Ein würdevoller Butler öffnete ihnen die Tür und trat beiseite, um sie hereinzulassen.

«Mr. Gerald Champneys hat angerufen, Mylady. Er wollte Sie dringend sprechen, hat aber keine Nachricht hinterlassen wollen.»

Kein Wunder, daß er sie dringend sprechen wollte, dachte Edward. Auf jeden Fall kenne ich jetzt meinen vollen Namen. Edward Champneys. Aber wer ist sie? Der Butler hat sie mit Mylady angeredet. Wozu braucht sie dann ein Halsband zu klauen? Bridgeschulden?

In den Romanheften, die er gelegentlich las, wurde die schöne, adelige Heldin stets von Bridgeschulden zur Verzweiflung getrieben.

Edward wurde von dem würdigen Butler fortgeführt und einem geschniegelten Kammerdiener übergeben. Eine Viertelstunde später gesellte er sich wieder zu seiner Gastgeberin, angetan mit einem wundervoll sitzenden Abendanzug, der einem bekannten Schneideratelier in der Savile Row entstammte.

Herrgott, was für eine Nacht!

Sie fuhren mit dem Auto zum berühmten «Ritson's». Wie alle, hatte auch Edward schon unzählige skandalträchtige Zeitungsgeschichten über das «Ritson's» gelesen. Jeder, der einen Namen hatte, kreuzte früher oder später im «Ritson's» auf. Edwards einzige Sorge war, daß jemand, der den echten Edward Champneys kannte, auftauchen würde. Er tröstete sich mit der Überlegung, daß der echte Edward offensichtlich seit einigen Jahren außerhalb von England gelebt hatte.

Sie saßen an einem kleinen Tisch an der Wand und tranken Cocktails. Cocktails! Für Edwards schlichtes Gemüt war dies die Quintessenz mondänen Lebens. Die junge Frau, die einen wundervollen bestickten Schal um sich geschlungen hatte, nippte lässig an ihrem Glas. Plötzlich ließ sie den Schal von ihren Schultern gleiten und stand auf.

«Wir wollen tanzen.»

Nun war Tanzen das einzige, was Edward wirklich zur Vollkommenheit beherrschte. Wenn er und Maude auf der Tanzfläche im Palais de Danse erschienen, blieben die übrigen Paare stehen und schauten ihnen bewundernd zu.

«Beinahe hätte ich's vergessen», sagte die junge Frau plötzlich. «Das Halsband.»

Sie streckte die Hand aus. Völlig verdattert zog Edward das Schmuckstück aus der Tasche und gab es ihr. Zu seinem fassungslosen Erstaunen legte sie es sich ungerührt um den Hals. Dann lächelte sie ihm berückend zu.

«Jetzt wollen wir tanzen», sagte sie leise.

Sie tanzten. Und im ganzen «Ritson's» gab es kein vollkommeneres Paar.

Als sie schließlich an ihren Tisch zurückkehrten, trat ein dandyhafter alter Herr auf Edwards Begleiterin zu.

«Ah, Lady Noreen – die unermüdliche Tänzerin! Ja, ja. Ist Captain Folliot heute abend hier?»

«Jimmy ist gestürzt – hat sich den Knöchel verstaucht.»

«Was Sie nicht sagen! Wie ist das passiert?»

«Weiß noch nichts Genaueres.»

Sie lachte und ging weiter.

Edward folgte ihr. In seinem Kopf drehte sich alles. Jetzt wußte er Bescheid. Lady Noreen Eliot, die berühmte Lady Noreen persönlich, wahrscheinlich die Frau in England, von der man am meisten sprach. Eine gefeierte Schönheit, berühmt für ihren Wagemut – Anführerin der Clique, die man die «Jungen Mondänen» nannte. Ihre Verlobung mit Captain James Folliot, V. C., von der Household Cavalry, war erst kürzlich bekanntgegeben worden.

Aber das Halsband? Das mit dem Halsband verstand er noch immer nicht. Selbst auf die Gefahr hin, sich zu verraten, das mußte er unbedingt herausfinden.

Als sie sich wieder an ihrem Tisch niederließen, deutete er darauf.

«Warum, Noreen?» fragte er. «Das würde ich gern wissen.»

Sie lächelte träumerisch, noch immer unter dem Zauber ihres Tanzes stehend.

«Wahrscheinlich ist das für dich schwer zu verstehen, aber man wird es so leid – immer das gleiche, immer und ewig das gleiche. Treasure Hunts waren ja ganz nett für eine Weile, aber man gewöhnt sich an alles. Das ‹Einbruch-Spiel› war meine Idee. Fünfzig Pfund Einsatz, und es wird gelost. Das ist unser dritter. Jimmy und ich haben Agnes Larella gezogen. Du kennst die Spielregeln? Der Einbruch ist innerhalb von drei Tagen auszuführen und die Beute mindestens eine Stunde lang in der Öffentlichkeit zu tragen, andernfalls muß man hundert Pfund Strafe zahlen. Pech für Jimmy, daß er sich den Knöchel verstaucht hat, aber wir holen uns den Gewinn, das steht fest.»

«Ach so.» Edward holte tief Luft. «Ich verstehe.»

Noreen erhob sich plötzlich und legte ihren Schal um.

«Fahr mich mit dem Auto irgendwohin. Hinunter zu den

Docks. Irgendwohin, wo es scheußlich aufregend ist. Warte einen Moment ...» Sie nahm die Brillanten vom Hals. «Hier, steck du das lieber wieder ein. Ich möchte nicht deswegen ermordet werden.»

Gemeinsam verließen sie das «Ritson's». Der Wagen stand in einer engen dunklen Seitengasse. Als sie auf dem Weg dorthin um die Ecke bogen, hielt neben ihnen ein anderes Auto, und ein junger Mann sprang heraus.

«Gott sei Dank, Noreen, daß ich dich endlich finde», rief der junge Mann. «Alles ist schiefgelaufen. Dieser Esel Jimmy ist mit dem falschen Wagen davongefahren, und kein Mensch weiß, wo diese verflixten Brillanten jetzt stekken. Wir sitzen ganz schön in der Tinte.»

Lady Noreen starrte den jungen Mann an.

«Wie meinst du das? Wir haben die Brillanten – das heißt, Edward hat sie.»

«Edward?»

«Ja.» Sie deutete mit einer knappen Bewegung auf ihren Begleiter.

Jetzt bin ich derjenige, der in der Tinte sitzt, dachte Edward. Ich wette zehn zu eins, das hier ist Bruder Gerald.

Der junge Mann starrte ihn an.

«Was soll das heißen?» sagte er langsam. «Edward ist in Schottland.»

«Oh!» stieß Noreen hervor. Sie blickte Edward mit weit aufgerissenen Augen an. «Oh!»

Ihr Gesicht wurde abwechselnd rot und blaß.

«Dann sind Sie also echt?» flüsterte sie.

Edward brauchte nur einen Augenblick, um die Situation zu erfassen. Im Blick der jungen Frau lag Ehrfurcht – ja, etwas wie Bewunderung. Sollte er alles erklären? Nein, das wäre langweilig! Er würde das Spiel zu Ende spielen.

Er verneigte sich förmlich. «Ich danke Ihnen, Lady Noreen», sagte er in schönster Raubrittermanier, «für diesen bezaubernden Abend.»

Dabei warf er einen schnellen Blick auf den Wagen, aus dem der andere soeben ausgestiegen war. Ein knallroter Wagen mit glänzender Motorhaube. Sein Wagen!

«Und damit möchte ich mich von Ihnen verabschieden!»

Ein rascher Satz, und er saß im Auto, den Fuß auf der Kupplung. Der Wagen setzte sich in Bewegung. Gerald stand wie gelähmt da, doch Noreen war schneller. Als der Wagen an ihr vorbeiglitt, schwang sie sich blitzschnell auf das Trittbrett.

Der Wagen geriet ins Schleudern, schoß blindlings um die Ecke und stoppte. Außer Atem von der Anstrengung ihres Sprungs, legte Noreen die Hand auf Edwards Arm.

«Sie müssen es mir wiedergeben – oh, bitte, geben Sie es mir. Ich muß es Agnes Larella zurückgeben. Seien Sie nett – wir hatten doch einen schönen Abend zusammen – wir haben getanzt – wir waren ... Freunde. Sie geben es mir doch, ja? Bitte ... für mich.»

Eine Frau, deren Schönheit einen berauschte. Es gab also wirklich solche Frauen ...

Im übrigen war Edward selbst brennend daran interessiert, das Halsband loszuwerden. Eine gottgesandte Gelegenheit für eine elegante Geste.

Er nahm das Halsband aus der Tasche und ließ es in Noreens ausgestreckte Hand gleiten.

«Wir waren ... Freunde», sagte er.

Ihre Augen leuchteten auf. Dann neigte sie sich unerwartet über ihn. Für einen Augenblick hielt er sie in den Armen, spürte ihre Lippen auf den seinen ...

Dann sprang sie ab. Der rote Wagen tat einen Satz nach vorn und raste davon.

Romantik!

Abenteuer!

Am ersten Weihnachtstag um zwölf Uhr mittags betrat Edward Robinson das kleine Wohnzimmer eines Hauses in

Clapham mit dem herkömmlichen Gruß: «Fröhliche Weihnachten.»

Maude, die damit beschäftigt war, einen Stechpalmenzweig neu aufzuhängen, empfing ihn kühl.

«Hast du einen angenehmen Tag auf dem Land verlebt, mit diesem Freund von dir?» erkundigte sie sich.

«Hör zu», sagte Edward. «Das war alles gelogen. Ich habe ein Preisausschreiben gewonnen – fünfhundert Pfund, und mir ein Auto davon gekauft. Ich hab dir nichts davon gesagt, weil ich wußte, daß du ein Mordstheater machen würdest. Das ist Punkt eins. Ich habe ein Auto gekauft, und damit ist jede weitere Diskussion überflüssig. Und der zweite Punkt wäre – ich gedenke nicht noch jahrelang zu warten. Meine beruflichen Aussichten sind durchaus zufriedenstellend, und ich beabsichtige, dich nächsten Monat zu heiraten. Hast du verstanden?»

«Oh», hauchte Maude.

War das – konnte das Edward sein, der in diesem herrischen Ton zu ihr sprach?

«Willst du?» fragte Edward. «Ja oder nein?»

Sie starrte ihn fasziniert an. In ihren Augen standen Ehrfurcht und Bewunderung, und als Edward diesen Blick sah, fühlte er sich wie berauscht. Verschwunden war jene mütterliche Nachsicht, die ihn immer so in Rage gebracht hatte.

Genauso hatte ihn Lady Noreen gestern abend angeblickt. Aber Lady Noreens Gestalt war in weite Ferne gerückt, entschwunden ins Reich der Romantik, wo sie Seite an Seite mit der Marchesa Bianca weilte. Dies hier war die Wirklichkeit. Dies hier war sein Weib.

«Ja oder nein?» wiederholte er und trat einen Schritt näher.

«J-ja», stotterte Maude. «Aber, Edward, was ist bloß mit dir geschehen? Du bist heute so ganz anders.»

«Ja», sagte Edward. «Vierundzwanzig Stunden lang war

ich ein Mann an Stelle eines Wurmes – und, bei Gott, das hat sich gelohnt!»

Er schloß sie in die Arme, beinahe so, wie Bill, der Supermann, es getan haben könnte.

«Liebst du mich, Maude? Sag mir, liebst du mich?»

«Oh, Edward!» hauchte Maude. «Ich bete dich an . . .»

Die letzte Sitzung

Raoul Daubreuil überquerte die Seine und summte eine kleine Melodie vor sich hin. Er war ein gutaussehender junger Franzose von ungefähr zweiunddreißig Jahren, mit frischer Gesichtsfarbe und einem kleinen schwarzen Schnurrbart. Er war Ingenieur von Beruf. Pünktlich erreichte er das *Cardonet* und betrat es durch eine Tür, über der die Nummer 17 stand. Die *Concierge* sah aus ihrem Glaskasten heraus und brummte ihm ein «Guten Morgen» zu. Fröhlich erwiderte er den Gruß. Dann stieg er die Treppen hinauf zu der Wohnung in der dritten Etage. Als er darauf wartete, daß man ihm auf sein Läuten hin die Tür öffnete, summte er wieder seine kleine Melodie. Raoul Daubreuil fühlte sich an diesem Morgen besonders gut aufgelegt.

Die Tür wurde von einer alten Französin geöffnet. Ihr faltiges Gesicht verzog sich zu einem Lächeln, als sie den Besucher erkannte.

«Guten Morgen, Monsieur.»

«Guten Morgen, Elise», sagte Raoul.

Er betrat die Diele und zog seine Handschuhe aus.

«Madame erwartet mich doch?» fragte er über die Schulter weg.

«Aber gewiß doch, Monsieur.»

Elise schloß die Wohnungstür und wandte sich ihm zu.

«Wenn Monsieur solange in den kleinen Salon gehen

möchten. Madame wird in ein paar Minuten bei Ihnen sein. Sie ruht sich etwas aus.»

Raoul sah schnell auf.

«Fühlt sie sich nicht wohl?»

«Wohl?»

Elise schnaufte. Sie ging vor Raoul her und öffnete ihm die Tür zum kleinen Salon. Er trat ein, und sie folgte ihm.

«Wohl!» fuhr sie fort. «Wie sollte sie sich denn nur wohl fühlen, das arme Geschöpf? Sitzungen, Sitzungen und wieder Sitzungen! Es ist nicht recht, nicht natürlich, nicht das, was der liebe Gott von uns erwartet. Wenn Sie mich fragen, dann sage ich es ganz ehrlich, da ist der Teufel mit im Bund.»

Raoul klopfte ihr auf die Schulter.

«Aber, aber, Elise», sagte er beschwichtigend, «regen Sie sich doch nicht auf, und sehen Sie nicht allzu schnell den Teufel hinter allem, was Sie nicht verstehen.»

Elise schüttelte zweifelnd den Kopf.

«Nun ja», seufzte sie, indem sie tief Luft holte. «Monsieur kann sagen, was er will, mir gefällt das nicht. Sehen Sie Madame doch an. Jeden Tag wird sie blasser und dünner. Und diese Kopfschmerzen!» Sie warf die Arme hoch. «Ach nein, all dieses Geisterzeug! Das ist nichts Gutes. Überhaupt Geister! Alle guten Geister sind im Paradies, und die anderen sind im Fegefeuer.»

«Ihre Vorstellung vom Leben nach dem Tode ist erfrischend einfach, Elise», sagte Raoul und ließ sich in einen Sessel fallen.

Die alte Frau straffte sich.

«Ich bin eine gute Katholikin, Monsieur.»

Sie bekreuzigte sich, ging zur Tür, hielt dann inne, eine Hand auf der Klinke: «Später, wenn Sie beide verheiratet sind, Monsieur, wird das doch nicht so weitergehen, all das?» fragte sie.

Raoul lächelte sie freundlich an.

«Sie sind eine gute, gläubige Seele, Elise», sagte er, «und Sie sind Ihrer Herrin treu ergeben. Haben Sie keine Angst. Wenn sie einmal meine Frau ist, dann hört dieses Geisterzeug auf, wie Sie das nennen. Für Madame Daubreuil wird es keine Sitzungen mehr geben.»

Elises Gesicht strahlte.

«Ist das wirklich wahr?» fragte sie.

Der Mann nickte ernst.

«Ja», sagte er, mehr zu sich selbst als zu ihr. «Ja, das muß aufhören. Simone hat eine großartige Gabe, und sie hat sie großzügig angewandt, aber jetzt hat sie ihr Teil getan. Wie Sie gerade erwähnt haben, Elise, wird sie Tag für Tag blasser und dünner. Das Leben eines Mediums ist ganz besonders anstrengend und hart, vor allem durch die enorme Nervenbelastung. Nichtsdestoweniger, Elise, Ihre Herrin ist das wunderbarste Medium von Paris – nein, mehr, von Frankreich. Leute aus der ganzen Welt kommen zu ihr, weil sie wissen, daß bei ihr kein Trick und kein Betrug dabei ist.»

Elise gab einen zufriedenen Seufzer von sich.

«Betrug! Ach nein, wirklich nicht. Madame könnte nicht mal ein neugeborenes Baby betrügen, selbst wenn sie es wollte.»

«Sie ist ein Engel», schwärmte der junge Mann. «Und ich – ich werde alles tun, was ein Mann tun kann, um sie glücklich zu machen. Glauben Sie das nicht?»

Elise straffte sich wieder und sprach mit einfacher Würde: «Ich habe Madame viele Jahre lang gedient, Monsieur. Mit allem Respekt kann ich wohl sagen, ich liebe sie. Wenn ich nicht daran glaubte, daß Sie sie vergöttern, wie sie es verdient – *eh bien*, Monsieur, dann würde ich Ihnen die Glieder einzeln ausreißen.»

Raoul lachte.

«Bravo, Elise! Sie sind eine treue Freundin. Und nun müssen Sie mir auch glauben, was ich Ihnen gesagt habe: Madame wird die Geister in Ruhe lassen.»

Er hatte erwartet, daß die alte Frau über seinen kleinen Witz lachen würde, doch zu seiner Überraschung blieb sie ernst.

«Monsieur, nehmen wir einmal an», sagte sie zögernd, «die Geister lassen *sie* nicht in Ruhe.»

Raoul sah sie verblüfft an.

«Wie meinen Sie das?»

«Ich sagte», wiederholte Elise, «nehmen wir einmal an, die Geister lassen Madame nicht in Ruhe.»

«Ich dachte, Sie glauben nicht an Geister, Elise.»

«Nicht mehr», sagte Elise trotzig. «Es ist töricht, daran zu glauben. Aber trotzdem ...»

«Nun?»

«Es fällt mir schwer, das zu erklären, Monsieur. Sehen Sie, ich habe immer gedacht, daß diese Medien, wie Sie sie nennen, einfach raffinierte Betrüger sind. Aber Madame ist nicht so. Madame ist gut. Madame ist ehrlich und –» Sie senkte die Stimme und sprach weiter in einem furchtsamen Ton.

«Es geschehen Dinge. Das sind keine Tricks. Es geschehen Dinge, und darum habe ich Angst. Denn eines glaube ich sicher, Monsieur: daß es nicht recht ist. Es ist gegen die Natur und gegen Gott, und irgend jemand wird dafür büßen müssen.»

Raoul sprang aus seinem Sessel auf, ging auf sie zu und klopfte ihr auf die Schulter.

«Beruhigen Sie sich, gute Elise», sagte er lächelnd. «Hören Sie mal zu, ich werde Ihnen etwas Erfreuliches sagen. Heute ist die letzte dieser Séancen; ab heute abend wird es keine mehr geben.»

«Heute findet also eine statt?» fragte die alte Frau argwöhnisch.

«Die letzte, Elise, die letzte.»

Elise schüttelte traurig den Kopf.

«Madame fühlt sich nicht wohl ...», begann sie.

Aber sie wurde unterbrochen, denn die Tür öffnete sich, und eine große blonde Frau trat ein. Sie war schlank und anmutig. Ihr Gesicht glich dem einer Botticelli-Madonna. Raouls Augen strahlten, und Elise zog sich schnell und diskret zurück.

«Simone!»

Er ergriff ihre schlanken weißen Hände und küßte sie.

«Raoul, mein Liebster.»

Wieder küßte er ihre Hände, dann betrachtete er eingehend ihr Gesicht.

«Simone! Du siehst blaß aus! Elise sagte mir, daß du dich ausgeruht hast. Du bist doch nicht etwa krank, meine Liebste?»

«Nein, krank nicht ...» Sie zögerte.

Er führte sie zum Sofa und setzte sich neben sie.

«Sag mir, was dir fehlt.»

Simone lächelte schwach.

«Du wirst mich für verrückt halten», flüsterte sie.

«Ich? Dich für verrückt halten? Nein, niemals.»

Simone entzog ihm ihre Hand. Sie saß einen Augenblick vollkommen ruhig und sah auf den Teppich. Dann sagte sie leise und wie gehetzt: «Ich habe Angst, Raoul.»

Er wartete einen Moment, da er dachte, sie würde weitersprechen. Als sie das aber nicht tat, sagte er forsch:

«Aber, aber, wovor denn?»

«Ich weiß nicht – einfach Angst.»

«Aber ...»

Er sah sie erstaunt an, und sie begegnete seinem Blick.

«Ja, es ist absurd, nicht wahr? Und doch ist mir so. Angst, sonst nichts. Ich weiß nicht, warum, wovor, doch die ganze Zeit bin ich wie besessen von der Vorstellung, daß mir etwas Schreckliches – ganz Schreckliches zustoßen wird ...»

Sie starrte vor sich hin. Raoul legte sanft einen Arm um sie. «Meine Liebste», sagte er, «komm, du darfst dich nicht so gehenlassen. Ich weiß, was es ist: Überanstrengung, Simone. Du brauchst Ruhe, das ist alles, Ruhe und Entspannung.»

Sie sah ihn dankbar an.

«Ja, Raoul, du hast recht. Das ist es, was ich brauche, Ruhe und Entspannung.»

Sie schloß die Augen und schmiegte sich ein wenig fester in seinen Arm.

«Und Liebe», flüsterte Raoul ihr ins Ohr.

Sein Arm zog sie sanft an sich. Simone, noch mit geschlossenen Augen, atmete tief und erlöst.

«Ja», murmelte sie, «ja. Wenn du mich in deinen Armen hältst, fühle ich mich geborgen. Dann vergesse ich mein Leben, das entsetzliche Leben eines Mediums. Du weißt viel, Raoul, aber selbst du weißt nicht alles, was das bedeutet.»

Er fühlte, wie sich ihr Körper in seiner Umarmung versteifte. Sie öffnete die Augen und blickte starr vor sich hin.

«Man sitzt in der Kabine im Dunkeln, wartet, und das Dunkel ist entsetzlich, Raoul; denn es ist das Dunkel der Leere, des Nichts. Mit großer Willensanstrengung verliert man sich selbst darin. Danach weiß man nichts, man fühlt nichts, aber hinterher kommt die langsame, schmerzvolle Rückkehr, das Erwachen aus dem Schlaf, aber man ist so müde, so furchtbar müde.»

«Ich weiß», murmelte Raoul, «ich weiß.»

«So müde», murmelte Simone wieder.

Ihr ganzer Körper schien in sich zusammenzusinken, als sie diese Worte wiederholte.

«Aber du bist großartig, Simone.»

Er nahm ihre Hände in die seinen; er versuchte, etwas von seiner Begeisterung auf sie zu übertragen.

«Du bist einmalig – das größte Medium, das die Welt je gekannt hat.»

Sie schüttelte den Kopf und lächelte ein wenig darüber.

«Doch, doch», beharrte Raoul.

Er zog zwei Briefe aus seiner Tasche.

«Sieh her, einer von Professor Roche, und dieser von Dr. Genir aus Nancy. Beide bitten darum, daß du gelegentlich weiter für sie Sitzungen abhalten sollst.»

«Nein!»

Simone sprang plötzlich auf.

«Ich will nicht! Ich will nicht! Es muß aufhören – endlich muß Schluß sein. Du hast es mir versprochen, Raoul!»

Raoul sah sie fassungslos an, wie sie dastand und mit den Händen abwehrte und ihn anstarrte wie ein verängstigtes Tier, das sich angegriffen fühlt. Er stand auf und ergriff wieder ihre Hände.

«Aber ja», sagte er. «Gewiß hört das auf, das ist ja abgesprochen. Aber ich bin so stolz auf dich, Simone. Nur deswegen habe ich dir diese beiden Briefe gezeigt.»

Sie warf ihm einen raschen Seitenblick voll Mißtrauen zu.

«Es ist nicht, weil du willst, daß ich wieder für sie Séancen abhalte?»

«Nein, nein», sagte Raoul, «es sei denn, du möchtest es vielleicht selbst, nur so gelegentlich für alte Freunde . . .»

Sie unterbrach ihn mit erregter Stimme.

«Nein, nein! Nie wieder. Da ist Gefahr. Ich sage dir, ich kann es fühlen. Große Gefahr.»

Sie preßte ihre Hände vor die Stirn, dann ging sie zum Fenster.

«Versprich es mir. Nie wieder!» sagte sie mit ruhigerer Stimme über die Schulter.

Raoul trat zu ihr und legte seine Arme um sie.

«Liebste», sagte er voll behutsamer Zärtlichkeit, «ich verspreche dir, daß du ab morgen keine Séancen mehr abhalten wirst.»

Er spürte, wie sie zusammenzuckte.

«Ab morgen?» murmelte sie. «Ach ja, ich hatte ganz vergessen. Madame Exe – heute abend.»

Raoul sah auf seine Uhr.

«Sie müßte eigentlich gleich kommen. Aber, Simone, falls du dich nicht wohl fühlst ...»

Simone schien ihm kaum zuzuhören. Sie hing ihren eigenen Gedanken nach.

«Sie ist – eine merkwürdige Frau, Raoul, eine ganz merkwürdige Frau. Weißt du – mich ergreift in ihrer Gegenwart fast das Entsetzen.»

«Simone!»

In seiner Stimme lag ein Vorwurf, und sie verstand schnell.

«Ja, ja, ich weiß, du bist wie alle Franzosen, Raoul. Für dich ist eine Mutter etwas Heiliges, und es ist wenig nett von mir, so von ihr zu sprechen, da sie so großen Kummer wegen ihres Kindes hat. Aber – ich kann es nicht erklären, sie ist so groß und so schwarz, und ihre Hände – hast du einmal auf ihre Hände geachtet, Raoul? Große, dicke, starke Hände, so stark wie die eines Mannes!»

Sie schüttelte sich ein wenig und schloß die Augen. Raoul ließ sie los und sagte fast kalt: «Ich kann dich wirklich nicht verstehen, Simone. Wirklich nicht. Eine Frau sollte doch Mitgefühl für eine Mutter empfinden, der man das einzige Kind genommen hat.»

Simone machte eine ungeduldige Handbewegung.

«Ach, du verstehst mich nicht! Ausgerechnet du nicht, mein Freund! Ich kann mir aber nicht helfen. Vom ersten Moment an, wo ich sie sah, spürte ich ...» Sie schlug die Hände vor das Gesicht. «Angst! Erinnerst du dich? Es hatte lange gedauert, bis ich einwilligte, für sie die erste Sitzung abzuhalten. Ich war sicher, daß sie mir auf irgendeine Art Unglück bringt.»

Raoul zuckte die Achseln.

«Tatsache ist, daß sie das genaue Gegenteil zustande brachte», sagte er trocken. «Alle Sitzungen mit ihr waren ein großartiger Erfolg. Der Geist der kleinen Amelie war sofort fähig, dich zu lenken, und die Materialisierungen waren wirklich schlagend. Professor Roche hätte bei der letzten Sitzung dabeisein sollen.»

«Materialisierungen», sagte Simone leise. «Sag mir, Raoul, du weißt doch, ich merke nichts von dem, was geschieht, wenn ich in Trance bin. Sind diese Materialisierungen wirklich so wunderbar?»

Er nickte begeistert.

«Bei den ersten Sitzungen wurde die Gestalt des Kindes wie in einer Art Nebelwolke sichtbar», erklärte er, «aber in der letzten Sitzung ...»

«Was war da?»

Er fuhr mit sanfter Stimme fort:

«Simone, das Kind, das da stand, war ein richtiges lebendiges Kind aus Fleisch und Blut. Ich habe es sogar berührt, aber als ich merkte, daß dir diese Berührung große Schmerzen bereitete, habe ich Madame Exe nicht erlaubt, es auch anzufassen. Ich fürchtete, sie könnte die Selbstbeherrschung verlieren, und daß dir etwas zustoßen könnte.»

Simone wandte sich ab.

«Ich war so entsetzlich erschöpft, als ich aufwachte», murmelte sie. «Raoul, bist du sicher – bist du ganz sicher, daß das alles wirklich ist? Du weißt, was die gute alte Elise darüber denkt: daß da der Teufel mit im Bunde ist.»

Sie lachte unsicher.

«Du weißt aber auch, was ich darüber denke», sagte Raoul ernst. «Jeder Umgang mit Unbekannten ist gefährlich, doch der Zweck ist gut und edel, denn der Zweck dient der Wissenschaft. In der ganzen Welt hat es Märtyrer für die Wissenschaft gegeben, Pioniere, die selber den Preis bezahlten, damit andere sicher ihren Fußspuren folgen konnten, und es hat dich ungeheure Nervenbelastung gekostet. Jetzt hast du dein Teil beigetragen. Von heute ab wirst du frei und glücklich sein.»

Sie lächelte ihn liebevoll an. Sie hatte ihre Ruhe wiedergewonnen. Dann sah sie auf die Uhr.

«Madame Exe hat sich verspätet», murmelte sie. «Vielleicht kommt sie gar nicht.»

«Doch, sie kommt bestimmt», sagte Raoul. «Deine Uhr geht ein bißchen vor, Simone.»

Simone ging ruhelos im Zimmer umher.

«Ich möchte nur wissen, wer diese Madame Exe ist», bemerkte sie. «Woher sie kommt. Es ist doch merkwürdig, daß wir nichts über sie wissen.»

Raoul zuckte die Achseln.

«Die meisten Leute bleiben, wenn möglich, inkognito, wenn sie zu einem Medium gehen», sagte er. «Das gehört zu den elementaren Vorsichtsmaßregeln.»

«Das wird es wohl sein», stimmte Simone zu.

Eine kleine chinesische Vase, die sie gerade in der Hand hielt, entglitt ihren Fingern und zersprang vor dem Kamin in Scherben. Sie drehte sich rasch zu Raoul um.

«Siehst du», murmelte sie, «ich bin entsetzlich nervös. Raoul, würdest du mich für sehr – feige halten, wenn ich Madame Exe absage?»

Als sie sein schmerzliches Erstaunen bemerkte, wurde sie rot.

«Du hast es aber doch versprochen, Simone...», begann er sanft.

Sie lehnte sich mit dem Rücken gegen die Wand.

«Ich will nicht, Raoul. Ich will nicht!»

Sein vorwurfsvoller Blick ließ sie zusammenfahren.

«Ich denke dabei nicht an das Geld, Simone, obwohl du zugeben mußt, daß die Summe, die sie uns für diese Sitzung angeboten hat, phantastisch ist.»

Sie entgegnete heftig:

«Es gibt Dinge, die wichtiger sind als Geld.»

«Da hast du sicher recht», pflichtete er bei. «Das sage ich ja die ganze Zeit. Überleg doch einmal – diese Frau ist Mutter, eine Mutter, die ihr einziges Kind verloren hat. Wenn du nicht richtig krank bist, wenn es nur eine Laune deinerseits ist – dann kannst du wohl einer reichen Frau eine Kaprice abschlagen, aber kannst du es einer Mutter verwehren, wenn sie ein letztes Mal ihr Kind sehen will?»

Das Medium streckte verzweifelt die Arme aus.

«Oh, du quälst mich», flüsterte sie. «Und doch hast du recht. Ich will also tun, was du verlangst, aber jetzt weiß ich, wovor ich solche Angst habe – es ist das Wort Mutter.»

«Simone!»

«Es gibt ganz bestimmte primitive, elementare Kräfte, Raoul. Die meisten davon sind durch den Einfluß der Zivilisation überlagert, aber die Muttergefühle sind noch ebenso stark wie eh und je. Tiere – Menschen, darin sind sie gleich. Die Liebe einer Mutter zu ihrem Kind ist so stark wie nichts anderes in der Welt. Sie kennt keine Grenzen, kein Mitleid, sie wagt alles und tritt rücksichtslos alles nieder, was ihr im Wege steht.»

Sie hielt inne, rang nach Luft, wandte sich dann ihm zu und sagte mit einem flüchtigen, entwaffnenden Lächeln:

«Ich bin heute albern, Raoul, ich weiß.»

Er umarmte sie.

«Leg dich noch ein wenig hin», drängte er. «Ruh dich aus, bis sie kommt.»

«Ja, du hast recht.» Sie lächelte ihm zu und ging aus dem Zimmer.

Raoul blieb eine Zeitlang in Gedanken verloren stehen. Dann ging er zur Tür, öffnete sie und schritt über den kleinen Flur. Er betrat den Raum auf der anderen Seite des Flurs, ein Wohnzimmer, das dem, das er gerade verlassen hatte, sehr ähnlich sah. Doch hier gab es einen Alkoven, in dem ein großer Sessel stand. Ein schwerer schwarzer Samtvorhang war so angebracht, daß er vor den Alkoven gezogen werden konnte. Elise war damit beschäftigt, den Raum herzurichten. Vor den Alkoven hatte sie zwei Stühle geschoben und einen kleinen runden Tisch. Auf dem Tisch lagen ein Tamburin, ein Horn, Papier und Bleistifte.

«Das letzte Mal», murmelte Elise mit grimmiger Zufriedenheit. «Ach, Monsieur, ich wünschte, es wäre schon vergessen und vorbei.»

Die Türglocke schrillte laut.

«Da ist sie, dieser Gendarm», fuhr die alte Zofe fort. «Warum geht sich nicht in die Kirche und betet, wie es sich gehört, für die Seele ihrer Kleinen?»

«Gehen Sie und öffnen Sie!» befahl Raoul.

Sie warf ihm einen unfreundlichen Blick zu, aber sie gehorchte. Nach wenigen Augenblicken führte sie die Besucherin herein.

«Ich werde Bescheid sagen, daß Sie hier sind, Madame.»

Raoul ging auf Madame Exe zu, um sie zu begrüßen. Simones Worte kamen ihm wieder ins Gedächtnis: «So groß und so schwarz.»

Sie war wirklich eine große, mächtige Frau, und das tiefe Schwarz ihrer Trauerkleidung wirkte bei ihr fast übertrieben. Ihre Stimme klang sehr tief, als sie sprach.

«Ich fürchte, ich habe mich etwas verspätet, Monsieur.»

«Die paar Minuten ..., das macht doch nichts», entgegnete Raoul lächelnd. «Madame Simone hat sich noch etwas hingelegt. Ich muß leider sagen, daß sie sich alles andere als wohl fühlt. Sie ist nervös und völlig erschöpft.»

Ihre Hand, die die seine gerade loslassen wollte, hielt ihn plötzlich fest wie ein Schraubstock.

«Aber sie wird doch die Séance abhalten?» fragte sie scharf.

«Natürlich, Madame.»

Madame Exe atmete erleichtert auf und sank auf einen Stuhl, wobei sie den schwarzen wallenden Schleier nach hinten warf.

«Ach, Monsieur», murmelte sie, «Sie können sich gar nicht vorstellen, Sie können das Wunder und die Freude nicht mitempfinden, die ich während dieser Séancen erlebe! Meine Kleine! Meine kleine Amelie! Sie zu hören, sie zu sehen, vielleicht sogar – ja vielleicht sogar – den Arm auszustrecken und sie zu berühren.»

Raoul sprach schnell und bestimmt.

«Madame Exe ..., wie soll ich Ihnen das erklären? Auf gar keinen Fall dürfen Sie so etwas tun. Sie müssen sich strikt an meine Anweisungen halten, andernfalls besteht die allergrößte Gefahr.»

«Gefahr für mich?»

«Nein, Madame, nicht für Sie, aber für das Medium.»

Madame Exe schien wenig beeindruckt.

«Sehr interessant, Monsieur. Sagen Sie, könnte nicht einmal die Zeit kommen, wo die Materialisierung so weit fortschreitet, daß sie fähig ist, sich von ihrem Ursprung, dem Medium, zu lösen?»

«Ist das Ihre phantastische Hoffnung, Madame?»

Sie fragte beharrlich weiter:

«Aber ist das denn so unmöglich?»

«Ganz unmöglich, heute noch!»

«Aber vielleicht in der Zukunft?»

Er wurde der Antwort enthoben, denn in diesem Moment trat Simone ein. Sie sah erschöpft und bleich aus, aber sie hatte ihre Selbstbeherrschung offensichtlich wiedergewonnen. Sie ging auf Madame Exe zu und reichte ihr die Hand. Raoul bemerkte das Zittern, das sie dabei überlief.

«Es tut mir leid, daß Sie sich nicht wohl fühlen, Madame», sagte Madame Exe.

«Ach, es ist nichts», erwiderte Simone fast barsch. «Wollen wir anfangen?»

Sie ging zu dem Alkoven und setzte sich in den Sessel. Plötzlich verspürte Raoul, wie eine Welle der Angst ihn überflutete. «Du bist nicht auf der Höhe deiner Kräfte», sagte er. «Wir sollten diese Séance besser auf später verschieben. Madame Exe wird sicher dafür Verständnis haben.»

«Monsieur!» Madame Exe erhob sich empört. «Madame Simone versprach mir eine letzte Sitzung.»

«So ist es», sagte Simone ruhig. «Und ich bin bereit, mein Versprechen zu halten.»

«Das verlange ich auch», sagte die andere Frau.

«Ich breche mein Wort nicht», sagte Simone kalt. «Hab keine Angst, Raoul», fügte sie freundlich hinzu. «Es ist ja das letzte Mal – das allerletzte Mal, Gott sei Dank.»

Auf ein Zeichen von ihr zog Raoul den schweren schwarzen Vorhang vor den Alkoven. Er zog auch die Vorhänge vor das Fenster, so daß der Raum im Halbdunkel lag. Er wies auf einen der Stühle, auf dem Madame Exe Platz nehmen sollte, und wollte selbst gerade auf dem anderen Platz nehmen. Aber Madame Exe zögerte.

«Bitte, entschuldigen Sie, Monsieur, aber – Sie müssen verstehen, ich glaube an Ihre absolute Ehrlichkeit und auch an die von Madame Simone. Trotz allem, damit meine Zeugenaussage mehr Bedeutung hat, habe ich mir erlaubt, dies hier mitzubringen.»

Aus ihrer Handtasche zog sie eine lange dünne Schnur.

«Madame!» rief Raoul. «Das ist eine Beleidigung!»

«Eine Vorsichtsmaßnahme.»

«Ich wiederhole: eine Beleidigung.»

«Ich verstehe Ihren Einwand nicht, Monsieur», sagte Madame Exe kalt. «Wenn das alles kein Betrug ist, haben Sie doch nichts zu befürchten.»

Raoul lachte verächtlich.

«Ich kann Ihnen versichern, daß Sie nichts zu befürchten haben, Madame. Binden Sie mir Hände und Füße, wenn Sie wollen.»

Seine Worte hatten nicht die Wirkung, die er erhofft hatte, denn Madame Exe murmelte ungerührt: «Danke, Monsieur», und ging mit der Schnur in der Hand auf ihn zu.

Plötzlich hörte man von Simone hinter dem Vorhang einen Schrei.

«Nein, nein, Raoul, das darfst du nicht zulassen!»

Madame Exe lachte höhnisch.

«Sie haben wohl Angst, Madame?» bemerkte sie sarkastisch.

«Ja, ich habe Angst.»

«Überlege dir, was du sagst, Simone», sagte Raoul. «Madame Exe denkt offensichtlich, daß wir Scharlatane sind.»

«Ich muß sichergehen», sagte Madame Exe.

Unter diesem Vorwand setzte sie ihre Absicht in die Tat um, indem sie Raoul an seinem Stuhl festband.

«Ihre Knoten sind zu bewundern, Madame», bemerkte er ironisch, als sie fertig war. «Sind Sie jetzt zufrieden?»

Madame Exe erwiderte nichts darauf. Sie ging im Zimmer umher und untersuchte eingehend die Holztäfelung der Wand. Dann schloß sie die Tür zum Flur ab und kehrte, nachdem sie den Schlüssel eingesteckt hatte, zu ihrem Stuhl zurück.

«Jetzt», sagte sie mit einer Stimme, die nicht zu beschreiben war, «bin ich fertig.»

Die Minuten vergingen. Hinter dem Vorhang hörte man Simones Atemzüge schwerer und angestrengter werden. Dann hörte man nichts mehr als ein Stöhnen, mehrere Male. Dann herrschte wieder Schweigen für eine kleine Weile, die vom plötzlichen Schlagen des Tamburins unterbrochen wurde. Das Horn wurde vom Tisch gehoben und auf den Fußboden geschleudert. Der Vorhang vor dem Alkoven schien ein wenig zurückgezogen worden zu sein. Man sah nur das Gesicht des Mediums durch den Spalt hindurch. Der Kopf war vornüber auf die Brust gefallen. Plötzlich hielt Madame Exe den Atem an. Ein Nebelgebilde erschien vor dem Medium, verdichtete sich und begann langsam Form anzunehmen, die Gestalt eines kleinen Kindes.

«Amelie! Meine kleine Amelie!»

Das heisere Flüstern kam von Madame Exe. Die verschwommene Gestalt verdichtete sich weiter. Raoul starrte fast ungläubig darauf. Niemals vorher hatte er einer so erfolgreichen Materialisierung beigewohnt. Jetzt, jetzt war es ein richtiges Kind, ein Kind aus Fleisch und Blut, das da stand.

«Mama!»

Die kindliche Stimme hatte das geflüstert.

«Mein Kind!» schrie Madame Exe. «Mein Kind!»

Sie erhob sich von ihrem Stuhl.

«Seien Sie vorsichtig, Madame», warnte Raoul.

Zögernd trat die Erscheinung durch den Vorhang hindurch. Es war ein Kind. Es stand da und streckte die Arme aus.

«Mama!»

«Madame!» schrie Raoul entsetzt. «Das Medium ...»

«Ich muß es anfassen», keuchte Madame Exe.

Sie machte einen Schritt nach vorn.

«Um Gottes willen, Madame, beherrschen Sie sich!» schrie Raoul. Jetzt begann ihn Panik zu ergreifen. «Setzen Sie sich sofort wieder hin.»

«Mein Kleines, ich muß sie berühren.»

«Madame, ich befehle Ihnen, setzen Sie sich!»

Er riß und zerrte an seinen Fesseln. Aber Madame Exe hatte gute Arbeit geleistet, er war hilflos. Die schreckliche Vorahnung von etwas Grauenhaftem überkam ihn.

«Im Namen Gottes, Madame, setzen Sie sich!» brüllte er. «Denken Sie an das Medium.»

Madame Exe hatte keine Ohren für ihn. Sie war wie verwandelt. Ekstase und Entzücken spiegelten sich auf ihrem Gesicht. Ihre ausgestreckte Hand berührte das kleine Gesicht, das im Spalt des Vorhangs stand. Ein schreckliches Stöhnen kam von dem Medium.

«Mein Gott!» schrie Raoul. «Mein Gott! Das ist ja grauenhaft. Das Medium ...»

Madame Exe wandte sich ihm mit hartem Lachen zu.

«Was geht mich Ihr Medium an?» schrie sie. «Ich will mein Kind.»

«Sie sind wahnsinnig!»

«Es ist mein Kind. Hören Sie. Mein eigenes Fleisch und Blut! Mein Kleines, komm zurück zu mir, komm zu deiner Mama.»

Raoul öffnete den Mund, aber er brachte keinen Laut hervor. Die Lippen des Kindes öffneten sich, und wieder hörte man das Wort:

«Mama!»

«Dann komm, mein Kleines, komm!» schrie Madame Exe.

Und mit einer heftigen Bewegung riß sie das Kind in ihre Arme. Hinter dem Vorhang hörte man den langgezogenen Schrei grenzenloser Angst.

«Simone!» schrie Raoul. «Simone!»

Er bemerkte nur am Rande, daß Madame Exe an ihm vorbeihastete, daß sie die Tür aufschloß. Dann hörte er Schritte, die sich immer weiter entfernten und die Treppen hinunterliefen.

Vom Vorhang her drang ein schrecklicher langgezogener Schrei – ein Schrei, wie Raoul ihn vorher niemals gehört hatte. Er erstarb in einem entsetzlichen Röcheln. Dann hörte man den dumpfen Aufschlag eines Körpers . . .

Raoul arbeitete wie ein Wahnsinniger, um sich von seinen Fesseln zu befreien. In seiner Todesangst vollbrachte er das Unmögliche: er zerriß die Schnur. Als er auf die Füße sprang, stürzte Elise herein.

«Madame!»

«Simone!» schrie Raoul.

Zusammen stürzten sie zum Vorhang und rissen ihn zur Seite.

«Mein Gott», keuchte er. «Rot – alles rot . . .»

Elises Stimme hinter ihm klang böse und zitternd.

«Madame ist tot. Es ist zu Ende. Aber sagen Sie doch, Monsieur, was ist geschehen? Warum ist Madame so zusammengeschrumpft – warum ist sie nur halb so groß? Was ist hier vorgefallen?»

«Ich weiß es nicht», stöhnte Raoul.

Seine Stimme wurde zu einem Kreischen.

«Ich weiß es nicht. Ich weiß es nicht. Aber ich glaube – ich werde wahnsinnig – Simone! Simone!»

Die Zigeunerin

Macfarlane hatte oft beobachtet, daß sein Freund Dickie Carpenter eine merkwürdige Abneigung gegenüber Zigeunern hatte. Den Grund dafür hatte er allerdings nie erfahren. Als jedoch Dickies Verlobung mit Esther Lawes gelöst wurde, existierte die Zurückhaltung, die zwischen den beiden Männern noch bestand, für einen kurzen Augenblick nicht mehr.

Macfarlane war mit Rachel, der jüngeren Schwester von Esther, seit ungefähr einem Jahr verlobt. Seit ihrer Kindheit kannte er die beiden Lawes-Töchter. In allen Dingen langsam und vorsichtig, hatte er sich widerwillig eingestanden, daß Rachels kindliches Gesicht und ihre ehrlichen braunen Augen einen zunehmenden Reiz auf ihn ausübten. Eine Schönheit wie Esther war sie nicht – o nein! Aber unsagbar wahrhaftiger und süßer. Durch Dickies Verlobung mit der älteren Schwester schien das Band zwischen den beiden Männern nun noch enger geworden zu sein.

Und jetzt, nach einigen kurzen Wochen, war diese Verlobung wieder gelöst, und Dickie, der arme Dickie, war ziemlich betroffen. Bisher war in seinem jungen Leben alles so glatt verlaufen. Seine Karriere in der Marine war ein guter Einfall gewesen; die Sehnsucht nach dem Meer war ihm angeboren. Irgendwie hatte er etwas von einem Wikinger an sich: Einfach und direkt war er, und gedankliche Spitzfindigkeiten waren bei ihm vergeudet. Er gehörte zu jenen jungen Engländern, die jede Gefühlsregung verabscheuen und denen es besonders schwerfällt, geistige Vorgänge in Worten auszudrücken.

Macfarlane, dieser verschlossene Schotte mit seiner keltischen Phantasie, die irgendwo verborgen schlummerte, lauschte und rauchte, während sein Freund sich durch ein Meer von Worten kämpfte. Er hatte gewußt, was kommen würde: daß sein Freund sich alles von der Seele reden mußte. Allerdings hatte er mit einem anderen Thema gerechnet. Jedenfalls fiel der Name Esther Lawes nicht ein einziges Mal. Anscheinend war es die Geschichte irgendeines kindlichen Entsetzens.

«Angefangen hat es mit einem Traum, den ich als Kind träumte. Kein richtiger Alptraum. Sie – die Zigeunerin, weißt du – tauchte bloß immer wieder in jedem Traum auf – selbst in guten Träumen (oder was ein Kind sich unter einem guten Traum vorstellt: eine Kindergesellschaft mit Knallbonbons und solchen Sachen). Ich hatte immer einen Mordsspaß dabei, und dann hatte ich plötzlich das Gefühl, dann wußte ich plötzlich ganz genau: Wenn ich jetzt hinschaue, ist sie da, steht sie da wie immer und beobachtet mich ... mit traurigen Augen, verstehst du, als wüßte sie irgend etwas, das ich nicht wußte ... Warum es mich so aufregte, kann ich nicht sagen; aber aufregen tat es mich! Jedesmal! Schreiend vor Entsetzen wachte ich immer auf, und mein altes Kindermädchen sagte dann: ‹Aha! Master Dickie hat wieder einmal seinen alten Zigeunertraum gehabt!›»

«Hast du irgendwann einmal etwas mit richtigen Zigeunern erlebt?»

«Das war erst viel später. Aber auch das war komisch. Ich war hinter meinem kleinen Hund her, der weggerannt war. Erst lief ich durch das Gartentor und dann einen Waldweg entlang. Damals wohnten wir nämlich in New Forest, weißt du. Schließlich kam ich auf eine Art Lichtung, und über einen kleinen Fluß führte eine Holzbrücke. Und genau vor der Brücke stand eine Zigeunerin – mit einem roten Tuch um den Kopf –, genau wie in meinem Traum. Und ich bekam sofort einen entsetzlichen Schrecken! Sie sah mich an, verstehst du ... Mit genau demselben Blick – als wüßte sie irgend etwas, das ich nicht wußte, und als machte es sie traurig ... Und dann sagte sie ganz ruhig, und dabei nickte sie mir zu: *‹Ich an deiner Stelle würde nicht hinübergehen.›* Den Grund kann ich dir nicht sagen, aber ich erschrak jedenfalls fast zu Tode. An ihr vorbei rannte ich auf die Brücke. Wahrscheinlich war sie morsch. Jedenfalls stürzte sie ein, und ich fiel in den Fluß. Die Strömung war ziemlich stark, und beinahe wäre ich ertrunken. Gemein, wenn man fast ersäuft. Ich habe es nie vergessen. Und ich hatte das Gefühl, daß es mit der Zigeunerin zu tun hatte ...»

«Genaugenommen hat sie dich doch vorher gewarnt?»

«So kann man es wahrscheinlich auch ansehen.» Dickie verstummte und fuhr dann fort: «Diese Geschichte von meinem Traum habe ich dir nicht erzählt, weil er etwas mit dem zu tun hat, was später passierte – wenigstens glaube ich es nicht –, sondern weil mein Traum der Ausgangspunkt ist. Sicher verstehst du jetzt, was ich mit ‹Zigeunergefühl› meine. Dann will ich dir vom ersten Abend bei den Lawes' erzählen. Ich war damals gerade von der Westküste gekommen. Ein komisches Gefühl war es, wieder einmal in England zu sein. Die Lawes' waren alte Freunde meiner Eltern. Als ich ungefähr sieben war, hatte ich die Mädchen zum letztenmal gesehen; aber der junge Arthur war ein guter Freund von mir, und als er gestorben war, schrieb Esther immer an mich und schickte mir Zeitungen. Mordsmäßig lustige Briefe schrieb sie! Und immer versuchte sie, meine Laune aufzubessern. Wenn ich doch nur mehr Talent zum Schreiben gehabt hätte! Jedenfalls war ich verdammt gespannt, sie endlich wiederzusehen; irgendwie war es schon komisch, ein Mädchen nur durch Briefe und sonst gar nicht zu kennen. Jedenfalls fuhr ich als erstes zu den Lawes'. Als ich ankam, war Esther gerade nicht da, wollte jedoch abends wieder zurück sein. Beim Abendbrot saß ich neben Rachel, und als ich mir die anderen ansah, die noch am Tisch saßen, überkam mich ein komisches Gefühl. Ich bemerkte, daß irgend jemand mich beobachtete, und das störte mich irgendwie. Dann sah ich sie ...»

«Wen?»

«Mrs. Haworth – von der erzähle ich doch die ganze Zeit.» Macfarlane lag es auf der Zunge zu sagen: Und ich dachte, du erzähltest von Esther Lawes. Aber er schwieg, und Dickie berichtete weiter.

«Irgend etwas war bei ihr ganz anders als bei den übrigen. Sie saß neben dem alten Lawes – mit gesenktem Kopf hörte sie ihm aufmerksam zu. Um den Hals hatte sie irgend etwas aus diesem roten Seidenzeug. Wahrscheinlich war es ein bißchen ausgefranst; jedenfalls sah es so aus, als flackerten hinter ihrem Kopf lauter kleine Flammen ... Ich fragte Rachel: ‹Wer ist die Frau da drüben? Die Dunkle – mit dem roten Tuch?›

‹Meinst du Alistair Haworth? Ein rotes Tuch trägt sie zwar – aber sonst ist sie blond, sehr blond sogar.›

Und das stimmte – verstehst du? Ihr Haar war von einem hinreißend hellen und leuchtenden Blond. Trotzdem hätte ich schwören können, daß sie schwarze Haare hatte. Komisch, wie sogar die Augen einem einen Streich spielen können ... Nach dem Abendbrot machte Rachel uns bekannt, und wir gingen im Garten auf und ab. Wir sprachen über Seelenwanderung ...»

«Nicht ganz dein Spezialgebiet, Dickie!»

«Wahrscheinlich nicht. Aber ich weiß noch, daß ich sagte, ich hielte es für eine ziemlich vernünftige Erklärung, wenn man irgendwelche Leute von irgendwoher zu kennen glaubte – als wäre man ihnen schon einmal begegnet. Sie sagte: ‹Sie meinen Liebende ...› An der Art und Weise, wie sie es sagte, war etwas merkwürdig – es klang so sanft und gespannt. Es erinnerte mich – aber an was, wußte ich nicht. Wir redeten noch ein bißchen weiter, und dann rief uns der alte Lawes von der Terrasse: Esther sei gekommen und wolle mich begrüßen. Mrs. Haworth legte ihre Hand auf meinen Arm und sagte. ‹Sie gehen hin?› – ‹Ja›, sagte ich, ‹wir müssen wohl.› Und dann – dann ...»

«Weiter!»

«Es klingt so blödsinnig. Aber Mrs. Haworth sagte: *‹Ich an Ihrer Stelle würde nicht hingehen . . .›*» Er schwieg einen Augenblick. «Ich bekam einen entsetzlichen Schrecken, verstehst du? Deswegen habe ich dir vorhin die Geschichte von dem Traum erzählt ... Weil sie es nämlich in genau demselben Ton sagte – ganz ruhig, als wüßte sie irgend etwas, das ich nicht wußte. Es ging nicht darum, daß sie eine hübsche Frau war, die mit mir noch im Garten bleiben wollte. Ihre Stimme klang ganz freundlich – und sehr bedrückt. Als wüßte sie beinahe, was noch kommen würde ... Wahrscheinlich war es unhöflich von mir, aber ich drehte mich einfach um und ließ sie stehen – ich rannte fast zum Haus. Dort schien ich geborgen zu sein. Erst in diesem Moment merkte ich, daß ich von Anfang an vor ihr Angst gehabt hatte. Und ich war erleichtert, als ich dem alten Lawes gegenüberstand. Neben ihm stand Esther ...» Er zögerte einen Augenblick, und dann murmelte er ziemlich unverständlich: «In dem Moment, in dem ich sie sah, war alles klar. Da wußte ich, daß es mich erwischt hatte.» Macfarlanes Gedanken wanderten schnell zu Esther Lawes. Er hatte einmal gehört, wie jemand ihre ganze Erscheinung in einem einzigen Satz zusammengefaßt hatte: «Ein Meter achtzig jüdische Vollkommenheit.» Ein sehr gescheites Porträt, überlegte er, als er sich ihrer ungewöhnlichen Größe und ihrer schmalen Schlankheit, der marmornen Blässe ihres Gesichts mit der feinen gebogenen Nase und der schwarzen Pracht ihres Haars und ihrer Augen erinnerte. Ja, es verwunderte ihn nicht, daß Dickies jungenhafte Einfachheit davor kapituliert hatte. Sein eigenes Herz konnte Esther zwar nicht zum schnelleren Schlagen bringen – aber er mußte zugeben, daß sie wunderschön war.

«Und dann», fuhr Dickie fort, «verlobten wir uns.»

«Gleich.»

«Nein – aber nach ungefähr einer Woche. Anschließend brauchte sie ungefähr vierzehn Tage, um festzustellen, daß ihr eigentlich nicht viel daran lag...» Er lachte verbittert auf.

«Es war am letzten Abend vor meiner Rückfahrt zu dem alten Kahn. Ich war im Dorf gewesen, ging gerade durch den Wald – und da sah ich sie wieder – ich meine: Ich sah Mrs. Haworth. Sie trug eine rote Baskenmütze, und ich fuhr zusammen – nur einen einzigen Moment, verstehst du? Die Geschichte mit meinem Traum habe ich dir bereits erzählt, so daß du es wahrscheinlich begreifst... Wir gingen ein Stück zusammen. Übrigens hätte Esther ruhig alles hören können, was wir sagten – verstehst du...»

«Ach?» Macfarlane blickte seinen Freund neugierig an. Seltsam, daß die Menschen einem Dinge erzählen, die ihnen überhaupt nicht bewußt sind!

«Und als ich mich dann umdrehte, um zum Haus zurückzugehen, hielt sie mich fest. *‹Ich an Ihrer Stelle würde mich nicht so beeilen...›* Und in diesem Moment wußte ich Bescheid – wußte ich genau, daß irgend etwas Gemeines auf mich wartete... und... und kaum war ich im Haus, traf ich Esther, und sie sagte – sie hätte gemerkt, daß ihr doch nicht so viel daran liege...»

Macfarlane knurrte mitfühlend. «Und Mrs. Haworth?» fragte er.

«Ich habe sie nie wiedergesehen – bis heute abend.»

«Heute abend?»

«Ja. Vorhin im Lazarett. Ich mußte wegen meines Beines hin, das damals bei der Torpedogeschichte ein bißchen lädiert worden ist. In letzter Zeit hatte es mir Kummer gemacht. Der alte Knabe riet zur Operation – es wäre eine ganz einfache Geschichte. Als ich weggehen wollte, prallte ich mit einem Mädchen zusammen, das über ihrer Schwesterntracht einen roten Pullover trug. Und dieses Mädchen sagte: ‹*Ich an Ihrer Stelle würde mich nicht operieren lassen* . . .› Da erst merkte ich, daß es Mrs. Haworth war. Sie ging aber so schnell weiter, daß ich sie nicht festhalten konnte. Ich traf dann eine andere Schwester und erkundigte mich nach ihr. Die Schwester sagte jedoch, eine Frau, die so hieße, sei nicht im Lazarett . . . Komisch . . .»

«Und sie war es bestimmt?»

«Aber ja. Verstehst du denn nicht – sie ist sehr schön . . .» Er schwieg einen Augenblick und fügte dann hinzu: «Natürlich lasse ich mich operieren – klar . . . Aber – falls ich tatsächlich an der Reihe sein sollte . . .»

«Unsinn!»

«Natürlich ist es Unsinn! Und trotzdem bin ich froh, daß ich dir die Geschichte mit der Zigeunerin erzählt habe . . . Weißt du, an sich wollte ich dir noch etwas erzählen, aber im Moment fällt es mir einfach nicht ein . . .»

Macfarlane wanderte die ansteigende Heidestraße entlang. Am Gartentor des Hauses, das fast auf der Kuppe des Hügels lag, bog er ab. Mit entschlossen zusammengebissenen Zähnen klingelte er.

«Ist Mrs. Haworth zu sprechen?»

«Ja, Sir. Ich sage sofort Bescheid.» Das Dienstmädchen ließ ihn in einem niedrigen langen Raum allein, dessen Fenster auf die Wildnis der Heidelandschaft hinausgingen. Nachdenklich zog er die Stirn kraus. Würde er sich jetzt vielleicht maßlos lächerlich machen?

Dann fuhr er zusammen. Über ihm sang eine leise Stimme: *Die Zigeunerin wohnt auf der Heide* . . . Die Stimme brach ab. Macfarlanes Herz schlug eine Spur schneller. Die Tür ging auf.

Ihre verwirrende, beinahe skandinavische Blondheit wirkte auf ihn wie ein Schock. Trotz Dickies Schilderung hatte er sich vorgestellt, sie wäre schwarz wie eine Zigeunerin ... Und plötzlich fielen ihm Dickies Worte und ihr merkwürdiger Klang wieder ein: «Verstehst du denn nicht – sie ist sehr schön ...» Vollkommene, unantastbare Schönheit ist selten, und vollkommene, unantastbare Schönheit war genau das, was Mrs. Haworth besaß.

Er riß sich zusammen und ging ihr entgegen. «Ich fürchte, Sie werden nicht einmal meinen Namen kennen; Ihre Adresse bekam ich von den Lawes'. Aber – ich bin ein Freund von Dickie Carpenter.»

Prüfend sah sie ihn eine Weile an. Dann sagte sie: «Ich wollte spazierengehen. Auf der Heide. Kommen Sie mit?» Sie stieß die Terrassentür auf und trat auf den Hang hinaus. Er folgte ihr. Ein schwerer, fast einfältig aussehender Mann saß rauchend in einem Korbsessel.

«Mein Mann! Wir gehen ein bißchen spazieren, Maurice. Und anschließend ißt Mr. Macfarlane mit uns zu Mittag. Das tun Sie doch, nicht wahr?»

«Vielen Dank.» Er folgte ihrem leichten Schritt den Hügel hinauf und überlegte dabei: Warum? Warum, um Himmels willen, hat sie solch einen Mann geheiratet?

Alistair bahnte sich einen Weg zu einigen Felsen. «Hier setzen wir uns hin. Und Sie erzählen – wozu Sie hierhergekommen sind.»

«Sie wissen es also schon?»

«Ich weiß immer, wann schlimme Dinge bevorstehen. Es ist schrecklich, nicht wahr? Das mit Dickie?»

«Er unterzog sich einer leichten Operation – die erfolgreich verlief. Sein Herz muß jedoch schwach gewesen sein. Er starb während der Narkose.»

Was er auf ihrem Gesicht zu entdecken gehofft hatte, wußte er nicht genau – kaum jedoch jenen Ausdruck tiefster Erschöpfung ... Er hörte, wie sie murmelte: «Wieder – so lange – so lange – warten ...» Dann blickte sie auf. «Was wollten Sie sagen?»

«Nur das eine: Irgend jemand warnte ihn vor der Operation. Eine Schwester. Er glaubte, Sie wären es gewesen. Stimmt das?»

Sie schüttelte den Kopf. «Nein – ich bin es nicht gewesen. Aber ich habe eine Kusine, die Krankenschwester ist. Im Zwielicht sieht sie mir ziemlich ähnlich. So wird es wahrscheinlich gewesen sein.» Sie schaute zu ihm hoch. «Aber das ist doch nicht so wichtig, nicht wahr?» Und dann wurden ihre Augen plötzlich ganz groß. Sie hielt den Atem an. «Oh!» sagte sie. «Oh! Wie merkwürdig! Sie begreifen nicht ...»

Macfarlane war verblüfft. Immer noch starrte sie ihn an.

«Ich dachte, sie müßten ... Sie sollten es eigentlich. Sie sehen aus, als könnten Sie es auch ...» Alistair verstummte.

«Was denn?»

«Als hätten Sie die Gabe – oder den Fluch; nennen Sie es, wie Sie wollen. Ich glaube, Sie haben es auch. Schauen Sie ganz genau auf diese Vertiefung im Gestein. Denken Sie gar nichts; sehen Sie bloß hin ... Ah!» sagte sie plötzlich und erschauerte. «Und – haben Sie etwas gesehen?»

«Es muß Einbildung gewesen sein. Für einen kurzen Augenblick sah es so aus, als wäre sie voll mit – Blut!»

Sie nickte. «Ich wußte, daß Sie es können. Das hier ist die Stelle, an der die Sonnenanbeter ihr Opfer darbrachten. Ich wußte es, bevor man es mir erzählte. Und manchmal weiß ich sogar, was sie dabei empfanden – als wäre ich selbst dabeigewesen ... Und die Heide hat etwas, das mir das Gefühl gibt, als kehrte ich langsam zurück ... Daß ich diese Gabe besitze, ist nur natürlich. Schließlich bin ich eine Ferguesson. Das Zweite Gesicht liegt in der Familie. Und bevor mein Vater sie heiratete, war meine Mutter ein Medium. Christine hieß sie. Sie war sehr berühmt.»

«Meinen Sie mit ‹Gabe› die Fähigkeit, Dinge zu sehen, bevor sie geschehen?»

«Ja – vorher und hinterher, das ist dasselbe. Zum Beispiel sah ich, wie Sie überlegten, warum ich Maurice geheiratet hätte – o ja, das haben Sie! Die Erklärung ist ganz einfach: Ich habe immer gewußt, daß irgend etwas Entsetzliches drohend über ihm hängt ... Davor möchte ich ihn bewahren ... Frauen sind nun einmal so. Mit meiner Gabe sollte ich eigentlich in der Lage sein, es zu verhindern – wenn es überhaupt zu verhindern ist. Dickie konnte ich nicht helfen. Und Dickie wollte es auch nicht begreifen ... Er hatte Angst. Er war noch sehr jung.»

«Zweiundzwanzig.»

«Und ich bin dreißig. Aber das meinte ich nicht. Es gibt so viele Arten, voneinander getrennt zu werden: durch Länge und Höhe und Breite ... aber durch die Zeit getrennt zu sein, ist das schlimmste ...» Sie versank in ein langes grübelndes Schweigen.

Der gedämpfte Klang eines Gongs, der vom Haus heraufdrang, störte sie auf.

Beim Mittagessen beobachtete Macfarlane ihren Mann, Maurice Haworth. Zweifellos war Mr. Haworth in seine Frau sehr verliebt. In seinen Augen lag die fraglose, glückliche Zuneigung eines Hundes. Macfarlane bemerkte auch die Zärtlichkeit, mit der sie darauf reagierte und die einen Anflug von Mütterlichkeit hatte. Nach dem Essen verabschiedete er sich.

«Ich bleibe für einen Tag – oder auch zwei – unten im Gasthaus. Darf ich noch einmal heraufkommen und Sie wiedersehen? Morgen vielleicht?»

«Selbstverständlich. Aber ...»

«Ja?»

Sie fuhr mit der Hand über die Augen. «Ich weiß nicht. Ich – ich glaube fast, wir sollten uns nicht noch einmal sehen. Das ist alles. Auf Wiedersehen.»

Langsam ging Macfarlane die Straße hinunter. Gegen seinen Willen schien eine eisige Hand sein Herz umklammert zu haben. Nicht wegen ihrer Worte, natürlich, sondern ... Ein Wagen fegte durch die Kurve. Er preßte sich an die Hecke – gerade noch rechtzeitig. Eine merkwürdige graue Blässe überzog sein Gesicht ...

«Um Himmels willen – meine Nerven sind zum Teufel», knurrte Macfarlane, als er am folgenden Morgen aufwachte. Nüchtern rief er sich die Ereignisse des vergangenen Nachmittags ins Gedächtnis. Der Wagen, der Abkürzungsweg zum Gasthaus und der plötzliche Nebel, der ihn vom Weg abgebracht hatte, und dazu das Bewußtsein, daß ganz in der Nähe gefährliches Sumpfgebiet lag; dann die Schornsteinhaube, die vom Gasthof heruntergefallen war, und der Brandgeruch nachts, der von einem glimmenden Holzstück stammte, das auf dem Vorleger seines Kamins gelegen hatte. Es hatte nichts zu bedeuten! Gar nichts hatte es zu bedeuten – aber dazu ihre Worte und die tiefe, von ihm gar nicht bemerkte Gewißheit in seinem Herzen, daß sie Bescheid wußte ...

In einem plötzlichen Anfall schleuderte er die Bettdecke weg. Er mußte aufstehen, und als erstes mußte er sie sprechen. Das würde den Bann brechen. Vorausgesetzt allerdings, er würde heil hinkommen ... Himmel, was war er doch für ein Idiot!

Zum Frühstück konnte er kaum etwas essen. Als es zehn Uhr schlug, befand er sich bereits auf dem Weg. Um zehn Uhr dreißig drückte seine Hand auf die Klingel. Erst dann, nicht einen Augenblick früher, erlaubte er sich einen tiefen Atemzug der Erleichterung. «Ist Mrs. Haworth da?»

Es war dieselbe ältere Frau, die ihm gestern aufgemacht hatte. Ihr Gesicht war jedoch völlig verändert – von Gram zerfurcht.

«O Sir! O Sir – haben Sie es denn noch nicht gehört?»

«Was gehört?»

«Miss Alistair, das arme Schäfchen! Ihre Tropfen! Jeden

Abend nahm sie sie. Der arme Captain ist außer sich – fast wahnsinnig ist er. In der Dunkelheit hat er die falsche Flasche vom Bord genommen ... Der Doktor wurde zwar gleich geholt, aber es war zu spät ...»

Und dann fielen Macfarlane plötzlich wieder ihre Worte ein: *«Ich habe immer gewußt, daß irgend etwas Entsetzliches drohend über ihm hängt ... Davor möchte ich ihn bewahren – wenn es überhaupt zu verhindern ist ...»* Aber das Schicksal läßt sich nicht betrügen ... Seltsames Verhängnis der Vision, das zerstört hatte, wo es zu retten versuchte ...

Die alte Frau fuhr fort: «Mein armes Lämmchen! So süß und so freundlich war sie immer, und so leid tat es ihr, wenn irgendwo Kummer herrschte. Sie konnte es nicht ertragen, daß jemand verletzt wurde.» Sie zögerte, fügte dann jedoch hinzu: «Möchten Sie nach oben gehen und sie noch einmal sehen, Sir? Nach allem, was sie sagte, nehme ich an, daß Sie sie schon seit langem kennen. Seit sehr langer Zeit, sagte sie ...»

Macfarlane folgte der alten Frau die Treppe hinauf in das Zimmer, das über dem Wohnraum lag, wo er tags zuvor ihre singende Stimme gehört hatte. Im oberen Teil der Fenster war buntes Glas eingelassen. Es warf rotes Licht auf das Kopfende des Bettes ... *Eine Zigeunerin mit einem roten Tuch um den Kopf* ... Unsinn! Seine Nerven spielten ihm schon wieder einen Streich. Lange schaute er Alistair Haworth zum letztenmal an.

«Eine Dame möchte Sie sprechen, Sir.»

«Was ist?» Geistesabwesend sah Macfarlane seine Wirtin an. «Oh, Verzeihung, Mrs. Rowse, ich fange schon an, Gespenster zu sehen.»

«Wirklich, Sir? Nach Einbruch der Dunkelheit kann man auf der Heide manchmal schon merkwürdige Dinge sehen; einmal ist es die Weiße Dame, dann wieder der Teufelsschmied, oder auch der Seemann und die Zigeunerin ...»

«Was sagten Sie eben? Der Seemann und die Zigeunerin?»

«Das behaupten die Leute wenigstens, Sir. Als ich noch jung war, erzählten die Leute eine Geschichte darüber. Vor einer ganzen Weile hätten die beiden sich geliebt und zerstritten ... Aber jetzt sind sie schon lange Zeit nicht mehr gesehen worden.»

«Wirklich? Vielleicht, daß sie – möglicherweise – jetzt wieder ...»

«Um Gottes willen, Sir! Sagen Sie so etwas nicht! Und die junge Dame ...»

«Welche junge Dame?»

«Die Sie sprechen möchte. Sie ist im Gastzimmer. Eine Miss Lawes – so hat sie gesagt.»

«Oh!»

Rachel! Er verspürte ein seltsames Gefühl des Zusammenziehens, ein Verschieben der Perspektiven. Heimlich hatte er in eine andere Welt hineingeschaut. Rachel hatte er darüber vergessen, denn Rachel gehörte allein zu diesem Leben ... Wieder dieses merkwürdige Verschieben der Perspektiven, dieses Zurückgleiten in eine Welt mit nur drei Dimensionen.

Er öffnete die Tür zum Gastzimmer. Rachel – mit ihren ehrlichen braunen Augen. Und plötzlich, als erwache er aus einem Traum, überwältigte ihn eine warme Welle freudiger Wirklichkeit. Er lebte – lebte! Und er überlegte: Es gibt immer nur ein einziges Leben, dessen man ganz sicher sein kann! Das ist dieses Leben!

«Rachel!» sagte er, legte seine Fingerspitzen unter ihr Kinn und küßte ihre Lippen.

Die Uhr war Zeuge

Gedankenvoll blickte der zierliche Mr. Sattersway seinen Gastgeber an. Zwischen den beiden Männern herrschte eine merkwürdige Freundschaft. Der Colonel entstammte dem Landadel und hatte eine einzige Leidenschaft: den Sport. Die wenigen Wochen des Jahres, die er aus geschäftlichen Gründen in London verbringen mußte, machten ihm nie Freude. Mr. Sattersway hingegen war ein Stadtmensch, der alles über französische Küche, die neueste Mode und die letzten Skandale wußte. Das Studium der menschlichen Natur war seine Leidenschaft. Darin hatte er es zur Meisterschaft gebracht.

Deshalb schien es so, als hätten er und Colonel Melrose wenig Gemeinsames, denn der Colonel zeigte kaum Interesse für die Angelegenheiten seiner Mitmenschen und verabscheute Emotionen. Hauptsächlich waren die Männer Freunde, weil schon ihre Väter befreundet gewesen waren. Außerdem hatten sie denselben Bekanntenkreis und die gleichen reaktionären Ansichten über die *nouveaux riches.*

Es war gegen halb acht Uhr abends. Die beiden Männer saßen in dem gemütlichen Arbeitszimmer von Melrose. Der Colonel berichtete mit dem Enthusiasmus des begeisterten Reiters von einer Jagd im letzten Winter. Mr. Sattersway, dessen Kenntnisse über Pferde hauptsächlich von Besuchen in den Reitställen seiner ländlichen Gastgeber herrührten, hörte ihm mit unerschütterlicher Höflichkeit zu.

Das schrille Läuten des Telefons unterbrach Melrose. Er ging zum Schreibtisch und nahm den Hörer ab.

«Hallo, ja? Colonel Melrose am Apparat. Was gibt's?»

Seine Haltung änderte sich, wurde offiziell und steif. Jetzt sprach der Amtsträger, nicht mehr der Sportsmann. Er hörte einige Augenblicke gespannt zu, dann antwortete er knapp: «In Ordnung, Curtis, ich komme sofort.» Während er den Hörer auflegte, sagte er zu seinem Gast: «Man hat Sir James Dwighton in seiner Bibliothek aufgefunden – ermordet.»

«Um Gottes willen!» entfuhr es Mr. Sattersway überrascht.

«Ich muß sofort nach *Alderway*. Möchten Sie mitkommen?»

Jetzt fiel Mr. Sattersway ein, daß der Colonel Polizeichef der Grafschaft war. Er zögerte. «Wenn ich nicht störe ...»

«Aber überhaupt nicht. Inspektor Curtis war am Apparat. Er ist ein gutmütiger, ehrlicher Bursche, aber nicht gerade der Intelligenteste. Ich wäre froh, wenn Sie mitkämen, Sattersway. Mein Gefühl sagt mir, daß dies eine häßliche Sache wird.»

«Hat man den Täter schon gefaßt?»

«Nein», antwortete Melrose kurz.

Mr. Sattersways geübtes Ohr spürte eine winzige Zurückhaltung hinter dieser knappen Verneinung. Er begann, in seinem Gedächtnis zu kramen, was er über die Dwightons wußte.

Ein hochmütiger alter Knabe war Sir James gewesen, immer barsch und kurz angebunden. Ein solcher Mann schafft sich leicht Feinde. Er ging auf die Sechzig zu, hatte graues Haar und eine rosige Gesichtsfarbe und stand in dem Ruf, äußerst geizig zu sein.

Vor Sattersways geistigem Auge erschien Lady Dwighton, jung, schlank, mit kastanienbraunem Haar. Er erinnerte sich an gewisse Gerüchte, Vermutungen, gehässigen

Klatsch. Das war es also, was Melrose nicht gefiel. Doch dann riß sich Sattersway zusammen – seine Phantasie ging wieder einmal mit ihm durch.

Fünf Minuten später saß er neben seinem Gastgeber in einem kleinen Zweisitzer, und sie fuhren hinaus in die Nacht.

Der Colonel war ein wortkarger Mensch. Fast anderthalb Meilen hatten sie schon zurückgelegt, als er unvermittelt fragte: «Sie kennen sie, nehme ich an?»

«Die Dwightons? Selbstverständlich, ich weiß alles über sie.» Wen gab es schon, über den Mr. Sattersway nicht alles wußte? «Ihn habe ich, glaube ich, einmal getroffen, sie des öfteren.»

«Hübsche Frau», sagte Melrose.

«Eine schöne Frau!» stellte Mr. Sattersway fest.

«Glauben Sie?»

«Eine Gestalt wie aus der Renaissance», bekräftigte Mr. Sattersway, sich an dem Thema erwärmend. «Ich habe sie in einer Theateraufführung erlebt – die Wohltätigkeitsveranstaltung, erinnern Sie sich, im letzten Frühjahr. Sie hat mich sehr beeindruckt. Es ist nichts Modernes an ihr – sie wirkt wie aus vergangenen Zeiten. Man kann sie sich gut in einem Dogenpalast vorstellen oder als Lucretia Borgia.»

Der Wagen machte einen leichten Schlenker, und Mr. Sattersway schwieg abrupt. Wie war er nur auf den peinlichen Vergleich mit Lucretia Borgia gekommen? Unter den gegebenen Umständen ... «Dwighton wurde doch nicht etwa vergiftet?» fragte er übergangslos.

Melrose warf ihm einen leicht verwunderten Blick zu. «Darf ich wissen, warum Sie das fragen?»

«Oh, ich ... ich weiß nicht», antwortete Mr. Sattersway verwirrt. «Es ... es kam mir nur gerade so in den Sinn.»

«Nein, er wurde nicht vergiftet», erklärte Melrose düster. «Wenn Sie es genau wissen wollen: Man hat ihm den Schädel eingeschlagen.»

«Mit einem stumpfen Gegenstand», murmelte Mr. Sattersway und wiegte wissend den Kopf.

«Reden Sie doch nicht wie in einem verdammten Kriminalroman, Sattersway! Er wurde mit einer Bronzefigur erschlagen.»

«Aha», sagte Sattersway und versank wieder in Schweigen.

«Haben Sie schon mal was von einem Burschen namens Paul Delangua gehört?» fragte Melrose nach einer Weile.

«Ja. Gutaussehender junger Mann.»

«Ich kann mir vorstellen, die Frauen halten ihn dafür», knurrte der Colonel.

«Sie können ihn nicht leiden?»

«Nein.»

«Und ich war vom Gegenteil überzeugt. Er ist doch ein sehr guter Reiter.»

«Benimmt sich aber wie alle Ausländer beim Reiten. Steckt voll alberner Streiche.»

Mr. Sattersway unterdrückte ein Lächeln. Der gute alte Melrose war so typisch britisch in seinen Ansichten. Als Kosmopolit, für den Sattersway sich hielt, konnte er über die provinzielle Art, mit der seine Landsleute auf Fremde herabsahen, nur lächeln.

«Ist Delangua hier in der Gegend?» fragte er.

«Er hielt sich auf *Alderway* bei den Dwightons auf. Man munkelt, daß Sir James ihn vor einer Woche rausgeworfen hat.»

«Warum?»

«Hat ihn erwischt, als er seiner Frau den Hof machte, nehme ich an. Was, zum Teufel . . .»

Der Wagen geriet durch plötzliches Bremsen ins Schleudern, dann krachte es.

«Sehr gefährliche Kreuzungen, hier in England», meinte Melrose. «Trotzdem, der andere hätte hupen müssen. Wir sind auf der Hauptstraße und haben Vorfahrt. Ich glaube, daß er mehr abgekriegt hat als wir.»

Er stieg aus. Aus dem anderen Wagen tauchte gleichfalls eine Gestalt auf, die auf den Colonel zuging. Sattersway konnte Bruchstücke ihres Gespräches verstehen.

«Ich fürchte, das war ganz und gar mein Fehler», sagte der Fremde. «Aber ich bin fremd hier, und es war absolut nicht zu erkennen, daß Sie sich auf einer Vorfahrtsstraße näherten.»

Der Colonel war besänftigt. Die beiden Männer beugten sich über den fremden Wagen, den ein Chauffeur bereits untersuchte. Das Gespräch verlor sich in technischen Einzelheiten.

«Eine Sache von einer halben Stunde, fürchte ich», sagte der Fremde. «Aber lassen Sie sich bitte durch mich nicht aufhalten. Ich bin froh, daß Ihr Wagen nicht viel abbekommen hat.»

Melrose wollte gerade antworten, doch er wurde durch Mr. Sattersway unterbrochen, der in freudiger Erregung aus dem Wagen gestiegen war und dem Fremden nun überschwenglich die Hand schüttelte.

«Sie sind es tatsächlich! Ich habe sofort Ihre Stimme erkannt!» rief er aufgeregt. «Was für eine Überraschung! Was für eine außerordentliche Überraschung!»

Colonel Melrose sah Sattersway verwundert an.

«Das ist Mr. Harley Quin, Melrose. Ich bin sicher, daß ich Ihnen schon oft von Mr. Quin erzählt habe.»

Der Colonel konnte sich offensichtlich nicht daran erinnern, hörte aber höflich zu, während Mr. Sattersway munter weitersprach: «Ich habe Sie nicht mehr gesehen seit ... lassen Sie mich überlegen ...»

«Seit dem Abend in den *Schellen und Narren*», entgegnete der andere gelassen.

«*Schellen und Narren?*» warf der Colonel ein.

«Das ist ein Gasthof», erklärte Mr. Sattersway.

«Was für ein merkwürdiger Name für einen Gasthof», meinte der Colonel.

«Nur ein ziemlich alter Name», entgegnete Sattersway. «Sie erinnern sich sicherlich, daß es eine Zeit in England gab, da Narren und ihre Schellen viel häufiger waren als heute.»

«Ja, das stimmt allerdings», sagte Melrose und blinzelte den Fremden verwirrt an. Durch einen eigentümlichen Lichteffekt – hervorgerufen durch die Scheinwerfer des einen und die Rücklichter des anderen Wagens – sah es einen Augenblick so aus, als wäre auch Mr. Quin in ein Narrengewand gehüllt. Aber nur das Licht rief diesen seltsamen Eindruck hervor.

«Wir können Sie hier nicht einfach zurücklassen», fuhr Mr. Sattersway fort. «Sie müssen mitkommen. Es ist genügend Platz für drei, nicht wahr, Melrose?»

«Ja, vermutlich», sagte Melrose zögernd. «Nur haben wir etwas zu erledigen. Erinnern Sie sich, Sattersway?

Mr. Sattersway stand wie erstarrt da. Gedanken schossen ihm durch den Kopf, dann rief er aufgeregt: «Nein, ich hätte es besser wissen müssen. Es war kein Zufall, daß wir heute auf der Kreuzung zusammenstießen.»

Colonel Melrose starrte seinen Freund verwundert an. Sattersway ergriff seinen Arm.

«Erinnern Sie sich, was ich Ihnen über unseren Freund Derek Capel erzählte? Das Motiv für seinen Selbstmord, das niemand herausfinden konnte? Es war Mr. Quin, der das Problem löste – und noch viele andere. Er macht die Menschen auf Dinge aufmerksam, die ihnen ohne seine Hilfe verborgen bleiben würden. Er ist einfach großartig!»

«Mein lieber Sattersway, Sie bringen mich in Verlegenheit», sagte Mr. Quin lächelnd. «Wenn ich mich recht erinnere, wurden diese Fälle alle von Ihnen gelöst, nicht von mir.»

«Sie wurden gelöst, weil Sie dabei waren», sagte Mr. Sattersway im Brustton der Überzeugung.

Colonel Melrose räusperte sich unbehaglich und sagte: «Wir dürfen keine Zeit mehr verlieren. Fahren wir!»

Er schwang sich auf den Fahrersitz. Offensichtlich war er nicht sehr darüber erfreut, daß Sattersway ihm in seiner Begeisterung die Gesellschaft des Fremden aufgezwungen hatte, fand aber keinen überzeugenden Ablehnungsgrund und war im übrigen nur daran interessiert, so schnell wie möglich nach *Alderway* zu kommen.

Mr. Sattersway ließ Mr. Quin als nächsten einsteigen und nahm selbst auf dem äußeren Sitz Platz. Der Wagen war so geräumig, daß die drei Männer fast bequem in ihm sitzen konnten.

«Sie interessieren sich also für Verbrechen, Mr. Quin?» fragte der Colonel, bemüht, möglichst freundlich zu sein.

«Nein, eigentlich nicht für Verbrechen.»

«Für was denn, wenn ich fragen darf?»

Mr. Quin lächelte. «Fragen wir Mr. Sattersway. Er ist ein sehr scharfer Beobachter.»

«Ich glaube», sagte Mr. Sattersway langsam, «und vielleicht täusche ich mich auch, aber ich glaube, Mr. Quins Interesse gilt – Liebenden.»

Mr. Sattersway errötete bei dem letzten Wort, das kein Engländer ohne Befangenheit ausspricht. Es kam so zögernd über seine Lippen, daß man die Gänsefüßchen förmlich mithörte.

«Mein Gott!» entgegnete der Colonel überrascht und verstummte. Sattersway schien da einen ziemlich seltsamen Vogel aufgegabelt zu haben, dachte er. Er musterte ihn verstohlen von der Seite. Sah eigentlich ganz normal aus, der Bursche, ziemlich dunkel, aber überhaupt nicht wie ein Ausländer.

«Und nun», sagte Mr. Sattersway in bedeutsamem Ton, «möchte ich Ihnen alles über den Fall erzählen.»

Er sprach etwa zehn Minuten. Und wie er in der Dunkelheit dasaß, während sie durch die Nacht fuhren, empfand er ein berauschendes Gefühl der Macht. Was bedeutete es schon, daß er nur ein unbeteiligter Beobachter des menschlichen Lebens war? Ihm stand die Gewalt der Sprache zur Verfügung, er konnte Worte zu einem Gemälde zusammenfügen – einem Gemälde aus der Zeit der Renaissance, mit dem schönen Abbild der rothaarigen, blaßhäutigen Laura Dwighton und der etwas zwielichtigen Figur eines Paul Delangua, den die Frauen so anziehend fanden.

Gemalt vor dem Hintergrund von *Alderway*, dem Herrensitz, der noch aus der Zeit Heinrichs VII. stammte, ja angeblich sogar noch älter war. *Alderway*, das so durch und durch englisch war, mit seinen zurechtgestutzten Eiben, der alten Fachwerkscheune und dem Fischteich, in dem einst die Mönche ihre Freitagskarpfen gezüchtet hatten.

Mit einigen kräftigen Strichen fügte er Sir James Dwighton hinzu, einen echten Nachfahren der alten De Wittons, die in früheren Jahrhunderten dem Land ihr Geld abgepreßt und es in eisenbeschlagenen Truhen gehortet hatten, so daß die Herren von *Alderway* niemals verarmten, mochten die Zeiten für andere auch noch so schlecht sein.

Endlich schwieg Mr. Sattersway. Er war sich der Anteilnahme seiner Zuhörer sicher. Nun wartete er auf sein verdientes Lob. Und er bekam es.

«Sie sind ein Künstler, Mr. Sattersway!»

«Ich ... ich tue mein Bestes.» Plötzlich wurde der kleine Mann bescheiden.

Vor ein paar Minuten waren sie durch das große Parktor gefahren. Nun hielten sie vor dem Portal des Hauses. Ein Polizist kam eilig die Treppe hinunter, um sie zu begrüßen.

«Guten Abend, Sir. Inspektor Curtis ist in der Bibliothek.»

«In Ordnung.»

Melrose eilte die Stufen hinauf, gefolgt von seinen Begleitern. Während die drei die weite Halle durchquerten, spähte ein ältlicher Butler ängstlich aus einer Tür. Melrose nickte ihm zu.

«Guten Abend, Miles. Was für eine traurige Geschichte!»

«Das ist sie in der Tat», entgegnete der andere zitternd. «Ich kann es noch gar nicht fassen, Sir. Zu denken, daß jemand unseren Herrn erschlagen hat ...»

«Ja, ja», unterbrach ihn Melrose. «Ich werde mich später noch mit Ihnen unterhalten.»

Er eilte weiter in die Bibliothek, wo ihn ein großer, soldatisch aussehender Polizeibeamter respektvoll begrüßte.

«Schreckliche Geschichte, Sir. Ich habe nichts verändert. Keine Fingerabdrücke auf der Tatwaffe. Wer es auch getan hat, er verstand sein Geschäft.» Sattersway blickte auf die zusammengesunkene Gestalt, die an dem großen Schreibtisch saß, und sah schnell wieder weg. Der Lord war von hinten erschlagen worden, mit einem wuchtigen Schlag, der die Schädeldecke zertrümmert hatte. Es war kein schöner Anblick.

Die Tatwaffe lag auf dem Boden – eine Bronzefigur, etwa sechzig Zentimeter groß, der Sockel feucht und blutbefleckt. Mr. Sattersway beugte sich neugierig darüber.

«Eine Venus», sagte er leise. «So wurde sein Leben also durch Venus, die Göttin der Liebe, beendet.»

«Die Flügeltüren waren alle geschlossen und von innen verriegelt», erläuterte der Inspektor und schwieg dann bedeutungsvoll.

«Demnach kam der Täter aus dem Haus», stellte der Polizeichef widerstrebend fest. «Nun, wir werden sehen.»

Der Ermordete trug Golfkleidung, und eine Tasche mit Golfschlägern lag auf einem großen Ledersofa.

«Er war gerade vom Golfplatz zurückgekommen», erklärte der Inspektor und folgte dem Blick seines Vorgesetzten. «Um Viertel nach fünf war das. Ließ sich dann vom Butler den Tee servieren. Später ließ er sich von seinem Kammerdiener ein Paar bequeme Schuhe bringen. Soweit wir wissen, war der Diener die letzte Person, die ihn lebend sah.»

Melrose nickte und wandte seine Aufmerksamkeit wieder dem Schreibtisch zu. Viele der Gegenstände darauf waren umgeworfen worden oder zerbrochen. Am auffallendsten war eine große, dunkle Emailleuhr, die genau in der Mitte der Schreibtischplatte mit der Schmalseite nach oben lag.

Der Inspektor räusperte sich. «Wir haben sozusagen Glück gehabt, Sir», sagte er. «Wie Sie sehen, ist die Uhr um halb sieben stehengeblieben. Damit kennen wir den genauen Zeitpunkt des Verbrechens. Sehr aufschlußreich.»

Der Colonel starrte die Uhr an. «Ja, wie Sie sagen», bemerkte er, «sehr aufschlußreich.» Er schwieg einen Moment und fügte dann hinzu: «Verdammt – viel zu aufschlußreich! Die Sache gefällt mir nicht, Inspektor.»

Er sah sich nach seinen beiden Begleitern um und warf Mr. Quin einen verständnisheischenden Blick zu. «Verdammt noch mal!» knurrte er. «Das ist mir zu glatt. Sie wissen, was ich meine. Die Dinge passen einfach nicht zueinander.»

«Sie glauben», murmelte Mr. Quin, «daß Uhren nicht auf diese Weise umfallen?»

Melrose starrte ihn einen Moment an, dann blickte er wieder auf die Uhr, die mit einem Mal jenes rührende, unschuldige Aussehen hatte, das Dingen zu eigen ist, die plötzlich ihrer Würde beraubt werden. Sorgfältig stellte er sie wieder auf und schlug dann heftig auf den Tisch. Die Uhr schwankte, fiel aber nicht um. Melrose wiederholte den Vorgang. Langsam, fast unwillig, fiel die Uhr um.

«Um welche Zeit wurde das Verbrechen entdeckt?» fragte Melrose scharf.

«Kurz vor sieben, Sir.»

«Von wem?»

«Dem Butler.»

«Bringen Sie ihn herein!» befahl der Polizeichef. «Ich möchte ihn sehen. Wo ist übrigens Lady Dwighton?»

«Sie hat sich hingelegt, Sir. Ihre Zofe sagt, daß sie einen

Zusammenbruch erlitten hat und für niemanden zu sprechen ist.»

Melrose nickte, und Inspektor Curtis ging, um den Butler zu holen. Mr. Quin blickte gedankenvoll in den Kamin. Mr. Sattersway folgte seinem Beispiel. Er starrte eine Weile auf die glimmenden Scheite, bis etwas Blinkendes auf dem Rost seine Aufmerksamkeit erregte. Sattersway beugte sich nieder und hob einen kleinen Splitter gebogenen Glases auf.

«Sie wünschen mich zu sprechen, Sir?» Die Stimme des Butlers klang immer noch schwach und unsicher. Sattersway schob den Glassplitter in seine Westentasche und wandte sich um. Der alte Mann stand im Türrahmen.

«Bitte setzen Sie sich», sagte Melrose freundlich. «Sie zittern ja am ganzen Körper. Sicher war es ein großer Schock für Sie.»

«Das war es in der Tat, Sir.»

«Nun, ich werde Sie nicht lange aufhalten. Lord Dwighton kam kurz nach fünf zurück, glaube ich?»

«Ja, Sir. Er ließ sich hier den Tee servieren. Als ich später kam, um abzuräumen, befahl er, Jennings hereinzuschicken – das ist sein Kammerdiener, Sir.»

«Um welche Zeit war das?»

«Etwa zehn Minuten nach sechs, Sir.»

«Und weiter?»

«Ich schickte nach Jennings, Sir. Und erst, als ich um sieben Uhr die Bibliothek wieder betrat, um die Fenster zu schließen und die Vorhänge vorzuziehen, entdeckte ich ...»

Melrose unterbrach ihn. «Schon gut, Sie können sich die Einzelheiten ersparen. Die Leiche haben Sie nicht angerührt und nichts verändert, hoffe ich?»

«Oh, nein, Sir. Ich lief, so schnell ich konnte, zum Telefon und benachrichtigte die Polizei.»

«Und dann?»

«Dann wies ich Janet an – das ist die Zofe von Mylady, Sir –, Mylady die Nachricht zu überbringen.»

«Sie haben Lady Dwighton während des ganzen Abends nicht gesehen?»

Colonel Melrose stellte diese Frage fast beiläufig, aber Mr. Sattersway hörte sehr wohl das Interesse aus ihr heraus. «Eigentlich nicht, Sir. Mylady hat sich seit der Tragödie in ihren Räumen aufgehalten.»

«Haben Sie sie vorher gesehen?»

Die Frage kam unvermittelt, und jeder bemerkte das kurze Zögern, ehe der Butler antwortete.

«Ich ... ich habe sie ganz flüchtig gesehen, Sir, als sie die Treppe hinunterkam.»

«Ist sie in die Bibliothek gegangen?»

Mr. Sattersway hielt den Atem an.

«Ich ... ich glaube schon, Sir.»

«Um welche Zeit war das?»

«Es war kurz vor halb sieben, Sir.»

Colonel Melrose holte tief Luft. «Danke, das genügt. Bitte schicken Sie mir Jennings herein.»

Jennings leistete der Aufforderung umgehend Folge. Er war ein Mann mit scharfen Gesichtszügen und katzenartigem Gang, der einen zurückhaltenden und verschlagenen Eindruck machte.

Ein Mann, dachte Sattersway, der unbekümmert seinen Herrn ermorden könnte, wenn er sicher wäre, ungeschoren davonzukommen.

Begierig lauschte er auf das, was der Mann auf die Fragen von Colonel Melrose antwortete. Aber seine Geschichte schien glaubwürdig. Er hatte seinem Herrn ein Paar bequeme Schuhe gebracht und die Golfschuhe mitgenommen.

«Und was haben Sie danach gemacht, Jennings?»

«Ich ging zurück in das Dienerzimmer, Sir.»

«Um welche Zeit verließen Sie Ihren Herrn?»

«Das muß gegen Viertel nach sechs gewesen sein, Sir.»

«Wo waren Sie um halb sieben, Jennings?»

«Im Dienerzimmer, Sir.»

Colonel Melrose entließ den Mann mit einem Kopfnikken. Dann sah er Curtis fragend an.

«Das stimmt, Sir, ich habe seine Angaben überprüft. Er hat sich von etwa zwanzig nach sechs bis sieben Uhr im Dienerzimmer aufgehalten.»

«Dann ist er raus aus der Sache», sagte der Polizeichef mit einer Spur von Bedauern in der Stimme. «Abgesehen davon hat er kein Motiv.»

In diesem Moment klopfte es an der Tür. Der Colonel sagte: «Herein!», und es erschien ein angstvoll blickendes Mädchen, gekleidet wie eine Zofe.

«Wenn Sie erlauben, meine Herren. Lady Dwighton hat gehört, daß Colonel Melrose im Haus ist und möchte ihn gerne sprechen.»

«Aber gerne», sagte Melrose. «Ich komme sofort. Bitte zeigen Sie mir den Weg.»

Doch eine Hand stieß das Mädchen beiseite. In der Tür stand nun eine sehr ungewöhnliche Gestalt. Laura Dwighton wirkte wie eine Besucherin aus einer anderen Welt.

Sie trug ein enganliegendes altmodisches Nachmittagskleid aus dunkelblauem Brokat. Ihr kastanienbraunes Haar war in der Mitte gescheitelt und fiel über die Ohren. Lady Dwighton war sich ihres extravaganten Stils bewußt und hatte sich nie das Haar schneiden lassen. Es war zu einem einfachen Knoten im Nacken geschlungen. Ihre Arme waren unbedeckt.

Wie sie dort stand, sich mit einer Hand am Türrahmen abstützte und mit der anderen ein Buch umklammerte, dachte Mr. Sattersway: Sie sieht aus wie eine Madonna auf einem alten italienischen Gemälde.

Plötzlich begann sie leicht zu schwanken. Colonel Melrose stürzte auf sie zu.

«Ich bin gekommen, Ihnen zu sagen ... Ihnen zu sagen ...» Ihre Stimme klang dunkel und melodisch. Mr.

Sattersway war von der Dramatik der Szene so gefangen, daß sie ihm völlig irreal erschien. Wie auf der Bühne, dachte er.

«Bitte, Lady Dwighton . . .» Melrose hatte stützend einen Arm um sie gelegt und geleitete sie durch die Halle in ein kleines Nebenzimmer, dessen Wände mit vergilbten Seidentapeten bedeckt waren. Quin und Sattersway und der Inspektor folgten. Sie sank auf ein niedriges Sofa und stützte ihren Kopf auf ein rostfarbenes Kissen, die Augen geschlossen. Die vier Männer beobachteten sie. Unvermittelt schlug sie die Augen auf und setzte sich aufrecht hin. Sie sprach sehr gefaßt.

«Ich habe ihn getötet», sagte sie. «Das ist es, was ich Ihnen sagen wollte. *Ich habe ihn getötet.*»

Einen Augenblick herrschte entsetztes Schweigen im Zimmer. Mr. Sattersways Herz setzte einen Schlag lang aus.

«Lady Dwighton», sagte Melrose dann, «Sie haben einen Schock erlitten, Sie sind äußerst aufgeregt – ich glaube nicht, daß Sie wissen, was Sie sagen.»

Würde sie ihre Aussage zurücknehmen, jetzt, wo es noch möglich war?

«Ich weiß genau, was ich sage. Ich habe ihn erschossen.»

Drei der Männer in dem Zimmer atmeten mühsam, der vierte gab keinen Ton von sich. Lady Dwighton beugte sich weiter nach vorn. «Haben Sie mich nicht verstanden? Ich kam nach unten und erschoß ihn. Ich gestehe es.»

Das Buch, das sie in der Hand gehalten hatte, fiel zu Boden. In ihm steckte ein Brieföffner; er hatte die Form eines Dolches mit einem edelsteinbesetzten Griff. Mr. Sattersway bückte sich gewohnheitsmäßig, hob ihn auf und legte ihn auf den Tisch. Dabei dachte er: Was für ein gefährliches Spielzeug! Damit könnte man einen Menschen umbringen.

«Also», fragte Laura Dwighton ungeduldig, «was werden Sie jetzt tun? Mich festnehmen?»

Colonel Melrose fand mit Mühe die Sprache wieder.

«Was Sie mir gesagt haben, ist sehr schwerwiegend, Lady Dwighton. Ich muß Sie auffordern, sich auf Ihr Zimmer zu begeben, bis ich... eh... die nötigen Dinge veranlaßt habe.»

Laura Dwighton nickte und stand auf. Sie wirkte jetzt sehr gefaßt, ernst und kalt. Während sie sich zur Tür wandte, fragte Mr. Quin: «Was haben Sie mit dem Revolver gemacht, Lady Dwighton?»

Unsicher antwortete sie: «Ich... ich habe ihn zu Boden fallen lassen. Nein, ich glaube, ich warf ihn aus dem Fenster – ach, ich kann mich nicht mehr erinnern. Was spielt das auch für eine Rolle? Ich wußte kaum, was ich tat. Aber das spielt doch jetzt keine Rolle mehr, nicht wahr?»

«Nein», sagte Mr. Quin, «ich glaube kaum, daß es noch eine Rolle spielt.»

Sie sah ihn verwirrt an und schien beunruhigt zu sein. Dann warf sie den Kopf in den Nacken und verließ hoheitsvoll das Zimmer.

Mr. Sattersway eilte ihr nach, weil er fürchtete, sie könne jeden Augenblick zusammenbrechen. Aber sie war schon halb die Treppe hinaufgegangen, ohne Anzeichen ihrer vorherigen Schwäche. Am Fuß der Treppe stand die angstvoll blickende Zofe. Gebieterisch befahl Mr. Sattersway ihr, sich um ihre Herrin zu kümmern.

«Sehr wohl, Sir.» Das Mädchen schickte sich an, der blaugewandeten Gestalt zu folgen. «Ach, bitte, Sir, Sie verdächtigen ihn doch nicht, nicht wahr?»

«Verdächtigen? Wen?»

«Jennings, Sir. Oh, Sir, er könnte keiner Fliege etwas zuleide tun.»

«Jennings? Natürlich nicht. Gehen Sie, und kümmern Sie sich um Ihre Herrin!»

«Sehr wohl, Sir.» Das Mädchen eilte die Treppe hinauf. Mr. Sattersway kehrte in das Zimmer zurück, das er gerade verlassen hatte.

Colonel Melrose erklärte gerade heftig: «Also, ich bin sprachlos. Da steckt mehr dahinter, als es den Anschein hat. Die Geschichte ... sie ähnelt den albernen Dummheiten, die Heldinnen in Romanen begehen.»

«Es wirkte unwirklich», stimmte Mr. Sattersway zu. «Wie in einem Theaterstück.»

Mr. Quin nickte. «Ja, Sie lieben das Theater, nicht wahr? Sie sind ein Mann, der die Schauspielkunst zu würdigen weiß.» Mr. Sattersway sah ihn unsicher an.

In der Stille, die folgte, war ein entferntes Geräusch zu hören. «Das klang wie ein Schuß», sagte Colonel Melrose. «Wahrscheinlich von einem der Jagdhüter. Vermutlich hörte sie einen Schuß. Vielleicht ging sie dann hinunter, um nachzusehen. Sie wagte sich nicht nahe genug an den Toten heran, um ihn zu untersuchen. Das verleitete sie dann zu der Schlußfolgerung ...»

«Mr. Delangua, Sir.» Der alte Butler stand mit entschuldigender Geste im Türrahmen.

«Wie?» fragte Melrose. «Was war das?»

«Mr. Delangua ist hier, Sir, und würde Sie nach Möglichkeit gern sprechen.»

Colonel Melrose lehnte sich im Sessel zurück und sagte grimmig: «Führen Sie ihn herein.»

Einen Moment später stand Paul Delangua vor ihnen. Wie Colonel Melrose angedeutet hatte, war etwas Unenglisches an ihm: die unbeschwerte Anmut seiner Bewegungen, das dunkle, hübsche Gesicht mit den etwas zu nahe beieinander stehenden Augen. Auch bei ihm erinnerte irgend etwas an die Renaissance. Er und Laura Dwighton verbreiteten die gleiche Atmosphäre um sich.

«Guten Abend, Gentlemen», sagte Delangua mit einer kleinen affektierten Verbeugung.

«Ich kenne Ihr Anliegen nicht, Mr. Delangua», sagte Colonel Melrose schneidend, «aber wenn es nichts mit dem Mord zu tun hat ...»

Delangua unterbrach ihn mit einem Lachen. «Im Gegenteil», sagte er, «es hat damit zu tun.»

«Was wollen Sie damit sagen?»

«Ich will damit sagen», erwiderte Delangua ruhig, «daß ich gekommen bin, um mich wegen des Mordes an Sir James Dwighton zu stellen.»

«Sind Sie sich bewußt, was Sie da sagen?» fragte Melrose eindringlich.

«Absolut.»

Der Blick des jungen Mannes war auf den Tisch geheftet.

«Ich verstehe nicht ...»

«...warum ich mich selbst stelle? Nennen Sie es Gewissensbisse, nennen Sie es, wie Sie wollen. Aber ich habe ihn erstochen, dessen können Sie sicher sein.» Er deutete auf den Tisch. «Wie ich sehe, haben Sie dort die Tatwaffe. Ein sehr praktisches Mordinstrument. Lady Dwighton ließ es unglücklicherweise in einem Buch herumliegen, und so konnte ich es an mich bringen.»

«Einen Moment», sagte Oberst Melrose. «Soll ich das so verstehen, daß Sie zugeben, Sir James hiermit erstochen zu haben?» Er hielt den Dolch in die Höhe.

«Genau so. Ich habe mich durch die Flügeltür hineingeschlichen, müssen Sie wissen. Er wandte mir den Rücken zu. Es war ganz einfach. Auf demselben Weg verschwand ich dann wieder.»

«Durch die Flügeltür?»

«Natürlich durch die Flügeltür.»

«Und um welche Uhrzeit war das?»

Delangua zögerte. «Lassen Sie mich überlegen ... Ich unterhielt mich mit dem Jagdhüter – das war um Viertel nach sechs. Ich hörte währenddessen nämlich die Kirchturmuhr schlagen. Es muß also – ja, so gegen halb sieben gewesen sein.»

Die Lippen des Polizeichefs umspielte ein grimmiges Lächeln. «Ganz recht, junger Mann», sagte er. «Halb sieben war die Tatzeit. Vielleicht hatten Sie das bereits gehört? Alles in allem ist dies ja ein ganz besonderer Mord.»

«Warum?»

«Weil so viele Leute ihn gestehen», sagte Colonel Melrose.

Man hörte, wie Delangua scharf die Luft einzog. «Wer hat ihn noch gestanden?» fragte er mit einer Stimme, die er vergeblich unter Kontrolle zu bringen trachtete.

«Lady Dwighton.»

Delangua warf den Kopf zurück und stieß ein spürbar gezwungenes Lachen aus. «Lady Dwighton hat eine Neigung zur Hysterie», sagte er obenhin. «Wenn ich Sie wäre, würde ich dem, was sie sagt, keine Beachtung schenken.»

«Ich glaube auch nicht, daß ich das sollte», erwiderte Melrose. «Aber es gibt noch eine andere merkwürdige Tatsache im Zusammenhang mit diesem Mord.»

«Und die wäre?»

«Nun, Lady Dwighton gestand, Sir James erschossen zu haben. Sie wollen ihn erstochen haben. Zum Glück für Sie beide wurde er weder erschossen noch erstochen. Ihm wurde der Schädel eingeschlagen.»

«Mein Gott!» rief Delangua aus. «Aber so etwas könnte eine Frau doch niemals ...»

Er hielt inne, biß sich auf die Lippe. Melrose nickte mit dem Anflug eines Lächelns.

«Ich habe so etwas oft gelesen», bemerkte er ironisch, «aber noch niemals selbst erlebt.»

«Was?»

«Daß zwei junge Wirrköpfe sich selbst des Mordes beschuldigen, weil sie annehmen, daß der andere ihn verübt hat», sagte Melrose. «Nun müssen wir noch einmal von vorne anfangen.»

«Der Kammerdiener», rief Sattersway. «Die Zofe vorhin – ich habe ihr zu diesem Zeitpunkt keine Beachtung geschenkt.» Er machte eine Pause und dachte angestrengt über die Zusammenhänge nach. «Sie hatte Angst, daß wir ihn verdächtigen würden. Er muß ein Motiv haben, das uns nicht bekannt ist, aber ihr.»

Colonel Melrose runzelte die Stirn, dann läutete er nach dem Butler. Als sich dieser meldete, bat er: «Fragen Sie Lady Dwighton, ob sie die Güte hat, noch einmal herunterzukommen.»

Die Männer warteten schweigend auf ihr Erscheinen. Als sie Delangua sah, erschrak sie heftig und mußte sich abstützen. Sie konnte sich kaum aufrecht halten. Colonel Melrose kam ihr rasch zu Hilfe.

«Es ist alles in Ordnung, Lady Dwighton. Bitte regen Sie sich nicht auf.»

«Ich verstehe nicht, was Mr. Delangua hier macht.»

Delangua ging auf sie zu. «Laura, Laura, warum haben Sie das getan?»

«Was getan?»

«Ich weiß, warum. Sie haben es für mich getan, weil Sie dachten, daß *ich* . . . Natürlich war das naheliegend. Aber . . . Oh, Sie sind ein Engel!»

Colonel Melrose räusperte sich. Er war ein Mann, der Emotionen verabscheute und einen Horror vor Dingen hatte, die nach einer «Szene» aussahen.

«Wenn ich mir erlauben darf, das zu sagen, Lady Dwighton, so sind Sie beide noch einmal knapp davongekommen. Auch Mr. Delangua hat ein ‹Geständnis› abgelegt. Oh, nein, ich weiß, daß er es nicht war. Aber was wir wissen wollen, ist die Wahrheit. Bitte, jetzt keine Ausflüchte mehr. Der Butler hat ausgesagt, daß Sie um halb sieben in die Bibliothek gingen. Stimmt das?»

Laura sah Delangua an. Er nickte. «Die Wahrheit, Laura», sagte er. «Wir müssen sie erfahren.»

Laura stieß einen tiefen Seufzer aus. «Ich werde sie Ihnen sagen.» Sie sank in einen Sessel, den Mr. Sattersway schnell zurechtgerückt hatte.

«Ich kam herunter, öffnete die Tür zur Bibliothek und sah ...»

Sie hielt inne und schluckte. Mr. Sattersway beugte sich zu ihr hinüber und tätschelte ihr aufmunternd die Hand.

«Ja», sagte er, «ja, Sie sahen?»

«Mein Mann lag quer über dem Schreibtisch. Ich sah seinen Kopf ... das Blut ... oh!»

Sie schlug die Hände vors Gesicht. Der Polizeichef beugte sich vor. «Entschuldigen Sie, Lady Dwighton. Sie nahmen an, Mr. Delangua hätte ihn erschossen?»

Sie nickte. «Verzeihen Sie, Paul», bat sie, «aber Sie sagten ... Sie sagten ...»

« ... daß ich ihn wie einen räudigen Hund niederschießen würde», sagte Delangua heftig. «Ich erinnere mich genau. Das war an dem Tag, als ich entdeckte, daß er Sie schlecht behandelte.»

Doch Melrose ließ sich das Heft nicht mehr aus der Hand nehmen. «Dann muß ich also annehmen, Lady Dwighton, daß Sie wieder nach oben gingen, ohne – äh – etwas zu sagen. Ihre Gründe müssen wir jetzt nicht diskutieren. Jedenfalls haben Sie weder den Toten angerührt, noch sind Sie in die Nähe des Schreibtisches gekommen?»

Sie schauderte. «Nein, nein, ich habe das Zimmer sofort wieder verlassen.»

«Ich verstehe. Und um welche Uhrzeit war das genau? Können Sie sich noch daran erinnern?»

«Es war gerade halb sieben, als ich in mein Schlafzimmer zurückkam.»

«Dann war Sir James um, sagen wir, fünf Minuten vor halb sieben bereits tot.» Melrose sah die anderen an. «Das mit der Uhr, das war vorgetäuscht, nicht wahr? Das haben wir sofort vermutet. Nichts ist einfacher, als die Zeiger auf jede gewünschte Zeit zu stellen. Allerdings machten sie den Fehler, die Uhr auf die Seite zu legen. Das engt den Verdacht auf den Butler oder den Kammerdiener ein, aber ich kann nicht glauben, daß der Butler der Mörder ist. Sagen Sie, Lady Dwighton, hegte Jennings irgendeinen Groll gegen Ihren Gatten?»

Laura blickte auf. «Nicht gerade einen Groll, aber ... ja, James erzählte mir heute morgen, daß er ihn entlassen hat. Er hatte ihn beim Stehlen ertappt.»

«Aha! Jetzt kommen wir der Sache näher. Jennings wäre ohne Empfehlung entlassen worden. Eine böse Sache für ihn.»

«Sie sagten etwas von einer Uhr», warf Laura Dwighton ein. «Da ist ja möglicherweise eine Chance, die Zeit genau festzulegen. James wird sicher seine Golfuhr in der Tasche gehabt haben. Könnte die nicht auch zerbrochen sein, als er nach vorn fiel?»

«Das wäre eine Möglichkeit», sagte der Colonel langsam. «Aber ich fürchte – Curtis.»

Der Inspektor nickte, verließ das Zimmer und war kurze Zeit später wieder zurück. In der Hand hielt er eine silberne Taschenuhr mit einem Golfballmuster, in der Art, wie sie von Golfspielern lose zusammen mit den Bällen in der Tasche getragen wird.

«Hier ist sie, Sir», sagte er, «aber ich bezweifle, ob sie uns von Nutzen sein wird. Sie sind sehr robust, diese Uhren.»

Der Colonel nahm sie und hielt sie ans Ohr. «Ich glaube, sie ist trotzdem stehengeblieben», stellte er fest. Er drückte auf einen Knopf, und der Deckel sprang auf. Das Glas innen war zersplittert. Aufgeregt sagte er: «Sieh da!» Die Zeiger standen genau auf Viertel nach sechs.

«Ein sehr guter Portwein, Colonel Melrose», sagte Mr. Quin. Es war halb zehn, und die drei Männer hatten gerade ein verspätetes Nachtmahl bei Colonel Melrose beendet. Mr. Sattersway war besonders aufgeräumt.

«Ich hatte doch recht, Mr. Quin», kicherte er. «Sie können es nicht ableugnen. Sie sind heute abend aufgetaucht, um zwei verwirrte junge Leute davon abzuhalten, ihren Kopf in die Schlinge zu stecken.»

«Habe ich das?» fragte Mr. Quin. «Sicherlich nicht. Ich habe gar nichts getan.»

«Wie es sich herausstellte, war es auch nicht nötig», stimmte Mr. Sattersway zu. «Aber es hätte sein können. Die Sache stand auf Messers Schneide. Ich werde niemals den Augenblick vergessen, als Lady Dwighton erklärte: ‹Ich habe ihn getötet.› Ich habe niemals etwas auf der Bühne gesehen, was auch nur halb so dramatisch war.»

«Ich bin geneigt, Ihnen darin zuzustimmen», sagte Mr. Quin.

«Und ich würde nie geglaubt haben, daß solche Dinge auch außerhalb eines Romans geschehen könnten», erklärte der Colonel, bestimmt das zwanzigste Mal an diesem Abend.

«Passiert das denn?» fragte Mr. Quin.

Der Colonel starrte ihn an. «Ja, verdammt, heute abend ist es passiert.»

«Wohlgemerkt», wandte Mr. Sattersway ein, wobei er sich zurücklehnte und seinen Portwein schlürfte, «Lady Dwighton war großartig, ganz großartig, aber sie machte einen Fehler. Sie hätte nicht behaupten sollen, daß ihr Ehemann erschossen wurde. Desgleichen war Delangua ein Dummkopf, weil er nur aufgrund der Tatsache, daß ein Dolch auf dem Tisch vor uns lag, schloß, der Lord wäre erstochen worden. Es war ja nur bloßer Zufall, daß Lady Dwighton ihn mit herunterbrachte.»

«War es das?» fragte Mr. Quin.

«Wenn sie sich nun einfach dazu bekannt hätten, Sir James getötet zu haben, ohne zu sagen, wie», fuhr Mr. Sattersway fort, «wie wäre dann wohl das Untersuchungsergebnis ausgefallen?»

«Man hätte ihnen vielleicht geglaubt», sagte Mr. Quin mit einem seltsamen Lächeln.

«Das Ganze war wirklich wie in einem Roman», wiederholte der Colonel.

«Daher haben sie ihre Idee bezogen, möchte ich behaupten», sagte Mr. Quin.

«Möglicherweise», stimmte Mr. Sattersway zu. «Dinge, die man irgendwann einmal gelesen hat, kommen manchmal auf die seltsamste Weise wieder zurück.» Er blickte hinüber zu Mr. Quin. «Natürlich sah die Uhr von Anfang an sehr verdächtig aus. Man sollte niemals vergessen, wie leicht man die Zeiger einer Uhr vorstellen oder zurückstellen kann.»

Mr. Quin nickte und wiederholte die Worte. «Vorstellen», sagte er, und nach einer Pause: «oder zurückstellen.» In seiner Stimme lag eine Herausforderung. Seine blitzenden dunklen Augen waren fest auf Mr. Sattersway gerichtet.

«Die Zeiger der Schreibtischuhr waren vorgestellt», sagte Mr. Sattersway. «Das wissen wir.»

«Wissen wir das wirklich?» fragte Mr. Quin.

Sattersway starrte ihn verwundert an. «Glauben Sie etwa», fragte er langsam, «daß die Golfuhr zurückgestellt wurde? Aber das ergibt doch keinen Sinn. Das ist unmöglich.»

«Unmöglich nicht», murmelte Mr. Quin.

«Nein, aber doch absurd. Warum hätte dies geschehen sollen?»

«Um jemanden zu decken, der für diese Zeit ein Alibi hatte.»

«Herrgott noch mal», rief der Colonel, «das ist die Zeit, zu der der junge Delangua mit dem Jagdhüter gesprochen haben will.»

«Darauf wies er uns sehr ausdrücklich hin», sagte Mr. Sattersway.

Sie sahen sich an mit dem unbestimmten Gefühl, als sei ihnen der feste Boden unter den Füßen weggezogen worden. Die Fakten dieses Mordes tanzten vor ihren Augen und nahmen neue und unerwartete Züge an. Und im Mittelpunkt dieses Kaleidoskops befand sich das dunkle, lächelnde Gesicht des Mr. Quin.

«Aber in diesem Fall ...», begann Melrose, «in diesem Fall ...» Mr. Sattersway beendete den Satz für ihn. «In diesem Fall ist alles genau umgekehrt. Es war ein Komplott, aber ein Komplott gegen den Kammerdiener. Aber das kann nicht sein. Es ist unmöglich. Warum haben die beiden sich dann selbst des Verbrechens beschuldigt?»

«Bis dahin haben Sie sie verdächtigt, nicht wahr?» Mr. Quins Stimme klang sanft, fast verträumt. «Genau wie in einem Roman, haben Sie gesagt, Colonel Melrose. Und daher haben die beiden ihre Idee. Genau so würden der unschuldige Held und die Heldin handeln. Das verleitete Sie zu der Annahme, daß auch sie unschuldig sind. Mr. Sattersway hat immer wieder betont, daß die ganze Geschichte wie ein Drama auf der Bühne wirkte. Sie hatten beide recht. Es war keine Wirklichkeit. Das haben Sie immer wieder betont, ohne sich bewußt zu werden, was Sie da sagten. Die beiden würden uns eine glaubwürdigere Geschichte erzählt haben, wenn wir ihnen hätten glauben sollen.»

Die zwei Männer sahen Mr. Quin hilflos an.

«Es wäre sehr schlau gewesen», sagte Mr. Sattersway langsam, «ja, es wäre teuflisch schlau gewesen. Ich habe gerade noch an etwas anderes gedacht. Der Butler sagte aus, daß er um sieben Uhr hineinging, um die Fenstertüren zu schließen – das heißt, daß er erwartete, sie stünden offen.»

«Auf diesem Weg kam Delangua hinein», sagte Mr. Quin. «Er tötete Sir James mit einem Schlag, und dann taten beide, was sie zu tun hatten ...»

Ermutigend sah er Mr. Sattersway an. Dieser begann zögernd die Szene zu rekonstruieren.

«Sie zerbrachen die Schreibtischuhr und legten sie auf die Seite. Ja. Sie verstellten die Taschenuhr und zerbrachen auch sie. Dann verschwand Delangua wieder durch die Fenstertür, und Lady Dwighton riegelte hinter ihm ab. Aber eins verstehe ich nicht. Warum haben sie sich überhaupt die Mühe mit der Taschenuhr gemacht? Warum haben sie nicht einfach nur die Zeiger der Schreibtischuhr verstellt?»

«Die Schreibtischuhr war zu auffällig», entgegnete Mr. Quin. «Dies hätte wohl jeder durchschaut.»

«Aber die Sache mit der Golfuhr war doch viel zu unsicher, denn hierauf stießen wir doch nur durch puren Zufall.»

«Oh, nein», sagte Mr. Quin. «Erinnern Sie sich: Der Hinweis kam von der Lady.»

Mr. Sattersway sah ihn fasziniert an.

«Und doch, wissen Sie», fuhr Mr. Quin gedankenverloren fort, «war die einzige Person, die diese Uhr nicht übersehen haben würde, der Kammerdiener. Kammerdiener wissen besser als jeder andere, was ihr Herr in der Tasche trägt. Wenn er die Schreibtischuhr verstellt hätte, würde er die Taschenuhr auch verstellt haben. Diese beiden jungen Leute verstehen nichts von der menschlichen Natur. Sie sind nicht wie Mr. Sattersway.»

Mr. Sattersway schüttelte den Kopf. «Ich habe mich gründlich geirrt», murmelte er zerknirscht. «Ich nahm an, Sie wären gekommen, um die zwei zu retten.»

«Das habe ich auch getan», entgegente Mr. Quin. «Nein, nicht diese zwei, sondern die beiden anderen. Vielleicht haben Sie keine Notiz von der Zofe genommen. Sie trug kein Gewand aus blauem Brokat und spielte keine Hauptrolle. Aber sie ist ein wirklich reizendes Mädchen und ich glaube, daß sie diesen Jennings liebt. Ich hoffe, daß es Ihnen gelingen wird, ihren Liebhaber vor dem Galgen zu retten.»

«Wir verfügen aber über keinerlei Beweise», sagte Colonel Melrose betont.

Mr. Quin lächelte. «Doch, Mr. Sattersway verfügt darüber.»

«Ich?» Mr. Sattersway war erstaunt.

«Sie haben den Beweis», fuhr Mr. Quin fort, «daß die Golfuhr nicht in der Tasche von Sir James zerbrach. Man kann eine solche Uhr nicht zerbrechen, ohne daß man sie öffnet. Versuchen Sie's einmal! Irgend jemand nahm die Uhr heraus, öffnete sie, stellte die Zeiger zurück, zerbrach das Glas, schloß sie wieder und steckte sie in die Tasche zurück. Dabei ist ihm entgangen, daß ein Glassplitter fehlte.»

Überrascht schrie Mr. Sattersway auf. Schnell griff er in die Westentasche und zog einen gebogenen Glassplitter heraus.

Dies war sein Auftritt.

«Damit», sagte er bedeutungsvoll, «werde ich einen Mann vor dem Tod retten.»

Der vierte Mann

Der Domherr Parfitt schnaufte ein wenig. Für einen Mann in seinem Alter wurde es langsam beschwerlich, Zügen nachrennen zu müssen. Einmal war seine Figur nicht mehr die alte, und mit dem Verlust seiner Schlankheit hatte sich gleichzeitig eine rasch eintretende Atemnot bemerkbar gemacht. Diese entschuldigte der Domherr, wie auch jetzt, stets würdevoll mit den Worten: «Mein Herz, verstehen Sie?»

Er sank mit einem Schnaufer der Erleichterung in die Ecke des Abteils erster Klasse. Die Wärme des geheizten Zuges empfand er als äußerst angenehm. Draußen fiel Schnee. Er hatte Glück gehabt, für die lange Nachtreise noch einen Eckplatz zu erwischen. Diese Reise war sowieso lästig.

Die anderen drei Eckplätze waren schon besetzt. Während er dies feststellte, bemerkte der Domherr Parfitt, daß ihn der Mann in der entfernten Ecke ihm gegenüber freundlich und erkennend anlächelte. Dieser Mann war glattrasiert, sein Gesichtsausdruck war leicht spöttisch, und die Haare an den Schläfen begannen grau zu werden. Auf den ersten Blick stand fest, daß sein Beruf mit dem Gesetz in Zusammenhang stehen mußte. Niemand hätte ihn auch nur einen Moment lang einer anderen Berufsgruppe zugeteilt. Tatsächlich war Sir George Durand ein berühmter Rechtsanwalt.

«Guten Abend», bemerkte er freundlich, «Sie mußten wohl ordentlich rennen, was?»

«Ist für mein Herz gar nicht gut, fürchte ich», sagte der Domherr. «Welcher Zufall, Sie hier zu treffen, Sir George. Fahren Sie weit nach Norden?»

«Nach Newcastle», sagte Sir George lakonisch. Dann fügte er hinzu: «Kennen Sie übrigens Dr. Campbell Clark?»

Der Mann, der auf derselben Seite des Abteils saß wie der Domherr, verbeugte sich höflich.

«Wir trafen uns auf dem Bahnsteig», fuhr der Rechtsanwalt fort. «Ein zweiter Zufall.»

Parfitt musterte Dr. Campbell Clark mit deutlichem Interesse. Den Namen hatte er schon oft gehört. Dr. Clark war einer der ersten Nervenärzte und Spezialist für Geisteskrankheiten, sein letztes Buch *Das Problem des Unbewußten* gehörte zu den meistdiskutierten Büchern des Jahres.

Parfitt sah ein viereckiges Kinn, eindringliche blaue Augen und rötliches Haar, in dem noch kein grauer Schimmer zu bemerken war, das jedoch dünn zu werden schien. Er empfing auch den Eindruck einer starken Persönlichkeit.

Als wäre es das Natürlichste von der Welt, musterte der Domherr nun den Mann, der ihm gegenübersaß. Parfitt erwartete bereits, auch dort einem erkennenden Blick zu begegnen, doch der vierte Mitreisende erwies sich als ein völlig Fremder – ein Ausländer, wie der Domherr annahm. Er war dunkler im Typ, als Erscheinung unbedeutend. In einen dicken Mantel gemummt, schien er fast eingeschlafen zu sein.

«Der Domherr Parfitt aus Bradchester?» fragte Dr. Campbell Clark mit angenehmer Stimme.

Der Domherr sah geschmeichelt aus. Seine wissenschaftlichen Predigten waren zu einem Schlager geworden – besonders seitdem auch die Zeitungen sie druckten. Ja, das war es, was die Kirche brauchte – moderne, interessante Aussagen.

«Ich habe Ihr Buch mit großem Interesse gelesen, Dr. Campbell Clark», sagte er. «Obwohl es wegen der fachlichen Diktion hier und da für mich ein wenig schwer verständlich war.»

Durand unterbrach sie: «Möchten Sie sich lieber unterhalten oder schlafen, Hochwürden? Ich muß zugeben, daß ich seit einiger Zeit an Schlaflosigkeit leide und daß mir persönlich das erstere lieber wäre.»

«Ganz meine Meinung, auf jeden Fall», sagte Parfitt. «Ich schlafe selten auf Nachtreisen, und das Buch, das ich mitgenommen habe, ist ziemlich langweilig.»

«Wir bilden jedenfalls eine vorbildliche Versammlung, in der alle Kräfte vertreten sind, die Kirche, das Gesetz und die Medizin», bemerkte der Arzt lächelnd.

«Wir könnten also eine allumfassende Meinung über irgendein Problem bilden», lachte Durand, «die Kirche vom geistlichen Blickwinkel her, ich für die rein weltlichen und rechtlichen Standpunkte, und Sie, Doktor, für das weite Feld vom pathologischen bis zum parapsychologischen Standpunkt. Ich denke, wir drei könnten jedwedes Problem erschöpfend behandeln.»

«Nicht so vollständig, wie Sie glauben», widersprach Dr. Clark. «Es fehlte nämlich ein Standpunkt, den Sie ausgelassen haben und der ziemlich wichtig ist.»

«Nämlich?»

«Der Standpunkt des sogenannten Mannes auf der Straße.»

«Ist der so wichtig? Hat nicht der ‹Mann auf der Straße› gewöhnlich unrecht?»

«Fast immer. Aber er hat etwas, das bei der Meinung der Experten fehlt – den persönlichen Standpunkt. Denn schließlich geht nichts ohne persönliche Verbindungen, wissen Sie. Zu dieser Meinung bin ich durch meinen Beruf gekommen. Auf jeden Patienten, der zu mir kommt und wirklich krank ist, kommen wenigstens fünf, denen nichts anderes fehlt als die Fähigkeit, mit anderen harmonisch zusammenzuleben. Das äußert sich dann auf alle möglichen

Arten, aber im Grunde ist es immer dasselbe: Eine rauhe Oberfläche erzeugt seelische Reibungen mit der Umwelt.»

«Ich stelle mir vor, eine Menge Ihrer Patienten hat es mit den Nerven», bemerkte der Domherr verächtlich. Seine eigenen Nerven waren ausgezeichnet.

«Ach, was meinen Sie damit?» Der andere wandte sich ihm zu, schnell wie der Blitz. «Nerven! Die Leute gebrauchen dieses Wort und lachen darüber, wie Sie es jetzt tun. ‹Ach, es ist nichts›, sagen sie dann, ‹es sind nur meine Nerven.› Aber mit diesem Wort haben sie dieses ungelöste und schwierigste Problem berührt. Sie können so ziemlich jedes x-beliebige körperliche Leiden haben und davon geheilt werden. Aber wir wissen noch heutzutage nur wenig mehr von den hundert und aber hundert Formen von Geisteskrankheiten als – nun, sagen wir – zur Zeit von Königin Elizabeth I.»

«Ach, du liebe Güte», sagte der Domherr Parfitt, ein wenig beschämt über sein eigenes Lachen. «Ist das wirklich so?»

«Erinnern Sie sich doch, es ist eine Gnade Gottes», fuhr Dr. Campbell Clark fort. «In früheren Zeiten betrachtete man den Menschen einfach als Tier: Körper und Seele – mit Schwerpunkt auf ersterem.»

«Körper, Seele und Geist», berichtigte der Geistliche sanft.

«Geist?» Der Arzt lächelte merkwürdig. «Was meint ihr Kleriker eigentlich mit Geist? Ihr habt das niemals klar definiert, wissen Sie. Durch die ganzen Jahrhunderte hindurch habt ihr euch um eine exakte Erklärung herumgedrückt.»

Der Domherr räusperte sich, um seine Antwort vorzubereiten, doch zu seinem Ärger wurde ihm keine Gelegenheit dazu gegeben.

Der Arzt fuhr fort: «Sind wir überhaupt sicher, daß es Geist und nicht vielmehr Geister heißen muß?»

«Geister?» fragte Sir George Durand mit hochgezogenen Augenbrauen.

«Ja.» Campbell Clark warf ihm unwillkürlich einen Blick zu. Er beugte sich vor und tippte dem anderen auf die Brust. Er sagte ernst: «Sind Sie sicher, daß in dieser Struktur nur ein einziger sitzt? Das ist doch der Körper, wie Sie wissen; eine begehrenswerte Residenz, die man möblieren muß – für sieben, einundzwanzig, einundvierzig, siebzig oder wieviel Jahre auch immer. Und am Ende schafft der Bewohner die Sachen hinaus – nach und nach –, dann geht alles aus dem Haus heraus ... und das Haus verkommt, wird eine Stätte des Ruins, des Verfalls. Sie sind der Herr des Hauses – wir werden das zugeben. Aber waren Sie sich niemals der Anwesenheit anderer bewußt? Der leise auftretenden Diener, die man nur bemerkt an der Arbeit, die sie leisten – und deren Erledigung Ihnen niemals bewußt wurde? Oder der Freunde, mit ihren Stimmungen, die Sie für die Zeit ihrer Anwesenheit, wie man so sagt, zu einem anderen machten? Sie sind der König im Schloß, ganz richtig, aber seien Sie davon überzeugt, der Teufel ist auch drin.»

«Mein lieber Clark», grunzte der Rechtsanwalt, «was Sie da sagen, verursacht mir ein äußerst unangenehmes Gefühl. Ist mein eigenes Wesen wirklich das Schlachtfeld einander bekämpfender Persönlichkeiten? Ist das der Wissenschaft letzter Schluß?»

Jetzt war es an dem Arzt, die Achseln zu zucken.

«Ihr Körper jedenfalls», sagte er trocken. «Und wenn der Körper so ein Schlachtfeld ist, warum nicht auch der Geist?»

«Sehr interessant», sagte der Domherr Parfitt, «eine großartige Wissenschaft.» Für sich dachte er, aus dem Gedanken kann ich eine aufsehenerregende Predigt machen ...

Dr. Campbell Clark hatte sich in seine Polster zurückgelehnt, seine momentane Aufregung war verflogen. In trokkenem Berufston bemerkte er: «Es ist jedenfalls eine Tatsache, daß ich heute abend wegen eines Falles von Persönlichkeitsspaltung nach Newcastle fahre. Sehr interessanter Fall. Natürlich eine Art Nervenkrankheit, aber ziemlich ernst.»

«Persönlichkeitsspaltung», wiederholte Sir George Durand gedankenvoll. «Das ist nicht allzu selten, glaube ich. Es gibt auch so etwas wie Gedächtnisschwund, nicht wahr? Ich erinnere mich an einen Fall, den wir neulich im Erbschaftsgericht hatten.»

Dr. Clark nickte.

«Ein klassischer Fall dafür war der von Felicie Bault», sagte er. «Sie werden bestimmt davon gehört haben.»

«Natürlich», entgegnete der Domherr Parfitt. «Ich erinnere mich, in den Zeitungen darüber gelesen zu haben – aber das ist schon eine ganze Weile her, mindestens sieben Jahre.»

Dr. Clark nickte.

«Dieses Mädchen wurde in Frankreich sehr bekannt. Wissenschaftler aus der ganzen Welt kamen zu ihr, um sie zu sehen. Sie hatte nicht weniger als vier verschiedene Persönlichkeiten. Sie wurden bekannt als Felicie 1, Felicie 2, Felicie 3 und so weiter.«

«Nahm man nicht auch dabei vorsätzlichen Betrug an?» fragte Sir George lebhaft.

«Die Verschiedenartigkeit der Persönlichkeiten von Felicie 3 und Felicie 4 war ein bißchen anzweifelbar», gab der Arzt zu. «Aber die wesentlichen Tatsachen bleiben. Felicie Bault war ein Bauernmädchen aus der Normandie. Sie war das dritte von fünf Kindern, die Tochter eines Säufers und einer geistig nicht gesunden Mutter. Während eines seiner Saufgelage erwürgte der Vater die Mutter und wurde daraufhin, soweit ich mich entsinnen kann, lebenslänglich eingesperrt. Felicie war damals fünf Jahre alt. Mitleidige Leute kümmerten sich um die Kinder, und Felicie wurde von einer unverheirateten englischen Adeligen aufgenommen und erzogen. Die Dame hatte eine Art Heim für notleidende Kinder. Sie konnte mit Felicie wenig anfangen. Sie beschrieb das Mädchen als anomal langsam und dumm, als jemand, dem man nur mit allergrößter Mühe Lesen und Schreiben beibringen konnte und dessen Hände ungeschickt seien. Diese Dame, Miss Slater, versuchte, aus dem Mädchen eine Hausgehilfin zu machen. Sie fand auch einige Anstellungen für Felicie, als sie alt genug dazu war, diese Stellungen anzunehmen. Aber nirgendwo blieb sie lange, und zwar wegen ihrer Dummheit und ungewöhnlichen Faulheit.»

Der Arzt machte eine Pause, und der Domherr, der die Beine übereinanderschlug und sein Reisegepäck näher zusammenschob, bemerkte plötzlich, daß der Mann, der ihm gegenübersaß, sich leicht bewegte. Seine Augen, die er bisher geschlossen gehalten hatte, waren jetzt geöffnet, und sein Blick war mit spöttischem und undefinierbarem Ausdruck auf den würdigen Domherrn gerichtet. Es hatte den Anschein, als ob der Mann zugehört und sich heimlich über das amüsiert habe, was er gehört hatte.

«Es gibt da eine Fotografie, die Felicie Bault im Alter von siebzehn zeigt», fuhr der Arzt fort. «Sie zeigt sie als ungeschlachtes Bauernmädchen von recht derbem Körperbau. Nichts auf dem Bild deutet darauf hin, daß sie bald eine der bekanntesten Persönlichkeiten in Frankreich werden würde. Fünf Jahre später, mit 22, hatte Felicie Bault eine schwere Nervenkrankheit, und bei der Genesung begann sich das seltsame Phänomen zu manifestieren. Das Folgende sind Tatsachen, die von vielen berühmten Wissenschaftlern bestätigt wurden. Die Persönlichkeit der Felicie 1 war nicht unterscheidbar von der Felicie Bault, die das Mädchen die zweiundzwanzig Jahre hindurch gewesen war. Felicie 1 schrieb Französisch nur schlecht und recht. Sie sprach keine Fremdsprachen und konnte nicht Klavier spielen. Felicie 2 dagegen sprach fließend Italienisch und sogar etwas Deutsch. Ihre Handschrift war der der Felicie 1 sehr unähnlich, sie schrieb fließend Französisch, und zwar mit gutem Ausdruck. Sie konnte über politische Fragen und Kunst diskutieren, und sie spielte leidenschaftlich gern Klavier. Felicie 3 hatte mit Felicie 2 viel gemeinsam. Sie war intelligent und offensichtlich gut erzogen, doch was Moral und Charakter anging, war sie das extreme Gegenteil. Sie schien ein äußerst verdorbenes Geschöpf zu sein – aber nur im pariserischen, nicht im provinziellen Sinne. Sie kannte alle Gaunerausdrücke von Paris und die Sprache der eleganten Halbwelt. Ihre Redewendungen waren unflätig, und sie schimpfte wüst auf die Religion und die sogenannten ‹feinen Leute›. Schließlich gab es noch Felicie 4 – ein verträumtes, dösiges, halbirres Geschöpf, besonders fromm und angeblich hellseherisch begabt. Diese vierte Persönlichkeit war unbefriedigend und wenig aufschlußreich. Man hat manchmal angenommen, sie sei ein vorsätzlicher Betrug auf Kosten von Felicie 3 – eine Art Scherz, den sie sich leichtgläubigen Zuhörern gegenüber erlaubte.»

Der Arzt machte eine kleine Pause.

«Hierzu muß ich sagen, allerdings muß ich Felicie 4 davon ausschließen, daß jede Persönlichkeit verschieden und völlig getrennt von jeder anderen war und von den anderen Persönlichkeiten keine Kenntnis hatte. Felicie 2 war unzweifelhaft die dominierende und blieb manchmal vierundzwanzig Stunden lang vorherrschend, dann mochte urplötzlich für ein oder zwei Tage wieder Felicie 1 erscheinen. Danach vielleicht Felicie 3 oder 4, aber die beiden letzteren blieben selten länger als ein paar Stunden bemerkbar. Jeder Wechsel wurde von heftigen Kopfschmerzen begleitet, von schwerem Schlaf, und jedesmal trat ein absoluter Gedächtnisschwund der vorangegangenen Persönlichkeit ein. Die gerade herrschende Persönlichkeit nahm das Leben da wieder auf, wo sie es verlassen hatte, und war sich der Zeit, die dazwischen lag, nicht bewußt.»

«Bemerkenswert», murmelte der Domherr, «sehr bemerkenswert. Wie wenig wir doch von den Wundern des Universums wissen!»

«Wir wissen, daß es darin ein paar sehr schlaue Betrüger gab», bemerkte der Rechtsanwalt trocken.

«Der Fall der Felicie Bault wurde von Rechtsanwälten, Ärzten und Wissenschaftlern untersucht», sagte Dr. Campbell Clark schnell. «Der bekannte Quimbellier, Sie werden sich erinnern, führte eingehende Untersuchungen durch und bestätigte die Ansichten der Wissenschaftler. Warum sollte uns das überhaupt so sehr überraschen? Wir finden doch häufig Eier mit zwei Dottern, oder etwa nicht? Oder Zwillingsbananen? Warum keine Doppelseele oder, wie in diesem Fall, eine vierfache Seele – in einem einzigen Körper?»

«Doppelseele?» protestierte der Domherr.

Dr. Campbell Clark wandte ihm seinen durchdringenden blauen Blick zu.

«Wie sollen wir das anders bezeichnen? Vorausgesetzt, daß die Persönlichkeit überhaupt die Seele ist?»

«Es ist gut, daß so etwas nur selten als ‹Laune der Natur› auftritt», bemerkte Sir George. «Wenn dieser Fall normal wäre, würde das zu recht hübschen Komplikationen führen.»

«Dieser Fall ist allerdings ungewöhnlich», stimmte der Arzt zu. «Es ist jammerschade, daß keine längeren Studien betrieben werden konnten. Durch Felicies unerwarteten Tod wurde allem ein rasches Ende gesetzt.»

«Dieser Tod war sonderbar, wenn ich mich recht erinnere», sagte der Rechtsanwalt langsam.

Dr. Campbell Clark nickte.

«Eine völlig unerklärliche Geschichte. Das Mädchen wurde eines Morgens tot im Bett gefunden. Sie war offensichtlich erdrosselt worden. Aber zu jedermanns Überraschung konnte ohne jeden Zweifel bewiesen werden, daß sie sich selbst erdrosselt hatte. Die Male an ihrem Hals stammten von ihren eigenen Fingern. Eine Selbstmordart, die, obwohl körperlich nicht unmöglich, eine beachtliche Muskelkraft und große menschliche Willensstärke erfordert. Was das Mädchen zu einer solchen Wahnsinnsanstrengung getrieben hat, wurde nie herausgefunden. Ihr seelisches

Gleichgewicht muß immer labil gewesen sein, aber damit endete alles. Der Vorhang fiel für immer über das Geheimnis der Felicie Bault.»

In diesem Moment lachte der Mann in der vierten Ecke auf.

Die drei anderen fuhren herum wie von der Tarantel gestochen. Sie hatten die Existenz des vierten vollkommen vergessen. Als sie auf den Platz starrten, auf dem er saß – noch immer eingemummt in seinen Mantel –, lachte er wieder.

«Sie müssen entschuldigen, Gentlemen», sprach er in perfektem Englisch, das nichtsdestoweniger einen ausländischen Klang hatte.

Er setzte sich auf und entblößte ein blasses Gesicht mit kleinem, pechschwarzem Schnurrbart.

«Ja, Sie müssen entschuldigen», sagte er und verbeugte sich spöttisch. «Aber wirklich! Wurde in der Wissenschaft jemals das letzte Wort gesprochen?»

«Wissen Sie etwas von dem Fall, über den wir sprechen?» fragte der Arzt höflich.

«Von dem Fall? Nein. Aber ich kannte sie.»

«Felicie Bault?»

«Ja. Und Annette Ravel auch. Sie haben niemals von Annette Ravel gehört, wie ich sehe? Die Geschichte der einen ist gleichzeitig die Geschichte der anderen. Glauben Sie mir, Sie wissen nichts von Felicie Bault, wenn Sie nicht auch die Geschichte der Annette Ravel kennen.»

Er zog seine Uhr hervor und sah darauf.

«Noch genau eine halbe Stunde bis zur nächsten Station. Ich habe Zeit, Ihnen die Geschichte zu erzählen – das heißt, wenn Sie sie hören wollen.»

«Bitte, erzählen Sie», antwortete der Arzt ruhig.

«Herzlich gern», sagte Parfitt. «Herzlich gern.»

Sir George Durand nahm nur eine Haltung gespannter Aufmerksamkeit an.

«Mein Name», begann der fremde Reisegefährte, «ist Raoul Letardeau. Sie hatten von einer englischen Dame gesprochen, einer Miss Slater, die ihr Leben der Wohltätigkeit gewidmet hatte. Ich wurde in diesem Fischerdorf in der Bretagne geboren, und als meine Eltern bei einem Zugunglück ums Leben kamen, war es Miss Slater, die mir zu Hilfe kam und mich vor dem bewahrte, was ihr Engländer das Waisenhaus nennt. Sie hatte schon an die zwanzig Kinder unter ihrer Obhut, Mädchen und Jungen. Unter diesen Kindern waren auch Felicie Bault und Annette Ravel. Wenn es mir nicht gelingt, Ihnen die Persönlichkeit von Annette verständlich zu machen, Gentlemen, werden Sie nichts verstehen. Sie war das Kind einer, wie man bei uns sagt, *fille de joie*, eines Freudenmädchens, das, von seinem Liebhaber verlassen, an Tuberkulose gestorben war. Die Mutter war Tänzerin gewesen, und auch Annette hatte den Wunsch, zu tanzen. Als ich sie zum erstenmal sah, war sie ein Kind von elf Jahren, ein kleines Ding mit Augen, die abwechselnd spotteten und versprachen – ein kleines Wesen, ganz Feuer und Leben. Auf einmal machte sie mich zu ihrem Sklaven. ‹Raoul, tu dies für mich; Raoul, tu das für mich.› Und ich gehorchte. Ich betete sie an, und sie wußte es.

Manchmal gingen wir zum Strand hinunter, zu dritt – denn Felicie kam immer mit. Dann zog Annette Schuhe und Strümpfe aus und tanzte auf dem Sand. Und wenn sie atemlos niedersank, erzählte sie uns, was sie tun und was sie sein würde.

‹Seht ihr, ich werde berühmt werden. Ja, ganz groß und berühmt. Ich werde Hunderte und Tausende von Seidenstrümpfen haben – die feinsten Seidenstrümpfe. Und ich werde ein wunderschönes Appartement haben. Alle meine Liebhaber werden jung und schön und auch reich sein. Und wenn ich tanze, wird ganz Paris kommen, mir zuzusehen. Sie werden staunen und schreien und rufen und ganz wahnsinnig werden, wenn ich tanze. Aber im Winter werde ich nicht tanzen. Da fahre ich in den Süden, in die Nähe der Sonne. Dort gibt es Villen mit Orangenbäumen. Eine davon wird mir gehören. Ich werde auf seidenen Kissen in der Sonne liegen und Orangen essen. Und dich, Raoul, werde ich nie vergessen, wenn ich auch noch so reich und berühmt bin. Ich werde dich beschützen und deine Karriere fördern. Felicie wird meine Zofe sein – nein, ihre Hände sind zu ungeschickt. Sieh sie dir nur an, wie groß und schwerfällig sie sind.›

Felicie wurde dann böse. Aber Annette fuhr fort, sie aufzuziehen.

‹Sie ist so damenhaft, Felicie – so elegant, so vornehm. Sie ist eine verkleidete Prinzessin – ha, ha.›

‹Mein Vater und meine Mutter waren verheiratet, das ist besser als bei deinen Eltern›, zischte Felicie dann verächtlich.

‹Ja, und dein Vater hat deine Mutter umgebracht. Eine feine Sache, die Tochter eines Mörders zu sein.›

‹Und dein Vater hat deine Mutter verfaulen lassen›, entgegnete Felicie.

‹Ach ja.› Annette wurde nachdenklich. ‹Arme Mama. Man muß gesund und stark bleiben. Das ist das Wichtigste: Man muß gesund und stark bleiben.›

‹Ich bin stark wie ein Pferd›, prahlte Felicie.

Das war sie wirklich. Sie hatte doppelt soviel Kraft wie jedes andere Mädchen im Heim. Und sie war niemals krank.

Aber sie war dumm, verstehen Sie, dumm wie ein blödes Tier. Ich wunderte mich oft, warum sie immer Annette nachlief, überallhin. Aber es ging von ihr eine Art Faszination aus. Manchmal haßte sie Annette, glaube ich, denn Annette war wirklich nicht nett zu ihr. Sie verhöhnte Felicies Langsamkeit und Dummheit und quälte sie in Gegenwart der anderen. Ich habe gesehen, wie Felicic ganz weiß vor Wut wurde. Manchmal habe ich gedacht, daß sie die Finger um Annettes Hals legen und ihr das Leben nehmen würde. Sie war nicht klug und nicht schnell genug, auf Annettes Beleidigungen die richtigen Antworten zu finden, aber sie erfaßte mit der Zeit, daß sie ihr nur ganz Bestimmtes zu erwidern brauchte, das nie seine Wirkung verfehlte. Das war der Hinweis auf ihre Gesundheit und Stärke. Sie erfaßte das, was ich schon wußte: Annette beneidete sie um ihre körperliche Stärke, und instinktiv traf Felicie damit die schwache Stelle ihrer Feindin.

Eines Tages kam Annette besonders fröhlich zu mir.

‹Raoul›, sagte sie, ‹wir werden mit der dummen Felicie einen Scherz machen. Wir werden sterben vor Lachen.›

‹Was hast du vor?›

‹Komm hinter den Vorhang, dann erzähle ich es dir.›

Wie es schien, hatte Annette irgendwo ein Buch aufgetrieben. Den größten Teil hatte sie nicht verstanden. Wahrscheinlich war alles ein bißchen zu hoch für sie. Es war ein frühes Werk über Hypnose.

‹Es muß etwas Glänzendes sein, steht darin. Ich habe dazu die Messingkugel an meinem Bettgestell ausgesucht. Man kann sie drehen. Vergangene Nacht ließ ich Felicie sie ansehen. Sieh immer nur den Knopf an! habe ich gesagt. Du darfst deinen Blick nicht wegnehmen! Dann drehte ich die Kugel. Raoul, ich habe richtig Angst bekommen. Ihre Augen sahen so komisch aus – wie wahnsinnig, schrecklich. Felicie, habe ich sie gefragt, wirst du alles tun, was ich sage? Ich werde alles tun, was du sagst, Annette, hat sie geantwortet. Und dann sagte ich: Morgen um zwölf Uhr wirst du eine weiße Wachskerze auf den Spielplatz mitbringen und sie dort aufessen. Wenn dich jemand fragt, sagst du, es sei die beste Zuckerstange, die du je gegessen hättest. Oh, Raoul, denk dir das bloß aus!›

‹So etwas wird sie nie wirklich tun›, warf ich ein.

‹In dem Buch steht aber, daß sie es doch tut. Ich kann es auch nicht glauben – aber, oh, Raoul, wenn das alles stimmt, was in dem Buch steht, was gäbe das für einen Spaß!›

Ich selbst fand die Idee auch lustig. Wir erzählten es unseren Kameraden, und um zwölf waren wir alle auf dem Spielplatz. Pünktlich auf die Minute kam Felicie mit einer Kerze und begann feierlich, daran herumzuknabbern. Ja, meine Herren, wir waren alle ganz aus dem Häuschen! Jeden Augenblick ging ein anderes Kind zu Felicie und fragte sie, ob das gut schmecke, was sie da äße. Und Felicie antwortete jedesmal, daß es die beste Zuckerstange sei, die sie je gegessen habe ... Wir bogen uns vor Lachen. Wir lachten so laut, daß der Lärm Felicie aufzuwecken und in die Wirklichkeit zurückzurufen schien. Sie blinzelte erstaunt mit den Augen, starrte auf die Kerze, dann auf uns. Schließlich fuhr sie sich mit der Hand über die Stirn. ‹Ja, was tue ich denn da?› murmelte sie.

‹Du ißt eine Kerze!› brüllten wir.

‹Ich befahl dir das. Ich befahl dir das!› schrie Annette vor Freude und tanzte herum.

Felicie starrte sie einen Moment lang an. Dann ging sie langsam auf Annette zu.

‹Dann bist du es, die mich lächerlich gemacht hat. Ich glaube, ich erinnere mich. Oh, ich werde dich dafür töten.›

Sie hatte das sehr ruhig gesagt, so daß Annette plötzlich wegrannte und sich hinter mir versteckte.

‹Rette mich, Raoul! Ich habe Angst vor Felicie. Es war doch nur ein Scherz, Felicie. Nur ein Scherz.›

‹Ich mag solche Scherze nicht›, sagte Felicie. ‹Versteht ihr? Ich hasse dich. Ich hasse euch alle!›

Dann brach sie plötzlich in Tränen aus und rannte fort.

Annette war, glaube ich, über das Ergebnis ihres Experiments erschrocken und versuchte nicht, es zu wiederholen. Doch von diesem Tage an schien ihre Herrschaft über Felicie noch stärker geworden zu sein.

Ich glaube heute, Felicie haßte sie tödlich, aber sie konnte Annette nicht mehr verlassen. Sie lief Annette überall nach wie ein Hund.

Tja, meine Herren, bald darauf nahm ich meine erste

Stellung an. Ich besuchte das Heim nur noch während meiner Ferien. Annettes Wunsch, Tänzerin zu werden, war nicht ernst zu nehmen gewesen, aber als sie älter wurde, entwickelte sie eine hübsche Singstimme, und Miss Slater erklärte sich damit einverstanden, ihr Gesangsstunden geben zu lassen.

Annette war nicht faul. Sie arbeitete fieberhaft, ohne sich Ruhe zu gönnen. Miss Slater mußte sie manchmal davon abhalten, sich zu überanstrengen. Einmal sprach sie mit mir über Annette.

‹Du hast Annette doch immer gern gemocht. Rede auf sie ein, daß sie nicht zuviel arbeitet. Neulich hatte sie einen Husten, der mir gar nicht gefiel.›

Durch meine Arbeit mußte ich bald darauf weit fortfahren. Zuerst erhielt ich noch ein oder zwei Briefe von Annette, dann folgte Schweigen. Dann war ich fünf Jahre in Amerika.

Durch Zufall kam ich danach wieder nach Paris. Ich las ein Plakat, das eine Annette Ravelli ankündigte. Es war auch ein Bild der Dame darauf abgebildet. Ich erkannte sie sofort wieder. Am Abend ging ich in das bezeichnete Theater. Annette sang in französischer und italienischer Sprache. Auf der Bühne war sie großartig. Nachher ging ich in ihre Garderobe. Sie empfing mich sofort.

‹Oh, Raoul!› rief sie aus und streckte mir ihre weißen Hände entgegen. ‹Das ist wunderbar. Wo bist du in all den Jahren gewesen?›

Ich erzählte es ihr, aber sie schien nicht richtig zuzuhören.

‹Siehst du, jetzt habe ich es fast erreicht.›

Triumphierend wies sie auf ihre Garderobe, die voll von Blumen war.

‹Die gute Miss Slater muß sehr stolz sein auf deinen Erfolg.›

‹Die Alte? Nein, überhaupt nicht. Sie wollte doch, daß ich aufs Konservatorium gehe, weißt du nicht mehr? Ich sollte

Konzertsängerin werden. Aber ich bin eine Künstlerin. Hier auf der Varietébühne kann ich mich am besten verwirklichen.›

In dem Moment trat ein gutaussehender Mann im besten Alter ein. Sein Benehmen war vornehm und wohlerzogen. Bald entnahm ich seinen Gesprächen, daß er Annettes Manager war. Er sah zu mir hin, und Annette erklärte ihm, daß ich ein Freund aus ihrer Kinderzeit und gerade in Paris sei, hier ihr Bild auf dem Plakat gesehen hätte.

Daraufhin war der Herr sehr leutselig und freundlich zu mir. In meiner Gegenwart holte er ein Brillantarmband hervor und legte es um Annettes Handgelenk. Als ich mich erhob, um fortzugehen, wandte sie sich mir mit einem triumphierenden Blick zu.

Aber als ich ihre Garderobe verließ, hörte ich ihren Husten, einen scharfen, trockenen Husten. Ich wußte, was dieser Husten bedeutete. Er war das Erbe ihrer tuberkulösen Mutter.

Zwei Jahre darauf sah ich sie wieder. Sie hatte bei Miss Slater Zuflucht gesucht. Ihre Karriere war beendet. Ihre Krankheit war weit fortgeschritten, und die Ärzte sagten, daß man nichts mehr tun könne.

Ach, ich werde niemals vergessen, wie ich sie sah. Sie lag an einem geschützten Platz im Garten. Man hielt sie Tag und Nacht draußen. Ihre Wangen waren hohl und gerötet, ihre Augen glänzten fiebrig, und sie hustete sehr viel. Sie begrüßte mich mit einer Verzweiflung, die mich verblüffte.

‹Es tut gut, dich zu sehen, Raoul. Du weißt, was sie sagen – daß es mit mir zu Ende geht. Sie sagen es hinter meinem Rücken, verstehst du? Wenn sie mit mir sprechen, sind sie zuversichtlich und trösten mich. Aber es ist nicht wahr, Raoul, es ist nicht wahr! Ich werde mir selbst nicht erlauben, zu sterben. Sterben? Jetzt, wo ein schönes Leben vor mir liegt. Es ist der Wille zu leben, darauf kommt es an. Das sagen alle berühmten Ärzte von heute. Ich gehöre nicht zu den

Schwachen, die sich gehenlassen. Ich fühle mich schon viel besser – sehr viel besser, hörst du!›

Sie richtete sich auf und stützte sich auf die Ellbogen, um ihren Worten Nachdruck zu verleihen, dann fiel sie zurück, von heftigem Husten geschüttelt, der ihren ausgezehrten dünnen Körper hin und her warf.

‹Der Husten – das ist nichts›, japste sie. ‹Und die Blutstürze erschrecken mich nicht. Ich werde die Ärzte überraschen. Es ist der Wille, auf den es ankommt. Denk daran, Raoul, ich werde leben.›

Es war entsetzlich, erbarmungswürdig, verstehen Sie?

Da kam Felicie Bault mit einem Tablett heraus, mit einem Glas heißer Milch. Sie reichte es Annette und sah ihr beim Trinken mit einem unergründlichen Ausdruck in den Augen zu. Irgendwie schien dieser Blick eine innere Befriedigung auszudrücken. Auch Annette fing den Blick auf. Sie schleuderte das Glas fort, daß es in Stücke zersprang.

‹Siehst du, wie sie mich ansieht? So sieht sie mich jetzt immer an. Sie freut sich, daß ich bald sterbe. Ja, sie weidet sich daran. Sie, die so stark und gesund ist. Sieh sie nur an, keinen Tag war sie krank, nicht einen einzigen! Und alles für nichts. Was nützt ihr ihr starkes Gerippe? Was kann sie damit machen?›

Felicie bückte sich und hob die Glassplitter auf.

‹Ich mache mir nichts daraus, was sie sagt›, bemerkte sie dabei mit einer singenden Stimme. ‹Was macht das schon? Ich bin ein ehrbares Mädchen. Aber was sie betrifft, sie wird die Qualen des Fegefeuers bald kennenlernen. Ich bin eine Christin, ich sage nichts.›

‹Du haßt mich!› schrie Annette. ‹Du hast mich immer gehaßt. Aber ich kann dich verzaubern, trotz alledem. Ich kann dir befehlen, etwas zu tun, ganz egal was, und du wirst es tun. Siehst du, ich kann dir jetzt sagen, du sollst hier vor mir im Gras niederknien, und du wirst es tun.›

‹Das ist ja albern›, sagte Felicie mit Unbehagen.

‹Aber ja, du wirst es tun. Du wirst! Um mir zu Gefallen zu sein. Herunter auf deine Knie. Ich sage es dir, ich, Annette. Auf deine Knie, Felicie!›

Ob es nun der besondere Ton war, der in Annettes Stimme schwang, oder ein tieferes Motiv – Felicie gehorchte. Sie sank langsam auf ihre Knie nieder, ihre Arme weit ausgestreckt, und ihr Gesichtsausdruck war leer und dumm.

Annette warf den Kopf zurück und lachte.

‹Sieh nur, was für ein dummes Gesicht sie hat! Wie lächerlich sie aussieht ... Du kannst jetzt wieder aufstehen, Felicie, danke. Es hat keinen Zweck, mich so böse anzusehen, ich bin deine Herrin. Du mußt tun, was ich sage.›

Erschöpft sank sie in die Kissen zurück. Felicie nahm das Tablett und ging langsam fort. Einmal sah sie noch über ihre Schulter zurück, und der schwelende Haß in ihrem Blick erschreckte mich.

Ich war nicht dabei, als Annette starb. Aber es muß schrecklich gewesen sein. Sie hing am Leben. Sie kämpfte gegen den Tod wie eine Wahnsinnige. Wieder und wieder soll sie geschrien haben: ‹Ich will nicht sterben – hört ihr mich? Ich will nicht sterben, ich will leben – leben –›

Miss Slater erzählte mir alles, als ich sie sechs Monate später wieder besuchte.

‹Mein armer Raoul›, sagte sie freundlich. ‹Du hast sie immer geliebt, nicht wahr?›

‹Immer – immer. Aber was konnte ihr das nützen? Lassen Sie uns nicht mehr davon sprechen. Sie ist tot – sie, die so sprühend war, so voller Leben.›

Miss Slater war eine mitfühlende Frau. Sie sprach von anderen Dingen. Sie machte sich um Felicie große Sorgen, sagte sie. Das Mädchen habe einen merkwürdigen Nervenzusammenbruch erlitten. Seitdem sei ihr Verhalten sehr seltsam.

‹Wissen Sie›, ergänzte Miss Slater nach einigem Zögern, ‹sie lernt jetzt Klavier spielen.›

Das wußte ich nicht, und es überraschte mich sehr. Felicie

– und Klavier spielen lernen! Ich hätte sofort beschwören können, daß das Mädchen nicht eine Note von der anderen unterscheiden konnte.

‹Sie hat Talent, sagt man›, fuhr Miss Slater fort. ‹Ich kann das nicht verstehen. Ich habe sie immer für – nun, Raoul, du weißt schon, sie war immer ein dummes Mädchen.›

Ich nickte.

‹Sie ist oft so seltsam – ich weiß dann wirklich nicht, wie ich alles verstehen soll.›

Ein wenig danach betrat ich den Lesesaal. Felicie spielte Klavier. Sie spielte eine Melodie, die ich Annette in Paris hatte singen hören. Verstehen Sie, meine Herren? Es versetzte mir einen ordentlichen Schock. Als sie mich hörte, brach sie ab und wandte sich mir zu, ihre Augen voller Spott und Intelligenz. Einen Moment lang dachte ich – nun, ich will nicht sagen, was ich dachte.

‹Tiens›, sagte sie. ‹Da sind Sie ja, Monsieur Raoul.›

Ich kann die Art, wie sie das sagte, nicht beschreiben. Für Annette hatte ich nie aufgehört, Raoul zu sein. Aber Felicie hatte mich, seit wir uns als Erwachsene wiedergetroffen hatten, immer mit ‹Monsieur Raoul› angeredet. Aber die Art, wie sie es jetzt sagte, war ganz anders – so, als ob das ‹Monsieur›, leicht übertrieben ausgesprochen, sie irgendwie amüsierte.

‹Ach, Felicie›, stammelte ich. ‹Sie sehen heute ganz anders aus. Woher kommt das?›

‹So? Tue ich das?› fragte sie nachdenklich. ‹Das ist komisch. Aber seien Sie nicht so feierlich, ich werde Sie wieder Raoul nennen. Spielten wir nicht als Kinder zusammen? Damals war das Leben noch freundlicher. Lassen Sie uns von der armen Annette sprechen – sie ist tot und begraben. Wo mag sie nur sein, ob im Fegefeuer oder wo, ich möchte es zu gern wissen.›

Und sie trällerte etwas von einem Lied, nicht sehr deutlich, aber die Worte ließen mich aufhorchen.

‹Felicie›, rief ich aus. ‹Sie sprechen Italienisch?›

‹Warum denn nicht, Raoul? Ich bin gar nicht so dumm, wie ich immer tue.› Sie lachte über meine Verwunderung.

‹Ich verstehe nicht –›

‹Dann will ich es Ihren erzählen. Ich bin eine sehr gute Schauspielerin, obwohl das niemand vermutet. Ich kann viele Rollen spielen – und ich spiele sie gut.› Wieder lachte sie und lief rasch aus dem Zimmer, bevor ich sie aufhalten konnte.

Ehe ich abfuhr, sah ich sie wieder. Sie war in einem großen Sessel eingeschlafen. Sie schnarchte laut. Ich blieb stehen und beobachtete sie, fasziniert, doch innerlich abgestoßen. Plötzlich wachte sie auf und fuhr hoch. Ihr Blick, stumpf und leblos, traf den meinen.

‹Monsieur Raoul›, stammelte sie mechanisch.

‹Ja, Felicie, ich muß jetzt gehen. Möchten Sie mir nicht noch einmal etwas vorspielen, bevor ich gehe?›

‹Ich? Spielen? Sie machen sich über mich lustig, Monsieur Raoul.›

‹Aber Sie haben mir doch heute morgen etwas vorgespielt. Erinnern Sie sich nicht mehr?›

Sie schüttelte den Kopf.

‹Ich, gespielt? Wie kann ein armes Mädchen wie ich Klavier spielen?›

Sie hielt einen Moment inne, als ob sie über etwas nachdächte. Dann winkte sie mich näher zu sich heran.

‹Monsieur Raoul, hier in diesem Haus geschehen merkwürdige Dinge. Sie denken sich Betrügereien und üble Scherze aus. Sie verstellen ihre Uhren. Ja, ja, ich weiß genau, was ich sage. Und alles ist ihr Werk.›

‹Wessen Werk?› fragte ich verblüfft.

‹Das von Annette – dieser bösen Hexe! Als sie noch lebte, hat sie mich immer gequält. Jetzt, da sie tot ist, kommt sie von den Toten zurück, um mich zu quälen. Sie war schlecht, durch und durch schlecht, glauben Sie mir!›

Ich starrte Felicie an und konnte sehen, daß sie entsetzliche Angst hatte. Ihre Augen traten aus dem Kopf hervor.

‹Sie war schlecht. Sie würde Ihnen das Brot vom Mund wegreißen und die Kleider vom Körper – und die Seele aus dem Leib ...›

Sie preßte mich plötzlich an sich.

‹Ich habe Angst, hören Sie – Angst! Ich höre ihre Stimme, nicht in meinen Ohren – nein, hier in meinem Kopf!› Sie tippte sich an die Stirn. ‹Sie will mich aus mir selber vertreiben – mich ganz aus mir selber vertreiben, was soll dann aus mir werden?›

Ihre Stimme hatte sich fast zum Schreien erhoben. Aus ihren Augen starrte die animalische Angst eines todwunden Tieres ... Plötzlich lächelte sie, ein freundliches Lächeln voller Schlauheit, aber etwas war an diesem Lächeln, das mich erschauern ließ.

‹Wenn es einmal soweit kommt ... Ich bin sehr stark mit den Händen – ich habe sehr starke Hände ...›

Ich hatte niemals vorher mit Bewußtsein ihre Hände angesehen. Ich sah sie jetzt an und erschrak gegen meinen Willen. Untersetzte, gedrungene, brutale Hände und – wie Felicie gesagt hatte – ungewöhnlich kräftig ... Ich kann Ihnen die Übelkeit nicht beschreiben, die ich empfand. Mit Händen wie diesen mußte ihr Vater ihre Mutter erwürgt haben ... Das war das letztemal, daß ich Felicie sah.

Anschließend mußte ich nach Südamerika fahren. Ich kehrte erst zwei Jahre nach ihrem Tod wieder zurück. Ich hatte in den Zeitungen über ihr Leben und von ihrem plötzlichen Tod gelesen. Dann habe ich noch einige Einzelheiten mehr erfahren – heute abend, von Ihnen, meine Herren. Felicie 3 und Felicie 4, wie Sie sagten. Sie war eine gute Schauspielerin, wissen Sie.»

Der Zug verlor langsam an Geschwindigkeit. Der Mann in der Ecke setzte sich aufrecht und knöpfte seinen Mantel zu.

«Was ist Ihre Theorie dazu?» fragte der Rechtsanwalt und beugte sich vor.

«Ich kann kaum glauben –», begann der Domherr Parfitt und hielt inne.

Der Arzt sagte nichts. Er starrte unverwandt auf Raoul Letardeau.

«Die Kleider von ihrem Körper – und die Seele aus ihrem Leib ...», wiederholte der Franzose leichthin. Er stand auf. «Ich sage Ihnen, Messieurs, die Geschichte von Felicie Bault ist die Geschichte von Annette Ravel. Sie kannten sie nicht, Gentlemen. Ich kannte sie. Sie liebte das Leben allzusehr ...»

Er hatte schon den Türgriff in der Hand – bereit, auszusteigen, als er sich noch einmal umdrehte und dem Domherrn Parfitt auf die Brust tippte.

«*Monsieur le docteur* dort drüben sagte vorhin, daß all das» – seine Hand legte sich auf den Magen des Domherrn, und der Domherr stöhnte – «nur eine Residenz ist. Sagen Sie, wenn Sie in Ihrem Haus einen Einbrecher vorfinden, was würden Sie tun? Ihn erschießen, oder etwa nicht?»

«Nein!» schrie der Domherr. «Nein, natürlich nicht! Ich meine – nicht in diesem Land.»

Doch die letzten Worte hatte er in die Luft gesprochen, die Tür des Abteils knallte zu.

Der Geistliche, der Rechtsanwalt und der Arzt waren allein.

Die vierte Ecke im Abteil war frei.

Etwas ist faul

Mrs. St. Vincent rechnete. Ein- oder zweimal seufzte sie, und ihre Hand stahl sich zu ihrer schmerzenden Stirn. Zahlen zu addieren hatte sie immer gehaßt. Unglücklicherweise schien ihr Leben im Augenblick nur aus einer bestimmten Art von Zahlen zu bestehen. Das Zusammenzählen kleiner notwendiger Ausgabenposten ergab jedesmal eine Gesamtsumme, die sie immer wieder überraschte und entsetzte.

Sicherlich konnte sie nicht *so* hoch sein! Sie begann noch einmal von vorne. Sie hatte sich bei einem Pfennigbetrag geirrt, sonst stimmte alles.

Mrs. St. Vincent seufzte wieder. Ihr Kopfweh war jetzt wirklich sehr schlimm. Dann blickte sie auf. Ihre Tochter Barbara war ins Zimmer gekommen. Sie war ein außergewöhnlich hübsches Mädchen, hatte das zarte Gesicht ihrer Mutter und auch die gleiche stolze Kopfhaltung, aber ihre Augen waren dunkel statt blau, und sie hatte einen anderen Mund, einen trotzigen roten Mund, der nicht ohne Reiz war.

«Ach, Mutter!» rief sie. «Kämpfst du immer noch mit diesen schrecklichen alten Rechnungen? Wirf sie doch ins Feuer!»

«Wir müssen wissen, woran wir sind», antwortete Mrs. St. Vincent unsicher.

Das Mädchen hob die Schultern.

«Wir sitzen immer in derselben Klemme», sagte sie trokken. «Verdammt knapp bei Kasse. Abgebrannt bis auf den letzten Penny, wie gewöhnlich.»

Mrs. St. Vincent seufzte.

«Ich wünschte . . .», begann sie und schwieg dann.

«Ich muß mir Arbeit suchen», sagte Barbara in energischem Ton. «Und zwar schnell. Schließlich habe ich einen Steno- und Schreibmaschinenkurs absolviert. Aber wie ich merke, hat das eine Million Mädchen auch getan. ‹Was für Erfahrungen haben Sie?› Dann stottere ich: ‹Nun, eigentlich . . .› Und schon heißt es ‹Vielen Dank, guten Tag. Wir geben Ihnen Bescheid.› Aber sie geben einem nie Bescheid! Ich muß etwas anderes finden. Irgend etwas!»

«Nicht jetzt, meine Liebe», bat ihre Mutter. «Warten wir noch etwas.»

Barbara trat ans Fenster und blickte hinaus, ohne die schäbigen Häuser gegenüber wahrzunehmen.

«Manchmal bedaure ich es», sagte sie langsam, «daß Amy mich letzten Winter mit nach Ägypten nahm. O ja, ich weiß, es hat mir großen Spaß gemacht – das einzige Mal, daß ich so etwas erlebt habe. Und es wird wohl auch das einzige Mal bleiben. Ich habe es genossen – richtig genossen. Aber es hat mich auch aus der Bahn geworfen. Ich meine – hierher zurückzukommen . . .»

Sie deutete mit einer alles umfassenden Geste durch das Zimmer. Mrs. St. Vincent folgte ihrer Hand mit den Augen und zuckte zusammen. Es war ein typisches billiges möbliertes Zimmer. Eine staubige Aspidistra, pompöse Möbel, eine geschmacklose Tapete, die an manchen Stellen verschossen war. Es gab Anzeichen dafür, daß sich der Geschmack der Mieter gegen den der Vermieterin durchzusetzen versucht hatte. Ein oder zwei Porzellanfiguren standen da, mit Sprüngen und geklebten Stellen, so daß ihr Wert gleich Null war, jemand hatte ein Stück Stickerei über die Sofalehne geworfen, und ein Aquarell hing da, das ein junges Mädchen in der Mode von vor zwanzig

Jahren zeigte und dem Mrs. St. Vincent auch heute noch ähnlich sah.

«Es wäre nicht so schlimm», fuhr Barbara fort, «wenn wir nichts anderes gewohnt wären. Aber die Erinnerung an ‹Ansteys› ...»

Sie brach ab, weil sie nicht den Mut hatte, über das geliebte Haus zu sprechen, das den St. Vincents Jahrhunderte gehört hatte und jetzt im Besitz von fremden Leuten war.

«Wenn Vater nicht ... wenn er nicht spekuliert ... wenn er sich nicht Geld geliehen hätte ...»

«Meine Liebe», sagte Mrs. St. Vincent. «Dein Vater war in keinem Sinne des Wortes ein Geschäftsmann.»

Sie sagte es in einer freundlichen, endgültigen Art, und Barbara ging zu ihr und gab ihr einen flüchtigen Kuß. «Meine liebe alte Mama», murmelte sie. «Ich sage nichts mehr.»

Mrs. St. Vincent nahm ihren Stift wieder auf und beugte sich über ihren Schreibtisch. Barbara kehrte zum Fenster zurück.

«Mutter», sagte sie, «ich habe heute morgen von Jim Masterton gehört. Er möchte mich besuchen kommen.»

Mrs. St. Vincent legte den Stift hin und blickte auf.

«Hier?» fragte sie.

«Na ja, wir können ihn wohl kaum zum Abendessen ins ‹Ritz› einladen», spottete Barbara.

Ihre Mutter machte ein unglückliches Gesicht. Wieder blickte sie angeekelt durch das Zimmer.

«Ja, du hast recht», sagte Barbara. «Es ist schrecklich hier. Verarmter Adel! Klingt alles ganz hübsch – ein kleines weißgetünchtes Haus auf dem Land, schäbiger Chintz, aber mit schönem Muster, Vasen voll Rosen, hauchdünnes Teegeschirr, das man selbst abwäscht. So liest man es in Romanen. Im wahren Leben – wenn der Sohn ganz unten auf der Leiter des Geschäftslebens anfangen muß – bedeutet es London. Schmuddelige Vermieterinnen, schmutzige Kinder im

Treppenhaus, Mitbewohner, die immer Mischlinge zu sein scheinen, Bückling zum Frühstück, der nicht mehr ganz – ganz ... und so weiter.»

«Wenn nur ...», begann Mrs. St. Vincent. «Wirklich, ich fange allmählich an zu fürchten, daß wir uns bald auch so ein Zimmer nicht mehr leisten können.»

«Das würde heißen, wir schlafen und wohnen zusammen in einem Raum!» sagte Barbara. «Einfach schrecklich! Und ein Klappbett für Rupert. Und wenn Jim mich besucht, muß ich ihn unten in dieser scheußlichen Halle empfangen, wo die alten Jungfern herumsitzen und strikken und uns beobachten und ständig so einen würgenden Husten haben.»

Es entstand eine Pause.

«Barbara», sagte Mrs. St. Vincent schließlich. «Willst du – ich meine – würdest du ...»

Sie errötete etwas und schwieg.

«Du brauchst nicht taktvoll zu sein, Mutter», antwortete Barbara. «Das ist heute kein Mensch mehr. Du meinst, ob ich Jim heiraten würde? Mein Ja käme wie aus der Pistole geschossen, wenn er mich fragt. Aber ich habe schreckliche Angst, daß er es nicht tut.»

«Ach, liebste Barbara!»

«Nun, es ist etwas anderes, wenn er mich mit Kusine Amy trifft, irgendwo in der feinen Gesellschaft, wie es in Romanen heißt. Da verliebte er sich nämlich tatsächlich in mich. Jetzt möchte er herkommen und erlebt mich hier, in dieser Umgebung. Er ist ein komischer Kerl, weißt du, anspruchsvoll und altmodisch. Mir – mir gefällt das eigentlich an ihm. Es erinnert mich an ‹Ansteys› und das Dorf – so hundert Jahre hinter der Zeit, aber auch ... ich weiß nicht, so duftend! Wie Lavendel!»

Sie lachte, etwas beschämt über ihre Begeisterung.

«Mir würde es gefallen, wenn du Jim Masterton heiratest», sagte Mrs. St. Vincent ernst und direkt. «Er gehört zu uns. Er ist sehr vermögend, das auch, aber ich finde es nicht so wichtig.»

«Ich schon», antwortete Barbara. «Ich habe es satt, immer knapp bei Kasse zu sein.»

«Aber, Barbara, es ist nicht alles ...»

«Du glaubst, nur deshalb möchte ich ... nein, das stimmt nicht. Ich – ach Mutter, spürst du es denn nicht?»

Mrs. St. Vincent sah sehr unglücklich aus.

«Ich wünschte, er könnte dich in der richtigen Umgebung erleben, mein Liebling», sagte sie betrübt.

«Ach, warum sich Sorgen machen!» rief Barbara. «Wir können genausogut versuchen, die Dinge positiv zu sehen. Tut mir leid, daß ich so schlechte Laune hatte. Sei wieder fröhlich, Mutter.»

Sie neigte sich über sie, küßte sie leicht auf die Stirn und ging hinaus. Mrs. St. Vincent gab alle Versuche, Ordnung in ihre Finanzen zu bringen, auf und setzte sich auf das unbequeme Sofa. Ihre Gedanken liefen im Kreis, wie Eichhörnchen in einem Käfig.

Man kann sagen, was man will, überlegte sie, aber Männer geben was auf Äußerlichkeiten. Später nicht mehr, wenn sie erst verlobt sind. Dann wird er schon begreifen, was für ein süßes liebes Mädchen sie ist. Junge Leute passen sich so schnell ihrer Umgebung an. Rupert hat sich so verändert. Er ist ganz anders als früher. Natürlich sollen meine Kinder nicht arrogant sein. Das möchte ich selbstverständlich nicht. Aber es würde mir nicht besonders gefallen, wenn sich Rupert mit dem schrecklichen Mädchen aus dem Tabakladen verlobt. Na ja, sie ist ein ganz reizendes Kind, aber sie gehört nicht zu uns. Es ist alles so schwierig. Die arme kleine Barbara. Wenn ich ihr doch helfen könnte – irgendwie. Nur – woher soll ich das Geld nehmen? Wir haben alles verkauft, damit Rupert einen guten Start hat. Und eigentlich könnten wir uns nicht einmal das leisten.

Um sich abzulenken, nahm sie die *Morning Post* und las

die Anzeigen auf der ersten Seite. Die meisten kannte sie auswendig. Leute, die Kapital suchten, Leute, die welches hatten und es anlegen wollten, Leute, die Zähne kaufen wollten – sie fragte sich jedesmal erneut, warum –, Leute, die Pelze und Kleider verkaufen wollten und bezüglich der Preise optimistische Vorstellungen hatten.

Plötzlich wurde sie hellwach. Wieder und wieder las sie den Text der Anzeige.

Für Anspruchsvolle! Kleines Haus in Westminster, reizend eingerichtet, an Liebhaber gegen kostendeckende Miete. Keine Makler.

Eine ganz gewöhnliche Annonce. Sie hatte eine Menge dieser Art gelesen – zumindest ähnliche. Kostendeckende Miete – das war meistens der Haken an der Geschichte.

Doch da sie so unruhig war und ihren Gedanken entfliehen wollte, setzte sie den Hut auf und nahm den Bus, der in die Richtung der genannten Adresse fuhr.

Wie sich herausstellte, war es ein Maklerbüro, keine moderne große Firma, eher schäbig und altmodisch. Etwas verlegen holte sie die Anzeige heraus, die sie aus der Zeitung herausgerissen hatte, und fragte nach näheren Einzelheiten.

Der weißhaarige alte Gentleman, der sie empfangen hatte, strich sich nachdenklich das Kinn.

«Perfekt! Ja, perfekt, Madam. Es handelt sich um das Haus am Cheviot Place 7. Möchten Sie es mieten?»

«Ich hätte vorher gern gewußt, wie hoch die Miete ist», antwortete Mrs. St. Vincent.

«Ach, die Miete! Die genaue Höhe steht noch nicht fest, aber ich kann Ihnen versichern, sie soll nur die Kosten decken.»

«Darüber, was kostendeckend ist, gehen die Meinungen ziemlich auseinander», sagte Mrs. St. Vincent.

Der alte Gentleman gestattete sich ein leises Kichern.

«Ja, das ist ein alter Trick – ein sehr alter Trick. Aber ich gebe Ihnen mein Wort, daß er in diesem Fall nicht zutrifft. Zwei oder drei Guineas die Woche vielleicht, nicht mehr.»

Mrs. St. Vincent beschloß, sich eine Besichtigungserlaubnis geben zu lassen. Natürlich war es höchst unwahrscheinlich, daß sie sich das Haus leisten konnte. Aber ansehen konnte sie es sich schließlich. Wenn man es so billig hergab, mußte es irgendwelche Nachteile haben.

Als sie vor Cheviot Place 7 stand, machte ihr Herz einen Satz. Ein Schmuckstück von einem Haus! Im Queen-Anne-Stil erbaut und sehr gepflegt. Ein Butler öffnete. Er hatte graues Haar und kleine Koteletten und strahlte die Ruhe und Würde eines Erzbischofs aus.

Mit gütigem Gesicht nahm er den Erlaubnisschein in Empfang.

«Selbstverständlich, Madam, führe ich Sie herum. Sie könnten sofort einziehen.»

Er schritt ihr voraus, öffnete Türen, erklärte die Räumlichkeiten.

«Dies ist das Wohnzimmer, dies das weiße Arbeitszimmer, dann eine Toilette, bitte, hier durch, Madam.»

Es war vollkommen – ein Traum, alles Stilmöbel, jedes Stück verriet, daß es oft gebraucht worden war, liebevoll gepflegt und gewachst. Die Teppiche hatten gedämpfte alte Farben. In jedem Raum standen Vasen mit frischen Blumen. Die Rückseite des Hauses ging auf den Green Park hinaus. Das Ganze strahlte einen altmodischen Charme aus.

Mrs. St. Vincent traten die Tränen in die Augen, die sie nur mit Mühe zurückhalten konnte. So hatte «Ansteys» ausgesehen, «Ansteys» ...

Sie fragte sich, ob der Butler ihre Rührung bemerkt hatte. Falls ja, war er zu gut erzogen, um es zu zeigen. Sie mochte diese alten Diener, man fühlte sich so geborgen bei ihnen, so sicher. Sie waren wie gute Freunde.

«Ein schönes Haus», sagte sie leise. «Sehr schön. Ich habe mich gefreut, es ansehen zu dürfen.»

«Ist es für Sie allein, Madam?»

«Für meinen Sohn und meine Tochter und für mich. Nur fürchte ich ...»

Sie schwieg. Sie hätte es so gern gemietet – so schrecklich gern!

Sie spürte instinktiv, daß der Butler sie verstand. Ohne sie anzusehen sagte er in seiner kühlen, unpersönlichen Art: «Zufällig weiß ich, Madam, daß dem Besitzer vor allem an den richtigen Mietern gelegen ist. Die Miete spielt für ihn keine Rolle. Er möchte, daß in dem Haus jemand wohnt, der es wirklich liebt und sich um alles ordentlich kümmert.»

«Das würde ich tun», sagte Mrs. St. Vincent. Dann fügte sie, schon zum Gehen gewandt, hinzu: «Vielen Dank, daß Sie mich herumgeführt haben.»

«Es war mir ein Vergnügen, Madam.»

Er stand unter der Haustür, sehr korrekt und aufrecht, während sie die Straße hinunterging. Er weiß Bescheid, überlegte sie. Ich tue ihm leid. Er gehört auch noch zur alten Garde. Er hätte gern, daß ich dort wohne und nicht ein Abgeordneter der Arbeiterpartei oder ein Knopffabrikant. Unsere Art stirbt aus, aber wir halten zusammen.

Am nächsten Morgen lag ein Brief neben ihrem Teller. Er stammte von der Maklerfirma. Man machte ihr das Angebot, Cheviot Place 7 auf sechs Monate für zwei Guineas in der Woche zu mieten, und dann hieß es weiter: «Sicherlich haben Sie den Umstand bedacht, daß die Angestellten weiterhin vom Eigentümer bezahlt werden? Es ist ein einmaliges Angebot.»

Das war es wirklich. Sie war so aufgeregt, daß sie den Brief sofort laut vorlas. Ein Feuerwerk von Fragen folgte, und sie erzählte von ihrem gestrigen Besuch.

«Was für eine Heimlichtuerin du bist!» rief Barbara. «Ist es wirklich so entzückend?»

Rupert räusperte sich und begann ein richtiges Kreuzverhör.

Dann meinte er: «Dahinter steckt noch etwas anderes. Es stinkt, wenn ihr mich fragt. Bestimmt ist was faul daran.»

«Ach, Unsinn», sagte Barbara und rümpfte die Nase. «Warum soll was dahinterstecken? Das sieht dir ähnlich, Rupert, immer witterst du Geheimnisse, wo gar keine sind. Die schrecklichen Kriminalromane sind schuld, die du immer liest.»

«Die Miete ist ein Witz», erklärte Rupert. «Wenn man in der Stadt arbeitet», fügte er gewichtig hinzu, «erlebt man die seltsamsten Sachen. Ich kann euch nur sagen, daß das Angebot mehr als faul ist.»

«Das glaube ich nicht», meinte Barbara. «Das Haus gehört eben einem Mann mit viel Geld, er liebt es und möchte, daß nette Leute drin wohnen, während er verreist ist. Irgend so was. Geld ist vermutlich für ihn völlig unwichtig.»

«Wie war noch die Adresse?» fragte Rupert seine Mutter.

«Cheviot Place 7.»

«Hu, wie aufregend!» Er schob seinen Stuhl zurück. «Der verschwundene Lord Listerdale wohnte dort.»

«Bist du sicher?» fragte Mrs. St. Vincent zweifelnd.

«Völlig. Er hat noch eine Menge anderer Häuser, überall in London, aber in dem dort wohnte er. Eines Abends erklärte er, er ginge jetzt in seinen Club, und seitdem hat ihn kein Mensch mehr gesehen. Angeblich ist er nach Ostafrika oder so abgehauen, aber niemand weiß, warum. Vielleicht ist er in dem Haus auch ermordet worden. Sagtest du nicht, daß es viel Täfelung gibt?»

«Ja, schon», antwortete Mrs. St. Vincent hilflos, «aber ...»

Rupert ließ sie nicht aussprechen.

«Die Wandtäfelung!» rief er fasziniert. «Na also! Bestimmt gibt es irgendwo einen verborgenen Alkoven. Die

Leiche wurde dort versteckt und ist immer noch da. Vielleicht hat man sie vorher einbalsamiert.»

«Rupert, mein Lieber, rede keinen Unsinn!» sagte seine Mutter.

«Sei kein Idiot!» rief Barbara. «Du bist mit deiner Wasserstoffblondine zu oft im Kino gewesen.»

Rupert erhob sich würdevoll – jedenfalls mit soviel Würde, wie seine schlaksige und ungelenke Art es zuließ – und sprach ein Ultimatum.

«*Du* mietest das Haus, Mama, und *ich* erforsche das Geheimnis. Du wirst schon sehen!»

Rupert verabschiedete sich eilig, weil er Angst hatte, zu spät ins Büro zu kommen.

Die Blicke von Mutter und Tochter trafen sich.

«Wäre es möglich, Mutter?» fragte Barbara ängstlich. «Ach! Wenn wir es doch mieten könnten.»

«Die Angestellten müssen essen», sagte Mrs. St. Vincent betrübt. «Nicht, daß sie das nicht sollten, nur – das ist ein Nachteil, finde ich. Man kann so gut ohne gewisse Dinge auskommen – wenn man allein ist.»

Mitleidig sah sie Barbara an. Barbara nickte.

«Wir müssen noch einmal darüber nachdenken», sagte ihre Mutter.

Aber in Wirklichkeit hatte sie sich schon entschlossen. Sie hatte das Leuchten in den Augen ihrer Tochter gesehen.

Jim Masterton muß sie in der richtigen Umgebung treffen, überlegte sie. Das ist eine Chance – eine großartige Chance. Ich darf sie uns nicht entgehen lassen.

Sie setzte sich und schrieb dem Maklerbüro, daß sie das Angebot annehmen würde.

«Woher kommen die Lilien, Quentin? Ich kann wirklich keine teuren Blumen kaufen.»

«Sie wurden von ‹King's Cheviot› geschickt, Madam. Das ist so üblich.»

Der Butler zog sich zurück. Mrs. St. Vincent stieß einen erleichterten Seufzer aus. Was würde sie nur ohne Quentin tun? Er machte alles so leicht und einfach. Es kann nicht lange dauern, dachte sie, es ist zu schön, um wahr zu sein. Irgendwann wache ich auf, ich weiß es, und stelle fest, daß alles nur ein Traum war. Ich bin hier so glücklich – schon zwei Monate, und sie sind vergangen wie im Flug.

Das Leben war wirklich erstaunlich angenehm gewesen. Quentin, der Butler, hatte sich zum Herrscher von Cheviot Place 7 entwickelt. «Überlassen Sie alles mir, Madam», hatte er respektvoll gesagt, «Sie werden sehen, daß es so am besten ist.»

Jede Woche brachte er ihr das Haushaltsbuch. Die Ausgaben waren erfreulich niedrig. Es gab nur noch zwei andere Angestellte, eine Köchin und ein Hausmädchen. Sie waren freundlich und tüchtig, aber es war Quentin, der den Haushalt führte. Wild und Geflügel erschienen manchmal auf dem Tisch, was Mrs. St. Vincent Sorgen bereitete. Doch Quentin beruhigte sie. Es sei von Lord Listerdales Landsitz «King's Cheviot» geschickt worden, oder von seiner Jagd in Yorkshire.

«So war es immer üblich, Madam», pflegte er zu sagen.

Insgeheim bezweifelte Mrs. St. Vincent, daß der abwesende Lord Listerdale mit dieser Behauptung einverstanden sein würde. Sie hatte vielmehr den Verdacht, daß Quentin sich Befugnisse seines Herrn anmaßte. Es war klar, daß er Gefallen an ihr und den Kindern fand und für sie in seinen Augen nichts gut genug war.

Durch Ruperts Bemerkung war damals ihre Neugier erwacht, und bei ihrem nächsten Besuch im Maklerbüro hatte sie vorsichtig die Sprache auf Lord Listerdale gebracht. Der weißhaarige Gentleman hatte sich sofort dazu geäußert.

Ja, Lord Listerdale sei in Ostafrika, schon seit achtzehn Monaten.

«Unser Klient ist ein ziemlich exzentrischer Mann», sagte

er und lächelte breit. «Er verließ London auf höchst unkonventionelle Art, wie Sie vielleicht wissen. Er sagte zu niemand ein Wort. Die Zeitungen bekamen Wind davon. Sogar Scotland Yard interessierte sich für die Sache. Glücklicherweise kam von Lord Listerdale selbst Nachricht, aus Ostafrika. Er erteilte seinem Vetter, Colonel Carfax, Handlungsvollmacht. Colonel Carfax ist es auch, der jetzt für Lord Listerdale alle Geschäfte führt. Ja, ziemlich exzentrisch, fürchte ich. Er ist immer viel in der Wildnis herumgereist – möglich, daß er für lange Zeit nicht nach England zurückkehrt, obwohl er auch schon in die Jahre kommt.»

«Sicherlich ist er noch nicht sehr alt», sagte Mrs. St. Vincent, die sich plötzlich einbildete, sein gutmütiges bärtiges Gesicht einmal in einer Illustrierten gesehen zu haben. Das Bild hatte sie an einen mittelalterlichen Seemann erinnert.

«Im besten Alter», antwortete der weißhaarige Gentleman. «Im *Debrett* steht, daß er dreiundfünfzig ist.»

Von dieser Unterhaltung hatte Mrs. St. Vincent Rupert erzählt, weil sie dem jungen Mann einen Dämpfer geben wollte.

Doch Rupert blieb unbeeindruckt.

«Ich finde, die Sache sieht noch viel fauler aus, als ich dachte», sagte er. «Wer ist dieser Colonel Carfax eigentlich? Vermutlich erbt er den Titel, wenn Listerdale was zustößt. Der Brief aus Ostafrika war sicher gefälscht. In drei Jahren oder so wird dieser Carfax ihn für tot erklären lassen und sich seinen Titel aneignen. Inzwischen verwaltet er den ganzen Besitz. Na, wenn das nicht zum Himmel stinkt!»

Er hatte sich herabgelassen, zuzugeben, daß das Haus ihm gefiel. In seiner Freizeit klopfte er manchmal eine Täfelung ab und maß die Wände genau nach, weil er hoffte, er könne ein Geheimzimmer finden, aber nach und nach ließ sein Interesse für den geheimnisvollen Lord Listerdale nach. Auch was die Tochter des Tabakhändlers anging, war er nicht mehr so begeistert. Atmosphäre spielt eben eine wichtige Rolle.

Für Barbara war das Haus ein großer Gewinn. Jim Masterton hatte die Familie besucht und war jetzt ein häufiger Gast. Er und Mrs. St. Vincent verstanden sich prächtig. Eines Tages machte er eine Bemerkung zu Barbara, die diese verblüffte.

«Dieses Haus ist ein großartiger Rahmen für deine Mutter, findest du nicht?»

«Für meine Mutter?»

«Ja. Als wäre es für sie gebaut worden. Es paßt zu ihr auf eine ganz seltsame Weise. Es hat eine komische Atmosphäre, irgendwie unheimlich, geisterhaft.»

«Du bist genau wie Rupert», beschwerte sich Barbara. «Er glaubt felsenfest, daß der verrückte Colonel Carfax Lord Listerdale ermordete und die Leiche unter dem Fußboden versteckte.»

Masterton lachte.

«Ich bewundere Ruperts kriminalistische Phantasie. Nein, so was meinte ich nicht. Aber irgend etwas liegt in der Luft, eine rätselhafte Stimmung, die ich nicht genau erklären kann.»

Sie wohnten drei Monate in Cheviot Place 7, als Barbara ihrer Mutter mit glücklichem Gesicht erzählte: «Jim und ich – wir haben uns verlobt. Ja, gestern abend! Ach, Mama, es ist wie im Märchen.»

«Meine Liebe! Ich freue mich so – so sehr.»

Mutter und Tochter umarmten sich.

«Weißt du eigentlich, daß Jim fast genauso heftig in dich verliebt ist wie in mich?» fragte Barbara schließlich mit einem kleinen mutwilligen Lachen.

Mrs. St. Vincent errötete, was ihr sehr gut stand.

«Wirklich, es stimmt», beharrte Barbara. «Du dachtest, das Haus würde die richtige Umgebung für mich sein, und dabei paßt es viel besser zu dir. Rupert und ich – wir gehören nicht richtig hier her. Du schon.»

«Rede keinen Unsinn, Liebling.»

«Es ist kein Unsinn. Es hat etwas von einem verzauberten Schloß, und du bist die verzauberte Prinzessin, und Quentin – ja, er ist der gute Zauberer.»

Mrs. St. Vincent lachte und gab zu, daß sie mit ihrer Bemerkung über Quentin recht habe.

Rupert nahm die Neuigkeit, daß Barbara sich verlobt hatte, gelassen auf.

«Ich dachte schon, daß so was im Busch ist», bemerkte er weise.

Er und seine Mutter aßen allein zu Abend, Barbara war mit Jim ausgegangen.

Quentin stellte das Glas Portwein vor ihn hin und zog sich geräuschlos zurück.

«Ein komischer alter Knabe», sagte Rupert und nickte in Richtung der geschlossenen Tür. «Er hat was Verdächtiges an sich, weißt du, irgendwas ist ...»

«... ist faul?» fragte Mrs. St. Vincent dazwischen und lächelte leicht.

«Nanu, wieso wußtest du, was ich sagen wollte?» fragte Rupert erstaunt.

«Weil es ein Lieblingswort von dir ist. Du entdeckst sehr häufig etwas, das faul ist. Vermutlich glaubst du jetzt, daß Quentin Lord Listerdale umbrachte und ihn unter dem Fußboden versteckte?»

«Hinter der Täfelung», verbesserte Rupert. «Du bringst immer alles durcheinander, Mutter. Nein, ich habe mich erkundigt. Quentin war damals in ‹King's Cheviot›.»

Mrs. St. Vincent lächelte ihm zu, stand auf und ging in ihr Wohnzimmer hinauf. In mancher Hinsicht brauchte Rupert lange, bis er erwachsen wurde.

Trotzdem dachte sie dann darüber nach, warum Lord Listerdale England so plötzlich verlassen hatte. Für diesen überstürzten Entschluß mußte es doch einen Grund geben. Sie grübelte immer noch darüber nach, als Quentin mit dem Kaffeetablett eintrat.

«Sie sind lange bei Lord Listerdale gewesen, nicht wahr?» fragte sie direkt.

«Ja, Madam. Seit ich ein Bursche von einundzwanzig war. Da lebte sein Vater noch. Ich fing als dritter Diener an.»

«Sie müssen Lord Listerdale sehr gut kennen. Was für ein Mann ist er?»

Der Butler verschob das Tablett etwas, damit sie den Zukker besser erreichen konnte, und antwortete in leidenschaftslosem Ton: «Lord Listerdale war ein sehr selbstsüchtiger Mann, Madam. Er dachte nie an andere.»

Er nahm das Tablett und trug es aus dem Zimmer. Mrs. St. Vincent saß mit der Kaffeetasse in der Hand da und runzelte erstaunt die Stirn. Irgend etwas war seltsam an dieser Antwort gewesen, abgesehen vom Inhalt selbst. Ein paar Sekunden später wurde es ihr blitzartig klar.

Quentin hatte «war» gesagt, nicht «ist». Aber dann mußte er glauben ... dann dachte er ... sie riß sich zusammen. Sie war schon so schlimm wie Rupert! Sie fühlte sich äußerst unbehaglich. Später glaubte sie immer, daß sie in jenem Augenblick den ersten Verdacht gehabt hatte.

Barbaras Glück und Zukunft waren gesichert, und sie hatte Zeit, ihren eigenen Gedanken nachzuhängen, und gegen ihren Willen begannen sie sich immer mehr mit dem geheimnisvollen Lord Listerdale zu beschäftigen. Was steckte wirklich dahinter? Was es auch sein mochte, Quentin wußte etwas. Jene seltsamen Worte, die er gesagt hatte: «... ein sehr selbstsüchtiger Mann, er dachte nie an andere.» Was meinte er damit? Er hatte es gesagt, wie ein Richter reden würde, sachlich und unparteiisch.

Hatte Quentin mit Lord Listerdales Verschwinden etwas zu tun? Falls es zu einer Tragödie gekommen war – hatte er seine Finger im Spiel gehabt? Ruperts Vermutungen hatten zwar zu Anfang lächerlich geklungen, aber schließlich war nur ein Brief mit der Handlungsvollmacht aus Ostafrika gekommen, was eigentlich ziemlich verdächtig war.

So sehr sie sich auch bemühte, sie konnte nicht glauben, daß Quentin zu einer schlechten Tat fähig war. Quentin, sagte sie sich wieder und wieder, war ein guter Mensch. Sie benützte das Wort im einfachsten Sinn, wie ein Kind es tun würde. Quentin war *gut.* Und doch – er wußte etwas.

Sie unterhielt sich nie wieder mit ihm über seinen Herrn. Das Thema geriet anscheinend in Vergessenheit. Rupert und Barbara hatten andere Dinge im Kopf, es gab keine weiteren Diskussionen über Lord Listerdale.

Gegen Ende August änderten sich die Dinge. Ihr vager Verdacht wurde Wirklichkeit. Rupert machte mit einem Freund, der ein Motorrad besaß, vierzehn Tage Ferien. Etwa zehn Tage nach seiner Abreise stürmte er zu ihrem Erstaunen in das Zimmer, in dem sie saß und schrieb.

«Rupert!» rief sie verblüfft.

«Jaja, Mutter, du erwartest mich frühestens in drei Tagen zurück. Aber es ist etwas passiert. Anderson – du weißt schon, mein Freund –, also Anderson war es egal, wohin wir fuhren, und da schlug ich vor, ‹King's Cheviot› zu besuchen ...»

«‹King's Cheviot›? Warum denn ...»

«Du weißt ganz genau, Mutter, ich dachte immer, daß hier was faul ist. Na, da habe ich mir den alten Kasten angesehen. Übrigens ist er vermietet. Nichts Verdächtiges zu finden. Hatte ich auch nicht erwartet. Ich habe nur ein wenig herumgeschnüffelt, wie man so schön sagt.»

Ja, dachte sie, Rupert war manchmal genau wie ein Hund. Er jagte im Kreis hinter irgend etwas Vagem, Undefinierbarem her, geleitet von seinem Instinkt, und war dabei glücklich.

«Als wir durch ein Dorf ungefähr acht oder neun Meilen entfernt fuhren, da passierte es – ich meine, da sah ich ihn.»

«Wen?»

«Quentin. Er ging gerade in ein kleines Haus. ‹Da ist doch was faul›, sagte ich mir, und wir hielten an, und ich ging hin. Ich klopfte an die Haustür, und er öffnete.»

«Ich verstehe gar nichts mehr. Quentin war immer hier ...»

«Dazu komme ich gleich, Mutter. Wenn du doch nur zuhören und mich nicht unterbrechen würdest. Es war Quentin, und er war es wieder nicht, wenn du verstehst, was ich meine.»

Mrs. St. Vincent verstand absolut nicht, was er meinte, und deshalb erläuterte er die Sache etwas näher.

«Es war Quentin, jawohl, nur war es nicht *unser* Quentin. Es war der richtige Quentin.»

«Rupert, ich bitte dich!»

«Hör mir doch zu! Zuerst war ich auch verwirrt. ‹Sie sind doch Quentin, nicht wahr?› fragte ich. Und der alte Knabe antwortete: ‹Ja, stimmt, Sir, so heiße ich. Was kann ich für Sie tun?› Da erkannte ich, daß er nicht unser Mann war, obwohl alles sehr ähnlich war, Stimme und so. Ich stellte ein paar Fragen, und die Wahrheit kam ans Licht. Der alte Knabe hatte keine Ahnung, daß irgend etwas faul war. Er war Lord Listerdales Butler gewesen, das stimmte. Man hatte ihn in Pension geschickt und ihm das kleine Haus gegeben, ungefähr zu der Zeit, als Lord Listerdale angeblich nach Afrika reiste. Begreifst du, was das bedeutet? Unser Mann ist ein Betrüger – er spielt Quentins Rolle nicht ohne Grund. Nach meiner Theorie kam er an jenem Abend nach London, tat, als sei er der Butler aus ‹King's Cheviot›, sprach mit Lord Listerdale, tötete ihn und versteckte die Leiche hinter der Täfelung. Es ist ein altes Haus, bestimmt gibt es hier Geheimkammern ...»

«Oh, fang nicht schon wieder damit an», unterbrach ihn Mrs. St. Vincent wütend. «Ich ertrage es nicht. Warum hätte er ihn umbringen sollen, das würde ich gern wissen, *warum*? Wenn er es getan hat – und das glaube ich keine Minute lang, hörst du –, was für einen *Grund* hatte er?»

«Du hast recht», antwortete Rupert. «Das Motiv – das Motiv ist wichtig. Deshalb habe ich Nachforschungen angestellt. Lord Listerdale hat viel Hausbesitz. In den vergangenen beiden Tagen entdeckte ich, daß praktisch alle seine Häuser in den letzten achtzehn Monaten an Leute wie uns vermietet wurden, zu einer niedrigen Miete und mit der Auflage, daß *alle Angestellten bleiben müßten.* Und in allen diesen Fällen war Quentin selbst – der Mann, der sich Quentin nennt – einige Zeit als Butler dort. Mir sieht es so aus, als ob irgend etwas – Schmuck, wichtige Papiere – in einem von Lord Listerdales Häusern versteckt ist und die Verbrecherbande nicht weiß, in welchem. Es ist nur eine Vermutung, daß eine Bande im Spiel ist, natürlich könnte Quentin auch ein Einzelgänger sein. Es ...»

«Rupert!» unterbrach ihn Mrs. St. Vincent mit ziemlicher Entschiedenheit. «Hör mal eine Minute auf zu reden. Mir wird schon ganz schwindlig. Außerdem – was du da erzählst, ist alles Unsinn – Verbrecherbanden, versteckte Papiere ...»

«Ich habe noch eine andere Theorie», gestand Rupert. «Quentin könnte auch jemand sein, dem Lord Listerdale Unrecht getan hat. Der echte Butler erzählte mir eine lange Geschichte über einen Mann namens Samuel Lowe, einen Untergärtner, ungefähr so groß und von ähnlicher Statur wie Quentin. Er hatte was gegen Listerdale ...»

Mrs. St. Vincent schreckte zusammen.

«Er dachte nie an andere.» Die Worte des Butlers fielen ihr wieder ein und der sachliche, unbeteiligte Ton, in dem er sie gesagt hatte. Was für dürftige Worte. Worum ging es in Wirklichkeit?

Sie war so in Gedanken versunken, daß sie Rupert kaum zuhörte. Er erklärte ihr hastig etwas, das sie nicht verstand, und lief aus dem Zimmer.

Dann tauchte sie aus ihren Grübeleien auf. Wo war Rupert? Was würde er tun? Sie hatte seinen letzten Worten nicht richtig zugehört. Vielleicht lief er zur Polizei. In diesem Fall ...

Sie stand abrupt auf und drückte die Klingel. Wie üblich erschien Quentin sofort.

«Sie haben geläutet, Madam?»

«Ja. Bitte, kommen Sie herein und schließen Sie die Tür!»

Der Butler gehorchte. Mrs. St. Vincent schwieg einen Augenblick und musterte ihn mit ernsten Augen.

Er war so freundlich zu mir, dachte sie. Keiner ahnt, wie freundlich er war. Die Kinder können es nicht verstehen. Ruperts Geschichte ist bestimmt völliger Unsinn. Andererseits könnte aber ... ja, vielleicht ist doch etwas dran. Warum sollte ich ihn verurteilen? Man weiß nie. Ich meine, was richtig und was falsch an so einer Sache ist ... Ich würde mein Leben verwetten – ja, mein Leben –, daß er ein guter Mensch ist.

«Mr. Rupert ist gerade zurückgekommen, Quentin», sagte sie errötend mit unsicherer Stimme. «Er war in ‹King's Cheviot› und in einem Dorf in der Nähe ...»

Sie schwieg, weil sie bemerkte, daß er gegen seinen Willen zusammengezuckt war.

«Er ist jemand – er ist jemand begegnet», fuhr sie vorsichtig fort.

So, jetzt ist er gewarnt, dachte sie. Auf jeden Fall ist er gewarnt.

Nach der kurzen Reaktion von eben hatte Quentin seine Gelassenheit wiedergefunden. Seine Augen sahen sie wachsam und forschend an. Ein Ausdruck lag in ihnen, den sie bisher noch nicht an ihm bemerkt hatte. Zum erstenmal blickte er sie mit den Augen eines Mannes an und nicht mit denen eines Dieners.

Er zögerte einen Augenblick, dann fragte er in einem Ton, der sich ebenfalls etwas verändert hatte: «Warum erzählen Sie mir das, Mrs. St. Vincent?»

Ehe sie antworten konnte, flog die Tür auf und Rupert kam herein. Ihm folgte ein würdevoller Mann mit kleinen

Koteletten und der Miene eines gütigen Erzbischofs. Es mußte Quentin sein.

«Hier ist er», sagte Rupert. «Der echte! Er wartete draußen in einem Taxi. Also, Quentin, sehen Sie sich diesen Mann mal an und sagen Sie mir, ob er Samuel Lowe ist!»

Es war Ruperts großer Augenblick. Doch er war nur kurz, denn er erkannte fast sofort, daß etwas nicht stimmte. Eine Zeitlang sah der echte Quentin verlegen und ziemlich unsicher aus, der zweite Quentin lächelte, ein breites Lächeln voll ehrlichen Vergnügens.

Er klopfte seinem verwirrten Doppelgänger freundlich auf den Rücken.

«Es ist schon in Ordnung, Quentin. Irgendwann mußte ich ja mal die Katze aus dem Sack lassen. Sie können ihnen erzählen, wer ich bin.»

Der würdevolle Fremde straffte sich.

«Dies, Sir», verkündete er in vorwurfsvollem Ton, «ist mein Herr, Lord Listerdale, Sir.»

In den nächsten Minuten geschahen viele Dinge. Zuerst brach Ruperts Selbstsicherheit völlig in sich zusammen. Ehe er wußte, wie ihm geschah, wurde er freundlich zur Tür manövriert. Der Mund stand ihm vor Verblüffung immer noch offen. Eine freundliche Stimme, die ihm vertraut klang und doch wieder nicht, sagte an seinem Ohr: «Es ist alles in Ordnung, mein Junge. Es gab keine Scherben. Gute Arbeit hast du geleistet. Mich einfach so aufzustöbern.»

Dann stand er draußen auf dem Treppenabsatz und sah auf die geschlossene Tür. Der echte Quentin stand neben ihm. Ein freundlicher Strom von Erklärungen floß von seinen Lippen. Drinnen im Zimmer sagte Lord Listerdale zu Mrs. St. Vincent:

«Ich möchte es Ihnen gern erklären – falls ich es kann. Mein Leben lang war ich ein egoistischer Teufel gewesen, und eines Tages merkte ich es. Ich dachte, ich sollte es mal mit der Nächstenliebe versuchen, und da ich ein verrückter

Kerl bin, fing ich das auch ziemlich verrückt an. Ich wollte in bestimmte Organisationen Geld stecken, irgend so etwas, doch dann hatte ich das Gefühl, es müßte etwas Persönlicheres sein. Mir taten die Leute schon immer leid, die nicht bitten können, die schweigend leiden – der verarmte Adel zum Beispiel. Ich besitze eine Menge Häuser. Da kam mir die Idee, diese Häuser an Menschen zu vermieten, die – nun, die es nötig hatten und es zu schätzen wußten. Junge Ehepaare auf dem Weg nach oben, Witwen mit Söhnen und Töchtern, die ihre ersten Schritte ins Leben machten. Quentin ist mehr als nur ein Butler. Er ist mein Freund. Mit seinem Einverständnis und seiner Hilfe lieh ich mir seine Persönlichkeit. Ich hatte immer schon ein schauspielerisches Talent. Die Idee zu all dem kam mir, als ich eines Abends unterwegs zum Club war, und ich fuhr sofort zu Quentin, um sie mit ihm zu besprechen. Als ich entdeckte, daß es um mein Verschwinden eine so große Aufregung gab, arrangierte ich es so, daß aus Ostafrika ein Brief von mir eintraf. Darin gab ich meinem Vetter Maurice Carfax alle Vollmachten. Und – nun, das ist die ganze Geschichte.»

Er schwieg hilflos und warf Mrs. St. Vincent einen bittenden Blick zu. Sie stand sehr aufrecht da und sah ihn ruhig an.

«Es war ein freundlicher Plan», sagte sie. «Und ein sehr ungewöhnlicher, und man muß Ihnen die ganze Sache hoch anrechnen. Ich bin – ich bin Ihnen äußerst dankbar. Nur, Sie werden natürlich verstehen, daß wir jetzt nicht mehr bleiben können.»

«Das habe ich erwartet», antwortete er. «Ihr Stolz wird nicht zulassen, daß Sie etwas annehmen, was in Ihren Augen eine milde Gabe ist.»

«Stimmt das denn nicht?» fragte sie ruhig.

«Nein», antwortete er. «Denn ich verlange dafür etwas.»

«Und das wäre?»

«Alles.» Seine Stimme klang fordernd, wie die Stimme eines Menschen, der gewohnt ist, andere zu beherrschen.

«Als ich dreiundzwanzig war», fuhr er fort, «heiratete ich das Mädchen, das ich liebte. Ein Jahr später starb sie. Seit damals bin ich sehr einsam. Ich habe mir immer so gewünscht, eine bestimmte Frau zu finden – die Frau meiner Träume . . .»

«Und das bin ich?» fragte sie leise. «Ich bin zu alt – verblüht . . .»

Er lachte.

«Alt? Sie sind jünger als Ihre Kinder. Aber ich bin alt, wenn Sie so wollen.»

Da mußte auch sie lachen, es war ein sanftes, vergnügtes Lachen.

«Du? Du bist immer noch ein kleiner Junge. Ein kleiner Junge, der sich gern verkleidet.»

Sie streckte ihm die Hände entgegen, und er nahm sie.

Die Mausefalle

Drei blinde Mäuse,
Drei blinde Mäuse,
Ha, wie sie rennen!
Ha, wie sie rennen!
Sie rannten zur Bäuerin unverwandt.
Die nahm ein großes Messer zur Hand
Und schnitt sogleich –
 schnipp, schnapp!
 schnipp, schnapp! –
Den armen Mäusen die Schwänze ab.
Oh, was für ein schrecklich grausamer Schwapp
Für drei blinde Mäuse.

Es herrschte eisige Kälte, und schwere, schneebeladene Wolken verdüsterten den Himmel.

Ein Mann, der einen dunklen Überzieher trug und dessen Gesicht durch den tief in die Stirn gezogenen Hut und den hochgewickelten Schal fast gänzlich verhüllt war, kam die Culver Street entlang und stieg die Stufen zu Nr. 74 hinauf. Er drückte auf die Klingel, die er unten im Souterrain schrillen hörte.

Mrs. Casey, die gerade beim Geschirrspülen war, murrte: «Diese verfluchte Glocke! Nie läßt sie einen in Frieden.»

Ein wenig schnaufend schleppte sie sich die Treppe hinauf und öffnete die Tür.

Der Mann, dessen Silhouette sich von dem finsteren Himmel abhob, fragte im Flüsterton: «Mrs. Lyon?»

«Zweiter Stock», erwiderte Mrs. Casey. «Sie können hinaufgehen. Werden Sie erwartet?» Der Mann schüttelte langsam den Kopf. «Na, gehen Sie nur ruhig nach oben, und klopfen Sie an.»

Sie blickte ihm nach, als er die mit einem schäbigen Läufer belegte Treppe hochstieg. Später erklärte sie, er habe ihr «ein komisches Gefühl eingeflößt». In Wirklichkeit jedoch dachte sie nur: Er muß ziemlich stark erkältet sein, daß er nur noch flüstern kann.

Sobald der Fremde hinter der Treppenbiegung den Blikken der Wirtin entschwunden war, begann er leise zu pfeifen. Seltsamerweise war es ein Kinderlied, das er pfiff: *Drei blinde Mäuse.*

Molly Davis trat einen Schritt zurück auf die Straße und betrachtete das frischgemalte Schild neben dem Tor.

Monkswell Manor

Pension

Sie nickte wohlgefällig. Es erweckte tatsächlich den Eindruck, als sei es von fachkundiger Hand geschaffen worden. Na, objektiv gesehen, vielleicht nicht ganz fachkundig. Das *s* in *Pension* kletterte ein wenig nach oben, und die letzten Buchstaben in *Manor* waren etwas zusammengedrängt, aber im großen ganzen konnte Giles auf diese wunderbare Leistung stolz sein. Giles war doch eigentlich sehr begabt. Er verstand sich auf so viele Dinge. Sie machte ständig neue Entdeckungen an ihrem Ehemann. Er sprach so wenig von sich selbst, daß sie erst nach und nach dahinterkam, über wie viele verschiedene Talente er verfügte. Ein ehemaliger Marinesoldat hatte immer geschickte Hände, sagten die Leute.

Nun, bei ihrem neuen Unternehmen würden Giles seine praktischen Fähigkeiten gut zustatten kommen; denn es gab wohl kaum jemanden, der in der Leitung einer Pension unerfahrener war als sie beide. Aber sie versprach sich viel Spaß davon, und außerdem war das Wohnungsproblem auf diese Weise gelöst.

Es war Mollys Idee gewesen. Als Miss Emory starb und die Rechtsanwälte Molly davon in Kenntnis setzten, daß ihre Tante ihr Monkswell Manor hinterlassen habe, faßten die jungen Leute zunächst den verständlichen Entschluß, das Haus zu verkaufen. Giles hatte gefragt: «Wie sieht es denn eigentlich aus?» Und Molly hatte geantwortet: «Ach, ein so großer, verschachtelter alter Kasten, vollgestopft mit moderigen, altmodischen, viktorianischen Möbeln, umgeben von einem sehr schönen Garten, der aber seit dem Krieg schrecklich verwahrlost ist, weil es nur noch einen alten Gärtner gab.»

Also beschlossen sie, das Besitztum zu verkaufen und nur so viele von den Möbeln zu behalten, um damit ein Häuschen oder eine kleine Wohnung für sich selbst ausstatten zu können.

Aber sofort ergaben sich zwei Schwierigkeiten. Einmal waren keine Häuschen oder Wohnungen zu finden, und zum anderen hatten alle Möbelstücke riesige Ausmaße.

«Na», meinte Molly, «dann müssen wir eben *alles* verkaufen. Wir werden es ja wohl los, nicht wahr?»

Der Rechtsanwalt versicherte ihr, daß man heutzutage *alles* los werde.

«Höchstwahrscheinlich», meinte er, «macht jemand ein Hotel oder eine Pension daraus, und in diesem Falle übernimmt der Käufer sicher gern das gesamte Mobiliar. Zum Glück befindet sich das Haus in sehr gutem Zustand. Die verstorbene Miss Emory hat noch kurz vor dem Krieg umfassende Reparaturen und Modernisierungen ausführen lassen, und es ist seitdem sehr wenig verwohnt worden. O ja, alles ist sehr gut erhalten.»

Und in diesem Moment war Molly der Gedanke gekommen.

«Giles», hatte sie vorgeschlagen, «warum sollen wir es nicht selbst als Pension übernehmen?»

Zuerst hatte Giles über die Idee gespottet, doch Molly war beharrlich geblieben.

«Wir brauchen ja nicht zu viele Gäste zu nehmen – wenigstens nicht am Anfang. Das Haus ist leicht zu führen – es gibt heißes und kaltes Wasser in den Schlafzimmern, Zentralheizung und einen Gasherd. Außerdem können wir Hühner und Enten halten. Dann haben wir selbst Eier und Gemüse.»

«Und wer soll die ganze Arbeit besorgen? Ist es nicht sehr schwierig, Dienstboten zu bekommen?»

«Wir müßten natürlich die Arbeit selber tun. Aber das bliebe uns auch nicht erspart, wenn wir woanders lebten. Ein paar Menschen mehr – das würde nicht soviel ausmachen. Und später, wenn der Betrieb richtig läuft, könnten wir wahrscheinlich eine Hilfe bekommen. Wenn wir fünf Gäste hätten und jeder sieben Pfund die Woche zahlte . . .» Molly verlor sich in den Regionen einer etwas optimistischen Arithmetik.

«Und stell dir vor, Giles», schloß sie, «wir würden in unserem eigenen Haus leben. In unseren eigenen Sachen. Unter den jetzigen Verhältnissen können noch Jahre darüber hingehen, bis wir eine eigene Wohnung finden.»

Darin mußte Giles ihr recht geben. Seit ihrer überstürzten Heirat hatten sie so wenig Zeit zusammen verbracht, daß sie sich beide nach einem eigenen Heim sehnten.

Und so wurde das große Wagnis gestartet. Sie ließen Anzeigen in die Lokalzeitung und in die *Times* einrücken, die verschiedene Antworten brachten.

Heute sollte nun der erste Gast eintreffen. Giles war schon früh mit seinem Wagen aufgebrochen, um Drahtnetz aus Heeresbeständen zu kaufen, das am anderen Ende der Grafschaft angeboten wurde. Und Molly hatte verkündet, daß sie einen Gang ins Dorf unternehmen müsse, um einige letzte Einkäufe zu tätigen.

Nur mit dem Wetter haperte es. In den letzten beiden Tagen war es bitter kalt gewesen, und jetzt begann es auch noch zu schneien. Als Molly den Fahrweg zum Haus hinaufeilte, fielen dichte, flaumige Flocken auf den Kragen ihres Regenmantels und ihr helles, lockiges Haar. Die Wettervorhersagen waren recht düster gewesen. Schwerer Schneefall war zu erwarten.

Sie hoffte ängstlich, daß nicht alle Rohre einfrieren würden. Es wäre bedauerlich, wenn gleich zu Anfang alles schiefginge. Sie warf einen Blick auf ihre Uhr. Teezeit schon vorbei. Ob Giles wohl schon zurück war? Würde er sich im stillen wundern, wo sie steckte?

«Ich mußte noch einmal ins Dorf, weil ich etwas vergessen hatte», würde sie sagen, und er würde lachend fragen: «Noch mehr Konserven?»

Das Wort «Konserven» wirkte auf beide als Stichwort für Gelächter; denn sie hatten ihre Vorratskammer damit aufgefüllt wie für einen Belagerungszustand.

Und es sah ganz danach aus, dachte Molly mit einem schiefen Blick auf den schneeverhangenen Himmel, als ob ein solcher Belagerungszustand in Kürze eintreten würde.

Das Haus war leer. Giles war noch nicht zurück. Molly ging zunächst in die Küche und dann ins Obergeschoß, wo sie einen Rundgang durch die neuhergerichteten Gästezimmer machte. Mrs. Boyle bekam das Südzimmer mit den Mahagonimöbeln und dem Himmelbett, Major Metcalf das blaue Zimmer mit den Eichenmöbeln und Mr. Wren das Ostzimmer mit dem Erkerfenster. Alle Zimmer machten einen netten Eindruck – und was für ein Segen, daß ihre Tante einen so herrlichen Wäschevorrat besessen hatte. Molly zupfte eine Bettdecke zurecht und ging wieder nach unten. Es war jetzt fast dunkel. Das Haus kam ihr plötzlich unheimlich still und verlassen vor. Es lag ganz abgelegen, drei Kilometer vom nächsten Dorf entfernt. Am Ende der Welt, wie Molly sich ausdrückte.

Sie hatte früher schon öfter allein in diesem Haus geweilt, aber nie zuvor war sie sich der Einsamkeit so bewußt gewesen.

Der Schnee trieb in weichen Stößen gegen die Fensterscheiben – ein wisperndes, beunruhigendes Geräusch. Wenn Giles nun nicht zurückkehrte, wenn der Schnee so dick lag, daß der Wagen steckenblieb? Dann säße sie hier mutterseelenallein – vielleicht tagelang.

Sie ließ ihren Blick durch die Küche schweifen – eine große, behagliche Küche, in die eine dicke, gemütliche Köchin gehörte, die am Küchentisch präsidierte und mit rhythmischen Bewegungen ihrer Kiefer ihre Korinthenbrötchen kaute und schwarzen Tee dazu trank. Und auf der einen Seite müßte ein großes, älteres Stubenmädchen und auf der anderen ein molliges, pausbäckiges Hausmädchen sitzen und am unteren Ende des Tisches eine Küchenhilfe, die die Höhergestellten in der Dienstbotenhierarchie mit ängstlichen Blikken betrachtete. Statt dessen war sie, Molly Davis, Mädchen für alles; sie mußte eine Rolle ausfüllen, in die sie sich noch gar nicht eingelebt hatte. Ihr ganzes Leben erschien ihr im Augenblick unwirklich. Sie spielte eine Rolle – weiter nichts.

Ein Schatten glitt am Fenster vorbei und ließ sie zusammenfahren – ein fremder Mann kam durch den Schnee. Sie hörte das Knarren der Seitentür. Der Fremde stand unversehens im Türrahmen und schüttelte den Schnee ab, ein fremder Mann, der einfach in das leere Haus eindrang.

Und dann schwand das Trugbild plötzlich.

«O Giles», rief sie, «ich bin ja so froh, daß du wieder da bist!»

«Hallo, Liebling! Was für ein schauderhaftes Wetter! Mein Gott, ich bin halb erfroren.»

Er stampfte mit den Füßen und hauchte in seine Hände.

Mechanisch nahm Molly den Mantel auf, den er – typisch Giles – auf die Eichentruhe geworfen hatte. Sie hängte ihn auf einen Kleiderbügel und zog aus den vollgestopften Taschen einen Schal, eine Zeitung, ein Bindfadenknäuel und die Morgenpost, die er bunt durcheinander hineingezwängt hatte. Dann ging sie in die Küche, legte alle diese Dinge auf die Anrichte und setzte den Kessel auf.

«Hast du das Drahtnetz bekommen?» erkundigte sie sich. «Es hat ja eine Ewigkeit gedauert.»

«Es war nicht die richtige Sorte. Wir hätten es nicht gebrauchen können. Ich bin dann zu einem anderen Abladeplatz gefahren, aber dort gab's auch nichts Geeignetes. Und was hast du angefangen? Es ist wohl noch niemand aufgekreuzt, wie?»

«Mrs. Boyle soll ja sowieso erst morgen kommen.»

«Aber Major Metcalf und Mr. Wren waren für heute angemeldet.»

«Major Metcalf schrieb eine Karte, daß er erst morgen eintreffen würde.»

«Dann haben wir nur Mr. Wren zum Abendessen da. Was für ein Bild machst du dir von ihm? Ich stelle ihn mir als einen korrekten, pensionierten Beamten vor.»

«Nein, ich glaube, er ist ein Künstler.»

«In diesem Falle», meinte Giles, «lassen wir uns am besten eine Woche im voraus zahlen.»

«O nein, Giles, Gäste haben doch Gepäck. Wenn sie nicht zahlen, belegen wir es mit Beschlag.»

«Und wenn ihre Koffer in Zeitungspapier gewickelte Steine enthalten? Ehrlich gesagt, Molly, haben wir nicht die geringste Ahnung, was uns bei diesem Unternehmen noch alles blühen kann. Hoffentlich entdecken sie nicht sofort, was für blutige Anfänger wir sind.»

«Mrs. Boyle wird bestimmt dahinterkommen», meinte Molly. «Sie ist der Typ, der einen Riecher dafür hat.»

«Woher weißt du das? Hast du sie etwa schon gesehen?»

Molly wandte sich ab. Sie breitete eine Zeitung auf dem Tisch aus, holte etwas Käse und machte sich daran, ihn zu reiben.

«Was soll das werden?» erkundigte sich der Gemahl.

«Käseschnitzel», belehrte ihn Molly. «Brotkrumen, Kartoffelbrei und ein Hauch von Käse, um den Namen zu rechtfertigen.»

«Du scheinst ja eine raffinierte Köchin zu sein», bemerkte ihr bewundernder Gatte.

«Das möchte ich nicht behaupten. Ich kann immer nur eine Sache auf einmal machen. Mehrere Dinge nebeneinander zu erledigen, das erfordert soviel Übung. Das Frühstück ist am schlimmsten.»

«Warum?»

«Weil man so vieles gleichzeitig im Auge haben muß – Eier und Speck und heiße Milch und Kaffee und Toast. Die Milch kocht über, oder der Toast wird schwarz, oder der Speck verbrutzelt, oder die Eier werden hart. Man muß so rührig sein wie eine verbrühte Katze, wenn man alles kontrollieren will.»

«Da muß ich morgen früh doch mal Mäuschen spielen, um mir diese herumflitzende verbrühte Katze anzusehen.»

«Das Wasser kocht», bemerkte Molly. «Sollen wir das Tablett in die Bibliothek tragen und beim Essen Radio hören? Es ist beinahe Zeit für die Nachrichten.»

«Da wir offenbar den größten Teil des Tages in der Küche verbringen werden, sollten wir eigentlich hier auch ein Radio haben.»

«Ja. Wie gemütlich Küchen doch sind! Ich liebe diese Küche. Meiner Ansicht nach ist sie bei weitem der hübscheste Raum im ganzen Haus. Mir gefällt die Anrichte mit den Tellern, und ich schwelge geradezu in dem verschwenderischen Gefühl, das einem so ein gewaltig großer Küchenherd einflößt – obgleich ich natürlich dankbar bin, daß ich nicht darauf zu kochen brauche.»

«Eine einzige Mahlzeit würde wohl unsere ganze Jahresbrennstoffration verschlingen, nicht wahr?»

«Das möchte ich fast annehmen. Aber denke nur an die

riesigen Hammel- und Rinderbraten, die darin schmorten, an die kolossalen Kupfertöpfe mit selbsteingemachter Stachelbeermarmelade, die ungeheure Mengen von Zucker verschlang. Wie wunderbar und behaglich die Viktorianische Epoche doch war! Man braucht nur einen Blick auf die Möbel oben zu werfen: groß, solide und allerdings reichlich verziert, aber – oh! – diese himmlische Bequemlichkeit und der viele Platz, den sie für ihre Kleider hatten, und die Leichtigkeit, mit der Schubladen sich öffnen und schließen ließen. Erinnerst du dich noch an die elegante, moderne Wohnung, die man uns geliehen hatte? Lauter eingebaute Schränke mit Gleittüren – nur glitten sie nicht, sondern verklemmten sich dauernd.»

«Ja, das ist das Schlimmste an diesen modernen Vorrichtungen. Wenn sie nicht funktionieren, ist man erledigt.»

«Komm, laß uns die Nachrichten hören.»

Die Nachrichten bestanden in der Hauptsache aus düsteren Wetterwarnungen, den üblichen Stockungen in auswärtigen Angelegenheiten, lebhaften Kabbeleien im Parlament und einem Mord in der Culver Street, Paddington.

«Hu», sagte Molly und schaltete den Apparat aus. «Nichts als Trübsal. Ich habe keine Lust, mir noch einmal einen Aufruf zur Brennstoffersparnis anzuhören. Was erwarten sie eigentlich von uns? Sollen wir etwa im Kalten sitzen? Vielleicht hätten wir unsere Pension nicht im Winter eröffnen sollen. Es wäre besser gewesen, wenn wir bis zum Frühling gewartet hätten.» Mit veränderter Stimme setzte sie hinzu: «Ich möchte gern wissen, was für ein Mensch diese Frau war, die da ermordet worden ist.»

«Mrs. Lyon?»

«War das ihr Name? Wer hat sie wohl umgebracht, und warum?»

«Vielleicht hatte sie ein Vermögen unter den Dielen versteckt.»

«Wenn es heißt, die Polizei fahndet nach einem Mann,

der ‹in der Nähe des Tatortes gesehen› wurde, bedeutet dies, daß er der Mörder ist?»

«Gewöhnlich ja. Es ist nur eine höfliche Umschreibung.»

Der schrille Klang einer Glocke ließ sie beide zusammenfahren.

«Das ist die Haustür», erklärte Giles. «Eintritt – der Mörder», fügte er scherzhaft hinzu.

«In einem Theaterstück wäre es vielleicht so. Beeile dich. Es ist sicher Mr. Wren. Nun werden wir ja sehen, wer mit seiner Prophezeiung recht hat, du oder ich.»

Gleichzeitig mit Mr. Wren wirbelte ein kleines Schneegestöber ins Haus. Molly, die in der Tür zur Bibliothek stand, konnte von dem Ankömmling nur die Silhouette sehen, die sich von der weißen Welt draußen abhob.

Wie sehr, dachte sie, ähnelten sich doch alle Männer in ihrer zivilen Uniform. Dunkler Mantel, grauer Hut, ein um den Hals gewickelter Schal.

Im nächsten Augenblick hatte Giles die Haustür vor den Elementen verschlossen. Mr. Wren schälte sich aus seinem Halstuch, schleuderte seinen Hut beiseite und stellte seinen Koffer ab – alles mit einer Bewegung, wie es schien, wobei er ständig redete. Er hatte eine hohe, etwas nörglerische Stimme, und im Lichtschein der Halle entpuppte er sich als ein junger Mann mit einem zottigen, von der Sonne verblichenen Haarschopf und hellen, ruhelosen Augen.

«Einfach grauenhaft», sprudelte er hervor. «Der englische Winter in seiner schlimmsten Form – Rückkehr zu Dickens: Scrooge und Tiny Tim und so weiter. Man muß fürchterlich gesund sein, um das alles auszuhalten. Meinen Sie nicht auch? Und ich habe eine entsetzliche Reise quer durchs Land hinter mir. Ich komme nämlich aus Wales. Sind Sie Mrs. Davis? Ach, nein, wie reizend!» Mollys Finger wurden von einem knöchernen Händedruck umklammert.

«Ganz und gar nicht, wie ich Sie mir vorgestellt habe. Sie schwebten mir nämlich als Witwe eines Generals der indischen Armee vor. Schrecklich grimmig – eine ausgesprochene *mem-sahib* mit Messinggerät aus Benares. Dabei haben Sie hier ein richtiges viktorianisches Ziertischchen. Himmlisch, einfach himmlisch – haben Sie auch noch Wachsblumen? Oder Paradiesvögel? Oh, ich werde mich in dieses Haus geradezu verlieben. Ich befürchtete nämlich schon, daß es sehr *old-fashioned*, sehr auf ‹alter Herrensitz› aufgemacht sein würde – in Ermangelung von benarischem Kitsch, meine ich. Statt dessen ist es wunderbar – echte viktorianische Biederkeit! Sagen Sie mal, besitzen Sie auch noch eine dieser schönen Anrichten aus Mahagoni – pflaumenrotem Mahagoni mit großen, geschnitzten Früchten?»

«Ja», erwiderte Molly, der unter diesem Wortschwall fast der Atem verging, «die haben wir allerdings.»

«Nein! Kann ich sie sehen? Sofort? Wo ist sie? Hier?»

Seine Schnelligkeit war fast verwirrend. Im Nu hatte er die Eßzimmertür aufgestoßen und das Licht angedreht. Molly folgte ihm, gewahrend, daß das Profil ihres Gemahls zu ihrer Linken tiefste Mißbilligung zum Ausdruck brachte.

Mr. Wren ließ seine langen, knochigen Finger über die prächtige Schnitzerei des massiven Buffets gleiten, wobei er hin und wieder kurze Freudenlaute ausstieß. Dann richtete er einen vorwurfsvollen Blick auf seine Wirtin.

«Kein großer Eßtisch aus Mahagoni? Statt dessen nur diese kleinen, verstreuten Tische?»

«Wir nahmen an, daß es den Gästen so besser gefallen würde», erklärte Molly.

«Sie haben natürlich durchaus recht, Liebste. Ich ließ mich durch mein *Faible* für den viktorianischen Stil hinreißen. Wenn Sie einen solchen Tisch besäßen, müßten Sie selbstverständlich auch die dazu passende Familie haben; den gestrengen, stattlichen Vater mit Vollbart, die fruchtbare, verwelkte Mutter, elf Kinder, eine tyrannische Gouvernante und – nicht zu vergessen – die arme Verwandte, die überall aushilft und so überaus dankbar ist für das traute Heim, das man ihr bietet ...»

«Ich werde jetzt Ihren Koffer nach oben bringen», unterbrach Giles diesen Redestrom. «Ostzimmer?»

«Ja», bestätigte Molly.

Mr. Wren schoß wieder in die Halle, als Giles nach oben ging.

«Gibt es ein Himmelbett mit kleinen Chintzrosen?» fragte er.

«Nein», entgegnete Giles kurz, ehe er um die Treppenbiegung verschwand.

«Ich glaube, Ihr Gatte mag mich nicht», meinte Mr. Wren. «Wo hat er gedient? Bei der Marine?»

«Ja.»

«Das habe ich mir gedacht. Man ist dort viel weniger tolerant als bei der Armee und bei der Luftwaffe. Wie lange sind Sie schon verheiratet? Sind Sie sehr in ihn verliebt?»

«Vielleicht möchten Sie auch hinaufgehen und sich Ihr Zimmer ansehen?»

«Meine Frage war natürlich impertinent. Aber ich wollte es tatsächlich gern wissen. Es ist so interessant, wenn man über die Menschen Bescheid weiß. Meinen Sie nicht auch? Was sie denken und fühlen, meine ich, nicht nur, wer sie sind und was sie tun.»

«Ich nehme an», sagte Molly ein wenig ironisch, «daß Sie Mr. Wren sind.»

Der junge Mann blieb stehen und raufte sich das Haar mit beiden Händen.

«Aber nein, wie schrecklich – niemals denke ich an das Nächstliegende. Ja, ich bin Christopher Wren. Lachen Sie bitte nicht. Meine Eltern waren romantisch angehaucht. Sie hofften, ich würde Architekt werden, und hielten es daher für eine glänzende Idee, mich Christopher zu taufen – als Vorgabe sozusagen.»

«Und sind Sie nun Architekt?» fragte Molly, die sich das Lachen nicht verbeißen konnte.

«Allerdings», erwiderte Mr. Wren triumphierend. «Oder zumindest beinahe. Ich bin noch nicht ganz fertig. Aber es ist wirklich ein bemerkenwertes Beispiel für das alte Sprichwort: ‹Der Wunsch ist der Vater des Gedankens.› Wohlgemerkt, in Wirklichkeit ist der Name ein Nachteil für mich. Ich werde niemals *der* Christopher Wren sein. Dennoch mögen Chris Wrens ‹Fertignester› noch Ruhm erlangen.»

Giles kam die Treppe wieder herab. «Ich werde Ihnen jetzt Ihr Zimmer zeigen», schlug Molly vor.

Als sie kurz darauf wieder unten erschien, fragte Giles: «Na, gefielen ihm die hübschen Eichenmöbel?»

«Er war ganz darauf versessen, ein Himmelbett zu haben. Ich habe ihm daher das Rosenzimmer gegeben.»

Giles knurrte und murmelte etwas vor sich hin, das mit den Worten endete: «... der junge Lackaffe.»

Molly setzte eine strenge Miene auf. «Hör mal zu, Giles, dies sind keine privaten Hausgäste, die wir bewirten, sondern unsere zahlenden Kunden. Ob du Christopher Wren magst oder nicht ...»

«Ich mag ihn nicht», warf Giles dazwischen.

«... spielt gar keine Rolle. Er zahlt sieben Pfund die Woche, und das ist für uns die Hauptsache.»

«Vorausgesetzt, *daß* er zahlt.»

«Er hat sich damit einverstanden erklärt. Wir haben seinen Brief.»

«Hast du seinen Koffer in das Rosenzimmer geschafft?»

«Er hat ihn natürlich selbst getragen.»

«Sehr galant. Aber du hättest dich auch nicht dabei verhoben. Er enthält bestimmt keine in Zeitungspapier gewikkelten Steine, sondern ist so leicht, daß ich den Eindruck habe, daß überhaupt nichts darin ist.»

«Still! Er kommt», warnte Molly.

Sie führten Christopher Wren in die Bibliothek, die mit ihren tiefen Sesseln und ihrem Holzfeuer für Mollys Empfinden sehr behaglich wirkte. Das Essen, erklärte sie ihm, würde in einer halben Stunde fertig sein, und im Augenblick sei er der einzige Gast. In diesem Falle, meinte Christopher, könne er ja mit in die Küche gehen und helfen.

«Wenn Sie wollen, kann ich Ihnen eine Omelette machen», sagte er mit gewinnendem Lächeln.

Alles weitere spielte sich in der Küche ab, und Christopher half sogar beim Abwaschen.

Irgendwie, fand Molly, war dies nicht ganz der richtige Start für eine konventionelle Fremdenpension – und Giles war das Ganze im höchsten Grade peinlich gewesen. Na ja, dachte Molly kurz vor dem Einschlafen, morgen, wenn die anderen kämen, ginge es anders zu.

Der Morgen zog herauf mit düsterem Himmel und Schneegestöber. Giles setzte eine besorgte Miene auf, und Molly verlor ein wenig den Mut. Das Wetter würde alles sehr erschweren.

Mrs. Boyle fuhr in dem mit Schneeketten ausgerüsteten dörflichen Taxi vor, und der Fahrer lieferte einen pessimistischen Bericht über den Zustand der Straße.

«Schneewehen, noch bevor die Nacht hereinbricht», prophezeite er.

Mrs. Boyle selbst wirkte auch nicht gerade erheiternd auf die in finstere Stimmung versunkenen Gemüter ihrer Umgebung. Sie war eine kompakte, grimmig aussehende Frau mit schallender Stimme und herrschsüchtigem Wesen. Ihre angeborene Streitlust war durch ihren Kriegseinsatz, in dem sie sich hartnäckig und draufgängerisch nützlich machte, noch erheblich gesteigert worden.

«Wenn ich nicht angenommen hätte, daß dies ein eingefahrener Betrieb sei, wäre ich überhaupt nicht gekommen», erklärte sie. «Ich glaubte natürlich, eine wohlgegründete, nach wissenschaftlichen Grundsätzen geleitete Pension vorzufinden.»

«Sie sind durchaus nicht verpflichtet zu bleiben, wenn sie nicht zufrieden sind, Mrs. Boyle», entgegnete Giles.

«Ganz recht, und es wird mir auch im Traum nicht einfallen.»

«Soll ich Ihnen ein Taxi bestellen, Mrs. Boyle? Noch sind die Straßen offen. Wenn ein Mißverständnis vorliegt, wäre es empfehlenswert, wenn Sie sich eine andere Pension aussuchten», schlug Giles vor und setzte hinzu: «Wir haben so viele Anfragen, daß wir Ihr Zimmer mit Kußhand loswerden. Außerdem müssen wir in Zukunft einen höheren Pensionspreis verlangen.»

Mrs. Boyle warf ihm einen scharfen Blick zu. «Selbstverständlich werde ich keinen Platzwechsel vornehmen, ehe ich mich nicht persönlich von der Qualität Ihres Hauses überzeugt habe. Vielleicht können Sie mir ein ziemlich großes Badetuch geben, Mrs. Davis. Ich bin nicht gewohnt, mich mit einem Taschentuch abzutrocknen.»

Giles grinste Molly an, sobald Mrs. Boyle ihnen den Rükken wandte und davonschritt.

«Liebling, du warst einfach wundervoll», lobte Molly. «Herrlich, wie du ihr die Zähne gezeigt hast!»

«Maulhelden werden sehr rasch kleinlaut, wenn man ihnen mit gleicher Münze heimzahlt», meinte Giles.

«Du liebe Güte, wie wird sie sich bloß mit Christopher Wren vertragen?»

«Wie Katze und Hund.»

Und tatsächlich bemerkte Mrs. Boyle noch am selben Nachmittag Molly gegenüber mit deutlichem Mißfallen in ihrer Stimme: «Das ist aber ein sonderbarer junger Mann.»

Der Bäcker erschien vermummt wie ein Polarforscher und lieferte sein Brot mit der Warnung ab, daß sein nächster Besuch, der in zwei Tagen fällig war, vielleicht ins Wasser oder vielmehr in den Schnee fallen würde.

«Überall Verkehrsstockungen», verkündete er. «Sie sind hoffentlich gut eingedeckt, wie?»

«O ja», erwiderte Molly. «Wir haben einen großen Vorrat an Konserven. Aber ich nehme am besten noch etwas mehr Mehl.»

Sie dachte an eine gewisse Brotsorte, die die Iren backten. Schlimmstenfalls konnte auch sie ihr Heil damit versuchen. Der Bäcker hatte die Zeitungen mitgebracht, und sie breitete sie auf dem Tisch in der Halle aus. Die Politik war an die zweite Stelle gerückt. Das Wetter und der Mord an Mrs. Lyon nahmen die erste Seite ein.

Sie betrachtete gerade das verschwommene Foto der Toten, als Christopher Wrens Stimme hinter ihr ertönte: «Ein ziemlich ordinärer Mord. Finden Sie nicht auch? Eine so uninteressante Frau und eine so öde Straße. Man kann sich gar nicht vorstellen, daß eine aufregende Geschichte dahintersteckt, nicht wahr?»

«Zweifellos», bemerkte Mrs. Boyle verächtlich, «hat diese Kreatur ihren verdienten Lohn erhalten.»

«Oh!» Mr. Wren wandte sich ihr mit gewinnender Lebhaftigkeit zu. «Sie halten es also für ein Sexualverbrechen?»

«Davon habe ich nichts gesagt, Mr. Wren.»

«Aber sie wurde erwürgt, nicht wahr? Ich wüßte zu gerne» – er streckte seine langen, weißen Hände aus –, «was für ein Gefühl das ist, wenn man jemanden erwürgt.»

«Aber ich bitte Sie, Mr. Wren!»

Christopher bewegte sich langsam auf sie zu und fragte mit gesenkter Stimme: «Haben Sie sich schon mal vorgestellt, Mrs. Boyle, wie es ist, wenn man erdrosselt wird?»

«Aber ich bitte Sie, Mr. Wren!» wiederholte Mrs. Boyle mit noch größerer Empörung.

Hastig las Molly laut ein paar Sätze aus der Zeitung vor: «Der Mann, nach dem die Polizei fahndet, trug einen dunklen Überzieher und einen hellen Filzhut. Er war von mittlerer Größe und trug einen wollenen Schal.»

«Mit anderen Worten», meinte Christopher Wren, «er sah genauso aus wie jeder andere.»

«Ja», stimmte Molly zu. «Genau wie jeder andere.»

In seinem Büro in Scotland Yard sagte Inspektor Parminter zu Sergeant Kane: «Führen Sie jetzt diese beiden Leute zu mir herein.»

«Ja, Sir.»

«Können Sie sie ein wenig beschreiben?»

«Es sind ganz ehrbare Arbeiter. Reagieren etwas langsam. Sind aber zuverlässig.»

«Also gut.» Inspektor Parminter nickte.

Kurz darauf wurden zwei verlegene Männer in ihrem Sonntagsstaat ins Zimmer geführt. Parminter schätzte sie mit raschem Blick ab. Er verstand sich vorzüglich darauf, Menschen von ihrer Schüchternheit zu befreien.

«Sie glauben also, Informationen zu besitzen, die uns in der Mordsache Lyon nützlich sein könnten», sagte er. «Nett von Ihnen, daß Sie sich herbemüht haben. Nehmen Sie doch Platz. Zigarette?»

Er wartete, bis sie sich bedient und die Zigaretten angezündet hatten.

«Schauderhaftes Wetter.»

«Das kann man wohl sagen, Sir.»

«Na, dann legen Sie mal los.»

Jetzt, wo die Schwierigkeiten der Schilderung vor ihnen auftauchten, kehrte ihre Befangenheit zurück.

«Nun zier dich nicht, Joe», ermunterte der größere der beiden seinen Gefährten.

Und Joe zierte sich auch nicht. «Es verhält sich folgendermaßen. Wir hatten kein Streichholz.»

«Wo war das?»

«Jarman Street; wir waren mit Straßenarbeiten beschäftigt – Gasrohre.»

Inspektor Parminter nickte. Auf Einzelheiten würde er

später eingehen. Die Jarman Street, das wußte er, lag ganz in der Nähe der Culver Street, wo die Tragödie sich ereignet hatte.

«Sie hatten also kein Streichholz», wiederholte er aufmunternd.

«Nein, meine Schachtel war leer, und Bills Feuerzeug funktionierte nicht. Also redete ich einen Mann an, der gerade vorbeikam. ‹Können Sie uns ein Streichholz geben, Mister?› sagte ich. Dachte mir weiter nichts. Nein, da noch nicht. Er war einfach einer von vielen Passanten, und es war reiner Zufall, daß ich gerade ihn fragte.»

Parminter nickte wieder.

«Nun, er gab uns seine Streichhölzer, ohne einen Ton zu sagen. ‹Lausig kalt›, bemerkte Bill, und der Mann antwortete im Flüsterton: ‹Ja, wirklich.› Hat 'ne tüchtige Erkältung, dachte ich. Er war auch bis zur Nasenspitze eingewickelt. ‹Danke, Mister›, sagte ich und gab ihm die Schachtel zurück. Er ging schnell davon, so schnell, daß es fast zu spät war, um ihn zurückzurufen, als ich sah, daß er etwas fallen gelassen hatte. Es war ein kleines Notizbuch, das er vielleicht mit den Streichhölzern aus der Tasche gezogen hatte. ‹He, Mister›, rief ich ihm nach, ‹Sie haben was fallen lassen!› Aber er schien mich nicht zu hören – er beschleunigte seine Schritte und schoß um die Ecke, nicht wahr, Bill?»

«Stimmt», pflichtete ihm Bill bei. «Wie ein geölter Blitz.»

«Er sauste in die Harrow Road, und es sah nicht so aus, als ob wir ihn einholen könnten, nicht bei dem Tempo, das er vorlegte. Es war auch schon ziemlich spät, und außerdem handelte es sich nur um ein kleines Notizbuch, keine Brieftasche oder so was. Vielleicht war es nicht so wichtig. ‹Komischer Kauz›, sagte ich noch. ‹Den Hut bis über die Ohren gezogen und bis oben hin zugeknöpft – wie ein Gauner im Kintopp›, sagte ich zu Bill. Nicht wahr, Bill?»

«Genau das hast du gesagt», bestätigte Bill.

«Komisch, daß ich das gesagt habe. Nicht, daß ich mir irgendwas dabei gedacht habe. Hat's eilig, nach Hause zu kommen, das war mein Gedanke, und ich konnte es ihm nicht verargen – es war verdammt kalt!»

«Verdammt kalt», echote Bill.

«Also sagte ich zu Bill: ‹Wir wollen uns das Büchlein mal angucken und sehen, ob es wichtig ist.› Gesagt, getan, Sir. ‹Nur ein paar Adressen›, sagte ich zu Bill, Culver Street Nummer vierundsiebzig und irgend so 'n blödes Herrenhaus.»

«Protzig», bemerkte Bill voller Mißfallen.

Joe war allmählich in Schwung geraten und setzte seine Erzählung mit einer gewissen Begeisterung fort.

«‹Culver Street Nummer vierundsiebzig›, sagte ich zu Bill, ‹das ist gerade um die Ecke. Nach Feierabend bringen wir es hin.› Und dann sah ich oben auf der Seite etwas Geschriebenes. ‹Was ist das?› fragte ich Bill. Er nahm das Buch und las es vor. ‹*Drei blinde Mäuse* – muß wohl plemplem sein›, meinte er. Und gerade in diesem Augenblick – ja, Sir, genau in diesem Augenblick hörten wir ein paar Häuser weiter eine Frau schreien: ‹Mord! Zu Hilfe!›»

Joe flocht hier eine dramatische Pause ein.

«Und wie sie schrie!» fuhr er fort. «‹Du›, sagte ich zu Bill, ‹lauf doch mal eben hin.› Eine Weile später kam er zurück und sagte ganz aufgeregt: ‹Da ist ein Menschenauflauf, und die Polizei ist da, einer Frau ist die Kehle durchgeschnitten worden, oder man hat sie erwürgt, und die Frau, die nach der Polizei geschrien hat, das war die Wirtin, die die Leiche gefunden hat.› – ‹Wo war das?› sagte ich zu ihm. ‹In der Culver Street›, antwortete er. ‹Welche Nummer?› fragte ich, und er sagte, er hätte nicht darauf geachtet.»

Bill räusperte sich und schurrte verlegen mit den Füßen wie jemand, der sich nicht mit Ruhm bekleckert hat.

«Also sagte ich: ‹Laß uns hinlaufen, um sicher zu sein.› Und als wir entdeckten, daß es Nummer vierundsiebzig war, haben wir uns besprochen. ‹Vielleicht›, sagte Bill, ‹hat die Adresse im Notizbuch gar nichts damit zu tun›, und ich sagte: ‹Vielleicht doch.› – Na, als wir dann hörten, daß die Polizei nach einem Mann sucht, der um diese Zeit das Haus verlassen hatte, sind wir hierhergekommen und haben nach dem Herrn gefragt, der diesen Fall bearbeitet, und ich hoffe nur, daß wir Ihre Zeit nicht umsonst gestohlen haben.»

«Sie haben sehr richtig gehandelt», lobte Parminter. «Haben Sie das Notizbuch bei sich? Danke vielmals. Nun . . .»

Er stellte seine Fragen rasch und sachlich und holte alle Einzelheiten aus den beiden heraus. Nur eines gelang ihm nicht: eine genaue Beschreibung des Mannes zu bekommen, der das Notizbuch verloren hatte. Statt dessen erhielt er denselben Steckbrief, den ihm bereits eine hysterische Wirtin gegeben hatte: Hut tief ins Gesicht gezogen, Mantel bis oben zugeknöpft, Schal, der die untere Gesichtshälfte verdeckte, eine Flüsterstimme, behandschuhte Hände.

Als die Männer gegangen waren, blieb Parminter an seinem Tisch sitzen und starrte unentwegt auf das offen vor ihm liegende Notizbuch. Nach einer Weile würde er damit in die zuständige Abteilung gehen, um festzustellen, ob Fingerabdrücke vorhanden waren. Doch im Augenblick richtete er seine volle Aufmerksamkeit auf die beiden Adressen und die kleingeschriebene Zeile oben auf der ersten Seite.

Er wandte den Kopf, als Sergeant Kane den Raum betrat.

«Kommen Sie her, Kane, und sehen Sie sich das einmal an.»

Kane stellte sich hinter den Inspektor und pfiff leise vor sich hin. «*Drei blinde Mäuse!* Nun bin ich aber platt!»

«Ja.» Parminter öffnete eine Schublade und nahm einen halben Briefbogen heraus, den er neben das Notizbuch legte. Man hatte ihn, sorgfältig am Kleid der Ermordeten befestigt, gefunden.

Auf diesem Bogen stand geschrieben: *Dies ist die erste.* Darunter befanden sich eine kindliche Zeichnung von drei Mäusen und einige Notentakte.

Leise pfiff Kane die Melodie: *Drei blinde Mäuse, ha, wie sie rennen . . .*

«Richtig. Das ist das Leitmotiv.»

«Verrückt, nicht wahr, Sir?»

«Ja.» Parminter runzelte die Stirn. «Die Identifizierung dieser Frau war doch eindeutig, wie?»

«Ja, Sir. Hier ist der Bericht der Abteilung für Fingerabdrücke. Mrs. Lyon, wie sie sich nannte, hieß in Wirklichkeit Maureen Gregg. Sie wurde vor zwei Monaten nach Verbüßung ihrer Strafe aus dem Gefängnis Holloway entlassen.»

Nachdenklich sagte Parminter: «Sie zog in die Culver Street und nannte sich Maureen Lyon. Hin und wieder trank sie ein bißchen, und es war bekannt, daß sie ein paarmal einen Mann mit nach Hause brachte. Sie legte keinerlei Furcht an den Tag. Es besteht kein Grund zu der Annahme, daß sie sich in Gefahr wähnte. Dieser Fremde klingelt, fragt nach ihr und wird von der Wirtin in den zweiten Stock geschickt. Die Wirtin kann ihn nicht beschreiben, erwähnt nur, daß er mittelgroß war und infolge einer starken Erkältung seine Stimme verloren zu haben schien. Sie kehrte dann wieder ins Souterrain zurück und vernahm keinerlei verdächtige Geräusche. Auch hörte sie den Mann nicht fortgehen. Als sie etwa zehn Minuten später ihrer Mieterin den Tee brachte, fand sie sie erdrosselt vor.

Dies war kein Gelegenheitsmord, Kane. Er war sorgfältig geplant.» Er hielt inne und setzte dann unvermittelt hinzu: «Wie viele Häuser gibt es wohl in England, die den Namen Monkswell Manor führen?»

«Vielleicht gibt es nur eins, Sir.»

«Das wäre ein zu unverschämtes Glück. Aber stellen Sie Nachforschungen an.»

Der Blick des Sergeants ruhte abwägend auf den beiden Eintragungen des Notizbuches: *74, Culver Street; Monkswell Manor*.

Schließlich meinte er: «Sie glauben also ...»

Rasch fiel ihm Parminter ins Wort: «Ja. Sie etwa nicht?»

«Möglich. Monkswell Manor ... ich könnte fast schwören, daß ich den Namen erst kürzlich gelesen habe.»

«Wo?»

«Das versuche ich mir gerade ins Gedächtnis zurückzurufen. Einen Augenblick ... Zeitung ... *Times!* Letzte Seite. Warten Sie mal ... ‹Hotels und Pensionen› ... Eine Sekunde, Sir, ich löste das Kreuzworträtsel der Nummer.»

Er eilte aus dem Zimmer und kam triumphierend zurück. «Ich hab's Sir. Sehen Sie nur.»

Der Inspektor las die angedeutete Stelle.

Monkswell Manor, Harpleden, Berks. Er zog das Telefon zu sich heran. «Verbinden Sie mich mit der Polizei der Grafschaft Berkshire.»

Mit der Ankunft Major Metcalfs kam richtig Schwung in die Pension Monkswell Manor. Major Metcalf war weder furchterregend wie Mrs. Boyle noch auf die Nerven gehend wie Christopher Wren, sondern ein phlegmatischer Mann in mittleren Jahren, der einen sauberen, militärischen Eindruck machte und den größten Teil seiner Dienstzeit in Indien verbracht hatte. Er schien mit seinem Zimmer und dessen Möblierung durchaus zufrieden zu sein, und wenn er und Mrs. Boyle auch keine gemeinsamen Freunde entdekken konnten, so hatte er doch Vettern ihrer Freunde, *die Yorkshire-Linie*, drüben in Poonah gekannt. Sein Gepäck jedoch – zwei schwere schweinslederne Koffer – besänftigte sogar Giles' mißtrauische Natur.

Offen gestanden hatten Molly und Giles nicht viel Zeit, um sich in Spekulationen über ihre Gäste zu ergehen. Das Zubereiten und Servieren des Abendessens und das nachfolgende Geschirrspülen nahmen sie völlig in Anspruch. Major Metcalf pries den Kaffee, und Giles und Molly suchten müde, aber triumphierend ihre Lagerstätte auf, von der sie jedoch gegen zwei Uhr morgens durch das beharrliche Klingeln einer Glocke wieder aufgescheucht wurden.

Giles fluchte. «Es ist die Haustür. Wer kann das nur sein?»

«Beeil dich», sagte Molly. «Um so eher wirst du es wissen.»

Mit einem vorwurfsvollen Blick auf Molly hüllte sich Giles in seinen Schlafrock und stieg die Treppe hinab. Molly hörte, wie der Riegel zurückgeschoben wurde, und dann ein Stimmengemurmel in der Halle. Von Neugierde getrieben, kroch sie aus dem Bett, um durch das Treppengeländer zu lugen. Unten in der Halle half Giles einem bärtigen Fremden aus einem schneebedeckten Mantel. Abgerissene Sätze drangen zu ihr herauf.

«Brrr.» Seine Stimme klang irgendwie fremdländisch.

«Meine Finger sind fast abgestorben. Und meine Füße . . .» Ein heftiges Stampfen wurde hörbar.

«Kommen Sie herein», sagte Giles und öffnete die Tür der Bibliothek. «Hier ist es warm. Am besten warten Sie hier, während ich ein Zimmer herrichte.»

«Ich habe wirklich Glück gehabt», bemerkte der Fremde höflich.

Molly spähte emsig durch das Geländer. Sie sah einen älteren Mann mit einem spitzen schwarzen Bärtchen und teuflischen Augenbrauen. Einen Mann, der sich trotz seiner ergrauten Schläfen mit jugendlichen, elastischen Schritten bewegte.

Giles schloß die Tür der Bibliothek und kam rasch die Treppe herauf. Molly erhob sich aus ihrer zusammengekauerten Stellung.

«Wer ist das?» fragte sie.

Giles grinste. «Ein neuer Gast. Sein Wagen hat sich in einer Schneewehe überschlagen. Es gelang ihm, sich daraus zu befreien, und dann ist er in dem wirbelnden Schneesturm – horch nur, wie es draußen heult! – die Straße entlanggestolpert, bis er unser Schild sah, das ihm, so sagt er, wie die Erfüllung eines Gebetes erschien.»

«Glaubst du, wir können es riskieren?»

«Aber Liebling, ein Einbrecher sucht sich gewiß nicht eine solche Nacht für seine Runden aus.»

«Er ist ein Ausländer, nicht wahr?»

«Ja. Sein Name ist Paravicini. Ich habe seine Brieftasche gesehen, die er, wie ich stark annehme, absichtlich gezeigt hat, und sie strotzte von Geldscheinen. Welches Zimmer sollen wir ihm geben?»

«Das grüne Zimmer. Es ist aufgeräumt und soweit fertig. Wir brauchen nur das Bett herzurichten.»

«Ich werde ihm einen Pyjama leihen müssen. Sein Gepäck ist noch im Auto. Er erzählte mir, er habe durchs Fenster klettern müssen.»

Molly holte Laken, Kopfkissenbezüge und Handtücher.

Während sie eilig das Bett bezogen, bemerkte Giles: «Es schneit, was das Zeug hält. Wir werden völlig von der Außenwelt abgeschnitten sein, Molly. Eigentlich ganz spannend, nicht wahr?»

«Ich weiß nicht recht», meinte Molly voller Zweifel. «Glaubst du, daß ich Brot backen kann, Giles?»

«Natürlich. Du bringst alles fertig», beruhigte sie ihr treuer Gatte.

«Ich habe es noch nie versucht. Brot gehört zu den Dingen, die man als selbstverständlich hinnimmt. Ob frisch oder alt, es wird vom Bäcker gebracht. Aber wenn wir eingeschneit sind, kommt kein Bäcker.»

«Auch kein Schlachter, kein Postbote, keine Zeitung, und wahrscheinlich werden wir auch ohne Telefon dasitzen.»

«Dann sind wir also nur auf das Radio angewiesen, das uns Verhaltensmaßregeln gibt?»

«Jedenfalls produzieren wir selbst unser elektrisches Licht.»

«Du mußt morgen wieder den Generator laufen lassen, und wir müssen die Heizung gut versorgen.»

«Die nächste Koksladung dürfte jetzt ausbleiben. Und unser Vorrat ist ziemlich erschöpft.»

«Lieber Himmel! Giles, ich fürchte, es steht uns eine schlimme Zeit bevor. Nun schnell, hole diesen Mr. Soundso. Ich krieche wieder ins Bett.»

Der Morgen bestätigte Giles' Prophezeiungen. Der Schnee türmte sich anderthalb Meter hoch vor Türen und Fenstern, und es schneite immer noch. Die Welt sah weiß, schweigend und – auf undefinierbare Art – drohend aus.

Mrs. Boyle saß am Frühstückstisch. Sonst befand sich niemand im Eßzimmer. Major Metcalfs Gedeck am Nebentisch war bereits abgeräumt worden, und Mr. Wren war noch nicht erschienen. Ein Frühaufsteher – anscheinend – und ein Langschläfer. Mrs. Boyle wußte mit Sicherheit, daß es nur eine richtige Frühstückszeit gab, und zwar neun Uhr.

Sie hatte ihre ausgezeichnete Omelette verzehrt und war nun damit beschäftigt, den Toast zwischen ihren starken weißen Zähnen zu zermalmen. Sie fand sich in einer grollenden, unentschlossenen Stimmung. Monkswell Manor entsprach ganz und gar nicht ihren Erwartungen. Sie hatte mit Bridge-Partnern gerechnet und gehofft, verwelkte alte Jungfern vorzufinden, die sie mit ihrer gesellschaftlichen Stellung und ihren Verbindungen beeindrucken und denen sie geheimnisvolle Andeutungen über die Wichtigkeit ihres Kriegsdienstes machen konnte.

Bei Kriegsende war Mrs. Boyle gleichsam an einer öden Küste gestrandet. Stets war sie eine geschäftige Frau gewesen, die die Worte «Tüchtigkeit» und «Organisation» beredt im Munde führte. Ihre kraftvolle Energie hatte die Leute davon abgehalten, zu fragen, ob sie tatsächlich eine gute und tüchtige Organisatorin war. Der Kriegsdienst war ihr auf den Leib geschrieben. Sie hatte die Menschen drangsaliert und tyrannisiert, die Leiter der verschiedenen Abteilungen gepiesackt und sich selbst – man muß ihr Gerechtigkeit widerfahren lassen – niemals geschont. Aus Angst vor ihrer leisesten Ungnade rannten unterwürfige Frauen, um ihre Befehle auszuführen. Und nun war dieses erregende, geschäftige Dasein vorüber. Sie stand wieder im Privatleben, aber ihr früheres Privatleben gab es nicht mehr. Ihr von der Armee requiriertes Haus mußte gründlich überholt werden, ehe sie es wieder beziehen konnte, und angesichts der herrschenden Dienstbotennot schien eine Rückkehr sowieso unpraktisch. Außerdem waren ihre Freunde in alle Winde zerstreut. Zweifellos würde sie bald wieder einen Platz an der Sonne finden, aber vorläufig hieß die Parole: abwarten. Ein Hotel oder eine Pension schien die beste Lösung zu sein, und sie hatte sich Monkswell Manor ausgesucht.

Geringschätzig ließ sie ihren Blick durch den Raum schweifen.

Höchst unaufrichtig von diesen Leuten, sagte sie sich, mir nicht mitzuteilen, daß sie das Haus eben erst eröffnet haben.

Sie schob ihren Teller noch weiter von sich fort. Daß ihr Frühstück ausgezeichnet zubereitet und serviert worden war, mit gutem Kaffee und selbstgemachter Marmelade, brachte sie seltsamerweise noch mehr in Wallung. Denn dadurch war ihr ein berechtigter Grund zur Klage genommen. Ihr Bett mit den gestickten Laken und einem weichen Kopfkissen war ebenfalls komfortabel gewesen. Mrs. Boyle schätzte Komfort, aber nicht minder schätzte sie eine Gelegenheit, etwas aussetzen zu können. Vielleicht überwog die letztere Leidenschaft sogar.

Mrs. Boyle erhob sich majestätisch und verließ das Eßzimmer, wobei sie an der Tür dem höchst ungewöhnlichen jungen Mann mit dem rötlichen Haar begegnete, der an diesem Morgen einen knallgrünen, karierten Schlips trug – und noch dazu einen wollenen Schlips.

Unmöglich, sagte Mrs. Boyle im stillen. Einfach unmöglich.

Und dann die Art und Weise, wie er sie mit seinen hellen Augen so von der Seite ansah – nein, daß gefiel ihr ganz und gar nicht. Es lag etwas Beunruhigendes, Ungewöhnliches in diesem ein wenig höhnischen Blick.

Höchstwahrscheinlich geistig nicht ganz auf Draht, dachte Mrs. Boyle bei sich.

Sie erwiderte seine schwungvolle Verbeugung mit einem leichten Kopfnicken und marschierte in den großen Salon. Bequeme Sessel hier, besonders der große rosenfarbige. Am besten stellte sie von vornherein klar, das dies *ihr* Sessel war. Der Sicherheit halber legte sie ihr Strickzeug hinein und ging zu dem Heizkörper hinüber, den sie mit der Hand abtastete. Wie sie schon vermutet hatte, waren die Röhren nur warm, nicht etwa heiß. Ihre Augen blitzten kampflustig. *Hierüber* konnte sie ein paar Worte verlieren.

Sie blickte zum Fenster hinaus. Schauderhaftes Wetter – ganz schauderhaft. Nun, sie würde hier nicht lange bleiben – höchstens, wenn mehr Gäste kamen und den Aufenthalt etwas amüsanter gestalteten.

Mit sanftem Rauschen glitt etwas Schnee vom Dach. Mrs. Boyle schreckte zusammen. «Nein», sagte sie laut, «ich werde nicht lange bleiben.»

Irgend jemand lachte – es war ein dünnes, hohes Kichern. Sie wandte scharf den Kopf. Der junge Wren stand im Türrahmen und betrachtete sie mit seinem seltsamen Ausdruck.

«Nein», meinte er, «das glaube ich auch nicht.»

Major Metcalf half Giles, den Schnee von der Hintertür wegzuschaufeln. Er war ein tüchtiger Arbeiter, und Giles erging sich in lauten Dankesbezeugungen.

«Gesunde Gymnastik», erklärte Major Metcalf. «Man muß jeden Tag Gymnastik treiben, wenn man in Form bleiben will.»

Der Major war also ein Körperertüchtigungsfanatiker, wie Giles befürchtet hatte. Das paßte zu seinem Verlangen, um halb acht zu frühstücken.

Als habe er Giles' Gedanken gelesen, sagte der Major plötzlich: «Sehr nett von Ihrer Frau, mir das Frühstück so zeitig zu richten. Auch über das frischgelegte Ei habe ich mich sehr gefreut.»

Die dringenden Pflichten eines Pensionsinhabers hatten auch Giles schon vor sieben aus dem Bett getrieben. Molly und er hatten rasch etwas Tee getrunken und ein paar weiche Eier gegessen und dann die Wohnräume in Ordnung gebracht. Alles war jetzt pieksauber. Aber Giles dachte unwillkürlich, wäre *er* Gast in Monkswell Manor, könnten ihn keine zehn Pferde an einem solchen Morgen eine Minute früher als unbedingt notwendig aus den Federn bringen.

Der Major war jedoch schon früh auf den Beinen gewesen und hatte nach dem Frühstück das Haus durchstreift, ohne recht zu wissen, was er mit seiner überschäumenden Energie anfangen sollte.

Na, dachte Giles, er kann sich ja nun austoben, indem er Schnee schaufelt.

Er sah seinen Gefährten verstohlen von der Seite an. Es war wirklich nicht leicht, diesen Mann einzustufen. Unnachgiebig, in fortgeschrittenen Jahren, ein merkwürdig beobachtender Blick. Ein Mann, der nichts verriet. Giles fragte sich im stillen, warum er wohl nach Monkswell Manor gekommen war. Wahrscheinlich pensioniert und keine andere Beschäftigung.

Mr. Paravicini kam spät nach unten. Er verzehrte ein einfaches kontinentales Frühstück: Kaffee und Toast.

Als Molly es ihm servierte, brachte er sie ein wenig aus

der Fassung, indem er aufsprang, eine übertriebene Verbeugung machte und ausrief: «Ah, meine reizende Wirtin, nicht wahr?»

Molly nickte kurz. Um diese Stunde war sie nicht aufgelegt, Komplimente zu empfangen.

«Ich möchte mal wissen», sagte sie, als sie das Geschirr, ohne Rücksicht auf Verluste, im Spülbecken auftürmte, «warum alle ihr Frühstück zu verschiedenen Zeiten haben müssen. Eine ziemliche Zumutung.»

Sie schleuderte die Teller in das Trockengestell und eilte nach oben, um sich über die Betten herzumachen. An diesem Morgen konnte sie keine Hilfe von Giles erwarten. Er mußte den Weg zum Boilerhaus und zum Hühnerstall freischaufeln.

Molly warf die Betten in höchster Eile zusammen, wobei sie eingestandenermaßen keinen allzu großen Wert auf Sorgfalt legte. Sie war gerade dabei, eines der Badezimmer zu säubern, als das Telefon läutete.

Zuerst verwünschte Molly diese Unterbrechung, dann aber spürte sie auf dem Wege nach unten eine gewisse Erleichterung darüber, daß wenigstens das Telefon noch in Betrieb war.

Ein wenig atemlos betrat sie die Bibliothek und nahm den Hörer von der Gabel.

«Ja, wer ist dort?»

Eine herzhafte Stimme mit einem leichten, aber angenehmen Dialekt fragte: «Ist Monkswell Manor am Apparat?»

«Ja, Pension Monkswell Manor.»

«Kann ich wohl mit Mr. Davis sprechen?»

«Er kann leider im Augenblick nicht an den Apparat kommen», erwiderte Molly. «Ich bin Mrs. Davis. Mit wem spreche ich, bitte?»

«Inspektor Hogben von der Berkshire-Polizei.»

Molly rang nach Luft und stammelte: «O ja ... hm ... ja?»

«Mrs. Davis, es handelt sich um eine ziemlich dringliche Angelegenheit. Ich möchte mich am Telefon nicht weiter darüber auslassen. Aber ich habe Wachtmeister Trotter zu Ihnen geschickt – er muß jeden Augenblick eintreffen.»

«Aber das wird nicht möglich sein. Wir sind nämlich eingeschneit – vollständig eingeschneit. Die Straßen sind unpassierbar.»

Die Stimme am anderen Ende der Leitung verlor nicht eine Sekunde lang ihre Zuversicht.

«Trotter wird Sie schon erreichen. Und bitte, Mrs. Davis, bestellen Sie Ihrem Gatten ausdrücklich, er möchte sich genau anhören, was Trotter zu berichten hat, und blindlings seine Instruktionen befolgen. Das wäre alles.»

«Aber, Inspektor Hogben, was ...»

Doch sie hörte nur noch ein scharfes Knacken. Hogben hatte offenbar das letzte Wort gesprochen und den Hörer aufgelegt. Molly rappelte ein paarmal an der Gabel und ließ den Hörer sinken. Als sie sich umdrehte, öffnete sich die Tür.

«O Giles, mein Liebling, da bist du ja.»

Giles hatte Schnee im Haar und ziemlich viel Kohlenruß im Gesicht. Er schien sehr erhitzt zu sein.

«Was gibt's denn, Liebes? Ich habe die Kohleneimer gefüllt und das Holz hereingebracht. Jetzt kommen die Hühner an die Reihe, und dann sehe ich mir den Boiler an. Einverstanden? Was hast du denn, Molly? Du siehst ja ganz verängstigt aus!»

«Giles, die *Polizei* war am Apparat.»

«Die Polizei?» fragte Giles ungläubig.

«Ja, sie schicken uns einen Inspektor oder einen Wachtmeister oder dergleichen.»

«Aber warum? Was haben wir denn verbrochen?»

«Ich weiß es nicht. Glaubst du, daß es sich um die zwei Pfund Butter handelt, die wir aus Irland bekamen?»

Giles runzelte die Stirn. «Die Rundfunkgebühr habe ich doch bezahlt, nicht wahr?»

«Ja, die Quittung liegt im Schreibtisch. Giles, die alte Mrs. Bidlock hat mir fünf Kleiderabschnitte für meinen alten Tweedmantel gegeben. Das ist wahrscheinlich verboten – aber meines Erachtens ist es durchaus gerecht. Ich habe einen Mantel weniger und dafür die Abschnitte. Lieber Himmel, was haben wir uns sonst noch zuschulden kommen lassen?»

«Ich hätte neulich beinahe Pech mit dem Wagen gehabt. Aber der andere hatte schuld. Ganz entschieden.»

«Irgend etwas müssen wir auf dem Kerbholz haben», jammerte Molly.

«Leider ist ja praktisch alles, was man heutzutage tut, illegal», meinte Giles verdrießlich. «Daher dieses dauernde Schuldgefühl. Wahrscheinlich dreht es sich um diesen Laden. Die Eröffnung einer Fremdenpension ist sicherlich mit tausend Fragen verbunden, von denen wir keine Ahnung haben.»

«Ich dachte, man braucht nur die Alkoholvorschriften zu beachten. Wir haben niemandem etwas zu trinken gegeben, und im übrigen können wir mit unserem eigenen Haus ja wohl anfangen, was wir wollen.»

«Ich weiß. Es klingt alles ganz richtig. Aber wie gesagt, heutzutage ist alles mehr oder weniger ungesetzlich.»

«Herrje», seufzte Molly, «ich wollte, wir hätten die Finger davon gelassen. Wir werden tagelang eingeschneit sein. Die Gäste werden unwirsch und essen alle unsere Konserven auf.»

«Kopf hoch, Liebes», ermunterte sie Giles. «Im Augenblick haben wir zwar eine Pechsträhne, aber es wird alles wieder gut werden.»

Etwas zerstreut gab er ihr einen Kuß auf den Kopf, und als er sie losließ, fügte er mit veränderter Stimme hinzu: »Weißt du, Molly, wenn man es sich richtig überlegt, muß es sich um eine ziemlich ernsthafte Sache handeln. Sonst würde man keinen Polizeibeamten bei solchem Unwetter zu uns hinausschicken.» Er deutete mit der Hand auf die sich draußen türmenden Schneemassen. «Es muß wirklich sehr dringend sein . . .»

Bei diesen Worten öffnete sich die Tür, und Mrs. Boyle kam herein.

«Ach, hier sind Sie, Mr. Davis», sagte Mrs. Boyle. «Wissen Sie, daß die Heizung im Salon praktisch eiskalt ist?»

«Tut mir leid, Mrs. Boyle. Aber unser Koksvorrat ist etwas knapp und . . .»

Mrs. Boyle fiel ihm rücksichtslos ins Wort. «Ich zahle hier sieben Pfund die Woche – *sieben* Pfund. Und ich bin *nicht* gewillt zu frieren.»

Giles errötete und sagte kurz: «Ich werde etwas mehr auflegen.»

Er verließ das Zimmer, und Mrs. Boyle wandte sich an Molly.

«Ich will mich ja nicht einmischen, Mrs. Davis, aber es ist doch ein sehr merkwürdiger junger Mann, den Sie hier aufgenommen haben. Seine Manieren – und seine Schlipse . . . Bürstet er sich eigentlich niemals das Haar?»

«Er ist ein äußerst tüchtiger Architekt», erklärte Molly.

«Wie bitte?»

«Christopher Wren ist Architekt und . . .»

«Meine liebe junge Frau», versetzte Mrs. Boyle schnippisch, «auch ich habe von *Sir Christopher Wren* gehört. Selbstredend war er ein Architekt. Er hat die St.-Pauls-Kathedrale gebaut. Die jungen Leute heutzutage scheinen anzunehmen, daß die ältere Generation keine Bildung genossen hat.»

«Ich meinte *unseren* Wren. Er heißt auch Christopher. Seine Eltern haben ihn so getauft, weil sie hofften, er würde Architekt werden. Und er ist tatsächlich einer – oder jedenfalls beinahe. Also hat sich die Hoffnung erfüllt.»

«Ha!» schnaubte Mrs. Boyle. «Das scheint mir eine höchst verdächtige Geschichte zu sein. An Ihrer Stelle würde ich

Erkundigungen über ihn einziehen. Was wissen Sie eigentlich von ihm?»

«Genausoviel wie von Ihnen, Mrs. Boyle: nämlich, daß er uns sieben Pfund die Woche zahlt. Das ist alles, was ich zu wissen brauche, nicht wahr? Das andere geht mich nichts an. Es ist mir gleichgültig, ob ich meine Gäste gern habe oder ob» – Molly blickte Mrs. Boyle fest in die Augen – «ich sie nicht ausstehen kann.»

Mrs. Boyle errötete vor Zorn. «Sie sind noch jung und unerfahren und sollten froh sein, wenn Ihnen jemand, der weiser ist als Sie, einen Rat erteilt. Und dann dieser merkwürdige Ausländer. Wann ist er denn eingetroffen?»

«Mitten in der Nacht.»

«Ach, wie seltsam! Nicht gerade die üblichste Zeit.»

«Ehrliche Reisende von der Tür zu weisen verstößt gegen das Gesetz, Mrs. Boyle.» Süßlich fügte Molly hinzu: «Das dürfte Ihnen vielleicht unbekannt sein.»

«Ich kann nur sagen, daß mir dieser Paravicini, oder wie der Mensch sich nennt . . .»

«Vorsicht, Vorsicht, meine Dame. Wenn man vom Teufel spricht, dann kommt er.»

Mrs. Boyle fuhr zusammen, als ob der Leibhaftige sie persönlich angesprochen habe. Mr. Paravicini, der leise hereingetrippelt war, rieb sich mit satanischer Heiterkeit die Hände.

«Sie haben mich erschreckt», sagte Mrs. Boyle. «Ich habe Sie nicht kommen hören.»

«Ich schleiche auf Zehenspitzen», erklärte Mr. Paravicini. «Niemand hört mich jemals kommen oder gehen. Das finde ich amüsant. Manchmal erlausche ich zufällig etwas dabei. Auch das amüsiert mich.» Leise setzte er hinzu: «Aber was ich gehört habe, vergesse ich nicht.»

Mrs. Boyle erwiderte ziemlich kleinlaut: «Wirklich? Ich muß mein Strickzeug holen – ich habe es im Salon liegengelassen.»

Sie verließ eilends das Zimmer. Molly betrachtete Mr. Paravicini mit einem verdutzten Ausdruck. Er kam tänzelnd auf sie zu.

«Meine bezaubernde Wirtin scheint beunruhigt zu sein.»

Ehe sie es verhindern konnte, hatte er ihr die Hand geküßt. «Was ist geschehen, Teuerste?»

Molly trat einen Schritt zurück. Im Augenblick war ihr Mr. Paravicini nicht allzu sympathisch. Er blinzelte sie an wie ein Satyr.

«Heute morgen ist alles ein bißchen kompliziert», bemerkte sie leichthin. «Das liegt wohl an dem Schnee.»

«Ja.» Mr. Paravicini wandte den Kopf zum Fenster. «Der Schnee macht alles sehr schwierig, nicht wahr? Unter Umständen aber auch sehr leicht.»

«Ich weiß nicht, was Sie damit sagen wollen.»

«Nein», meinte er nachdenklich. «Es gibt sehr vieles, das Sie nicht wissen. Ich glaube zum Beispiel, daß Sie von der Leitung einer Pension nicht viel verstehen.»

Molly schob kampflustig das Kinn vor. «Das mag sein. Aber wir lassen uns nicht unterkriegen.»

«Bravo, bravo.»

«Schließlich», Mollys Stimme verriet eine leise Besorgnis, «bin ich keine allzu schlechte Köchin ...»

«Sie sind zweifellos eine bezaubernde Köchin», versicherte ihr Mr. Paravicini.

Wie lästig doch diese Ausländer waren, dachte Molly.

Es war, als habe Mr. Paravicini ihre Gedanken gelesen. Auf jeden Fall änderte sich sein Wesen. Er sprach jetzt ruhig und durchaus ernsthaft:

«Darf ich Ihnen einen kleinen Rat geben, Mrs. Davis? Sie und Ihr Gatte sollten nicht so vertrauensselig sein. Haben Sie über Ihre Gäste Auskünfte eingeholt?»

«Ist das üblich?» Molly schien schon wieder ängstlich. «Ich dachte, man nähme sie einfach auf.»

«Es ist stets vorteilhaft, etwas über die Menschen zu wissen, die unter Ihrem Dach schlafen.» Er beugte sich vor und klopfte ihr etwas bedrohlich auf die Schulter. «Sehen Sie mich an. Ich komme mitten in der Nacht hereingeschneit, im wahrsten Sinne des Wortes, und behaupte, mein Wagen habe sich in einer Schneewehe überschlagen. Was wissen Sie von mir? Überhaupt nichts. Vielleicht wissen Sie ebensowenig von Ihren anderen Gästen.»

«Mrs. Boyle ...», begann Molly und hielt inne, als diese Dame mit ihrem Strickzeug in der Hand wieder ins Zimmer trat.

«Der Salon ist zu kalt. Ich werde mich hier aufhalten.» Mit diesen Worten schritt sie auf den Kamin zu.

Mr. Paravicini wirbelte vor ihr her. «Gestatten Sie, daß ich das Feuer für Sie schüre.»

Wie schon in der vergangenen Nacht war Molly von seinem jugendlichen, behenden Gang beeindruckt. Auch war ihr nicht entgangen, daß er stets darauf bedacht war, dem Licht den Rücken zu kehren, und jetzt, als er vor dem Feuer kniete, glaubte sie, den Grund dafür entdeckt zu haben. Mr. Paravicini war, wenn auch sehr geschickt, so doch ganz offensichtlich geschminkt.

Der alte Idiot versuchte also, jünger zu erscheinen, als er in Wirklichkeit war, dachte sie. Na, das war ihm nicht gelungen. Er sah eher noch älter aus. Nur der jugendliche Gang paßte nicht zu ihm. Aber vielleicht war auch der sorgfältig einstudiert.

Sie wurde aus ihren Grübeleien aufgescheucht und wieder in die rauhe Wirklichkeit zurückversetzt durch das plötzliche Erscheinen von Major Metcalf.

«Mrs. Davis, ich fürchte, die Rohre in der ... hm» – er senkte seine Stimme züchtig – «unteren Toilette sind eingefroren.»

«Herrjemine!» stöhnte Molly. «Was für ein schrecklicher Tag! Erst die Polizei und nun die Rohre.»

Mr. Paravicini ließ das Schüreisen klirrend in den Kamin

fallen, und Mrs. Boyle hörte mit dem Stricken auf. Molly, die Major Metcalf anblickte, war über seine plötzliche steife Haltung und seinen schwer zu beschreibenden Gesichtsausdruck verdutzt – ein Ausdruck, den sie sich nicht zu erklären vermochte: als sei jegliches Gefühl aus seinen Zügen gewichen und habe eine aus Holz geschnitzte Maske zurückgelassen.

«Die *Polizei*, sagten Sie?» stieß er abrupt hervor.

Sie spürte jetzt, daß es trotz seiner äußeren Gefaßtheit in seinem Innern gärte. Irgendeine heftige Gemütsbewegung – Furcht oder Wachsamkeit oder Erregung – schien ihn zu beherrschen. *Dieser Mann*, sagte sich Molly, *könnte gefährlich sein*.

Er hob wieder an, und diesmal lag nur eine milde Neugierde in seiner Stimme. «Was für ein Bewenden hat es mit der Polizei?»

«Man hat angerufen», erwiderte Molly. «Gerade eben. Um uns mitzuteilen, daß man einen Wachtmeister zu uns herausschicken will.» Sie blickte aus dem Fenster und setzte hoffnungsvoll hinzu: «Aber ich glaube nicht, daß er es schaffen wird.»

«Warum schickt man einen Polizisten?» Er kam einen Schritt auf sie zu, aber ehe sie antworten konnte, öffnete sich die Tür, und Giles trat ein.

«Dieser verdammte Koks besteht zur Hälfte aus Steinen», schimpfte er. Dann fügte er scharf hinzu: «Ist irgendwas passiert?»

Major Metcalf wandte sich zu ihm um: «Wie ich höre, soll die Polizei erscheinen. Warum eigentlich?»

«Oh, keine Sorge», entgegnete Giles. «In diesem Wetter kommt niemand durch. Herrje, die Schneewehen sind über anderthalb Meter hoch. Die Straße ist völlig blockiert. Keine Menschenseele wird heute hier auftauchen.»

Im selben Augenblick vernahm man deutlich, wie dreimal ans Fenster geklopft wurde.

Alle fuhren erschreckt zusammen. Im ersten Augenblick wußte niemand, woher der Laut kam, der wie eine drohende, gespenstische Warnung klang. Dann deutete Molly mit einem Aufschrei auf die ins Freie führende Glastür. Draußen stand ein Mann und pochte an die Scheiben. Das Mysterium seiner Ankunft erklärte sich aus der Tatsache, daß er Ski trug.

Mit einem Ausruf des Erstaunens durcheilte Giles das Zimmer, machte sich am Schloß zu schaffen und öffnete die Glastür.

«Vielen Dank, Sir», sagte der Neuankömmling, der eine heitere Stimme und ein tiefgebräuntes Gesicht besaß.

«Wachtmeister Trotter», stellte er sich vor.

Mrs. Boyle nahm ihn über ihr Strickzeug hinweg mißbilligend aufs Korn. «Sie können noch kein Wachtmeister sein», verkündete sie geringschätzig. «Dafür sind Sie zu jung.»

Der junge Mann, der in der Tat noch sehr jung war, antwortete in etwas verärgertem Ton: «Ich bin nicht ganz so jung, wie ich aussehe, meine Gnädigste.»

Sein Blick wanderte über die Gruppe und blieb auf Giles haften.

«Sind Sie Mr. Davis? Könnte ich wohl diese Ski ablegen und irgendwo verstauen?»

«Selbstverständlich. Kommen Sie nur mit.»

Sobald die Tür zur Halle sich hinter den beiden geschlossen hatte, bemerkte Mrs. Boyle giftig: «Anscheinend zahlen wir heutzutage die vielen Steuern, damit die Polizei sich beim Wintersport amüsieren kann.»

Paravicini war inzwischen dicht an Molly herangetreten. Zischelnd raunte er ihr ins Ohr: «Warum haben Sie die Polizei gerufen, Mrs. Davis?»

Vor der brennenden Feindseligkeit seines Blickes wich sie ein wenig zurück. *Dieser* Mr. Paravicini war ihr ganz neu. Einen Augenblick lang spürte sie Furcht und erwiderte ratlos: «*Ich* habe sie doch nicht gerufen, ganz bestimmt nicht!»

Dann stürzte Christopher Wren aufgeregt ins Zimmer und flüsterte mit hoher, durchdringender Stimme: «Wer ist dieser Mann in der Halle? Wo kommt er her? Geradezu unanständig gesund – und ganz voll Schnee!»

Mrs. Boyles Stimme überdröhnte das Geklapper ihrer Stricknadeln. «Sie mögen es glauben oder nicht, aber der Mann ist ein Polizist. Ein skilaufender Polizist!»

Es gab keinerlei Privileg für die bessere Gesellschaft mehr – das schien aus ihren Worten zu klingen.

Major Metcalf flüsterte Molly zu: «Entschuldigen Sie, Mrs. Davis, darf ich Ihr Telefon benutzen?»

«Natürlich, Major Metcalf.»

Während er an den Apparat trat, ließ sich Christopher Wrens schrilles Organ vernehmen: «Er sieht blendend aus. Finden Sie nicht auch? Für mein Empfinden sind Polizisten schrecklich attraktiv.»

«Hallo, hallo ...» Major Metcalf rappelte gereizt an der Gabel und wandte sich an Molly. «Mrs. Davis, dieses Telefon gibt überhaupt keinen Ton von sich.»

«Eben war es doch noch in Ordnung. Ich ...»

Sie wurde von Christopher Wren unterbrochen, der in ein fast hysterisches Gelächter verfiel. «Aha, wir sind jetzt völlig abgeschnitten. Völlig abgeschnitten. Komisch, nicht wahr?»

«Das kann ich nicht lächerlich finden», bemerkte Major Metcalf gezwungen.

«Ich auch nicht», stimmte Mrs. Boyle zu.

Christopher schüttelten immer noch Lachkrämpfe. «Nur ein kleiner Scherz von mir», erklärte er. «Pst!» – er legte den Finger an die Lippen –, «der Spürhund naht.»

Giles und Wachtmeister Trotter traten zusammen ins Zimmer. Trotter, der seine Ski abgeschnallt und den Schnee von seinem Anzug gebürstet hatte, trug ein großes Notizbuch und einen Bleistift in der Hand. Er brachte die Atmosphäre eines langwierigen Gerichtsverfahrens mit sich.

«Molly», sagte Giles, «Wachtmeister Trotter möchte ein Wort mit uns allein reden.»

Molly folgte den beiden aus dem Zimmer.

«Wir gehen am besten ins Studierzimmer», schlug Giles vor.

Sie gingen in das kleine Kabinett am Ende der Halle, das diesen würdigen Namen trug, und Wachtmeister Trotter schloß sorgfältig die Tür hinter sich.

«Was haben wir verbrochen, Wachtmeister?» fragte Molly kläglich.

«Verbrochen?» Wachtmeister Trotter starrte sie an. Dann lächelte er über das ganze Gesicht. «Aber darum handelt es sich doch gar nicht. Es tut mir leid, wenn ein Mißverständnis aufgekommen ist. Nein, Mrs. Davis, es geht um etwas ganz anderes – eher um polizeilichen Schutz, wenn Sie mich recht verstehen.»

Da sie ihn nicht im geringsten verstanden, blickten beide ihn fragend an.

Wachtmeister Trotter fuhr beredt fort. «Mein Anliegen hat etwas mit Mrs. Lyon zu tun, Mrs. Maureen Lyon, die vor zwei Tagen in London ermordet wurde. Sie haben vielleicht davon in der Zeitung gelesen.»

«Ja», sagte Molly.

«Als erstes möchte ich wissen, ob Sie mit dieser Mrs. Lyon bekannt waren.»

«Hab nie was von ihr gehört», erklärte Giles, und Molly stimmte ihm murmelnd zu.

«Nun, das haben wir uns schon gedacht. Aber in Wirklichkeit hieß die Ermordete nicht Lyon. Sie wurde in den Polizeiakten geführt und an Hand der vorhandenen Fingerabdrücke ohne Schwierigkeiten identifiziert. Ihr eigentlicher Name lautete Gregg, Maureen Gregg. John Gregg, ihr verstorbener Mann, war Landwirt und wohnte auf der Longridge-Farm unweit von hier. Vielleicht haben Sie gehört, was sich seinerzeit zugetragen hat?»

Im Raum herrschte Totenstille. Nur ein einziger Laut unterbrach das Schweigen: ein dumpfer, unerwarteter Aufprall, als Schnee vom Dach rutschte. Es war ein geheimnisvolles, fast unheimliches Geräusch.

Trotter fuhr fort. «Im Jahr 1940 wurden drei evakuierte Kinder bei den Greggs auf der Longridge-Farm einquartiert. Eines dieser Kinder starb später infolge der sträflichen Vernachlässigung und der Mißhandlungen, die sie dort erlitten hatten. Der Fall erregte ziemliches Aufsehen, und beide Greggs wurden zu Gefängnisstrafen verurteilt. Gregg gelang es, auf dem Wege zum Gefängnis zu entkommen. Er stahl ein Auto und stieß auf der Flucht mit einem anderen Wagen zusammen. Er war sofort tot. Mrs. Gregg hat ihre Zeit abgesessen und wurde vor zwei Monaten entlassen.»

«Und nun ist sie ermordet worden», murmelte Giles. «Wen hat man in Verdacht?»

Doch Wachtmeister Trotter ließ sich nicht zur Eile antreiben. «Erinnern Sie sich an den Fall, Sir?» fragte er.

Giles schüttelte den Kopf. «Im Jahr 1940 diente ich als Marineoffizier im Mittelmeer.»

Trotter ließ seinen Blick zu Molly gleiten.

«Ich ... ich erinnere mich tatsächlich, etwas davon gehört zu haben», gestand Molly ein wenig keuchend. «Aber warum kommen Sie zu uns? Was haben *wir* damit zu tun?»

«Die Sache ist die: Sie schweben in Gefahr, Mrs. Davis.»

«Gefahr?» wiederholte Giles ungläubig.

«Es verhält sich folgendermaßen, Sir. In der Nähe des Tatortes fand man ein Notizbuch, das zwei Adressen enthielt. Die erste war Culver Street vierundsiebzig.»

«Wo die Frau ermordet wurde?» warf Molly ein.

«Ja, Mrs. Davis. Die andere Adresse war Monkswell Manor.»

«Was sagen Sie da?» Mollys Ton klang ungläubig. «Aber wie seltsam!»

«Ja. Aus diesem Grunde hielt Inspektor Hogben es für

ungeheuer wichtig, ausfindig zu machen, ob irgendeine Verbindung zwischen Ihnen oder diesem Haus und der Geschichte mit der Longridge-Farm besteht.»

«Nein, nicht die geringste», versicherte ihm Giles. «Es muß purer Zufall sein.»

Wachtmeister Trotter entgegnete sanft: «Inspektor Hogben hält es aber nicht für einen Zufall. Er wäre selbst gekommen, wenn es irgend möglich gewesen wäre. Aber bei diesem Wetter schickte er mich, da ich ein erfahrener Skiläufer bin. Er gab mir die Anweisung, mich umgehend über jede im Haus befindliche Person zu informieren, ihm telefonisch Bericht zu erstatten und alle Maßnahmen zu treffen, die ich für die Sicherheit des Haushaltes für notwendig halte.»

«Sicherheit?» wiederholte Giles in scharfem Ton. «Mein Gott, Sie nehmen doch nicht etwa an, daß jemand hier im Haus umgebracht werden soll?»

«Ich wollte die Dame nicht beunruhigen», erklärte Trotter, «aber gerade das ist es, was Inspektor Hogben befürchtet.»

«Aber um Himmels willen, aus welchem Grunde ...»

Trotter fiel ihm ins Wort. «Um das zu entdecken, bin ich ja hier.»

«Aber das Ganze ist total verrückt.»

«Ja, Sir. Und eben deswegen so gefährlich.»

Molly mischte sich ein. «Ich habe den Eindruck, daß Sie uns noch nicht alles gesagt haben. Stimmt's, Wachtmeister?»

«Ja, Madam. Über der Seite in dem bewußten Notizbuch standen die Worte: *Drei blinde Mäuse*. An das Kleid der Ermordeten war ein Zettel geheftet mit der Anschrift: *Dies ist die erste.*Darunter befanden sich eine Zeichnung von drei Mäusen und ein paar Notentakte, die die Melodie des Kinderliedes angaben.»

Molly sang leise vor sich hin:

Drei blinde Mäuse,
Ha, wie sie rennen ...

Sie brach ab. «Oh, es ist gräßlich – schauderhaft. Drei Kinder waren damals auf der Farm, nicht wahr?»

«Ja, Mrs. Davis. Ein fünfzehnjähriger Junge, ein vierzehnjähriges Mädchen und der zwölfjährige Junge, der später starb.»

«Was ist aus den zwei anderen geworden?»

«Das Mädchen wurde, soviel ich weiß, von einer Familie adoptiert. Es ist uns nicht gelungen, sie ausfindig zu machen. Der Junge müßte jetzt etwa dreiundzwanzig sein. Wir haben ihn aus den Augen verloren. Er soll immer ein wenig – sonderbar gewesen sein. Mit achtzehn Jahren trat er ins Heer ein und ist später fahnenflüchtig geworden. Seitdem ist er verschwunden. Der Militärpsychiater behauptet steif und fest, daß er nicht normal gewesen sei.»

«Sie nehmen also an, daß *er* es war, der Mrs. Lyon umgebracht hat?» fragte Giles. «Daß es sich also um einen mordsüchtigen Irren handelt, der aus unbekannten Gründen hier auftauchen mag?»

«Wir vermuten, daß irgend jemand in diesem Haus etwas mit den Vorgängen auf der Longridge-Farm zu tun hatte. Sobald wir einen solchen Zusammenhang festgestellt haben, sind wir im voraus gewappnet. Sie, Sir, behaupten also, daß Sie in keiner Weise in diesen Fall verwickelt waren. Gilt das auch für Sie, Mrs. Davis?»

«Ich ... ja, natürlich.»

«Wollen Sie mir bitte alle Personen nennen, die sich bei Ihnen aufhalten?»

Sie gaben ihm die Namen: Mrs. Boyle; Major Metcalf; Mr. Christopher Wren; Mr. Paravicini. Er schrieb sie in sein Notizbuch.

«Und wie steht's mit dem Hauspersonal?»

«Wir haben kein Personal», erwiderte Molly. «Dabei

fällt mir ein, daß ich unbedingt die Kartoffeln aufsetzen muß.»

Mit diesen Worte eilte sie aus dem Zimmer.

Trotter wandte sich an Giles. «Was wissen Sie über die Leute, Sir?»

«Ich – wir ...» Giles stotterte. Doch dann fuhr er gelassen fort: «Eigentlich gar nichts, Wachtmeister. Mrs. Boyle schrieb uns von einem Hotel in Bournemouth, Major Metcalf aus Leamington, Mr. Wren von einem Privathotel in South Kensington. Mr. Paravicini schneite buchstäblich mitten in der Nacht herein, da sein Wagen sich hier in der Nähe in einer Schneewehe überschlagen hatte. Ich nehme jedoch an, daß alle Personalausweise, Lebensmittelkarten und dergleichen besitzen.»

«Das werde ich natürlich noch prüfen.»

«In gewisser Hinsicht ist es ja günstig, daß das Wetter so schauderhaft ist», meinte Giles. «Unter diesen Umständen kann der Mörder unmöglich bis zu uns vordringen, nicht wahr?»

«Vielleicht braucht er das nicht einmal, Mr. Davis?»

«Was soll das heißen?»

Wachtmeister Trotter zögerte eine Sekunde. Dann sagte er: «Sie müssen die Möglichkeit ins Auge fassen, Sir, daß er *vielleicht schon hier ist.*»

Giles starrte ihn verdutzt an.

«Wie soll ich das verstehen?»

«Mrs. Gregg wurde vor zwei Tagen umgebracht. *Alle Ihre Gäste sind erst nach diesem Zeitpunkt hier eingetroffen. Mr. Davis.*»

«Ja, allerdings, aber sie hatten ihre Zimmer sämtlich im voraus bestellt – eine ganze Weile im voraus –, außer Paravicini.»

Wachtmeister Trotter seufzte, und seine Stimme klang müde. «Diese Verbrechen sind im voraus geplant.»

«Diese Verbrechen? Bisher ist doch nur eins begangen

worden. Warum sind Sie so sicher, daß ein weiteres folgen wird?»

«Daß es ausgeführt wird – dessen bin ich nicht sicher. Das hoffe ich zu verhindern. Daß es versucht wird, davon bin ich überzeugt.»

«Wenn Ihre Ansicht richtig ist», sprudelte Giles erregt hervor, «dann käme nur eine Person in Frage – die einzige Person, die das passende Alter hat. *Christopher Wren!*»

Wachtmeister Trotter hatte Molly in der Küche aufgesucht.

«Ich würde es sehr begrüßen, Mrs. Davis, wenn Sie mit mir in die Bibliothek kommen würden. Dort möchte ich für alle ein paar grundsätzliche Bemerkungen machen. Mr. Davis hat Ihre Leute freundlicherweise schon darauf vorbereitet.»

«Gern – lassen Sie mich eben die Kartoffeln fertig schälen. Manchmal wünsche ich, Sir Walter Raleigh hätte diese vertrackten Dinger gar nicht entdeckt.»

Wachtmeister Trotter bewahrte ein mißbilligendes Schweigen, das von Molly unterbrochen wurde. «Ich kann es einfach nicht glauben, was Sie uns da erzählt haben. Es ist so – phantastisch!»

«Es ist durchaus nicht phantastisch, Madam. Es handelt sich um nackte Tatsachen.»

«Haben Sie eine Beschreibung dieses Mannes?» fragte Molly neugierig.

«Mittelgroß, schmächtig gebaut, trug einen dunklen Mantel und einen hellen Hut, sprach im Flüsterton, sein Gesicht war durch einen Schal verhüllt. Wie Sie sehen, trifft das auf Hinz und Kunz zu.» Nach einer kleinen Pause fuhr er fort: «Drei dunkle Mäntel und helle Hüte hängen auch in Ihrer Halle, Mrs. Davis.»

«Ich glaube nicht, daß einer von den Gästen aus London kam.»

«Wirklich nicht, Mrs. Davis?» Mit affenartiger Geschwindigkeit bewegte sich Wachtmeister Trotter auf die Anrichte zu und ergriff die dort liegende Zeitung.

«Der *Evening Standard* vom 19. Februar. Zwei Tage alt. Irgend jemand hat die Zeitung mitgebracht, Mrs. Davis!»

«Wie merkwürdig!» Molly starrte auf die Zeitung, und eine schwache Saite vibrierte in ihrem Gedächtnis. «Woher mag sie nur stammen?»

«Sie dürfen die Menschen nicht nur nach ihrem Äußeren beurteilen, Mrs. Davis. Sie wissen im Grunde gar nichts von diesen Leuten, die Sie in Ihr Haus aufgenommen haben.» Er setzte hinzu: «Ich nehme an, daß Sie und Mr. Davis noch nicht lange mit der Leitung einer Pension vertraut sind.»

«Das stimmt», gab Molly zu. Sie kam sich auf einmal recht jung, töricht und kindisch vor.

«Wahrscheinlich sind Sie auch noch gar nicht lange verheiratet, wie?»

«Gerade ein Jahr.» Sie errötete ein wenig. «Es kam alles ziemlich plötzlich.»

«Liebe auf den ersten Blick», meinte Wachtmeister Trotter verständnisinnig.

Molly fühlte sich nicht imstande, ihn kühl abblitzen zu lassen. «Ja», erwiderte sie und fügte in plötzlicher Vertrauensseligkeit hinzu: «Wir hatten uns nur vierzehn Tage lang gekannt.»

Ihre Gedanken eilten zurück zu jenen stürmischen zwei Wochen ihrer jungen Liebe. Es hatte keinen Zweifel gegeben – sie hatten beide gewußt, daß sie einander gehörten. In einer gequälten, nervösen Welt hatten sie das Wunder der Liebe gefunden. Ein leises Lächeln umspielte ihre Lippen.

Sie kehrte wieder in die Wirklichkeit zurück und spürte, wie Wachtmeister Trotters Blick nachsichtig auf ihr ruhte.

«Ihr Gatte stammt wohl nicht aus dieser Gegend, wie?»

«Nein», erwiderte Molly zerstreut. «Er kommt aus Lincolnshire.»

Von Giles' Vergangenheit wußte sie eigentlich fast nichts.

Seine Eltern waren tot, und er vermied jedes Gespräch über seine Jugend. Wahrscheinlich hatte er eine unglückliche Kindheit verlebt.

«Sie sind beide noch sehr jung für die Leitung eines solchen Unternehmens, wenn ich mir die Bemerkung gestatten darf.»

«Das will ich nicht sagen. Ich bin zweiundzwanzig und ...»

Molly brach ab, als sich die Tür öffnete und Giles erschien.

«Sie sind alle versammelt», verkündete er, «und ich habe ihnen die Situation in groben Umrissen skizziert. Sie haben hoffentlich nichts dagegen, Wachtmeister.»

«Nein, damit haben Sie mir viel Zeit erspart», sagte Trotter. «Sind Sie bereit, Mrs. Davis?»

Vier Stimmen erhoben sich gleichzeitig, als Wachtmeister Trotter die Bibliothek betrat.

Die höchste und schrillste war die von Christopher Wren. Er verkündete der Umwelt, daß dies alles maßlos aufregend sei und er in der kommenden Nacht kein Auge schließen werde und ob man nicht, *bitte*, alle die blutigen Einzelheiten erfahren könnte?

Mrs. Boyle lieferte dazu die Kontrabaßbegleitung. «Eine unglaubliche Schande – die reinste Unfähigkeit – unerhört, daß die Polizei Mörder frei herumstromern läßt!»

Mr. Paravicini redete hauptsächlich mit den Händen. Seine Gesten waren beredter als seine Worte, die von Mrs. Boyles Kontrabaß übertönt wurden. Gelegentlich drang Major Metcalfs schroffes, abgerissenes Bellen durch das Stimmengewirr. Er verlangte nach Tatsachen.

Trotter wartete eine Weile. Dann hob er gebieterisch die Hand, und erstaunlicherweise trat Ruhe ein.

«Ich danke Ihnen, meine Herrschaften», sagte er. «Nun, Mr. Davis hat ihnen bereits die Gründe für meine Anwesenheit auseinandergesetzt. Ich möchte nur eines wissen, mehr nicht, aber ich möchte es sehr rasch wissen. *Wer von Ihnen hat etwas mit den Vorkommnissen auf der Longridge-Farm zu tun?*»

Eisiges Schweigen folgte diesen Worten. Vier ausdruckslose Gesichter starrten Wachtmeister Trotter an. Die eben noch zum Ausdruck gebrachten Gefühle – Erregung, Empörung, Hysterie, Neugierde – waren wie ausgelöscht, als sei jemand mit einem Schwamm über eine Schiefertafel gefahren.

Wachtmeister Trotter begann von neuem, diesmal etwas eindringlicher. «Bitte, verstehen Sie mich doch. Wir haben Grund zu der Annahme, daß einer von Ihnen in Gefahr – in *Lebensgefahr* – schwebt. Ich muß unbedingt wissen, wer von Ihnen das ist!»

Und immer noch rührte sich keiner.

Trotters Stimme klang jetzt ein wenig zornig. «Na schön – ich werde jetzt alle der Reihe nach fragen. Mr. Paravicini?»

Ein schwaches Lächeln breitete sich über Mr. Paravicinis Züge. Er hob die Hände in einer protestierenden, theatralischen Geste.

«Aber ich bin doch fremd in dieser Gegend, Inspektor. Ich weiß nichts, aber auch gar nichts von diesen lokalen Angelegenheiten vergangener Tage.»

Trotter verschwendete keine Zeit, sondern sagte scharf: «Mrs. Boyle?»

«Ich sehe tatsächlich nicht ein, warum ... Ich meine – warum sollte ausgerechnet *ich* mit einer so peinlichen Angelegenheit zu schaffen haben?»

«Mr. Wren?»

Christopher schrillte: «Ich war ja damals noch ein Kind. Ich kann mich nicht einmal daran erinnern, etwas davon gehört zu haben.»

«Major Metcalf?»

Der Major entgegnete schroff: «Las davon in der Zeitung. War seinerzeit in Edinburgh stationiert.»

«Und das ist alles, was Sie mir zu sagen haben – Sie alle miteinander?»

Wieder herrschte Schweigen.

Trotter stieß einen Seufzer der Verzweiflung aus. «Nun gut, wenn einer von Ihnen ermordet wird, dann hat er es sich selbst zuzuschreiben.»

Er wandte sich unvermittelt ab und verließ das Zimmer.

«Herrje», äußerte sich Christopher, «wie melodramatisch!» Er setzte hinzu: «Er sieht sehr gut aus, nicht wahr? Ich bewundere die Polizei. So streng und so abgebrüht. Ein ziemlicher Nervenkitzel, diese ganze Geschichte. *Drei blinde Mäuse*. Wie geht doch noch die Melodie?»

Er pfiff die Weise vor sich hin, und Molly rief: «Bitte, nicht!»

Er wirbelte herum und betrachtete sie lachend. «Aber, meine Liebe, es ist doch mein Leitmotiv. Ich bin noch nie zuvor für einen Mörder gehalten worden, und es macht mir ungeheuren Spaß!»

«Überspannter Unsinn», erklärte Mrs. Boyle. «Ich glaube kein Wort davon.»

In Christophers blassen Augen flackerte es spitzbübisch auf. «Warten Sie nur, Mrs. Boyle», sagte er mit gesenkter Stimme, «bis ich mich von hinten an Sie heranschleiche und Sie meine Hände an Ihrer Kehle spüren.»

Molly zuckte zusammen.

Giles wurde zornig. «Sie machen meine Frau ganz nervös, Wren. Nebenbei gesagt, war es ein verdammt taktloser Witz.»

«Das Ganze ist wahrhaftig kein Scherz», ließ sich der Major vernehmen.

«Im Gegenteil», protestierte Christopher. «Das ist es ja gerade – der Scherz eines Verrückten. Dadurch wird die Situation so wundervoll makaber.»

Lachend blickte er alle der Reihe nach an. «Wenn Sie nur Ihre Gesichter sehen könnten», meinte er.

Dann verließ er rasch das Zimmer.

Mrs. Boyle erlangte zuerst die Sprache wieder. «Ein selten ungezogener und neurotischer junger Mann», bemerkte sie. «Wahrscheinlich ein Kriegsdienstverweigerer.»

«Er erzählte mir, daß er während eines Luftangriffs achtundvierzig Stunden unter Trümmern begraben lag, ehe man ihn ausbuddelte», erwähnte Major Metcalf. «Dadurch läßt sich wohl manches erklären.»

«Die Leute haben tausend Entschuldigungen, wenn sie sich von ihren Nerven unterkriegen lassen», versetzte Mrs. Boyle bissig. «Ich habe im Krieg bestimmt ebensoviel durchgemacht wie jeder andere, aber *meine* Nerven sind völlig in Ordnung.»

«Das kommt Ihnen vielleicht noch einmal gut zustatten, Mrs. Boyle», meinte Metcalf.

«Was soll das heißen?»

Major Metcalf erwiderte gemessen: «Ich glaube, Sie waren im Jahre 1940 Quartiermacherin für diesen Bezirk, Mrs. Boyle.» Er blickte zu Molly hinüber, die ernst nickte. «Ich habe doch recht, nicht wahr?»

Zornesröte stieg Mrs. Boyle in die Wangen. «Na, und was besagt das schon?» fragte sie schroff.

«*Sie* waren für die Unterbringung der drei Kinder auf der Longridge-Farm verantwortlich», lautete die ernste Antwort.

«Hören Sie, Major, es ist mir wirklich schleierhaft, wie man mich für dieses Geschehen verantwortlich machen kann. Die Leute auf der Farm schienen sehr nett zu sein und wollten die Kinder unbedingt aufnehmen. Ich finde wirklich nicht, daß mich irgendeine Schuld trifft – oder daß man mir die Verantwortung in die Schuhe schieben könnte.»

Giles fragte scharf: «Warum haben Sie das nicht Wachtmeister Trotter erzählt?»

«Weil es die Polizei nichts angeht», erwiderte Mrs. Boyle schroff. «Ich kann auf mich selbst aufpassen.»

«Ich würde Ihnen raten, auf der Hut zu sein», warnte Major Metcalf.

Damit verließ auch er das Zimmer.

Molly murmelte: «Sie waren tatsächlich die Quartiermacherin. Ich entsinne mich jetzt ganz gut.»

Giles starrte sie an. «Molly, wußtest du darüber Bescheid?»

«Ihnen gehörte das große Haus am Gemeindeplatz, nicht wahr?»

«Es wurde requiriert», entgegnete Mrs. Boyle. «Und nun ist es vollständig ruiniert», fügte sie bitter hinzu. «Verwüstet. Ein Skandal.»

Hier begann Mr. Paravicini leise vor sich hin zu kichern. Dann warf er den Kopf zurück und brach in ein schallendes Gelächter aus.

«Sie müssen mir verzeihen», ächzte er. «Aber ich finde dies alles höchst amüsant. Ja, es macht mir Spaß – riesigen Spaß.»

In diesem Augenblick betrat Wachtmeister Trotter wieder das Zimmer und warf Mr. Paravicini einen mißbilligenden Blick zu. «Es freut mich», sagte er ironisch, «daß Sie die Sache so belustigend finden.»

«Ich bitte vielmals um Entschuldigung, Inspektor, daß ich die Wirkung Ihrer feierlichen Warnung verdorben habe.»

Wachtmeister Trotter zuckte die Achseln. «Ich habe mein Bestes getan, um Ihnen die Situation zu erläutern. Außerdem bin ich kein Inspektor, sondern nur Wachtmeister. Bitte, Mrs. Davis, ich möchte gern das Telefon benutzen.»

«Ich krieche zu Kreuze», erklärte Mr. Paravicini, «und schleiche mich davon.»

Mit diesen Worten ging er hinaus, aber durchaus nicht schleichend, sondern mit dem jugendlich elastischen Schritt, den Molly schon vorher an ihm bemerkt hatte.

«Merkwürdiger Kauz», meinte Giles.

«Verbrechertyp», erklärte Trotter. «Würde ihm nicht über den Weg trauen.»

«Oh», warf Molly dazwischen. «Denken Sie etwa, daß

er . . .? Aber er ist ja viel zu alt. Oder ist er vielleicht gar nicht alt? Er gebraucht Make-up, eine ganze Menge sogar. Und er hat einen jugendlichen Gang. Vielleicht hat er sich so zurechtgemacht, um alt zu wirken? Wachtmeister Trotter, glauben Sie . . .»

Der Wachtmeister erteilte ihr einen strengen Verweis. «Nutzlose Spekulationen bringen uns keinen Schritt weiter, Mrs. Davis, und jetzt muß ich Inspektor Hogben Bericht erstatten.»

Er durchquerte den Raum, um zum Telefon zu gelangen.

«Sie können nicht telefonieren», sagte Molly, «der Apparat ist tot.»

«Was sagen Sie da?» Trotter drehte sich blitzschnell um. Der scharfe, besorgte Ton seiner Stimme beeindruckte alle. «Tot? Seit wann?»

«Major Metcalf versuchte kurz nach Ihrer Ankunft zu telefonieren.»

«Aber davor muß es noch in Ordnung gewesen sein. Sie haben doch Inspektor Hogbens Botschaft bekommen, nicht wahr?»

«Ja. Aber ich glaube, daß die Drähte seit etwa zehn Uhr am Boden liegen – infolge der Schneemassen.»

Trotters Miene blieb ernst. «Wer weiß», sagte er. «Die Drähte können auch durchgeschnitten sein.»

Molly starrte ihn ungläubig an. «Glauben Sie wirklich?»

«Ich werde mich davon überzeugen.»

Er eilte aus dem Zimmer, und nach kurzem Zaudern folgte Giles.

«Gütiger Himmel!» rief Molly. «Es ist ja beinahe Essenszeit. Da muß ich mich aber sputen – oder wir haben nichts auf dem Tisch.»

Als auch sie hinausstürzte, murmelte Mrs. Boyle: «Unfähiges Ding! Was für ein Haus! Na, *ich* werde nicht sieben Pfund für eine solche Schlamperei bezahlen.»

Wachtmeister Trotter beugte sich prüfend über die Drähte. «Existiert ein Nebenanschluß?» erkundigte er sich bei Giles.

«Ja, oben in unserem Schlafzimmer. Soll ich dort einmal nachsehen?»

«Ja, bitte.»

Trotter öffnete das Fenster und lehnte sich hinaus, wobei er den Schnee von der Fensterbank fegte. Giles eilte, zwei Stufen auf einmal nehmend, die Treppe hinauf. –

Mr. Paravicini war im großen Salon. Er trat an den Flügel und öffnete ihn. Dann setzte er sich auf den Klavierschemel und klimperte mit einem Finger leise eine Melodie.

Drei blinde Mäuse . . .

Christopher Wren war in seinem Schlafzimmer. Munter pfeifend, schritt er auf und ab. Plötzlich wurde das Pfeifen zaghaft und erstarb. Er setzte sich auf den Rand seines Bettes, vergrub das Gesicht in den Händen und begann zu schluchzen. Wie ein Kind murmelte er: «Ich kann nicht mehr.»

Dann wechselte seine Stimmung. Er stand auf und warf sich in die Brust. «Ich *muß* weitermachen», sagte er sich. «Ich muß es *zu Ende* führen.» –

Giles stand in dem Schlafzimmer, das er mit Molly teilte, am Telefon. Dann bückte er sich und hob einen Handschuh von Molly auf. Ein Londoner Busfahrschein flatterte daraus zu Boden. Während Giles dem Billett nachblickte, änderte sich sein Gesichtsausdruck. Es hätte ebensogut ein anderer Mann sein können, der – wie im Traum – langsam zur Tür schritt, sie öffnete und eine Weile den Korridor hinab zum Kopf der Treppe blickte. –

Molly schälte die Kartoffeln zu Ende, schüttete sie in den Topf und setzte ihn aufs Feuer. Dann warf sie einen Blick in den Backofen. Alles war soweit in Ordnung, alles ging genau nach Plan.

Auf dem Küchentisch lag die zwei Tage alte Nummer des

Evening Standard, die sie stirnrunzelnd betrachtete. Wenn sie sich doch nur entsinnen könnte ...

Plötzlich schlug sie die Hände vors Gesicht. «O nein», jammerte sie. «O nein!»

Langsam ließ sie die Hände sinken und blickte sich wie eine Fremde in der Küche um, die so warm, so behaglich, so geräumig und von einem schwachen, leckeren Geruch durchzogen war.

«O nein», flüsterte sie noch einmal.

Wie eine Schlafwandlerin bewegte sie sich langsam auf die Tür zu, die in die Halle führte, und öffnete sie. Irgendwo pfiff jemand. Sonst herrschte tiefe Stille.

Oh, diese Melodie!

Molly trat schaudernd zurück. Sie wartete noch eine Weile, während sie sich in der vertrauten Küche umblickte. Ja, alles war in Ordnung und ging seinen gewohnten Gang. Wieder schritt sie auf die Küchentür zu. –

Major Metcalf stieg ruhig die Hintertreppe hinab. Er blieb eine Weile in der Halle stehen, ehe er den Verschlag unter der Treppe öffnete und prüfend hineinblickte. Alles schien ruhig zu sein. Ein günstiger Augenblick, um das zu tun, was er sich vorgenommen hatte. –

Mrs. Boyle, die in der Bibliothek saß, drehte ziemlich gereizt an den Knöpfen des Radios.

Mit ihrem ersten Versuch war sie mitten in einem Vortrag über den Ursprung und die Bedeutung der Kinderlieder gelandet. Das war wirklich das allerletzte, das sie zu hören wünschte. Sie drehte ungeduldig weiter, und eine kultivierte Stimme informierte sie: «Die Psychologie der Furcht muß gründlich verstanden werden. Nehmen wir einmal an, Sie befinden sich allein im Zimmer, und hinter Ihnen öffnet sich leise eine Tür ...»

Und eine Tür öffnete sich auch tatsächlich.

Mrs. Boyle fuhr heftig zusammen und wandte sich ruckartig um. «Ach, Sie sind es», rief sie erleichtert. «Idiotische

Programme senden sie hier. Ich kann überhaupt nichts finden, das ich mir gern anhören möchte!»

«Ich würde mir an Ihrer Stelle auch keine Mühe mehr geben, Mrs. Boyle.»

Mrs. Boyle schnaubte. «Was soll ich denn sonst hier anfangen?» fragte sie unwirsch. «Mit einem potentiellen Mörder in ein Haus eingesperrt – nicht, daß ich dieser melodramatischen Geschichte den geringsten Glauben schenke ...»

«Wirklich nicht, Mrs. Boyle?»

«Was soll dieser merkwürdige Tonfall ...?»

Der Gürtel des Regenmantels wurde ihr so rasch um den Hals gelegt, daß sie sich nicht mehr darüber klarwerden konnte, was das zu bedeuten hatte. Gleichzeitig wurde das Radio lauter eingestellt. Der Vortragende, der über die Psychologie der Furcht redete, schrie seine gelehrten Bemerkungen in den Raum und übertönte etwaige Geräusche, die mit Mrs. Boyles Hinscheiden verknüpft sein mochten.

Aber ihr Tod verursachte nicht viel Lärm.

Der Mörder war zu gewandt.

Sie hockten alle miteinander in der Küche. Auf dem Gasherd brodelten lustig die Kartoffeln. Das aus dem Ofen dringende appetitliche Aroma der Fleischpastete war stärker denn je.

Vier erschütterte Personen starrten einander an. Die fünfte, Molly, nippte bleich und zitternd an einem Glas Whisky, das ihr die sechste, Wachtmeister Trotter, aufgezwungen hatte.

Wachtmeister Trotter musterte die Versammlung mit ernster, grimmiger Miene. Knapp fünf Minuten waren verstrichen, seitdem Mollys Angstschrei ihn und die anderen im Laufschritt zur Bibliothek gejagt hatte.

«Sie war eben erst erwürgt worden, als Sie die Bibliothek betraten, Mrs. Davis», wandte er sich an Molly. «Sind Sie ganz sicher, daß Sie niemand gesehen oder gehört haben, als Sie durch die Halle kamen?»

«Ich hörte jemanden pfeifen», erwiderte Molly mit schwacher Stimme. «Aber das war früher. Ich glaube ... Ich bin nicht sicher, aber ich meine, ich hätte gehört, wie irgendwo leise eine Tür geschlossen wurde, gerade als ich – als ich in die Bibliothek ging.»

«Welche Tür?»

«Ich weiß es nicht.»

«Versuchen Sie einmal, scharf nachzudenken, Mrs. Davis. War es oben, unten, rechts oder links?»

«Ich habe Ihnen doch gesagt, ich weiß es nicht. Ich bin nicht einmal ganz sicher, ob ich überhaupt etwas gehört habe.»

«Wollen Sie nicht endlich aufhören, meiner Frau so zuzusetzen?» sagte Giles voller Zorn. «Sehen Sie denn nicht, daß sie völlig erschöpft ist?»

«Ich bin damit beschäftigt, einen Mord zu untersuchen, Mr. Davis. Bisher hat niemand von Ihnen das Ganze ernst genommen. Mrs. Boyle schon gar nicht. Sie hat mir wichtige Informationen vorenthalten. Alle anderen ebenfalls. Nun, Mrs. Boyle ist tot. Wenn wir der Sache jetzt nicht auf den Grund kommen, und zwar schleunigst, haben wir vielleicht noch einen Mord am Halse.»

«Noch einen? Unsinn. Warum denn?»

«Weil», antwortete Trotter ernst, «von *drei* kleinen blinden Mäusen die Rede ist.»

Ungläubig meinte Giles: «Ein Mord für jede Maus? Aber da müßte ja noch jemand in enger Beziehung zu diesem Fall stehen.»

«Ja, das ist natürlich die Voraussetzung.»

«Aber warum sollte dieser Mord ausgerechnet hier stattfinden?»

«Weil das Notizbuch nur zwei Adressen enthielt. Im Haus Culver Street vierundsiebzig wohnte nur ein in Frage kommendes Opfer, und das ist erledigt. Monkswell Manor bietet einen größeren Spielraum.»

«Unsinn, Trotter. Es wäre ein höchst unwahrscheinliches Zusammentreffen, wenn der Zufall *zwei* Menschen hierhergeführt hätte, die alle beide in die Affäre von der Longridge-Farm verwickelt sind.»

«Unter gewissen Umständen gar kein so merkwürdiges Zusammentreffen. Denken Sie mal darüber nach, Mr. Davis.» Trotter wandte sich den anderen zu. «Sie haben mir zwar schon gesagt, wo Sie sich alle befanden, als Mrs. Boyle ermordet wurde. Aber ich möchte noch einmal darauf zurückkommen. Sie waren also in Ihrem Zimmer, Mr. Wren, als Sie Mrs. Davis schreien hörten?»

«Ja, Wachtmeister.»

«Und Sie, Mr. Davis, waren oben in Ihrem Schlafzimmer, um die Telefonleitung zu prüfen?»

«Ja», bestätigte Giles.

«Mr. Paravicini hielt sich im Salon auf und spielte auf dem Flügel. Übrigens hat niemand Ihr Spiel gehört, Mr. Paravicini.»

«Ich spielte sehr, sehr leise, Wachtmeister, nur mit einem Finger.»

«Welche Melodie?»

«*Drei blinde Mäuse,* Wachtmeister.» Mr. Paravicini lächelte. «Dieselbe Melodie, die Mr. Wren oben pfiff. Die Melodie, die uns alle im Kopf herumschwirrt.»

«Eine gräßliche Melodie», sagte Molly.

«Wie verhielt es sich mit der Telefonleitung?» fragte Metcalf. «War sie vorsätzlich zerstört worden?»

«Ja, Major. Unmittelbar vor dem Eßzimmerfenster war ein Stück herausgeschnitten. Ich hatte gerade die Stelle gefunden, als Mrs. Davis schrie.»

«Aber das ist doch völlig verrückt. Wie kann der Mörder hoffen, unentdeckt zu entkommen?» fragte Christopher schrill.

Der Wachtmeister nahm ihn sorgfältig aufs Korn.

«Vielleicht ist ihm nicht viel daran gelegen», entgegnete

er. «Vielleicht ist er aber auch davon überzeugt, daß er zu schlau für uns ist. Mörder werden oft so.» Er fügte hinzu: «Unsere Ausbildung schließt nämlich auch einen Kursus für Psychologie ein. Die Mentalität eines Schizophrenen ist sehr interessant.»

«Sollten wir nicht lieber diese langen Fremdwörter vermeiden?» schlug Giles vor.

«Gewiß, Mr. Davis. Im Augenblick interessieren uns nur zwei kurze Wörter. *Mord* ist das eine, und das andere *Gefahr*. Darauf müssen wir uns konzentrieren. Nun, Major Metcalf, ich möchte mir Ihre Bewegungen noch einmal deutlich vor Augen führen. Wie Sie sagten, waren Sie also im Keller. Warum eigentlich?»

«Nur eine kleine Besichtigungstour», erwiderte der Major. «Ich warf einen Blick in den Verschlag unter der Treppe und entdeckte dort eine Tür. Als ich sie öffnete, sah ich weitere Stufen und bin nach unten gestiegen. Schöne Kellerräume haben Sie da», wandte er sich an Giles. «Wahrscheinlich die Krypta eines alten Klosters.»

«Wir befassen uns hier nicht mit Altertumsforschung, Major Metcalf, sondern mit der Untersuchung eines Mordes. Wollen Sie einen Augenblick horchen, Mrs. Davis? Ich lasse die Küchentür offen.» Der Wachtmeister ging hinaus, und bald darauf hörte man, wie eine Tür mit leisem Knakken geschlossen wurde. «War dies das Geräusch, das Sie hörten, Mrs. Davis?» fragte er, als er wieder im Türrahmen erschien.

«Ich ... ja, es klang so ähnlich.»

«Das war die Tür unter der Hintertreppe. Es wäre nicht ausgeschlossen, daß der Mörder, als er sich nach der Tat durch die Halle zurückzog, Sie aus der Küche kommen hörte und rasch in diesen Verschlag schlüpfte.»

«Dann wird die Tür seine Fingerabdrücke aufweisen», rief Christopher.

«Meine sind schon da», warf Major Metcalf dazwischen.

«Ganz recht», sagte Wachtmeister Trotter. «Aber dafür haben wir ja eine befriedigende Erklärung, nicht wahr?» fügte er aalglatt hinzu.

«Hören Sie mal, Wachtmeister», ließ sich Giles vernehmen. «Ich gebe zu, daß Sie in dieser Angelegenheit das Kommando haben. Aber immerhin ist es mein Haus, und bis zu einem gewissen Grade fühle ich mich für die darin lebenden Menschen verantwortlich. Sollten wir nicht einige Vorsichtsmaßregeln treffen?»

«Zum Beispiel, Mr. Davis?»

«Nun, ich würde vorschlagen, die Person in Haft zu nehmen, auf die alle Verdachtsmomente ziemlich deutlich hinzuweisen scheinen.»

Bei diesen Worten blickte er Christopher Wren fest ins Auge.

Christopher Wren sprang einen Schritt vor, und seine Stimme klang schrill und hysterisch: «Es ist nicht wahr! Sie irren sich! Sie sind alle gegen mich. Jeder ist gegen mich. Sie wollen mir diesen Mord in die Schuhe schieben. Es ist eine regelrechte Verfolgung – ja, eine Verfolgung!»

«Ruhig Blut, meine Junge», sagte Major Metcalf.

«Schon gut, Chris.» Molly trat zu ihm hin und legte ihm die Hand auf den Arm. «Niemand hat etwas gegen Sie.» Sie wandte sich an Trotter: «Sagen Sie ihm doch, daß er nichts zu befürchten hat.»

«Wir schieben niemandem etwas in die Schuhe», erklärte Wachtmeister Trotter.

«Sagen Sie ihm, daß Sie ihn nicht verhaften werden.»

«Ich verhafte vorläufig noch niemanden. Dazu brauche ich genügende Beweise – und die sind im Augenblick noch nicht vorhanden.»

Giles rief laut: «Ich glaube, du bist verrückt, Molly. Und Sie ebenfalls, Wachtmeister. Es gibt hier nur einen einzigen Menschen, der für diese Rolle paßt, und ...»

«Einen Augenblick, Giles», fiel ihm Molly ins Wort. «Sei

bitte mal ruhig. Wachtmeister Trotter, kann ich ... kann ich Sie einen Moment allein sprechen?»

«Ich bleibe hier», erklärte Giles.

«Nein, Giles, auch du darfst nicht dabeisein.»

Giles' Gesicht verfinsterte sich, als er sagte: «Ich verstehe nicht, was über dich gekommen ist, Molly.»

Er folgte den anderen aus dem Zimmer und ließ die Tür hinter sich zuknallen.

«Nun, Mrs. Davis, wo drückt Sie denn der Schuh?»

«Herr Wachtmeister, als Sie uns die Geschichte von der Longridge-Farm erzählten, schienen Sie der Ansicht zu sein, daß der älteste Junge hinter dieser ganzen Sache stecke. Aber Sie wissen es nicht mit aller Bestimmtheit, nicht wahr?»

«Da haben Sie durchaus recht, Madam. Aber die Wahrscheinlichkeit spricht dafür: seelische Labilität, Fahnenflucht, das Gutachten des Psychiaters.»

«O ja, ich weiß, und deshalb scheint alles auf Christopher hinzudeuten. Aber ich glaube nicht, daß Christopher der Täter ist. Es muß noch andere Verdächtige geben. Hatten diese drei Kinder keine Verwandten – Eltern, zum Beispiel?»

«Doch. Aber die Mutter war tot, und der Vater befand sich als Soldat auf einem der Kriegsschauplätze.»

«Nun, und wo lebt er jetzt?»

«Darüber sind wir nicht informiert. Wir wissen nur, daß er im vergangenen Jahr aus der Armee entlassen wurde.»

«Wenn der Sohn seelisch labil war, mag der Vater es auch gewesen sein.»

«Allerdings.»

«Der Mörder könnte also durchaus auch ein älterer Mann sein. Sie müssen nämlich wissen, daß Major Metcalf sich entsetzlich aufgeregt hat, als ich erwähnte, daß die Polizei angerufen habe. Das war keine Einbildung.»

«Bitte, glauben Sie mir, Mrs. Davis», lautete die ruhige Antwort, «ich habe von Anfang an alle Möglichkeiten ins Auge gefaßt. Den Jungen, Jim, den Vater, sogar die Schwester. Den Mord hätte nämlich auch eine Frau begehen können. Nein, ich habe nichts übersehen. Aber wenn ich auch persönlich davon überzeugt bin, so weiß ich es noch nicht mit positiver Sicherheit. Es ist wirklich schwer, sich ein zutreffendes Urteil über Menschen und Dinge zu bilden – besonders heutzutage. Sie würden staunen, wenn Sie wüßten, was wir Polizisten zu sehen bekommen. Besonders in den Ehen. Alle diese übereilten Kriegsheiraten – ohne jede solide Grundlage. Man kennt die Verhältnisse, die Familie des Partners nicht. Man verläßt sich einfach auf das Wort des anderen. Ein Bursche braucht nur vorzugeben, daß er Kampfflieger oder Marineleutnant sei – das Mädchen wird ihm blindlings glauben. Ein, zwei Jahre können vergehen, ehe sie entdeckt, daß sie einen durchgebrannten Bankbeamten, der irgendwo schon Frau und Kinder sitzen hat, oder sonst einen Schurken geheiratet hat.»

Er ließ eine kleine Pause eintreten und fuhr dann fort.

«Ich weiß ganz gut, womit sich Ihre Gedanken beschäftigen, Mrs. Davis. Eins möchte ich Ihnen nur noch verraten: *Der Mörder amüsiert sich königlich*. Das ist das einzige, was ich mit absoluter Sicherheit weiß.»

Mit diesen Worten schritt er zur Tür.

Molly stand wie eine Salzsäule, während ihr eine flammende Röte in die Wangen stieg. Nach einer Weile, als sich ihre Starrheit löste, ging sie langsam zum Herd, wo sie niederkniete und die Klappe öffnete. Appetitliche Düfte strömten ihr entgegen. Ihr Herz wurde leichter. Ihr war, als sei sie plötzlich wieder in die warme, vertraute Welt des Alltags zurückversetzt. Kochen, Hausarbeit, prosaisches Leben.

So hatten Frauen seit undenklichen Zeiten für ihre Männer gekocht. Die Welt der Gefahren – des Wahnsinns – wurde ausgesperrt. In ihrer Küche war eine Frau sicher – bis in alle Ewigkeit.

Die Küchentür öffnete sich, und Molly wandte den Kopf, als Christopher Wren ein wenig atemlos auftauchte.

«Meine Teuerste», rief er. «Ein toller Klamauk! Irgend jemand hat dem Wachtmeister die Ski gestohlen!»

«Dem Wachtmeister die Ski gestohlen? Aus welchem Grund sollte das jemand tun?»

«Das ist ja das Unerklärliche. Ich meine, wenn der Wachtmeister sich entschließen würde, uns zu verlassen, so könnte das – wenigstens für mein Empfinden – dem Mörder doch nur höchst angenehm sein. Ich meine, es ist ziemlich sinnlos, nicht wahr?»

«Giles hat sie doch in den Verschlag unter der Treppe gestellt.»

«Dort stehen sie aber nicht mehr. Mysteriös, nicht wahr?» Er grinste über das ganze Gesicht. «Der Wachtmeister ist fuchsteufelswild. Bissig wie eine Schildkröte. Er hat dem armen Major Metcalf ordentlich die Hölle heiß gemacht. Aber der alte Knabe behauptet steif und fest, nicht darauf geachtet zu haben, als er, kurz vor dem Mord an Mrs. Boyle, in den Verschlag gelugt hat. Trotter dagegen beharrt darauf, daß er die Ski bemerkt haben müsse. Im Vertrauen gesagt» – Christopher senkte die Stimme und beugte sich zu Molly hinüber –, «diese ganze Geschichte geht Trotter allmählich auf die Nerven.»

«Sie geht uns allen auf die Nerven», sagte Molly.

«Mir nicht, ich finde dies alles überaus anregend. Es besitzt den Reiz des Unwirklichen.»

Molly fuhr ihn scharf an: «Das würden Sie bestimmt nicht sagen, wenn *Sie* sie gefunden hätten – Mrs. Boyle, meine ich. Das Bild schwebt mir dauernd vor Augen – ich kann es einfach nicht vergessen. Ihr Gesicht – ganz geschwollen und bläulichrot . . .»

Sie erschauerte. Christopher trat näher an sie heran und legte ihr die Hand auf die Schulter.

«Ich weiß, Molly. Ich bin ein Idiot. Bitte verzeihen Sie mir. Ich habe gedankenlos drauflosgeschwatzt.»

Ein trockener Schluchzer entrang sich Mollys Kehle.

«Eben noch schien alles in Ordnung – das Kochen – die Küche ...»

Ihre Worte klangen verwirrt, zusammenhanglos. «Und dann auf einmal – war alles wieder da – wie ein Alptraum ...»

Ein eigenartiger Ausdruck trat in Christophers Gesicht, als er so vor ihr stand und auf ihren gesenkten Scheitel hinabblickte.

«Ach so», sagte er. «Ich verstehe.» Er wich langsam zurück. «Nun, es ist wohl besser, wenn ich mich aus dem Staube mache und Sie nicht länger – störe.»

«Gehen Sie nicht fort», rief Molly, als seine Hand schon auf dem Türgriff lag.

Er fuhr herum und warf ihr einen forschenden Blick zu. Dann kam er langsam zurück.

«Meinen Sie das im Ernst?»

«Wovon sprechen Sie?»

«Sie wünschen wirklich nicht, daß ich – fortgehe?»

«Aber nein, gewiß nicht. Ich möchte nicht allein sein. Ich habe Angst vor dem Alleinsein.»

Christopher ließ sich am Tisch nieder. Molly schob die Pastete auf einen höheren Rost und schloß die Herdklappe. Dann gesellte sie sich zu ihm.

«Das ist sehr interessant», sagte Christopher mit gepreßter Stimme.

«Was ist interessant?»

«Daß Sie sich nicht davor fürchten, mit *mir* – allein zu sein. Sie fürchten sich doch nicht, oder?»

Sie schüttelte den Kopf. «Nein, ich fürchte mich nicht.»

«Warum nicht, Molly?»

«Ich weiß nicht. Es ist nun mal so.»

«Und doch bin ich der einzige, der für die Rolle des Täters paßt. Ein Mörder nach Maß.»

«Nein», erklärte Molly. «Es gibt noch andere Möglichkeiten. Ich habe mit Wachtmeister Trotter darüber gesprochen.»

«War er der gleichen Ansicht?»

«Er hat es nicht abgestritten», erwiderte Molly langsam.

Gewisse Worte gingen ihr nicht aus dem Kopf. Besonders der Satz: *Ich weiß genau, womit sich Ihre Gedanken beschäftigen, Mrs. Davis.* Aber wußte er es wirklich? War das möglich? Auch war er davon überzeugt, daß der Mörder sich königlich amüsiere. Stimmte das?

Sie wandte sich wieder an Christopher. «*Sie* amüsieren sich doch nicht gerade königlich, nicht wahr? Trotz allem, was Sie so dahergeredet haben.»

«Mein Gott, nein», erwiderte Christopher mit entsetztem Blick. «Was für eine merkwürdige Ausdrucksweise!»

«Oh, sie stammt nicht von mir, sondern von Wachtmeister Trotter. Der Mann ist mir verhaßt. Er ... er setzt einem Grillen in den Kopf – Ideen, die nicht wahr sind, die überhaupt nicht wahr sein können.»

Sie verbarg ihr Gesicht in den Händen; Christopher zog ihre Hände mit einer behutsamen Gebärde fort.

«Nun erklären Sie, Molly, wovon reden Sie da eigentlich?»

Ohne Widerstreben ließ sie sich auf dem Stuhl nieder, den er ihr mit sanftem Zwang hinschob. Er hatte sein kindisches hysterisches Wesen völlig abgestreift.

«Was ist los, Molly?» fragte er noch einmal.

Molly warf ihm einen Blick zu – einen langen, abschätzenden Blick. Sie überhörte seine Frage und sagte statt dessen: «Wie lange kennen wir uns eigentlich, Christopher? Zwei Tage?»

«Ungefähr. Sie denken gewiß, daß wir uns trotz dieser kurzen Spanne anscheinend ziemlich gut kennen.»

«Ja. Seltsam, nicht wahr!»

«Vielleicht auch nicht. Wir fühlen eben eine gewisse Sympathie füreinander, und das mag daran liegen, daß wir beide – etwas Schweres durchgemacht haben.»

Molly ließ diese kühne Behauptung auf sich beruhen und

stellte ihrerseits eine andere auf: «Sie heißen in Wirklichkeit gar nicht Christopher Wren.»

«Nein.»

«Warum haben Sie ...»

«... diesen Namen gewählt? Oh, es war ein launiger Einfall. In der Schule nannten mich die andern so, um mich zu hänseln.»

«Wie lautet Ihr wirklicher Name?»

Christopher erwiderte gelassen: «Darauf möchte ich nicht näher eingehen. Der Name würde Ihnen auch nichts sagen. Ich bin gar kein Architekt: Ich bin ein Deserteur.»

Sekundenlang spiegelte sich ängstliche Bestürzung in Mollys Augen.

Christopher bemerkte es. «Ja», meinte er, «genau wie unser unbekannter Mörder. Ich sagte Ihnen ja schon, daß ich der einzige bin, auf den der Steckbrief paßt.»

«Unsinn», erklärte Molly. «Ich habe Ihnen doch schon versichert, daß ich Sie nicht für den Mörder halte. Bitte, erzählen Sie mir mehr von sich. Was hat Sie zur Fahnenflucht getrieben – die Nerven?»

«Ob ich Angst hatte, meinen Sie? Nein, so seltsam es klingen mag. Angst spürte ich nie. Jedenfalls nicht mehr als alle anderen auch. Ich stand sogar im Ruf, unter Feuer ziemlich kühl zu bleiben. Nein, der Grund lag ganz woanders. Es hatte etwas mit meiner Mutter zu tun.»

«Mit Ihrer Mutter?»

«Ja. Sie ist nämlich ums Leben gekommen, bei einem Luftangriff. Sie wurde unter Trümmern verschüttet. Man ... man mußte sie ausgraben. Ich weiß nicht, was mit ihr geschah, als ich davon erfuhr ... Wahrscheinlich verlor ich ein wenig den Verstand. Ich bildete mir nämlich ein, es sei *mir* passiert. Ich hatte die fixe Idee, ich müßte so schnell wie möglich nach Hause, um ... um mich auszugraben. Ich kann es nicht näher erklären – es war alles so konfus.» Er vergrub seinen Kopf in den Händen und sprach mit gedämpfter

Stimme. «Lange wanderte ich umher, um sie zu suchen – oder mich selbst – ich weiß es nicht genau. Und als dann mein Verstand wieder klar war, wagte ich nicht mehr, mich zurückzumelden. Ich wußte genau, daß ich es niemandem begreiflich machen konnte. Seitdem habe ich mich planlos treiben lassen.»

Er starrte sie an. Verzweiflung ließ sein junges Gesicht verhärmt erscheinen.

«Sie dürfen sich nicht unterkriegen lassen», sagte Molly sanft. «Sie können ein neues Leben beginnen.»

«Ist das überhaupt möglich?»

«Natürlich. Sie sind ja noch so jung.»

«Ja, aber sehen Sie ... Ich bin mit meinem Latein am Ende.»

«Nein, das stimmt nicht. Das bilden Sie sich nur ein. Ich glaube, jeder Mensch hat mindestens einmal im Leben dieses Gefühl – daß alles zu Ende ist, daß es einfach nicht mehr weitergeht.»

«Sie kennen es, nicht wahr, Molly? Sie müssen es selbst erfahren haben, um so sprechen zu können.»

«Ja.»

«Und was war bei Ihnen die Ursache?»

«Mein Los habe ich mit vielen anderen geteilt. Ich war mit einem jungen Kampfflieger verlobt – der dann ums Leben kam.»

«Steckte nicht noch mehr dahinter?»

«Wahrscheinlich. Ich erlitt einen schweren Schock, als ich jünger war. Es war ein sehr bedrückendes Erlebnis, das mir ein Vorurteil gegen das Leben einflößte, so daß ich glauben mußte, es sei immer – gräßlich. Jacks Tod bestätigte dann meine Überzeugung, daß das ganze Leben grausam und trügerisch sei.»

«Ich verstehe. Und dann», sagte Christopher, während er sie scharf beobachtete, «trat vermutlich Giles auf den Plan.»

«Ja.» Er sah das zärtliche, fast scheue Lächeln, das um ihre

Lippen spielte. «Giles erschien – und alles war wieder gut; ich fühlte mich geborgen und glücklich – Giles!»

Das Lächeln schwand, und ihr Gesicht nahm plötzlich einen bekümmerten Ausdruck an. Sie zitterte vor Kälte.

«Was ist Ihnen, Molly? Was ängstigt Sie? Sie fürchten sich doch auf einmal, nicht wahr?»

Sie nickte.

«Hängt es etwa mit Giles zusammen? Hat er irgend etwas gesagt oder getan?»

«Nicht mit Giles, sondern mit diesem schrecklichen Menschen!»

«Mit welchem schrecklichen Menschen?» Christopher war erstaunt. «Paravicini?»

«Nein, nein. Wachtmeister Trotter.»

«Wachtmeister Trotter?»

«Mit seinem Gemunkel und seinen versteckten Andeutungen setzt er einem schreckliche Gedanken in den Kopf – Gedanken über Giles –, Gedanken, von deren Existenz ich keine Ahnung hatte. Ich hasse diesen Mann – ich hasse ihn!»

In langsamem Erstaunen zog Christopher die Augenbrauen hoch. «Giles? *Giles!* Ja, natürlich, wir beide sind so ziemlich im gleichen Alter. Er kommt mir allerdings älter vor als ich – aber das mag auf Täuschung beruhen. Ja, Giles könnte ebensogut in die Rolle passen. Aber hören Sie, Molly, das ist doch alles Unsinn. Giles war doch bei Ihnen – hier – an dem Tage, als diese Frau in London ermordet wurde?»

Molly schwieg.

Christopher blickte sie scharf an. «Oder etwa nicht?»

Molly sprach wie gehetzt, die Worte in wirrem Durcheinander hervorsprudelnd. «Er war den ganzen Tag außer Haus – im Wagen –, er fuhr zu einem entlegenen Ort, um Drahtnetz zu kaufen – das hat er mir wenigstens gesagt –, und das habe ich auch angenommen, bis – bis ...»

«Bis?»

Langsam streckte Molly ihre Hand aus und zeigte auf das Datum des *Evening Standard*, der ausgebreitet auf dem Küchentisch lag.

Christopher warf einen Blick darauf und sagte: «Londoner Ausgabe – zwei Tage alt.»

«Die Zeitung steckte in Giles' Tasche, als er zurückkehrte. Er ... er muß also in London gewesen sein.»

Christopher starrte. Er starrte abwechselnd auf die Zeitung und auf Molly. Er spitzte die Lippen und begann zu pfeifen, hörte aber sofort wieder auf. Es war nicht angebracht, ausgerechnet jetzt *diese* Melodie zu pfeifen.

Er wählte seine Worte sehr sorgfältig und vermied es, ihr in die Augen zu sehen. «Was wissen Sie eigentlich, genaugenommen, über Giles?»

«Nicht doch», rief Molly. «Nun fangen Sie nicht auch noch damit an. Das ist es ja gerade, was Trotter, dieser Schuft, sagte, oder vielmehr andeutete. Nämlich, daß Frauen oft nichts von den Männern wüßten, die sie heirateten – besonders in Kriegszeiten. Daß sie sich nur auf die Worte des Mannes verließen.»

«Das hat wohl seine Richtigkeit.»

«Nun hauen Sie in dieselbe Kerbe. Ich ertrage das nicht. Und nur, weil wir alle uns in einem so hysterischen Zustand befinden, daß wir jeder noch so phantastischen Andeutung Glauben schenken. Es ist aber nicht wahr? Ich ...»

Sie brach plötzlich ab. Die Küchentür hatte sich geöffnet.

Giles erschien im Türrahmen. «Unterbreche ich eine interessante Unterhaltung?» fragte er.

Christopher glitt vom Tisch mit den Worten: «Ich nehme gerade etwas Kochunterricht.»

«Was Sie nicht sagen! Sperren Sie die Ohren auf, Wren, ein Tête-à-tête ist momentan nicht angebracht. Bleiben Sie gefälligst aus der Küche heraus, verstanden?»

«Na, hören Sie mal ...»

«Lassen Sie meine Frau in Ruhe, Wren. Sie soll nicht das nächste Opfer werden.»

«Eben das», meinte Christopher, «ist meine größte Sorge.»

Wenn Giles eine tiefere Bedeutung in diesen Worten entdeckte, so ließ er es sich nicht anmerken. Nur die Röte in seinem Gesicht vertiefte sich um eine Schattierung. «Diese Sorge überlassen Sie getrost mir», warnte er. «Ich kann selbst auf meine Frau achtgeben. Nun machen Sie, daß Sie hinauskommen.»

«Bitte, gehen Sie», ertönte Mollys Stimme. «Ja – wirklich.»

Christopher bewegte sich langsam auf die Tür zu. «Ich werde nicht weit gehen», sagte er zu Molly gewandt, und die Worte enthielten eine ganz bestimmte Bedeutung.

«Wollen Sie endlich verschwinden?»

Ein hohes, kindisches Kichern war die Antwort. «Zu Befehl, Herr Leutnant», sagte Christopher.

Sobald sich die Tür hinter ihm schloß, wandte sich Giles an Molly.

«Um Himmels willen, Molly, hast du denn gar keinen Verstand? Allein unter vier Augen mit einem gefährlichen, mordsüchtigen Irren!»

«Er ist nicht der ...» – sie bog den Satz rasch ab –, «er ist bestimmt nicht gefährlich. Außerdem bin ich auf der Hut. Ich kann selber auf mich aufpassen.»

Giles stieß ein unangenehmes Lachen aus. «Das hat Mrs. Boyle auch behauptet.»

«O Giles, bitte nicht!»

«Verzeihung, Liebling. Aber ich bin ganz außer mir. Dieser elende Kerl! Was du an ihm findest, kann ich nicht verstehen.»

«Ich habe Mitleid mit ihm», sagte Molly langsam.

«Mitleid mit einem mordsüchtigen Irren?»

Molly bedachte ihn mit einem merkwürdigen Blick. «Ich könnte mit einem mordsüchtigen Irren Mitleid haben.»

«Du nennst ihn auch noch Christopher. Seit wann redet ihr euch mit Vornamen an?»

«O Giles, sei nicht albern. Heutzutage nennt sich jedermann beim Vornamen. Das weißt du ganz gut.»

«Schon nach so kurzer Zeit? Aber vielleicht steckt mehr dahinter. Vielleicht kanntest du Mr. Christopher Wren, diesen angeblichen Architekten, bereits, ehe er hierherkam? Vielleicht hast du ihm sogar den Vorschlag gemacht, hierherzukommen? Vielleicht war es überhaupt ein abgekartetes Spiel?»

Molly starrte ihn fassungslos an. «Giles, bist du denn ganz von Sinnen? Um Himmels willen, was willst du damit sagen?»

«Ich will damit sagen, daß Christopher Wren ein alter Freund von dir ist und daß du in engeren Beziehungen zu ihm stehst, als du mir eingestehen willst.»

«Giles, ich glaube, du bist verrückt geworden!»

«Vermutlich wirst du darauf beharren, daß du ihn nie gesehen hast, bevor er hier aufkreuzte. Eigentlich ziemlich merkwürdig, sich eine so abgelegene Pension auszusuchen, nicht wahr?»

«Merkwürdiger als im Fall von Major Metcalf und – und Mrs. Boyle?»

«Ja, ich glaube schon. Übrigens habe ich gelesen, daß diese mordsüchtigen Irren einen besonderen Reiz auf Frauen ausüben sollen. Das scheint in der Tat wahr zu sein. Wo hast du ihn kennengelernt? Und wie lange dauert das schon?»

«Du machst dich geradezu lächerlich, Giles. Ich habe Christopher Wren niemals zuvor gesehen.»

«Du bist also nicht vor zwei Tagen nach London gefahren, um ihn zu treffen und mit ihm zu vereinbaren, daß ihr euch hier als Fremde begegnen wollt?»

«Du weißt sehr gut, Giles, daß ich seit Wochen nicht mehr in London war.»

«Wirklich nicht? Das ist ja interessant.» Er fischte einen pelzgefütterten Handschuh aus der Tasche und hielt ihn in die Höhe. «Dies ist einer der Handschuhe, die du vorgestern getragen hast, nicht wahr? An dem Tag, als ich drüben in Sailham war, um das Drahtnetz zu kaufen.»

«An dem Tage, als *du* drüben in Sailham warst, um das Drahtnetz zu kaufen», wiederholte Molly und blickte ihm fest in die Augen. «Ja, ich habe diese Handschuhe getragen, als ich ausging.»

«Du wolltest angeblich ins Dorf. Wenn du nur ins Dorf gegangen bist, willst du mir bitte erklären, wie dies in deinen Handschuh geraten ist?»

Anklagend hielt er einen rosa Omnibusfahrschein in die Höhe.

Es folgte abgrundtiefes Schweigen.

«Du warst in London», behauptete Giles.

«Na schön», gab Molly zu und schob trotzig das Kinn vor. «Ich war in London.»

«Um diesen Burschen, diesen Christopher Wren, zu treffen.»

«Nein, nicht um mich mit Christopher zu treffen.»

«Aus welchem anderen Grund, wenn ich fragen darf?»

«Das möchte ich dir gerade in diesem Augenblick nicht verraten.»

«Mit anderen Worten: Du willst dir nur Zeit lassen, um eine plausible Geschichte zu erfinden!»

«Ich glaube fast», erklärte Molly, «ich hasse dich.»

«Ich hasse dich nicht», sagte Giles gemessenen Tones. «Aber ich wünschte beinahe, es wäre so. Ich habe einfach das Gefühl, dich nicht mehr zu kennen, überhaupt nichts von dir zu wissen.»

«Mir geht es ebenso», gestand Molly. «Du – du bist ein Fremder für mich. Ein Mann, der mich belügt ...»

«Wann habe ich dich je belogen?»

Molly lachte. «Denkst du etwa, ich hätte dir die Ausrede

mit dem Drahtnetz geglaubt? *Du* warst an dem Tag auch in London.»

«Du hast mich dort wohl gesehen», meinte Giles. «Und hast mir nicht genug Vertrauen geschenkt ...»

«Dir Vertrauen schenken? Daß ich nicht lache! Ich werde nie wieder einem Menschen Vertrauen schenken – nie wieder!»

Keiner von beiden merkte, daß sich die Küchentür leise geöffnet hatte. Mr. Paravicini räusperte sich taktvoll.

«Zu peinlich», murmelte er. «Ich hoffe aufrichtig, daß ihr jungen Leute euch nichts an den Kopf werft, das euch später gereut. Das geschieht so leicht, wenn zwei Liebende sich streiten.»

«Wenn zwei Liebende sich streiten», wiederholte Giles spöttisch. «Liebende ist gut.»

«Ja, ja», sagte Mr. Paravicini. «Ich weiß genau, wie Ihnen zumute ist. Das alles habe ich als junger Mann selbst durchgemacht. Aber weshalb ich hier eingedrungen bin: Dieser Polizeimensch besteht hartnäckig darauf, daß wir uns alle im Salon versammeln. Er scheint eine Idee zu haben.» Mr. Paravicini kicherte. «Daß die Polizei einen Anhaltspunkt hat – nun ja, das soll vorkommen. Aber eine *Idee*? Ich möchte es bezweifeln. Sicherlich ein eifriger, fleißiger Beamter, unser Wachtmeister Trotter, aber meines Erachtens nicht übermäßig mit Geistesgaben ausgestattet.»

«Geh nur hin, Giles», sagte Molly. «Ich muß kochen und hier in der Küche nach dem Rechten sehen. Wachtmeister Trotter kann auch ohne mich auskommen.»

«Apropos Kochen», bemerkte Mr. Paravicini und tänzelte auf Molly zu, «haben Sie je folgendes Gericht versucht: Gänseleber auf dick mit *foie gras* belegtem Toast, dazu eine hauchdünne, mit französischem Senf bestrichene Speckscheibe?»

«Unsereiner sieht heutzutage nicht viel Gänseleberpastete», meinte Giles. «Kommen Sie, Mr. Paravicini.»

«Soll ich hierblieben und Ihnen helfen, meine Verehrteste?»

«Sie kommen hübsch brav mit in den Salon, Paravicini», erklärte Giles.

Mr. Paravicini lachte belustigt auf.

«Ihr Gatte hat Angst um Sie. Ganz natürlich. Der Gedanke, Sie mit *mir* allein zu lassen, findet nicht seinen Beifall. Und zwar fürchtet er meine sadistischen Neigungen – nicht etwa meine Verführungkunst. Ich beuge mich der Gewalt.» Er verneigte sich graziös und warf Molly eine Kußhand zu.

Molly fühlte sich recht unbehaglich. «Oh, Mr. Paravicini, ich bin überzeugt ...»

Mr. Paravicini schüttelte den Kopf und wandte sich an Giles: «Sie handeln klug, junger Mann. Nehmen Sie ja kein Risiko auf sich. Kann ich Ihnen oder dem Wachtmeister beweisen, daß ich kein pathologischer Mörder bin? Nein, das kann ich nicht. Negatives läßt sich schwer nachweisen.»

Er summte heiter vor sich hin.

Molly zuckte zusammen. «Bitte, Mr. Paravicini – nicht *diese* schreckliche Melodie.»

«*Drei blinde Mäuse* – ach ja! Diese Melodie schwirrt mir immer im Kopf herum. Wenn man richtig darüber nachdenkt, ist es ein gruseliges Lied. Durchaus kein nettes Kinderlied. Aber Kinder haben eine Vorliebe für Schauriges. Das haben Sie sicher schon bemerkt. Das Lied ist typisch englisch – das rohe ländliche England. *Die nahm ein großes Messer zur Hand und schnitt sogleich – schnipp, schnapp! schnipp, schnapp! – den armen Mäusen die Schwänze ab*. Ein Kind hätte natürlich Spaß daran. Ich könnte Ihnen überhaupt Geschichten von Kindern erzählen ...»

«Bitte, hören Sie auf», bat Molly mit schwacher Stimme. «Ich glaube, Sie sind auch grausam.» Ihr Tonfall nahm eine hysterische Färbung an. «Sie spotten und grinsen! Sie sind wie eine Katze, die mit der Maus spielt – die mit einer ...»

Sie begann zu lachen.

«Ruhig Blut, Molly», mahnte Giles. «Komm, wir gehen alle miteinander in den Salon. Trotter wird sicher schon ungeduldig. Laß das Kochen nur sein. Mord ist wichtiger als dein Essen.»

«Ich weiß nicht, ob ich Ihnen da recht geben kann», sagte Mr. Paravicini, als er den beiden mit zierlichen Schritten folgte. «Der Verurteilte nahm ein kräftiges Frühstück zu sich – heißt es doch immer.»

In der Halle gesellte sich Christopher Wren zu ihnen und wurde von Giles mit einem finsteren Blick bedacht. Er sah rasch und besorgt zu Molly hinüber, aber Molly rauschte hocherhobenen Hauptes, ohne nach rechts oder links zu schauen, an ihm vorbei. Fast wie eine Prozession marschierten sie in den Salon, wobei Mr. Paravicini mit seinem tänzelnden Gang den Abschluß bildete.

Wachtmeister Trotter und Major Metcalf standen bereits wartend da – der Major recht verdrießlich und Wachtmeister Trotter krebsrot und energiegeladen.

«Gut», rief Trotter, als sie eintraten. «Jetzt sind wir alle versammelt. Ich möchte gern ein gewisses Experiment anstellen, und dazu benötige ich Ihre Mithilfe.»

«Wird es viel Zeit in Anspruch nehmen?» erkundigte sich Molly. «Ich habe allerlei in der Küche zu tun. Schließlich müssen wir ja irgendwann mal eine Mahlzeit zu uns nehmen.»

«Ich habe Verständnis für Ihre Unruhe, Mrs. Davis», pflichtete ihr Trotter bei, «aber, wenn ich mir die Bemerkung erlauben darf, es gibt wichtigere Dinge als Mahlzeiten. Mrs. Boyle, zum Beispiel, braucht keine Mahlzeit mehr.»

«Aber, Wachtmeister», empörte sich Major Metcalf, «das ist eine außerordentliche Taktlosigkeit!»

«Verzeihung, Major, aber ich möchte, daß jeder sich an diesem Experiment beteiligt.»

«Haben Sie Ihre Ski wiedergefunden, Herr Wachtmeister?» fragte Molly.

Der junge Mann errötete noch tiefer. «Nein, leider nicht, Madam. Aber ich darf gestehen, daß ich ziemlich sicher bin, wer sie genommen hat. Und auch, aus welchem Grunde. Im Augenblick will ich mich nicht weiter dazu äußern.»

«Ja nicht!» rief Mr. Paravicini. «Erklärungen sollte man immer bis zum Ende aufsparen – bis zum spannenden letzten Kapitel, wissen Sie.»

«Dies ist kein Spiel, Sir.»

«Nein? Nun, da befinden Sie sich wohl im Irrtum. Ich glaube, es ist ein Spiel – für eine gewisse Person.»

«Der Mörder amüsiert sich königlich», murmelte Molly vor sich hin.

Die anderen blickten sie erstaunt an. Sie biß sich auf die Lippen. «Ich zitiere nur, was Wachtmeister Trotter zu mir sagte.»

Wachtmeister Trotter schien wenig davon erbaut zu sein. «Mr. Paravicini, man kann gut vom letzten Kapitel reden und so tun, als ob es sich um einen Schauerroman handle. Aber wir haben es hier mit der Wirklichkeit zu tun. Mit Dingen, die tatsächlich passieren.»

«Wenn es nur mir nicht passiert», meinte Christopher Wren, wobei er sorgfältig seinen Hals betastete.

«Na, na», brummte Major Metcalf. «Malen Sie nicht den Teufel an die Wand, junger Mann. Der Wachtmeister wird uns jetzt seine Instruktionen erteilen.»

Wachtmeister Trotter räusperte sich, und seine Stimme nahm einen offiziellen Ton an.

«Vor einer Weile notierte ich mir die Aussagen, aus denen hervorging, wo Sie sich zu dem Zeitpunkt aufhielten, als Mrs. Boyle ermordet wurde. Demnach waren Mr. Wren und Mr. Davis in ihren Schlafzimmern, Mrs. Davis in der Küche, Major Metcalf im Keller und Mr. Paravicini hier im Salon.»

Er hielt einen Augenblick inne und fuhr dann fort:

«So lauten die von Ihnen gemachten Aussagen. Ich habe keine Möglichkeit, sie nachzuprüfen. Sie mögen wahr sein – oder auch nicht. Um mich ganz deutlich auszudrücken: Vier dieser Aussagen stimmen – aber *eine ist falsch*. Welche?»

Er blickte allen der Reihe nach ins Gesicht. Doch niemand äußerte sich dazu.

«Vier von Ihnen haben die Wahrheit gesprochen – einer hat gelogen. Ich habe einen Plan, der mir vielleicht hilft, den Lügner zu entlarven. Wenn mir das gelingt, weiß ich auch, wer der Mörder ist.»

«Nicht ohne weiteres», widersprach Giles scharf. «Jemand mag aus einem anderen Grund gelogen haben.»

«Das möchte ich bezweifeln, Mr. Davis.»

«Was haben Sie eigentlich für Hintergedanken? Sie haben doch eben noch betont, daß Sie keine Möglichkeit hätten, unsere Aussagen nachzuprüfen.»

«Nein, aber ich möchte, daß alle noch einmal das wiederholen, was sie in dem kritischen Moment getan haben.»

«Pah», sagte der Major geringschätzig. «Rekonstruktion des Verbrechens. Abgeschmackte Idee.»

«Nicht eine Rekonstruktion des *Verbrechens*, Major, sondern eine Rekonstruktion der Handlungen scheinbar unschuldiger Personen.»

«Und was versprechen Sie sich davon?»

«Sie werden mir verzeihen, wenn ich im Augenblick nicht näher darauf eingehe.»

«Sie wünschen also eine Wiederholungsvorstellung?» fragte Molly.

«Mehr oder weniger, Mrs. Davis.»

Stille trat ein – eine etwas beklemmende Stille.

Es ist eine Falle, dachte Molly. *Es ist eine Falle, aber ich verstehe nicht, wie . . .*

Man hätte den Eindruck gewinnen können, *fünf* Schuldige seien im Zimmer und nicht vier Unschuldige und ein

Schuldiger. Alle miteinander warfen unsichere, verstohlene Blicke auf den selbstsicher lächelnden jungen Mann, der dieses anscheinend harmlose Manöver vorgeschlagen hatte.

Christopher sprudelte schrill hervor: «Es will mir nicht einleuchten – einfach nicht einleuchten, daß Sie etwas damit erreichen können, wenn Sie uns unsere früheren Handlungen wiederholen lassen. Das ist in meinen Augen blühender Unsinn.»

«Wirklich, Mr. Wren?»

«Was Sie anordnen, Wachtmeister», sagte Giles langsam, «wird natürlich geschehen. Wir machen alle mit. Müssen wir genau dasselbe tun wie vorher?»

«*Genau die gleichen Handlungen* werden ausgeführt.»

Eine leise Zweideutigkeit in diesem Satz ließ Major Metcalf aufhorchen. Wachtmeister Trotter fuhr fort:

«Mr. Paravicini erzählte uns, daß er am Flügel saß und eine gewisse Melodie spielte. Vielleicht sind Sie so gut, Mr. Paravicini, uns das noch einmal vorzuführen?»

«Mit dem größten Vergnügen, mein lieber Wachtmeister.»

Mr. Paravicini hüpfte behende durch das Zimmer und ließ sich auf dem Klavierschemel nieder.

«Der Maestro intoniert jetzt das Leitmotiv eines Mordes», verkündete er theatralisch.

Grinsend und betont affektiert schlug er mit einem Finger die Tasten an: *Drei blinde Mäuse* . . .

Er amüsiert sich königlich, dachte Molly. Er amüsiert sich königlich.

In dem großen Raum übten die sanften, gedämpften Töne eine fast unheimliche Wirkung aus.

«Vielen Dank, Mr. Paravicini», sagte Wachtmeister Trotter. «Ich nehme an, daß Sie die Melodie in genau der gleichen Weise spielen wie bei der – früheren Gelegenheit.»

«Ganz recht, Wachtmeister. Ich habe sie dreimal wiederholt.»

Wachtmeister Trotter wandte sich an Molly. «Spielen Sie auch Klavier, Mrs. Davis?»

«Ja.»

«Sind Sie imstande, die Melodie in derselben Weise wiederzugeben wie Mr. Paravicini?»

«Aber selbstverständlich.»

«Wollen Sie sich dann bitte an den Flügel setzen und beginnen, sobald ich Ihnen das Zeichen gebe?»

Molly machte einen etwas verdutzten Eindruck, ging aber langsam zum Flügel hinüber.

Mr. Paravicini erhob sich protestierend. «Aber Wachtmeister, es war doch ausgemacht, daß jeder seine frühere Rolle wiederholen sollte, und *ich* war doch hier am Flügel.»

«Dieselben Handlungen wie zum Zeitpunkt des Mordes werden ausgeführt – *aber nicht unbedingt von denselben Personen.*»

«Was Sie mit diesem Plan bezwecken, ist mir nicht ganz klar», warf Giles ein.

«Er hat schon seinen Zweck, Mr. Davis. Er ist ein Mittel, die ursprünglichen Aussagen zu überprüfen – vielleicht *eine* Aussage im besonderen. Also bitte. Ich werde Ihnen jetzt Ihre verschiedenen Plätze anweisen. Mrs. Davis wird hier am Flügel sitzen. Mr. Wren, wollen Sie bitte in die Küche gehen? Sie dürfen gerne nach Mrs. Davis' Essen sehen. Mr. Paravicini, Sie werden sich in Mr. Wrens Schlafzimmer begeben. Dort können Sie Ihre musikalischen Talente unter Beweis stellen, indem Sie, wie er, *Drei blinde Mäuse* pfeifen. Major Metcalf, Sie möchte ich bitten, nach oben in Mr. Davis' Schlafzimmer zu steigen und das Telefon zu untersuchen. Und Sie, Mr. Davis, wollen Sie einen Blick in den Verschlag unter der Treppe werfen und dann in den Keller gehen?»

Ein kurzes Schweigen folgte diesen Worten. Dann bewegten sich vier Menschen langsam auf die Tür zu. Trotter ging ihnen nach. Mit einem Blick über die Schulter sagte er:

«Zählen Sie bis fünfzig, und fangen Sie dann an zu spielen, Mrs. Davis.»

Ehe die Tür sich hinter den anderen schloß, hörte Molly Mr. Paravicinis geschmeidige Stimme: «Ich hätte es nie für möglich gehalten, daß die Polizei soviel Freude an Gesellschaftsspielen hat.»

«Achtundvierzig, neunundvierzig, fünfzig ...»

Molly begann gehorsam zu spielen. Wiederum zogen leise Töne der grausamen kleinen Melodie durch den großen, hallenden Raum.

Drei blinde Mäuse
Ha wie sie rennen ...

Mollys Herz klopfte zum Zerspringen. Wie Paravicini schon geäußert hatte, war es ein seltsam fesselndes, gruseliges Liedchen. Es drückte den typisch kindlichen Mangel an Mitleid aus, der so erschreckend ist, wenn man ihm bei einem Erwachsenen begegnet.

Schwach nur drangen aus dem über ihr liegenden Schlafzimmer die Töne derselben Melodie – gepfiffen von Paravicini, der Christopher Wrens Rolle spielte.

Plötzlich wurde nebenan in der Bibliothek das Radio hörbar. Wachtmeister Trotter mußte es angestellt haben. Er übernahm also wohl Mrs. Boyles Rolle.

Warum aber nur? Was für einen Sinn hatte dies alles? Wo steckte die Falle? Daß eine Falle vorhanden war, davon war sie felsenfest überzeugt.

Ein kalter Luftzug wehte ihr über den Nacken. Sicherlich hatte sich die Tür geöffnet, und jemand war ins Zimmer getreten. Sie wandte rasch den Kopf. Nein, das Zimmer war leer. Aber plötzlich befiel sie Nervosität – panische Furcht ... Wenn nun tatsächlich jemand hereinkäme? Wenn

Paravicini, zum Beispiel, um die Tür tänzeln und zum Flügel hüpfen sollte – mit seinen spitzen, sich krallenden Fingern ...

So, Sie spielen also Ihren eigenen Trauermarsch, meine Gnädigste, eine treffliche Idee ...

Unsinn, rief sie sich zu, sei nicht töricht – fort mit diesen Hirngespinsten. Außerdem kannst du ihn über deinem Kopf pfeifen hören. Ebenso, wie er dich hören kann.

Fast hätte sie die Finger von den Tasten genommen bei dem Gedanken, der ihr plötzlich kam. Niemand hatte Paravicini spielen hören! War *das* die Falle? War es vielleicht möglich, daß Mr. Paravicini überhaupt nicht gespielt hatte? Daß er nicht im Salon, sondern in der Bibliothek gewesen war? In der Bibliothek, damit beschäftigt, Mrs. Boyle zu erwürgen?

Er war verärgert gewesen, sehr sogar, als Trotter angeordnet hatte, daß *sie* spielen sollte. Er hatte immer betont, daß er sehr leise gespielt habe. Natürlich hatte er das Leisespielen hervorgehoben in der Hoffnung, daß es zu leise sein würde, um außerhalb des Raumes gehört zu werden. Denn wenn jemand, der es das letztemal nicht vernommen hatte, es diesmal hörte – nun, dann hätte Trotter ja gefunden, wonach er suchte: die Person, die *gelogen* hatte.

Die Tür des Salons öffnete sich. Molly, ganz in Gedanken an Paravicini befangen, hätte beinahe aufgeschrien. Aber es war nur Wachtmeister Trotter, der gerade in dem Augenblick eintrat, als sie die dritte Wiederholung der Melodie beendete.

«Besten Dank, Mrs. Davis», sagte er.

Er schien mit sich selbst äußerst zufrieden zu sein und trug ein energisches, zuversichtliches Wesen zur Schau.

Molly nahm die Hände von den Tasten. «Haben Sie erreicht, was Sie bezweckten?« erkundigte sie sich.

«Allerdings.» Seine Stimme klang frohlockend.

«Ich habe genau das erreicht, was ich beabsichtigt hatte.»

«Und wer ist es?»

«Wissen Sie das wirklich nicht, Mrs. Davis? Nanu – das ist doch nicht so schwierig. Übrigens sind Sie – wenn ich mir die Bemerkung gestatten darf – äußerst töricht gewesen. Sie haben mich nach dem dritten Opfer suchen lassen. Infolgedessen schwebten Sie in Lebensgefahr.»

«Ich? Sie sprechen in Rätseln!»

«Sie sind mir gegenüber nicht aufrichtig gewesen, Mrs. Davis, Sie haben mir etwas verheimlicht. Mrs. Boyle beging denselben Fehler.»

«Ich verstehe Sie immer noch nicht.»

«O ja, Sie verstehen mich ganz gut. Als ich zum erstenmal die Geschichte von der Longridge-Farm erwähnte, wußten Sie genau darüber Bescheid. Sie waren ganz erregt. Und Sie haben auch bestätigt, daß Mrs. Boyle die Quartiermacherin für diesen Bezirk war. Außerdem stammen Sie beide aus dieser Gegend. Als ich darüber nachzudenken begann, wer wohl das dritte Opfer werden könnte, fiel daher meine Wahl sofort auf Sie. Dann Sie besaßen unmittelbare Kenntnis von den Ereignissen auf der Longridge-Farm. Wir Polizisten sind nämlich nur halb so dumm, wie wir aussehen.»

Molly erwiderte mit leiser Stimme: «Bitte begreifen Sie doch ... Ich ... wollte nicht daran zurückdenken.»

«Das kann ich mir lebhaft vorstellen.» Seine Stimme nahm plötzlich eine andere Färbung an. «Ihr Mädchenname ist Wainwright, nicht wahr?»

«Ja.»

«Und Sie sind ein wenig älter, als Sie vorgeben. Im Jahre 1940, als der Fall sich ereignete, waren Sie Lehrerin an der Abbeyvale-Schule.»

«Nein!»

«O doch, Mrs. Davis.»

«Das stimmt nicht. Lassen Sie es sich doch gesagt sein!»

«Der Junge, der später gestorben ist, brachte es fertig, einen Brief an Sie abzusenden. Er stahl eine Briefmarke. In diesem Brief bettelte er um Hilfe – flehte er seine freundliche Lehrerin an, ihm und seinen Geschwistern beizustehen. Es ist die Pflicht eines Lehrers, ausfindig zu machen, warum ein Kind nicht zur Schule kommt. Sie haben sich dieser Pflicht entzogen und den Brief des armen kleinen Teufels unbeachtet gelassen.»

«Hören Sie auf!» Mollys Wangen glühten. «Sie reden da von meiner Schwester. *Sie* war diese Lehrerin. Aber sie hat seinen Brief nicht ignoriert. Sie war damals krank – hatte Lungenentzündung. Sie hat den Brief erst nach dem Tode des Kindes zu sehen bekommen. Es hat sie schrecklich mitgenommen – ganz furchtbar. Sie war äußerst sensibel. Aber es war nicht ihre Schuld. Und eben weil sie es sich so sehr zu Herzen nahm, habe ich es nie ertragen können, daran erinnert zu werden. Es hat stets wie ein Alpdruck auf mir gelastet.»

Molly hielt sich die Hände vor die Augen. Als sie wieder aufblickte, sah sie, daß Trotter sie anstarrte.

Leise sagte er: «Es war also Ihre Schwester. Nun, schließlich...» Ein seltsames Lächeln huschte plötzlich über sein Gesicht. «Schließlich ist es kein großer Unterschied, nicht wahr? *Ihre* Schwester – *mein* Bruder.» Er nahm etwas aus der Tasche und lächelte jetzt ganz glücklich.

Molly starrte entsetzt auf den Gegenstand in seiner Hand. «Ich habe immer geglaubt, die Polizei trage keine Revolver.»

«Da haben Sie ganz recht», erwiderte der junge Mann. «Aber sehen Sie, Mrs. Davis, *ich bin kein Polizist.* Ich bin Jim – Georgies Bruder. Sie hielten mich für einen Polizisten, weil ich von der Telefonzelle im Dorf aus anrief und Ihnen sagte, Wachtmeister Trotter sei auf dem Weg zu Ihnen. Als ich dann hier ankam, zerschnitt ich die Telefondrähte vor dem Haus, damit Sie nicht bei der Polizeiwache anrufen konnten.»

Fassungslos blickte Molly ihn an. Der Revolver war jetzt auf sie gerichtet.

«Rühren Sie sich nicht, Mrs. Davis – und schreien Sie vor allen Dingen nicht –, sonst drücke ich sofort ab.»

Er lächelte immer noch. Es war, wie Molly mit Entsetzen erkannte, das Lächeln eines Kindes. Und als er sprach, verwandelte sich seine Stimme ebenfalls in eine Kinderstimme.

«Ja», sagte er. «Ich bin Georgies Bruder. Georgie starb auf der Longridge-Farm. Diese gräßliche Mrs. Boyle hat uns dorthin geschickt, und die Bäuerin hat uns grausam gequält, und *Sie* wollten uns nicht helfen – uns drei kleinen, blinden Mäusen. Damals habe ich mir geschworen, Sie alle zu töten, wenn ich erst groß wäre. Er war mein voller Ernst. Seitdem habe ich unablässig an meine Rache gedacht.» Er runzelte plötzlich die Stirn. «Beim Militär haben sie mich zu oft belästigt – der Arzt stellte ständig Fragen –, ich mußte unbedingt fort. Ich fürchtete, sie würden mich sonst an meinem Vorhaben hindern. Aber ich bin jetzt erwachsen, und Erwachsene können tun, was sie wollen.»

Molly riß sich zusammen. *Rede mit ihm,* befahl sie sich. *Du mußt ihn ablenken.*

«Hören Sie, Jim», sagte sie, «nehmen Sie Vernunft an – Sie kommen hier nicht ungeschoren raus!»

Seine Stirn umwölkte sich. «Irgend jemand hat meine Ski versteckt. Ich kann sie nicht finden.» Er lachte. «Aber es wird wohl nichts ausmachen. Dies ist der Revolver Ihres Mannes, ich habe ihn aus seiner Schublade genommen. Wahrscheinlich wird man annehmen, daß *er* Sie erschossen hat. Und außerdem ist es mir gleichgültig. Es hat mir soviel Spaß gemacht – diese ganze Komödie. Die Alte da in London, mein Gott, ihr Gesicht, als sie mich erkannte! Und diese einfältige Frau heute morgen!»

Er nickte langsam vor sich hin.

Plötzlich ließ sich – ganz deutlich – ein unheimliches Pfeifen vernehmen. Irgend jemand pfiff *Drei blinde Mäuse . . .*

Trotter fuhr zusammen, so daß der Revolver ins Schwanken geriet. Gleichzeitig rief eine Stimme: «Hinlegen, Mrs. Davis!» Molly sank zu Boden, als Major Metcalf, der aus seinem Versteck hinter dem Sofa hervorgekommen war, sich auf Trotter stürzte. Der Revolver entlud sich, und die Kugel bohrte sich in eins der ziemlich mittelmäßigen, dem Herzen der verstorbenen Miss Emory so teuren Ölgemälde.

Im nächsten Augenblick brach ein regelrechter Tumult aus. Giles stürzte ins Zimmer. Dicht hinter ihm tauchten Christopher und Mr. Paravicini auf.

Major Metcalf, der sich Trotters bemächtigt hatte, sprach in kurzen, aberissenen Sätzen.

«Kam ins Zimmer, während Sie klimperten – schlüpfte hinters Sofa – habe ihn von Anfang an in Verdacht gehabt – wußte, daß er kein Polizeibeamter war. Ich bin nämlich Polizeibeamter – Inspektor Tanner von Scotland Yard. Habe mit Metcalf ausgemacht, daß ich seinen Platz einnehme. Hielten es für ratsam, jemanden an Ort und Stelle zu haben.» Dann redete er sanft auf den jetzt fügsamen Trotter ein: «Nun, mein Junge, Sie kommen jetzt mit mir. Niemand tut Ihnen etwas zuleide. Es wird Ihnen nichts geschehen. Wir werden für Sie sorgen.»

Mit einer jämmerlich kindlichen Stimme fragte der braungebrannte junge Mann: «Und Georgie wird mir nicht böse sein?»

«Nein, Georgie wird Ihnen nicht böse sein», beruhigte ihn Metcalf.

Im Vorbeigehen flüsterte er Giles zu: «Völlig durchgedreht, der arme Kerl.»

Metcalf verließ mit Trotter das Zimmer, und Mr. Paravicini legte Christopher Wren die Hand auf den Arm.

«Und Sie, mein Freund», sagte er, «kommen mit mir.»

Giles und Molly blieben allein zurück und blickten sich stumm an. Im nächsten Augenblick lagen sie sich in den Armen.

«Liebling», flüsterte Giles, «hat er dich auch ganz gewiß nicht verletzt?»

«Nein, nein, mir ist gar nichts passiert, Giles. Ich war so schrecklich verwirrt. Ich habe beinahe geglaubt, du ... Warum bist du eigentlich an dem bewußten Tag nach London gefahren?»

«Liebling, ich wollte dir ein Geschenk für unseren morgigen Hochzeitstag kaufen – es sollte eine Überraschung werden.»

«Wie merkwürdig! Auch ich war in London, um ein Geschenk für *dich* auszusuchen; ich wollte es ebenfalls vor dir geheimhalten.»

«Ich war irrsinnig eifersüchtig auf Christopher, diesen neurotischen Esel. Ich muß völlig von Sinnen gewesen sein. Verzeih mir, Liebling.»

Die Tür öffnete sich, und Mr. Paravicini hüpfte wie ein Ziegenbock herein. Er strahlte über das ganze Gesicht.

«Ich unterbreche wohl den Versöhnungsakt – eine so reizende Szene. Aber leider muß ich mich von Ihnen verabschieden. Einem Polizei-Jeep ist es gelungen, bis hierher durchzukommen, und ich werde die Leute überreden, mich mitzunehmen.» Er beugte sich herab und flüsterte Molly geheimnisvoll ins Ohr: «Mich erwarten demnächst vielleicht einige Unannehmlichkeiten, aber ich bin fest davon überzeugt, daß sich alles arrangieren läßt, und wenn Sie eine Kiste erhalten sollten – sagen wir mal: mit einer Gans, einem Puter, einigen Dosen Gänseleberpastete, einem Schinken und Nylonstrümpfen, ja? –, nun, dann nehmen Sie alles an mit einer Empfehlung von mir an eine sehr charmante Dame. Mr. Davis, mein Scheck liegt auf dem Tisch in der Halle.»

Er küßte Molly die Hand und tänzelte zur Tür.

«Nylonstrümpfe?» murmelte Molly. «Gänseleberpastete? Wer ist dieser Mr. Paravicini eigentlich? Der Weihnachtsmann in eigener Person?»

«Schwarzmarkthändler, nehme ich an», sagte Giles.

Christopher Wren steckte schüchtern den Kopf durch die Tür. «Ihr lieben Leutchen, ich störe hoffentlich nicht, aber aus der Küche dringt ein schrecklicher Brandgeruch. Könnte ich da irgend etwas unternehmen?»

«Oh, meine Pastete!» Mit diesem gequälten Aufschrei stürzte Molly davon.

Ein seltsamer Scherz

«Und das», sagte Jane Helier abschließend mit großer Geste, «ist Miss Marple!»

Jane war Schauspielerin und verstand sich darauf, Wirkung zu erzielen. Dies war unverkennbar der Höhepunkt, die Krönung der Schlußszene. In ihrem Ton mischten sich zu gleichen Teilen Ehrfurcht und Triumph. Seltsamerweise war die so großartig Eingeführte nur eine freundliche, betulich aussehende alte Jungfer. Die Augen der beiden jungen Leute, die eben dank Janes freundlicher Vermittlung ihre Bekanntschaft gemacht hatten, verrieten Ungläubigkeit und einen Anflug von Bestürzung. Sie waren ein gutaussehendes Paar: Charmian Stroud, das Mädchen, schlank und dunkel – Edward Rossiter, der Mann, ein hellhaariger, liebenswürdiger junger Hüne.

«Oh!» stieß Charmian ein wenig atemlos hervor. «Wir freuen uns sehr, Sie kennenzulernen.» Doch in ihren Augen lag Zweifel. Sie warf einen raschen, fragenden Blick zu Jane Helier.

«Darling», sagte Jane mit Überzeugung, «sie ist einfach fabelhaft. Überlaßt nur alles ihr! Ich habe euch versprochen, sie herzuholen, und da ist sie.» Zu Miss Marple gewandt fügte sie hinzu: «Sie können ihnen bestimmt helfen. Für *Sie* ist das ein Kinderspiel.»

Miss Marple richtete ihre freundlichen, prozellanblauen Augen auf Mr. Rossiter.

«Möchten Sie mir nicht sagen», bat sie, «worum es hier eigentlich geht?»

«Jane ist eine Freundin von uns», warf Charmian ein. «Edward und ich sind in einer argen Klemme. Jane sagte, wenn wir zu ihrem Fest kämen, würde sie uns mit jemandem bekannt machen, der uns – der bereit wäre –»

Edward kam ihr zu Hilfe. «Jane hat uns erzählt, daß Sie eine wahre Meisterdetektivin sind, Miss Marple.»

Die Augen der alten Dame blitzten, doch sie wehrte bescheiden ab.

«Aber nein, nein! Nichts dergleichen. Doch wenn man auf dem Dorf lebt, wie ich, dann kann man gar nicht umhin, die Menschen kennenzulernen. Sie haben mich neugierig gemacht. Erzählen Sie mir von Ihren Schwierigkeiten.»

«Die Sache ist ziemlich banal, fürchte ich – es geht nur um einen vergrabenen Schatz», erklärte Edward.

«Tatsächlich? Aber das klingt ja höchst aufregend.»

«Ich weiß. Wie *Die Schatzinsel.* Nur fehlt unserem Problem das übliche romantische Beiwerk. Keine Karte, auf der die Fundstelle durch einen Totenschädel mit gekreuzten Knochen gekennzeichnet ist; keinerlei Richtungsangaben wie vier Schritte nach links, Westnordwest. Es ist ein ganz prosaisches Problem – wo sollen wir graben?»

«Haben Sie denn überhaupt schon einen Versuch gemacht?»

«Das kann man wohl sagen! Wir haben ungefähr zwei Morgen Land umgegraben. Wir brauchen nur noch Gemüse anzupflanzen, dann haben wir den schönsten Nutzgarten.»

«Möchten Sie wirklich die ganze Geschichte hören?» fragte Charmian ziemlich unvermittelt.

«Aber natürlich, mein Kind.»

«Dann suchen wir uns doch ein stilles Eckchen. Kommt!» Sie ging voraus durch den mit Menschen gefüllten, rauchgeschwängerten Raum, und die anderen folgten ihr die Treppe hinauf in einen kleinen Salon im zweiten Stockwerk. Als sie sich gesetzt hatten, begann Charmian ohne Umschweife: «Also, die Sache ist so! Die Geschichte dreht sich um Onkel Matthew. Er war unser Onkel – oder vielmehr Großonkel. Er erreichte ein wahrhaft biblisches Alter. Edward und ich waren seine einzigen Verwandten. Er hatte uns gern und erklärte immer, wenn er eines Tages sterben sollte, würde er uns sein Geld hinterlassen. Nun ist er also im vergangenen März gestorben und verfügte, daß sein gesamtes Vermögen zu gleichen Teilen an Edward und mich gehen sollte. So, wie ich das jetzt erkläre, klingt es ziemlich kaltschnäuzig. Ich will nicht sagen, daß wir uns freuten, als er starb. Wir hatten ihn nämlich wirklich gern. Aber er war vor seinem Tod schon ziemlich lange krank gewesen.

Kurz und gut, das gesamte Vermögen, das er uns hinterließ, war praktisch gar nichts. Und das war, offen gesagt, ein ziemlicher Schlag für uns, nicht wahr, Edward?»

Der liebenswürdige Edward stimmte zu. «Ja», erklärte er, «wir hatten nämlich ein bißchen mit dem Geld gerechnet. Ich meine, wenn man weiß, daß man etwas Geld zu erwarten hat, dann – na ja, dann strampelt man sich nicht unbedingt ab, um selbst etwas auf die Beine zu stellen. Ich bin beim Militär, und abgesehen von meinem Sold habe ich keine großen Besitztümer. Charmian hat keinen Penny. Sie arbeitet als Spielleiterin bei einem Repertoiretheater; das ist interessant,und es macht ihr Spaß, aber reich werden kann man dabei nicht. Für uns stand fest, daß wir eines Tages heiraten würden, und die finanzielle Seite machte uns keine Sorgen, weil wir beide wußten, daß wir irgendwann ganz hübsch was erben würden.»

«Und jetzt stehen wir da», sagte Charmian. «Das schlimmste ist, daß wir wahrscheinlich ‹Ansteys› – das ist der Familienbesitz, und Edward und ich lieben ihn – verkaufen müssen. Die Vorstellung ist uns beiden unerträglich. Aber wenn wir Onkel Matthews Geld nicht finden, dann müssen wir ihn verkaufen.»

«Charmian», mischte sich Edward ein, «zum entscheidenden Punkt sind wir immer noch nicht gekommen.»

«Hm, ja, dann erzähl du doch weiter.»

Edward wandte sich an Miss Marple. «Sehen Sie, es ist folgendermaßen. Mit zunehmendem Alter wurde Onkel Matthew immer mißtrauischer. Es kam so weit, daß er niemand mehr vertraute.»

«Sehr klug von ihm», stellte Miss Marple fest. «Die Verderbtheit der menschlichen Natur ist unglaublich.»

«Kann sein, daß Sie recht haben. Jedenfalls war Onkel Matthew dieser Auffassung. Er hatte einen Freund, der sein Geld bei einem Bankkrach verlor; ein anderer seiner Freunde wurde von einem betrügerischen Anwalt um sein Vermögen gebracht, und er selbst verlor einiges Geld, als er in eine Schwindelfirma investierte. Am Schluß jedenfalls pflegte er des langen und breiten zu erklären, das einzig Sichere und Vernünftige wäre es, sein Geld in Goldbarren anzulegen und die Dinger zu vergraben.»

«Aha», sagte Miss Marple. «Mir geht ein Licht auf.»

«Ja. Einige seiner Freunde widersprachen ihm, hielten ihm vor, daß er auf diese Weise keine Zinsen bekommen würde, aber er behauptete, das spiele keine Rolle. Das Gescheiteste wäre es, pflegte er zu sagen, den Großteil seines Geldes in einer Pappschachtel unter dem Bett zu verwahren oder im Garten zu vergraben.»

«Und als er starb», fuhr Charmian fort, «hinterließ er kaum etwas in Wertpapieren, obwohl er schwer reich war. Deshalb glauben wir, daß er sein Geld tatsächlich vergraben hat.»

«Wir stellten nämlich fest», hakte Edward wieder ein, «daß er von Zeit zu Zeit einen Teil seiner Wertpapiere verkauft und hohe Geldsummen abgehoben hatte. Kein Mensch weiß, was er mit dem Geld gemacht hat. Wir halten es deshalb für wahrscheinlich, daß er sich tatsächlich an seine Prinzipien gehalten und Goldbarren gekauft hat, die er dann im Garten vergrub.»

«Er hat nicht mit Ihnen gesprochen, bevor er starb? Er hat keine Papiere hinterlassen? Keinen Brief?»

«Das ist ja das, was uns verrückt macht. Nichts. Er war mehrere Tage lang bewußtlos, aber dann erholte er sich noch einmal kurz. Er sah uns beide an und lachte leise – es war ein schwaches, dünnes Lachen. ‹Ihr beide seid jetzt gut gestellt, meine hübschen Täubchen›, sagte er. Dann berührte er seine Augen und machte sie ganz weit auf, so als blickte er in weite Ferne, und zwinkerte uns zu. Kurz danach ist er gestorben.»

«Er berührte seine Augen und machte sie ganz weit auf», wiederholte Miss Marple nachdenklich.

«Sagt Ihnen das etwas?» fragte Edward eifrig. «Mir fiel dabei eine Arsène-Lupin-Geschichte ein, wo etwas im Glasauge eines Mannes verborgen war. Aber Onkel Matthew hatte kein Glasauge.»

Miss Marple schüttelte den Kopf. «Nein – auf Anhieb fällt mir dabei nichts ein.»

«Jane hat mir erklärt», bemerkte Charmian enttäuscht, «Sie würden uns augenblicklich sagen, wo wir graben sollen.»

Miss Marple lächelte. «Zaubern kann ich leider nicht. Ich habe Ihren Onkel nicht gekannt, ich weiß nicht, was für ein Mensch er war, und ich kenne weder das Haus noch das umliegende Gelände.»

«Und wenn Sie es kennenlernen würden?» fragte Charmian.

«Nun, die Sache muß doch eigentlich ganz einfach sein, meinen Sie nicht?» gab Miss Marple zurück.

«Einfach!» rief Charmian. «Dann kommen Sie doch mit nach ‹Ansteys›. Da werden Sie sehen, wie einfach es ist.»

Möglich, daß ihre Einladung nicht ernst gemeint war, doch Miss Marple sagte sogleich ganz lebhaft: «Das ist aber wirklich nett von Ihnen, mein Kind. Ich habe mir immer schon gewünscht, einmal auf Schatzsuche gehen zu können. Und noch dazu», fügte sie mit einem strahlenden Lächeln hinzu, «wenn die Liebe mit im Spiel ist.»

«Da sehen Sie's!» sagte Charmian mit dramatischer Geste. Sie hatten soeben einen ausgedehnten Rundgang durch das Gelände von «Ansteys» beendet. Sie waren durch den Gemüsegarten gewandert, der von tiefen Gräben durchzogen war. Sie waren durch das Wäldchen spaziert, wo um jeden größeren Baum herum die Erde ausgehoben worden war, und hatten traurig den mit Erdhügeln gesprenkelten Rasen betrachtet, der einst glatt und wohlgepflegt gewesen war. Sie waren oben in der Mansarde gewesen, wo alte Schiffskoffer und Truhen durchwühlt worden waren. Sie waren in den Keller hinuntergestiegen, wo Steinplatten aus dem Boden gerissen worden waren. Sie hatten Wände nachgemessen und abgeklopft, und Miss Marple hatte jedes antike Möbelstück begutachten müssen, von dem zu vermuten war, daß es ein Geheimfach enthielt.

Auf einem Tisch im Arbeitszimmer lag ein Stapel von Papieren – alle Unterlagen, die der verstorbene Matthew Stroud hinterlassen hatte. Nicht ein Dokument war vernichtet worden, und Charmian und Edward zog es immer wieder zu ihnen hin. Ernsthaft hatten sie schon unzählige Male die Rechnungen, Einladungen und Geschäftsbriefe durchgesehen, in der Hoffnung, einen Hinweis zu entdekken, der ihnen bis dahin entgangen war.

«Fällt Ihnen ein Ort ein, wo wir noch nicht gesucht haben?» fragte Charmian hoffnungsvoll.

Miss Marple schüttelte den Kopf.

«Ich habe den Eindruck, daß Sie beide sehr gründlich zu Werke gegangen sind, mein Kind. Vielleicht, wenn ich das einmal sagen darf, allzu gründlich. Meiner Meinung nach sollte man immer einen Plan haben. Mir fällt in diesem Zusammenhang meine Freundin, Mrs. Eldritch, ein. Sie hatte ein wirklich nettes kleines Dienstmädchen, das das Linoleum immer auf Hochglanz bohnerte; aber sie war so gründlich, daß sie den Boden im Badezimmer zu heftig bohnerte, und als Mrs. Eldritch aus der Wanne stieg, da rutschte die Matte unter ihren Füßen weg, und sie stürzte äußerst unglücklich und brach sich das Bein. Es war wirklich sehr dumm, weil die Badezimmertür natürlich abgeschlossen war. Der Gärtner mußte erst eine Leiter holen und durch das Fenster einsteigen. Schrecklich peinlich für Mrs. Eldritch, wie Sie sich vorstellen können.»

Edward trat nervös von einem Fuß auf den anderen.

«Verzeihen Sie», sagte Miss Marple hastig. «Ich komme immer so leicht vom Hundertsten ins Tausendste, ich weiß. Aber eines erinnert einen eben an das andere. Und manchmal ist das eine Hilfe. Ich wollte damit eigentlich nur sagen, wenn wir uns vielleicht bemühen, unser Gehirn anzustrengen, und uns überlegen, ob es nicht einen Ort gibt –»

«Tun Sie das, Miss Marple», fiel ihr Edward gereizt ins Wort. «In meinem Gehirn und in Charmians ist inzwischen nur noch gähnende Leere.»

«Sie Ärmster. Natürlich – für Sie ist das alles höchst verdrießlich. Wenn Sie nichts dagegen haben, sehe ich diesen Haufen da einmal durch.» Sie wies auf die Papiere auf dem Tisch. «Das heißt natürlich, wenn nichts Persönliches darunter ist. Ich möchte nicht den Eindruck erwecken, daß ich schnüffle.»

«Nein, nein, sehen Sie sich die Papiere ruhig an. Ich fürchte nur, Sie werden da auch nichts finden.»

Sie setzte sich an den Tisch und arbeitete sich mit Methode durch den Stoß von Unterlagen. Automatisch sortierte sie die Papiere in mehrere ordentliche kleine Häufchen. Als sie das letzte Blatt aus der Hand gelegt hatte, saß sie ein paar Minuten lang stumm da und starrte auf die säuberlichen Häufchen, die vor ihr lagen.

Nicht ohne einen Anklang von Boshaftigkeit fragte Edward: «Nun, Miss Marple?»

Mit einem kleinen Zusammenzucken fuhr Miss Marple aus ihrer Versunkenheit.

«Entschuldigen Sie. Das war äußerst nützlich.»

«Sie haben etwas entdeckt, das von Belang ist?»

«Nein, nein, das nicht, aber ich glaube jetzt zu wissen, was für ein Mensch Ihr Onkel Matthew war. Ich habe den Eindruck, er war meinem eigenen Onkel Henry ziemlich ähnlich. Er hatte eine Schwäche für recht banale Scherze. Ein Junggeselle offensichtlich – würde mich interessieren, wieso – vielleicht eine frühe Enttäuschung? Bis zu einem gewissen Grad genau und methodisch, aber mit einer Abneigung dagegen, sich festzulegen – das ist bei vielen Junggesellen so.»

Hinter Miss Marples Rücken tippte sich Charmian an die Stirn. Sie ist plemplem, gab sie Edward zu verstehen.

Miss Marple erzählte derweilen munter weiter von ihrem verstorbenen Onkel Henry.

«Er hatte eine Vorliebe für Wortspiele. Und es gibt Leute, die Wortspiele einfach hassen. Solche Wortspiele können natürlich auch enervierend sein. Er war ebenfalls ein mißtrauischer Mensch. Dauernd verdächtigte er die Hausangestellten, ihn zu bestehlen. Manchmal war das natürlich tatsächlich der Fall, aber nicht immer. Und dieses Mißtrauen verschlimmerte sich immer mehr. Der Arme war am Ende so weit, daß er das Personal verdächtigte, sein Essen zu vergiften. Er aß nur noch harte gekochte Eier. In ein hartes Ei könnte niemand etwas hineinmanipulieren, sagte er immer. Und dabei war er früher ein so lebensfroher Mensch. Wie hat er seinen Kaffee nach dem Essen immer genossen! ‹Dieser Kaffee schmeckt nach Meer›, pflegte er zu sagen, womit er wissen lassen wollte, daß er mehr haben wollte, verstehen Sie.»

Edward hatte das Gefühl, daß er aus der Haut fahren

würde, wenn er sich noch weitere Anekdoten über Onkel Henry anhören mußte.

«Junge Menschen hatte er gern», fuhr Miss Marple fort, «aber er hatte eine Vorliebe dafür, sie zu necken. Er machte sich zum Beispiel einen Spaß daraus, eine Tüte Bonbons an einen Platz zu legen, wo die Kinder sie zwar sehen, aber nicht erreichen konnten.»

Charmian vergaß alle Höflichkeit und sagte: «Er muß ein gräßlicher Mensch gewesen sein.»

«Aber nein, mein Kind, nur ein verschrobener alter Junggeselle, der an Kinder nicht gewöhnt war. Und dumm war er ganz und gar nicht. Er hatte immer ziemlich viel Geld im Haus, und deshalb ließ er einen Safe einbauen. Er machte großen Wirbel darum, erklärte allen, die es hören wollten, wie sicher der Safe sei. Das Resultat war, daß eines Nachts Einbrecher kamen, und sie schnitten doch tatsächlich ein Loch in den Safe.»

«Recht geschehen», bemerkte Edward.

«Aber der Safe war leer», erklärte Miss Marple. «In Wirklichkeit bewahrte er nämlich sein Geld an einem ganz anderen Ort auf – hinter einer mehrbändigen Ausgabe frommer Sprüche und Predigten in der Bibliothek. Solche Bücher zögen die Leute nie aus den Regalen, sagte er.«

«He!» unterbrach Edward aufgeregt. «Das ist ein Gedanke! Vielleicht in der Bibliothek.»

Doch Charmian schüttelte nur verächtlich den Kopf.

«Glaubst du, daran hätte ich nicht gedacht? Letzten Dienstag, als du in Portsmouth warst, habe ich sämtliche Bücher durchgesehen. Eines nach dem anderen habe ich herausgenommen und geschüttelt. Da ist nichts.»

Edward seufzte. Dann raffte er sich zusammen und versuchte nunmehr, den enttäuschenden Gast auf möglichst taktvolle Art loszuwerden.

«Es war sehr freundlich von Ihnen, mit uns hier herunterzukommen und zu versuchen, uns zu helfen. Es tut mir leid, daß nichts dabei herausgekommen ist. Ich fürchte, wir haben Ihnen nur Ihre Zeit gestohlen. Aber ich hole jetzt gleich den Wagen heraus, dann können Sie den Zug um fünfzehn Uhr dreißig –»

«Aber nein», unterbrach ihn Miss Marple. «Wir müssen doch noch das Geld finden, oder nicht? Sie dürfen die Flinte nicht ins Korn werfen, Mr. Rossiter. Man muß für den Erfolg arbeiten.»

«Soll das heißen, daß Sie – daß Sie es weiter versuchen wollen?»

«Genaugenommen», gab Miss Marple zurück, «habe ich noch gar nicht begonnen. ‹Erst fange man einen Hasen›, wie Mrs. Beaton in ihrem Kochbuch schreibt – ein prächtiges Buch, aber sündteuer; die meisten Rezepte beginnen mit den Worten: Man nehme einen halben Liter Sahne und ein Dutzend Eier. Hm, Augenblick, wo war ich gleich? Ach, ja. Also, den Hasen haben wir sozusagen jetzt gefangen – wobei der Hase natürlich Ihr Onkel Matthew ist. Nun müssen wir uns nur noch überlegen, wo er das Geld versteckt hätte. Das müßte eigentlich ganz einfach sein.»

«Einfach?» echote Charmian.

«Gewiß, mein Kind. Ich bin überzeugt, er hätte das Nächstliegende getan. Ein Geheimfach – das ist mein Tip.»

«Goldbarren kann man nicht in einem Geheimfach verstecken», stellte Edward trocken fest.

«Nein, natürlich nicht. Aber es gibt keinen Anlaß anzunehmen, daß das Geld in Goldbarren steckt.»

«Er hat doch immer gesagt –»

«Ja, mein Onkel Henry hat auch immer von seinem Safe gesprochen. Ich vermute deshalb stark, daß das nur ein Täuschungsmanöver war. Diamanten – die ließen sich leicht in einem Geheimfach unterbringen.»

«Aber wir haben doch in allen Geheimfächern nachgesehen! Wir haben extra einen Schreiner kommen lassen, der sich die Möbel angesehen hat.»

«Tatsächlich? Das war sehr klug von Ihnen. Ich würde sagen, daß der Schreibtisch Ihres Onkels am ehesten in Frage kommt. Ist das der hohe Sekretär dort an der Wand?»

«Ja. Ich zeige Ihnen alles.»

Charmian ging zu dem Sekretär. Sie zog die Klappe herunter. Dahinter befanden sich viele kleine Fächer und Schubladen. Sie zog ein kleines Türchen in der Mitte auf und drückte auf eine Feder in der Schublade links davon. Der Boden des Mittelfachs glitt mit einem feinen Knacken nach vorn. Charmian zog ihn heraus. Darunter befand sich ein nicht sonderlich tiefes Fach. Es war leer.

«So ein Zufall!» rief Miss Marple. «Mein Onkel Henry hatte genau den gleichen Schreibtisch. Nur war seiner aus Walnuß, und der hier ist aus Mahagoni.»

«Auf jeden Fall», bemerkte Charmian, «ist das Fach leer, wie Sie sehen können.»

«Ich nehme an», gab Miss Marple zurück, «Ihr Schreiner war ein junger Mann. Nicht allzu bewandert. Die Leute jener Zeit waren sehr raffiniert, wenn sie geheime Verstecke einbauten. Es gibt da häufig ein Geheimfach im Geheimfach.»

Sie zog eine Nadel aus ihrem fest gedrehten grauen Haarknoten. Nachdem sie sie geradegebogen hatte, senkte sie ihre Spitze in eine winzige Öffnung auf einer Seite des Geheimfachs, die wie ein Wurmloch aussah. Mit ein wenig Mühe zog sie eine kleine Schublade heraus. In ihr lagen ein Bündel vergilbter Briefe und ein zusammengefaltetes Blatt Papier.

Edward und Charmian stürzten sich gleichzeitig auf den Fund. Mit zitternden Fingern faltete Edward das Blatt Papier auseinander. Gleich darauf schleuderte er es mit einem Ausruf des Zorns von sich.

«Ein Kochrezept! Für Wiener Kaiserschmarren!»

Charmian löste das Band, das die Briefe zusammenhielt. Sie zog einen heraus und warf einen Blick darauf.

«Liebesbriefe!»

Miss Marple war hingerissen.

«Wie interessant! Vielleicht erfahren wir jetzt den Grund, weshalb Ihr Onkel nie geheiratet hat.»

Charmian las vor: «Mein liebster Matthew, ich muß gestehen, die Zeit ist mir lang geworden, seit ich Deinen letzten Brief erhalten habe. Ich versuche, mich ganz den Aufgaben zu widmen, die mir auferlegt sind, und sage mir oft, wie glücklich ich mich preisen kann, Gelegenheit zu haben, so viel von der Welt zu sehen. Als ich damals nach Amerika reiste, hätte ich mir allerdings nicht träumen lassen, daß ich eines Tages auf diese fernen Inseln verschlagen werden würde.»

Charmian brach ab. «Woher kommt der Brief? Oh! Aus Hawaii!»

Sie fuhr fort: «Diese Eingeborenen hier sind leider noch weit entfernt davon, erleuchtet zu sein. Sie befinden sich noch in einem Zustand der Nacktheit und der Wildheit und bringen fast ihre ganze Zeit damit zu, zu schwimmen und zu tanzen und sich mit Blumenkränzen zu schmücken. Mr. Gray hat einige von ihnen zum Glauben bekehrt, aber es ist mühsame Arbeit, und er und Mrs. Gray sind oft sehr entmutigt. Ich gebe mir alle Mühe, sie aufzuheitern und zu ermutigen, aber auch mir ist oft traurig ums Herz. Den Grund kannst Du Dir wohl denken, mein lieber Matthew. Ja, die Trennung ist eine schwere Prüfung für ein liebendes Herz. Die Beteuerungen Deiner unwandelbaren Liebe und Zuneigung haben mich sehr getröstet. Mein Herz gehört jetzt und immer Dir, mein lieber Matthew.

Ich grüße Dich aus der Ferne und bitte Dich, mir zu glauben, daß ich Dir immer gut sein werde. Deine Dich liebende Betty Martin.

P.S. Ich schicke den Brief wie immer an unsere gemeinsame Freundin Matilda Graves. Ich hoffe, der Himmel wird mir diese kleine List verzeihen!»

Edward stieß einen Pfiff aus.

«Eine Missionarin! Das also war Onkel Matthews Liebe. Ich möchte wissen, warum die beiden nie geheiratet haben.»

«Sie scheint in der ganzen Welt herumgekommen zu sein», bemerkte Charmian, während sie die Briefe durchsah. «Mauritius – alle möglichen Länder der Erde. Sie ist wahrscheinlich am Gelbfieber gestorben oder an so was.»

Ein leises Lachen riß die beiden jungen Leute aus ihren Betrachtungen. Miss Marple war offenbar sehr erheitert. «Na so was!» sagte sie. «Wer hätte das gedacht!»

Sie überflog gerade das Rezept für den Wiener Kaiserschmarren. Als sie die fragenden Blicke der jungen Leute bemerkte, las sie vor: «‹Wiener Kaiserschmarren. Man nehme sechs Eier, einen viertel Liter Milch, zwei Löffel Zucker, zweihundert Gramm Mehl, Salz. Eigelb und Zucker, Salz und Milch verrühren. Das Mehl dazu, Eischnee vorsichtig unterheben, zuletzt eine Handvoll Sultaninen. Das Ganze in der Pfanne goldbraun backen und kleine Stücke abstechen. Fertig ist der Schmarren!› Was sagen Sie dazu?»

«Viel zu süß», erklärte Edward unwirsch.

«Nein, nein, das schmeckt sicher köstlich – aber wie denken Sie über das *Ganze*?»

Ein Schimmer der Erleuchtung erhellte plötzlich Edwards Gesicht.

«Glauben Sie, es ist eine verschlüsselte Botschaft?» Er packte das Blatt mit dem Rezept. «Schau her, Charmian, das könnte es sein. Es gibt doch sonst keinen Grund, ein Kochrezept in einer Geheimschublade zu verstecken.»

«Genau», bestätigte Miss Marple. «Das ist sehr bedeutsam.»

«Ich weiß, was es sein könnte», ließ sich Charmian vernehmen. «Unsichtbare Tinte. Machen wir das Papier doch mal heiß. Schalte die Heizplatte ein.»

Edward tat es, doch keine Spuren einer Geheimschrift zeigten sich unter Einwirkung der Wärme.

Miss Marple hüstelte. «Wissen Sie, ich glaube wirklich,

Sie machen es sich zu schwer. Das Rezept ist gewissermaßen nur ein Hinweis. Das Wichtigste sind meiner Ansicht nach die Briefe.»

«Die Briefe?»

«Insbesondere», sagte Miss Marple, «die Schlußformel. Sie ist bei allen Briefen gleich.»

Doch Edward hörte nur mit halbem Ohr zu.

«Charmian», rief er aufgeregt. «Komm her! Miss Marple hat recht. Schau – die Umschläge sind alt, das stimmt. Aber die Briefe selbst wurden viel später geschrieben.»

«Genau», sagte Miss Marple wie zuvor.

«Sie sind nur auf alt gemacht. Ich möchte wetten, daß Onkel Matthew sie selbst geschrieben hat ...»

«Ganz recht», meinte Miss Marple.

«Die ganze Geschichte ist erfunden. Es hat nie eine Missionarin gegeben. Das kann nur eine verschlüsselte Botschaft sein.»

«Meine Lieben, es ist wirklich nicht nötig, die ganze Sache so kompliziert zu sehen. Ihr Onkel war im Grunde ein einfacher Mensch. Nur seinen kleinen Spaß wollte er haben, das ist alles.»

Zum erstenmal zollten sie ihr ungeteilte Aufmerksamkeit.

«Wie meinen Sie das, Miss Marple?» erkundigte sich Charmian.

«Ich meine, mein Kind, daß Sie das Geld in diesem Augenblick in Ihren Händen halten.»

Charmian starrte auf die Briefe.

«Die Schlußformel, mein Kind. Sie verrät alles. Das Rezept ist, wie gesagt, nur ein Hinweis. Was ist es denn in Wirklichkeit? Am Schluß steht es klar und deutlich. Ein Schmarren! Mit anderen Worten, Quatsch! Es ist also klar, daß die Briefe das Wichtige sind. Die Schlußformel, die in allen Briefen die gleiche ist: Ich grüße Dich aus der Ferne und werde Dir immer gut sein! Und das nun im Zusammenhang mit dem, was Ihr Onkel tat, kurz bevor er starb. Er berührte seine Augen, sagten Sie, und machte sie weit auf, als blickte er in die Ferne. Na bitte – da haben Sie's. Das ist der Hinweis auf die Lösung des Rätsels.»

«Sind wir verrückt, oder sind Sie es?» fragte Charmian.

«Aber mein Kind, Sie kennen doch gewiß das Sprichwort: Warum in die Ferne schweifen, sieh, das Gute liegt so nah!»

Edward stieß einen unterdrückten Schrei aus und blickte auf den Brief in seiner Hand.

«Ich grüße Dich aus der Ferne und bin Dir immer gut!»

«Richtig, Mr. Rossiter. Wie Sie eben selbst sagten, hat es diese treue Geliebte nie gegeben. Die Briefe wurden von Ihrem Onkel geschrieben, und ich könnte mir denken, daß er viel Spaß dabei gehabt hat. Die Schrift auf den Umschlägen ist, wie Sie ebenfalls bemerkten, viel älter – die Umschläge können gar nicht zu den Briefen gehören, weil der Poststempel auf dem, den Sie in der Hand halten, von 1851 ist.»

Sie machte eine Pause.

«1851», sagte sie dann mit Nachdruck. «Das erklärt doch wohl alles.»

«Mir nicht», versetzte Edward.

«Ja, natürlich», meinte Miss Marple. «Mir würde es wahrscheinlich auch nichts sagen, wenn nicht mein Großneffe Lionel wäre. Ein reizender Junge, wirklich, und ein leidenschaftlicher Briefmarkensammler. Er kennt sich auf diesem Gebiet glänzend aus. Von ihm habe ich erfahren, daß es ganz besonders seltene und wertvolle Briefmarken gibt, und er erzählte mir, daß ein ganz phantastischer neuer Fund zur Versteigerung gekommen sei. Ich erinnere mich besonders an eine Briefmarke, die er erwähnte – eine blaue Zweicentmarke von 1851. Sie erzielte an die fünfundzwanzigtausend Dollar, glaube ich. Stellen Sie sich das vor! Ich denke mir, daß auch die anderen Marken besonders seltene und wertvolle Exemplare sind. Ihr Onkel hat zweifellos über einen Händler gekauft und darauf geachtet, ‹seine Spuren zu verwischen›, wie es in Detektivgeschichten immer heißt.» Edward stöhnte. Er ließ sich in einen Sessel fallen und schlug die Hände vors Gesicht.

«Was ist denn los?» fragte Charmian.

«Nichts. Mir ist nur eben der entsetzliche Gedanke gekommen, daß wir diese Briefe taktvoll verbrannt hätten, wenn nicht Miss Marple gewesen wäre.»

«Ja, ja», meinte Miss Marple, «das machen sich diese alten Herren, die so gern Schabernack treiben, niemals klar. Ich erinnere mich, daß Onkel Henry einmal seiner Lieblingsnichte zu Weihnachten eine Einpfundnote schickte. Er steckte sie in eine Weihnachtskarte, klebte die Karte zusammen und schrieb darauf: ‹In Liebe und mit den besten Wünschen. Leider reicht es in diesem Jahr nicht zu mehr.›

Das arme Ding war ziemlich verärgert über seinen scheinbaren Geiz und warf die Karte in ihrem Zorn gleich ins Feuer; da mußte er ihr natürlich noch einen Schein schikken.»

Edwards Gefühle Onkel Henry gegenüber hatten eine schlagartige Wandlung durchgemacht.

«Miss Marple», sagte er, «ich hole jetzt eine Flasche Champagner herauf, und dann trinken wir alle auf das Wohl Ihres Onkel Henry.»

Der Traum

Ruhig und abschätzend ließ Hercule Poirot seinen Blick über das Haus und dessen Umgebung schweifen: die Läden, das große Fabrikgebäude zur Rechten, die billigen Etagenhäuser gegenüber.

Dann faßte er noch einmal Northway House ins Auge, dieses Relikt einer früheren Zeit – einer Zeit, die viel Muße und keinen Platzmangel gekannt hatte, als dieses vornehme, arrogant wirkende Haus noch inmitten grüner Felder lag. Jetzt war es ein Anachronismus, vom hektischen Strom des modernen London umflutet und vergessen, und kaum ein Mensch hätte sagen können, wo es stand, oder gar, wem es gehörte, obwohl der Eigentümer als einer der reichsten Männer der Welt bekannt war. Aber Geld kann Publizität nicht nur fördern, sondern auch unterdrücken. Benedict Farley, dieser exzentrische Millionär, zog es vor, die Wahl seiner Residenz nicht an die große Glocke zu hängen. Er selbst ließ sich selten in der Öffentlichkeit sehen. Von Zeit zu Zeit erschien er bei Vorstandssitzungen oder Konferenzen, wo er mit seiner hageren Figur, seiner Hakennase und seiner krächzenden Stimme die versammelten Direktoren mit Leichtigkeit beherrschte. Abgesehen davon war er eine wohlbekannte Persönlichkeit. Man hörte von seiner seltsamen Knauserigkeit und seiner unglaublichen Großmut und auch von seltsamen Eigenheiten – von seinem berühmten Flikkenschlafrock, der jetzt achtundzwanzig Jahre alt sein sollte, seiner unveränderlichen Diät von Kohlsuppe und Kaviar, sei-

geordneten Papieren bedeckten Schreibtisch enthielt. Die Ecken des Raumes waren in Dämmerlicht gehüllt, denn das einzige Licht kam von einer großen, grünbeschirmten Leselampe, die auf einem kleinen Tisch neben einem der Sessel stand. Sie war so gestellt, daß ihr voller Lichtschein auf jeden fiel, der sich von der Tür her näherte. Hercule Poirot blinzelte ein wenig in dem grellen Licht. Im Sessel saß eine dünne Gestalt in einem Flickenschlafrock – Benedict Farley. Den Kopf hatte er in charakteristischer Haltung vorgestreckt, und die Hakennase ragte hervor wie der Schnabel eines Vogels. Eine weiße Haarmähne erhob sich wie der Kamm eines Kakadus über seiner Stirn. Seine Augen glitzerten hinter dicken Gläsern, als er seinen Besucher mißtrauisch aufs Korn nahm.

«He», sagte er schließlich, und seine krächzende Stimme klang schrill und barsch. «Sie sind also Hercule Poirot, he?»

«Zu Diensten», erwiderte Poirot höflich und verbeugte sich.

«Nehmen Sie Platz, nehmen Sie Platz», sagte der alte Mann gereizt.

Hercule Poirot nahm Platz – im grellen Schein der Lampe.

Aus dem Schatten hinter der Lampe heraus schien der alte Mann ihn aufmerksam zu studieren.

«Wie kann ich wissen, daß Sie Hercule Poirot sind, he?» fragte er verdrießlich. «Sagen Sie mir das mal.»

Abermals zog Poirot den Brief aus der Tasche und reichte ihn Farley.

«Ja», gab der Millionär grollend zu. «Stimmt. Das habe ich durch Cornworthy schreiben lassen.» Damit faltete er den Brief zusammen und warf ihn zurück. «Sie sind also der Knabe, ja?»

Mit einer kleinen Geste sagte Poirot:

«Ich versichere Ihnen, es handelt sich um keine Täuschung.»

Benedict Farley kicherte plötzlich.

«Das behauptet der Taschenspieler ebenfalls, ehe er die Karnickel aus dem Hut nimmt. Dieser Ausspruch gehört mit zum Trick.»

Poirot erwiderte nichts darauf. Farley sagte plötzlich:

«Sie halten mich wohl für einen mißtrauischen alten Mann, wie? Das bin ich auch. Traue keinem! Das ist mein Motto. Man kann auch niemandem trauen, wenn man reich ist. Nein, nein, das geht nicht.»

«Sie wünschten mich zu konsultieren», mahnte Poirot sanft.

«Ganz recht. Kaufe immer das Beste. Das ist mein Motto. Gehe zum Fachmann ohne Rücksicht auf die Kosten. Es ist Ihnen sicher aufgefallen, Monsieur Poirot, daß ich nicht nach Ihrem Honorar gefragt habe. Das werde ich auch nicht tun. Schicken Sie mir später die Rechnung – ich werde schon keine Umstände machen. Diese Idioten in der Molkerei bildeten sich ein, mir zwei neun für Eier berechnen zu können, während der Marktpreis zwei sieben ist – diese Schwindlerbande! Ich lasse mich nicht beschwindeln. Aber mit dem Mann an der Spitze ist es anders. Er ist das Geld wert. Ich stehe selbst an der Spitze. Ich weiß Bescheid.»

Hercule Poirot erwiderte auch hierauf nichts. Er hörte aufmerksam zu, den Körper ein wenig zur Seite geneigt.

Hinter seiner unbeweglichen Fassade verbarg er eine gewisse Enttäuschung. Er konnte nicht genau sagen, worum es eigentlich ging. Soweit hatte sich Benedict Farley charaktergetreu aufgeführt – das heißt, er hatte der volkstümlichen Vorstellung entsprochen, und doch war Poirot enttäuscht.

Dieser Mann, sagte er sich, ist ein Scharlatan, nichts weiter als ein Scharlatan!

Er hatte andere Millionäre gekannt, die auch exzentrisch waren. Aber in beinahe jedem Fall hatte er eine gewisse Kraft gespürt, eine innere Energie, die Achtung gebot. Wenn sie einen Flickenschlafrock getragen hätten, so hätten sie es getan, weil sie einen solchen Schlafrock gern trugen. Doch Benedict Farleys Schlafrock war in erster Linie – so schien es

Poirot jedenfalls – ein Bühnenrequisit. Und der Mann selbst war im wesentlichen theatralisch.

Jedes Wort, das er äußerte, war die reinste Effekthascherei; davon war Poirot überzeugt.

Er wiederholte nochmals kühl: «Sie wünschten mich zu konsultieren, Mr. Farley.»

Das Verhalten des Millionärs erfuhr eine plötzliche Änderung. Er beugte sich vor, und seine Stimme sank zu einem heiseren Geflüster herab.

«Ja. Ja. Ich möchte hören, was Sie zu sagen haben, was Sie denken ... Geh an die Spitze! Das ist meine Art! Nimm den besten Arzt, den besten Detektiv – die beiden zusammen müssen es schaffen.»

«Noch weiß ich nicht, Monsieur, worum es geht.»

«Natürlich nicht», fauchte Farley. «Ich habe Ihnen ja noch nichts gesagt.»

Er beugte sich abermals vor und platzte mit einer unvermittelten Frage heraus.

«Was wissen Sie, Monsieur Poirot, von Träumen?»

Poirot war erstaunt. Eine solche Frage hatte er auf keinen Fall erwartet.

«Dafür, Mr. Farley, möchte ich Ihnen Napoleons *Buch der Träume* oder den neuesten Psychologen aus der Harley Street empfehlen.»

Nüchtern erwiderte Farley: «Ich habe es mit beiden versucht.» Nach einer kleinen Pause fuhr der Millionär fort, zunächst im Flüsterton und dann mit einer immer heller werdenden Stimme.

«Es ist der gleiche Traum, Nacht für Nacht. Und ich fürchte mich, ich sage Ihnen, ich fürchte mich. Es ist immer das gleiche. Ich bin nebenan in meinem Zimmer. Ich sitze am Schreibtisch und schreibe. Es ist eine Uhr vorhanden. Mein Blick fällt darauf, und ich sehe die Zeit: genau achtundzwanzig Minuten nach drei. Immer die gleiche Zeit, verstehen Sie. *Und wenn ich die Zeit sehe, Monsieur Poirot, weiß ich, daß ich es tun muß.* Ich will es nicht tun, ich verabscheue es, aber ich muß es tun ...»

Seine Stimme war ganz schrill geworden.

Unbeirrt fragte Poirot: «Und was müssen Sie unbedingt tun?»

«Um achtundzwanzig Minuten nach drei», erwiderte Benedict Farley heiser, «öffne ich die zweite Schublade von oben an der rechten Seite meines Schreibtisches, nehme den Revolver heraus, den ich dort liegen habe, lade ihn und trete ans Fenster. Und dann ... und dann ...»

«Ja?»

Im Flüsterton sagte Benedict Farley:

«Dann erschieße ich mich.»

Schweigen. Nach einer Weile sagte Poirot:

«Und das ist Ihr Traum?»

«Ja.»

«Jede Nacht der gleiche?»

«Ja.»

«Was geschieht, nachdem Sie sich erschossen haben?»

«Ich wache auf.»

Poirot nickte langsam und nachdenklich vor sich hin.

«Haben Sie eigentlich einen Revolver in dieser besonderen Schublade? Es würde mich interessieren.»

«Ja.»

«Warum?»

«Aus alter Gewohnheit. Man muß auf alles vorbereitet sein.»

«Worauf, zum Beispiel?»

Gereizt erwiderte Farley:

«Ein Mann in meiner Stellung muß auf der Hut sein. Alle reichen Leute haben Feinde.»

Poirot verfolgte das Thema nicht weiter. Er schwieg eine Weile und fragte dann:

«Warum haben Sie mich eigentlich kommen lassen?»

«Das will ich Ihnen sagen. Zuerst konsultierte ich einen Arzt – drei Ärzte, genauer gesagt.»

«Und was sagten sie?»

«Der erste setzte mir auseinander, daß es nur eine Diätfrage sei. Es war ein älterer Mann. Der zweite war jung und gehörte der modernen Richtung an. Er versicherte mir, daß der ganzen Geschichte ein gewisses Ereignis meiner Kindheit zugrunde liege, das um diese besondere Zeit – drei Uhr achtundzwanzig – stattfand. Ich sei so fest entschlossen, mich nicht an dieses Ereignis zu erinnern, daß ich es durch meinen Selbstmord symbolisierte. Das ist seine Erklärung.»

«Und der dritte Arzt?» fragte Poirot.

Benedict Farleys Stimme schrillte vor Zorn.

«Er ist ebenfalls ein junger Mann und hat eine geradezu lächerliche Theorie. Er behauptet, daß ich selbst des Lebens überdrüssig sei, daß mein Leben mir so unerträglich erscheine, daß ich es vorsätzlich zu beenden wünschte! Aber da die Anerkennung dieser Tatsache gleichbedeutend sei mit dem Eingeständnis, daß ich im wesentlichen versagt hätte, weigerte ich mich im Wachzustande, der Wahrheit ins Auge zu sehen. Doch wenn ich schliefe, würden alle Hemmungen beseitigt, und ich führte das aus, was ich in Wirklichkeit zu tun wünschte. Ich machte meinem Dasein ein Ende.»

«Dann ist er also der Ansicht, daß Sie, ohne es zu wissen, Selbstmord begehen möchten, nicht wahr?» sagte Poirot.

Benedict Farley erwiderte schrill:

«Und das ist unmöglich – unmöglich! Ich bin durchaus glücklich! Ich habe alles, was ich mir wünsche, alles, was man mit Geld kaufen kann! Es ist phantastisch, einfach unglaublich, so etwas überhaupt anzudeuten!»

Poirot betrachtete sein Gegenüber voller Interesse. Vielleicht sagte ihm etwas in dem ganzen Gebaren – die zitternden Hände, die bebende, schrille Stimme –, daß die Beteuerungen *zu* heftig und damit an sich schon verdächtig seien. Aber er begnügte sich mit der Bemerkung:

«Und was habe ich mit alledem zu tun, Monsieur?»

Benedict Farley beruhigte sich plötzlich wieder und klopfte nachdrücklich mit dem Finger auf den neben ihm stehenden Tisch.

«Es besteht noch eine andere Möglichkeit. Und wenn etwas dran sein sollte, sind Sie der Mann, der damit fertig werden kann! Sie sind berühmt. Sie haben Hunderte von Fällen bearbeitet – phantastische, unwahrscheinliche Fälle! Sie würden es wissen, wenn es irgend jemand täte.»

«Wovon reden Sie eigentlich?»

Farleys Stimme sank zu leisem Geflüster herab.

«Nehmen wir einmal an, daß jemand mich töten will ... Könnte er es auf diese Weise tun? Könnte er bewirken, daß ich Nacht für Nacht diesen Traum habe?»

«Durch Hypnose, meinen Sie?»

«Ja.»

Hercule Poirot überlegte eine Weile.

«Möglich wäre es vielleicht, nehme ich an», sagte er schließlich. «Aber ein Arzt könnte Ihnen diese Frage besser beantworten.»

«Ist Ihnen ein derartiger Fall noch nicht vorgekommen?»

«Nein, nicht gerade in dieser Form.»

«Sie sehen aber doch, worauf ich hinauswill. Man veranlaßt mich, den gleichen Traum Nacht für Nacht, Nacht für Nacht zu träumen – und dann – eines Tages wird mir diese Suggestion zuviel, und ich setze sie in die Tat um. Ich tue, was ich so oft geträumt habe – ich töte mich!»

Langsam schüttelte Hercule Poirot den Kopf.

«Sie halten es für unmöglich?» fragte Farley.

«Unmöglich?» Poirot schüttelte abermals den Kopf. «Mit diesem Wort habe ich nicht gern zu tun.»

«Aber Sie halten es für unwahrscheinlich?»

«Höchst unwahrscheinlich.»

Benedict Farley murmelte leise: «Der Arzt war derselben Meinung.» Dann hob sich seine Stimme wieder, und er fragte: «Aber warum habe ich diesen Traum? Warum? Warum nur?»

Hercule Poirot schüttelte den Kopf, und Benedict Farley sagte unvermittelt:

«Sind Sie ganz sicher, daß Ihnen so etwas in Ihrer Praxis noch nicht vorgekommen ist?»

«So einen Fall habe ich noch nie gehabt.»

«Das wollte ich gern wissen.»

«Gestatten Sie mir eine Frage?»

«Was ist es? Fragen Sie, was Sie wollen.»

«Wen haben Sie im Verdacht, wenn Sie sagen, daß jemand Sie töten möchte?»

«Niemanden», lautete die barsche Antwort. «Überhaupt keinen.»

«Aber der Gedanke war Ihnen doch gekommen.»

«Ich wollte nur wissen, ob die Möglichkeit existiert.»

«Nach meinen eigenen Erfahrungen zu urteilen, möchte ich sagen: nein. Sind Sie übrigens schon einmal hypnotisiert worden?»

«Natürlich nicht. Glauben Sie etwa, ich gebe mich zu solchem Unsinn her?»

«Dann kann man wohl sagen, daß Ihre Theorie ganz entschieden unwahrscheinlich ist.»

«Aber der Traum, Sie Tor, der Traum!»

«Der Traum ist sicherlich bemerkenswert», sagte Poirot nachdenklich. Er schwieg und fuhr dann fort: «Ich möchte gern den Schauplatz dieses Dramas sehen – den Tisch, die Uhr und den Revolver.»

«Aber gewiß. Kommen Sie mit ins Nebenzimmer.»

Während Farley den Schlafrock enger um sich zog, erhob sich der alte Mann halbwegs aus seinem Sessel, ließ sich dann aber wieder zurücksinken, als sei ihm plötzlich etwas eingefallen.

«Nein», erklärte er. «Es gibt dort nichts zu sehen. Ich habe Ihnen alles eingehend geschildert.»

«Aber ich möchte mich gern selbst überzeugen.»

«Durchaus nicht notwendig», sagte Farley schroff. «Sie haben mir Ihre Ansicht gesagt. Damit ist der Fall erledigt.»

Poirot zuckte die Achseln. «Wie Sie wünschen.» Er stand auf. «Ich bedaure sehr, Mr. Farley, daß ich Ihnen nicht helfen konnte.»

Benedict Farley starrte unverwandt geradeaus.

«Bin kein Freund von vielem Hokuspokus», knurrte er.

«Ich habe Sie über die Tatsachen unterrichtet, und Sie können nichts damit anfangen. Damit ist die Angelegenheit zu Ende. Sie können mir eine Rechnung über das Konsultationshonorar schicken.»

«Das werde ich nicht versäumen», erwiderte der Detektiv trocken und schritt zur Tür.

«Einen Augenblick!» rief der Millionär hinter ihm her. «Der Brief – ich möchte ihn gern haben.»

«Den Brief von Ihrem Sekretär?»

«Ja.»

Poirot machte ein erstauntes Gesicht. Er fuhr mit der Hand in die Tasche, zog einen zusammengefalteten Bogen heraus und reichte ihn dem alten Herrn, der einen prüfenden Blick darauf warf und ihn dann kopfnickend neben sich auf den Tisch legte.

Wiederum ging Hercule Poirot auf die Tür zu. Er war ziemlich verdutzt, seine rastlosen Gedanken kreisten um das, was er soeben gehört hatte. Doch mitten in seine Überlegungen hinein drängte sich ein nagendes Gefühl, daß irgend etwas nicht in Ordnung sei. Und dieses Etwas bezog sich auf ihn selbst – nicht auf Benedict Farley.

Als seine Hand schon auf dem Türgriff lag, klärten sich seine Gedanken. Ihm, Hercule Poirot, war ein Versehen unterlaufen! Er machte noch einmal kehrt.

«Ich bitte Sie tausendmal um Verzeihung! Ganz in Gedanken an Ihr Problem, habe ich eine Dummheit begangen! Dieser Brief, den ich Ihnen gegeben habe – unglücklicherweise habe ich in meine rechte Tasche gegriffen anstatt in meine linke ...»

«Was ist los? Was reden Sie da?»

«Der Brief, den ich Ihnen soeben gegeben habe, enthält eine Entschuldigung meiner Wäscherin wegen der Behandlung meiner Kragen.» Poirot lächelte reumütig und griff in seine linke Tasche. «Dies ist *Ihr* Brief.»

Benedict Farley riß ihn knurrend an sich. «Zum Kuckuck, warum können Sie denn nicht aufpassen?»

Mit einer nochmaligen Entschuldigung nahm Poirot die Mitteilung seiner Wäscherin wieder an sich und verließ das Zimmer. Draußen auf dem Korridor blieb er eine Weile stehen. Es war eigentlich eine kleine Diele. Ihm gegenüber stand eine große alte Eichenbank mit einem langen, schmalen Tisch davor. Auf dem Tisch lagen Zeitschriften. Außerdem waren noch zwei Sessel und ein Blumentisch vorhanden. Dieses Arrangement erinnerte ihn ein wenig an das Wartezimmer eines Zahnarztes.

Unten in der Halle wartete der Butler auf ihn, um ihn zur Tür zu bringen. «Soll ich Ihnen ein Taxi besorgen, Sir?»

«Nein, danke. Es ist ein schöner Abend. Ich gehe zu Fuß.»

Hercule Poirot blieb einen Augenblick auf dem Bürgersteig stehen, wartete, bis die Straße frei war, ehe er sie überquerte.

«Nein», sagte er mit gerunzelter Stirn vor sich hin, «ich verstehe das ganz und gar nicht. Es ist ohne Sinn und Verstand. So bedauerlich dieses Eingeständnis auch ist, aber ich, Hercule Poirot, bin auf dem toten Gleis angelangt.»

Dies war sozusagen der erste Akt des Dramas. Der zweite Akt folgte eine Woche später und begann mit einem Anruf von einem Dr. med. John Stillingfleet.

Mit einem bemerkenswerten Mangel an ärztlicher Etikette sagte dieser:

«Sind Sie's, Poirot, altes Haus? Hier ist Stillingfleet.»

«Ja, mein Freund. Was gibt's denn?»

«Ich spreche von Northway House – Benedict Farleys Wohnsitz.»

«Ja?» Poirots Stimme verriet plötzliches Interesse. «Wie steht's mit Mr. Farley?»

«Farley ist tot. Hat sich heute nachmittag erschossen.»

Nach einer kleinen Pause sagte Poirot: «So, ja ...»

«Ich bemerke, daß Sie nicht gerade vor Erstaunen umsinken. Wissen Sie darüber Bescheid?»

«Wie kommen Sie zu der Annahme?»

«Nun, wir haben einen von Farley an Sie gerichteten Brief gefunden, in dem er vor etwa einer Woche eine Zusammenkunft mit Ihnen verabredete.»

«Ach so.»

«Wir haben einen zahmen Polizeiinspektor hier – man muß ja vorsichtig sein, wenn sich einer von diesen Millionären eine Kugel durch den Kopf jagt. Und wir haben uns gefragt, ob Sie wohl etwas Licht in diese Angelegenheit bringen könnten. Wenn ja, dann kommen Sie doch bitte her.»

«Ich komme sofort.»

Eine Viertelstunde später saß Poirot in der Bibliothek, einem niedrigen, langgestreckten Raum hinten im Erdgeschoß von Northway House. Es waren noch fünf andere Personen anwesend. Inspektor Barnett, Dr. Stillingfleet, Mrs. Farley, die Witwe des Millionärs, Joanna Farley, seine einzige Tochter, und sein Privatsekretär Hugo Cornworthy.

Inspektor Barnett war ein diskreter Mann von militärischer Haltung. Dr. Stillingfleet, dessen berufliches Gebaren sich von seinem Telefonstil gründlich abhob, war ein großer, langgesichtiger Mann von etwa dreißig Jahren. Mrs. Farley war offensichtlich sehr viel jünger als ihr Mann. Sie war eine hübsche, dunkelhaarige Frau. Aber sie hatte einen harten Mund, und ihre schwarzen Augen verrieten nichts von ihren Gefühlen. Joanna Farley hatte blondes Haar und ein sommersprossiges Gesicht. Die gebogene Nase und das vorspringende Kinn hatte sie deutlich von ihrem Vater geerbt. In ihren Augen lagen Intelligenz und Scharfsinn. Hugo Cornworthy war ein gutaussehender, sehr korrekt gekleideter junger Mann, der einen gescheiten und tüchtigen Eindruck machte.

Nach der üblichen Vorstellungs- und Begrüßungszeremonie schilderte Poirot schlicht und klar die Umstände seines Besuches bei Benedict Farley und wiederholte die Geschichte, die dieser ihm erzählt hatte. Er konnte sich dabei nicht über Mangel an Interesse bei seinen Zuhörern beklagen.

«Die seltsamste Geschichte, die ich je gehört habe!» erklärte der Inspektor. «Ein Traum, wie? Haben Sie auch etwas davon gewußt, Mrs. Farley?»

Sie senkte den Kopf.

«Mein Mann hat mit mir darüber gesprochen. Es hat ihn sehr beunruhigt. Ich – ich habe ihm gesagt, daß es sich wohl um eine Stoffwechselstörung handle – seine Diät war nämlich sehr merkwürdig –, und ihm vorgeschlagen, Dr. Stillingfleet zu konsultieren.»

Der junge Mann schüttelte den Kopf.

«Er hat mich aber nicht konsultiert. Aus Monsieur Poirots Worten schließe ich, daß er Harley-Street-Spezialisten zu Rate zog.»

«Über diesen Punkt möchte ich gern Ihre Meinung hören, Dr. Stillingfleet», sagte Poirot. «Was halten Sie von den Theorien, die diese drei Harley-Street-Spezialisten aufstellten?»

Stillingfleet runzelte die Stirn.

«Das läßt sich schwer sagen. Sie müssen berücksichtigen, daß das, was er Ihnen übermittelte, nicht genau das gleiche war wie das, was man ihm gesagt hatte. Es war die Interpretation eines Laien.»

«Sie meinen, er habe sich falsch ausgedrückt?»

«Nicht unbedingt. Ich will nur sagen, daß die Ärzte sich ihm gegenüber bestimmt fachmännisch ausgedrückt haben, und die Bedeutung der Worte gab er wohl ein wenig verzerrt und dann in seiner eigenen Sprache wieder.»

«Dann entsprach, also das, was er mir sagte, nicht genau den Äußerungen der Ärzte.»

«So ungefähr. Er hatte eben alles etwas oberflächlich aufgefaßt, wenn Sie mich richtig verstehen.»

Poirot nickte gedankenvoll. «Weiß man eigentlich, wen er konsultierte?» fragte er.

Mrs. Farley schüttelte den Kopf, und Joanna Farley bemerkte: «Keiner von uns hatte die leiseste Ahnung, daß er überhaupt jemanden konsultierte.»

«Hat er mit *Ihnen* über seinen Traum gesprochen?» erkundigte sich Poirot bei der Tochter.

Das Mädchen schüttelte verneinend den Kopf.

«Und mit Ihnen, Mr. Cornworthy?»

«Nein, zu mir hat er auch nichts gesagt. Er diktierte mir zwar einen Brief an Sie, aber ich hatte keine Vorstellung, warum er Sie zu sprechen wünschte.»

«Und nun zu den genauen Umständen von Mr. Farleys Tod», sagte Poirot.

Inspektor Barnett blickte Mrs. Farley und Dr. Stillingfleet fragend an und übernahm die Rolle des Sprechers.

«Mr. Farley hatte die Gewohnheit, jeden Nachmittag in seinem eigenen Zimmer im ersten Stock zu arbeiten. Wie ich höre, stand eine Fusion seiner verschiedenen Geschäftsbetriebe bevor ...»

Er blickte fragend zu Hugo Cornworthy hinüber, der erläuternd hinzusetzte: «Vereinigte Buslinien.»

«In diesem Zusammenhang», fuhr Inspektor Barnett fort, «hatte Mr. Farley sich bereit erklärt, zwei Pressevertretern ein Interview zu gewähren. Etwas, das er sehr selten tat – nur alle fünf Jahre einmal, wie ich höre. Demgemäß erschienen zwei Reporter – einer von den Associated Newsgroups und einer von den Amalgamated Press-Sheets – um ein Viertel nach drei, wie verabredet. Sie warteten im ersten Stock vor Mr. Farleys Tür – der übliche Platz für alle, die eine Verabredung mit Mr. Farley hatten. Um zwanzig nach drei erschien ein Bote vom Büro der Vereinigten Buslinien mit wichtigen Papieren. Er wurde in Mr. Farleys Zimmer geführt, wo er ihm die Dokumente aushändigte. Mr. Farley begleitete ihn zur Tür und sprach dort mit den beiden Pressevertretern. Er sagte:

‹Es tut mir leid, meine Herren, daß ich Sie warten lassen muß, aber ich habe eine dringende Sache zu erledigen. Ich werde mich nach Möglichkeit beeilen.›

Die beiden Herren, Mr. Adams und Mr. Stoddart, versicherten Mr. Farley, daß es ihnen nichts ausmache, zu warten.

Er ging dann ins Zimmer zurück, schloß die Tür – und wurde lebend nicht wieder gesehen!»

«Fahren Sie bitte fort», bat Poirot.

«Kurz nach vier Uhr», berichtete der Inspektor weiter, «kam Mr. Cornworthy aus seinem Zimmer, das neben Mr. Farleys Raum liegt, und sah zu seiner Überraschung, daß die beiden Reporter immer noch warteten. Er brauchte Mr. Farleys Unterschrift für einige Briefe und hielt es auch für angebracht, ihn an diese beiden Herren zu erinnern. Also ging er in Mr. Farleys Raum. Zu seinem Erstaunen konnte er Mr. Farley zunächst gar nicht sehen und nahm schon an, der Raum sei leer. Dann fiel sein Blick auf einen Schuh, der hinter dem Schreibtisch hervorragte – dieser steht quer vor dem Fenster. Er ging rasch hinüber und entdeckte Mr. Farley tot am Boden und neben ihm einen Revolver.

Mr. Cornworthy verließ rasch das Zimmer und wies den Butler an, Dr. Stillingfleet telefonisch herbeizurufen. Auf Anraten des Arztes benachrichtigte Mr. Cornworthy auch die Polizei.»

«Wurde der Schuß nicht gehört?»

«Nein. Der Verkehr ist hier sehr laut, und das Fenster auf dem Treppenabsatz war offen. Bei dem vielen Gehupe und dem Donnern der Lastwagen war es ein Ding der Unmöglichkeit.»

Poirot nickte nachdenklich. «Wann ist er vermutlich gestorben?»

Stillingfleet erwiderte:

«Ich habe die Leiche sofort nach meiner Ankunft untersucht, und das war zweiunddreißig Minuten nach vier. Mr. Farley war da seit mindestens einer Stunde tot.»

Poirots Gesicht hatte einen sehr ernsten Ausdruck.

«Dann erscheint es also durchaus möglich, daß der Tod um die Zeit, die er mir gegenüber erwähnte, eingetreten ist – nämlich um achtundzwanzig Minuten nach drei.»

«Ganz recht», sagte Stillingfleet.

«Sind Fingerabdrücke auf dem Revolver?»

«Ja, seine eigenen.»

«Und der Revolver selbst?»

Der Inspektor schaltete sich wieder ein.

«War derjenige, den er in der zweiten Schublade an der rechten Seite seines Schreibtisches aufbewahrte, wie er Ihnen gesagt hatte. Mrs. Farley hat ihn mit Bestimmtheit identifiziert. Außerdem hat der Raum nur einen Zugang, nämlich die Tür zur Diele. Die beiden Reporter saßen dieser Tür direkt gegenüber, und sie schwören, daß niemand das Zimmer betreten hat von dem Augenblick an, als Mr. Farley mit ihnen sprach, bis Mr. Cornworthy kurz nach vier hineinging.»

«So daß man mit Sicherheit annehmen kann, daß Mr. Farley Selbstmord begangen hat.»

Inspektor Barnett lächelte ein wenig.

«Daran wäre überhaupt nicht gezweifelt worden, wenn man nicht etwas entdeckt hätte.»

«Und was war das?»

«Der an Sie gerichtete Brief.»

Poirot lächelte ebenfalls.

«Ich verstehe! Wo Hercule Poirot beteiligt ist, da erhebt sich sofort ein Mordverdacht!»

«Ganz recht», bestätigte der Inspektor trocken. «Nachdem Sie jedoch die Situation geklärt haben –»

«Einen kleinen Augenblick», unterbrach ihn Poirot und wandte sich dann an Mrs. Farley. «Ist Ihr Gatte jemals hypnotisiert worden?»

«Niemals.»

«Hatte er die Frage der Hypnose studiert? Interessierte er sich dafür?»

«Ich glaube nicht.» Plötzlich schien sie ihre Selbstbeherrschung zu verlieren. «Dieser gräßliche Traum! Es ist unheimlich! Daß er das Nacht für Nacht geträumt hat – und dann – es ist beinahe, als wäre er – zu Tode *gehetzt* worden!»

Poirot erinnerte sich daran, wie Benedict Farley gesagt hatte: *«Ich führe das aus, was ich in Wirklichkeit zu tun wünsche. Ich mache meinem Dasein ein Ende.»*

Er sagte:

«Ist Ihnen je der Gedanke gekommen, daß Ihr Mann die Versuchung spürte, sich das Leben zu nehmen?»

«Nein – das heißt, manchmal war er sehr merkwürdig ...»

Joanna Farleys Stimme ertönte plötzlich, klar und verächtlich.

«Vater hätte sich niemals das Leben genommen. Er war viel zu sehr auf sein Wohlergehen bedacht.»

Dr. Stillingfleet fügte hinzu:

«Wissen Sie, Miss Farley, die Menschen, die immer mit Selbstmord drohen, begehen diese Tat gewöhnlich nicht. Daher erscheint mancher Selbstmord so unbegreiflich.»

Poirot erhob sich.

«Ist es gestattet», fragte er, «daß ich den Raum sehe, wo die Tragödie stattfand?»

«Gewiß. Dr. Stillingfleet wird Sie vielleicht begleiten.»

Der Arzt erhob sich und ging mit Poirot nach oben.

Benedict Farleys Zimmer war bedeutend größer als das des Sekretärs nebenan. Es war luxuriös ausgestattet mit tiefen Ledersesseln, einem dicken Veloursteppich und einem prachtvollen, riesigen Schreibtisch.

Poirot trat hinter den Schreibtisch, wo gerade vor dem Fenster ein dunkler Fleck auf dem Teppich zu sehen war. In Gedanken hörte er den Millionär sagen: *«Achtundzwanzig Minuten nach drei öffne ich die zweite Schublade rechts in meinem Schreibtisch, nehme den Revolver heraus, den ich dort liegen habe, lade ihn und trete ans Fenster. Und dann – und dann erschieße ich mich.»*

Poirot nickte langsam vor sich hin und sagte:

«Stand das Fenster offen, wie jetzt?»

«Ja. Aber niemand hätte auf diese Weise eindringen können.»

Poirot blickte hinaus. Es war nichts zu sehen: keine Fensterbank, kein Vorsprung, keine Dachrinne. Nicht einmal eine Katze hätte sich hereinschleichen können. Gegenüber erhob sich die glatte Wand des Fabrikgebäudes – eine blinde Wand ohne Fenster.

«Seltsam», meinte Stillingfleet, «daß ein reicher Mann sich einen Raum mit solcher Aussicht als Arbeitszimmer gewählt hatte. Es ist ja, als ob man auf eine Gefängniswand blickte.»

«Ja», stimmte ihm Poirot zu, während er den Kopf zurückzog und auf die öde Backsteinfläche starrte. «Ich glaube, daß die Wand eine wichtige Rolle spielt.»

«Meinen Sie – vom psychologischen Standpunkt aus?»

Poirot war inzwischen an den Schreibtisch getreten. Scheinbar müßig nahm er eine sogenannte Faulenzerzange in die Hand. Er preßte die Griffe zusammen, und die Zange schoß in ihrer ganzen Länge heraus. Sorgfältig hob er damit ein abgebranntes Streichholz vom Boden auf, das in einiger Entfernung neben einem Sessel lag, und beförderte es geschickt in den Papierkorb.

«Eine geistreiche Erfindung», murmelte Hercule Poirot und legte die Zange wieder säuberlich auf den Schreibtisch. Dann setzte er hinzu: «Wo waren Mrs. Farley und Miss Farley zur Zeit des – Todes?»

«Mrs. Farley ruhte in ihrem Zimmer, das im nächsten Stockwerk liegt, und Miss Farley malte in ihrem Atelier ganz oben im Haus.»

Hercule Poirot trommelte eine Zeitlang mit den Fingern auf den Tisch. Dann sagte er:

«Ich möchte gern mit Miss Farley sprechen. Würden Sie sie bitten, für einen Augenblick hierherzukommen?»

Stillingfleet blickte ihn neugierig an und verließ dann das Zimmer. Bald darauf öffnete sich die Tür, und Joanna Farley kam herein.

«Sie haben hoffentlich nichts dagegen, Mademoiselle, wenn ich ein paar Fragen an Sie richte?»

Sie schenkte ihm einen kühlen Blick.

«Bitte, fragen Sie, was Sie wollen.»

«Haben Sie gewußt, daß Ihr Vater einen Revolver in seinem Schreibtisch aufbewahrte?»

«Nein.»

«Wo waren Sie und Ihre Mutter – oder vielmehr Ihre Stiefmutter – stimmt's?»

«Ja, Louise ist die zweite Frau meines Vaters. Sie ist nur acht Jahre älter als ich. Was wollten Sie noch sagen?»

«Wo waren Sie und Ihre Stiefmutter am Donnerstag abend in der vergangenen Woche?»

Sie überlegte eine Weile. «Donnerstag? Einen Augenblick. Ach ja, wir waren im Theater.»

«Und Ihr Vater hatte keine Lust, sich Ihnen anzuschließen?»

«Mein Vater ging nie ins Theater.»

«Womit befaßte er sich abends gewöhnlich?»

«Er saß hier in seinem Zimmer und las.»

«Er war wohl nicht sehr gesellig, wie?»

Joanna Farley blickte ihm fest in die Augen.

«Mein Vater», erklärte sie, «hatte ein seltsames Wesen. Niemand, der in enger Gemeinschaft mit ihm lebte, konnte ihn irgendwie gern haben.»

«Das, Mademoiselle, ist ein sehr offenes Eingeständnis.»

«Ich erspare Ihnen Zeit, Monsieur Poirot. Ich weiß sehr wohl, worauf Sie hinauswollen. Meine Stiefmutter hat meinen Vater seines Geldes wegen geheiratet, ich wohne hier, weil ich kein Geld habe, um anderswo ein Domizil aufzuschlagen. Ich kenne einen Mann, den ich heiraten möchte. Es ist ein armer Mann. Mein Vater sorgte dafür, daß er seinen Posten verlor. Er wünschte nämlich, daß ich eine gute Partie machte – was ja nicht schwer war, da ich seine Erbin sein sollte!»

«Erben Sie das Vermögen Ihres Vaters?»

«Ja. Das heißt, er hat Louise, meiner Stiefmutter, eine Viertelmillion Pfund steuerfrei hinterlassen, und es sind noch einige andere Vermächtnisse vorhanden, aber die Universalerbin bin ich.» Sie lächelte plötzlich. «Sie sehen also, Monsieur Poirot, daß ich allen Grund hatte, den Tod meines Vaters herbeizusehnen.»

«Ich sehe, Mademoiselle, daß Sie den kühlen Verstand und die Intelligenz Ihres Vaters geerbt haben.»

Nachdenklich meinte sie:

«Ja, Vater war klug. Man spürte in seiner Gegenwart die gewaltige Triebkraft, die in ihm steckte. Nur hatte sich alles in Kälte und Bitterkeit verwandelt. Alle menschlichen Gefühle waren atrophiert ...»

Hercule Poirot sagte leise vor sich hin: *«Grand Dieu*, was für ein Dummkopf war ich doch!»

Joanna Farley wandte sich zum Gehen.

«Möchten Sie sonst noch etwas wissen?»

«Zwei kleine Fragen. Diese Zange hier» – er nahm die Faulenzerzange in die Hand –, «lag sie immer auf diesem Schreibtisch?»

«Ja. Vater bückte sich nicht gern.»

«Und nun die zweite Frage. Konnte Ihr Vater gut sehen?»

«Oh – er konnte überhaupt nicht sehen – ich meine, nicht ohne seine Brille. Seine Augen waren immer schlecht, schon von Kindheit an.»

«Aber mit der Brille?»

«Damit sah er natürlich ganz gut.»

«Konnte er Zeitungen und Kleingedrucktes lesen?»

«Doch, ja.»

«Das wäre alles, Mademoiselle.»

Sie verließ das Zimmer.

Poirot murmelte:

«Ich war ja dumm. Die ganze Zeit über hatte ich es direkt vor der Nase. Aber man sieht ja bekanntlich den Wald vor lauter Bäumen nicht.»

Noch einmal lehnte er sich aus dem Fenster. Da unten, auf dem schmalen Weg zwischen dem Haus und der Fabrik, sah er einen kleinen, dunklen Gegenstand.

Hercule Poirot nickte befriedigt und begab sich wieder zurück.

Die anderen saßen immer noch in der Bibliothek, und Poirot wandte sich an den Sekretär.

«Mr. Cornworthy, ich möchte, daß Sie mir die näheren Umstände schildern, die mit Mr. Farleys Aufforderung an mich verknüpft waren. Wann hat Mr. Farley, zum Beispiel, den Brief diktiert?»

«Mittwoch nachmittag – gegen halb sechs, soweit ich mich erinnere.»

«Haben Sie besondere Anweisungen für das Absenden erhalten?»

«Er bat mich, ihn selbst in den Briefkasten zu werfen.»

«Und haben Sie das getan?»

«Ja.»

«Hat er dem Butler besondere Instruktionen für meinen Empfang erteilt?»

«Ja. Er ließ Holmes – so heißt der Butler – durch mich bestellen, daß er um neun Uhr dreißig den Besuch eines Herrn erwarte. Der Butler sollte sich nach dem Namen erkundigen und sich auch den Brief zeigen lassen.»

«Ziemlich seltsame Vorsichtsmaßregeln.»

Cornworthy zuckte die Achseln. «Mr. Farley», sagte er gemessen, «war ein ziemlich seltsamer Mensch.»

«Erhielten Sie noch andere Anweisungen?»

«Ja. Er trug mir auf, mir für diesen Abend freizunehmen.»

«Haben Sie das getan?»

«Ja, ich bin sofort nach dem Essen ins Kino gegangen.»

«Wann sind Sie zurückgekehrt?»

«Gegen ein Viertel nach elf war ich wieder im Haus.»

«Haben Sie Mr. Farley an diesem Abend noch gesehen?»

«Nein.»

«Und am nächsten Morgen hat er die Angelegenheit auch nicht erwähnt?»

«Nein.»

Poirot wartete einen Augenblick und fuhr dann fort:

«Als ich kam, wurde ich nicht in Mr. Farleys eigenes Zimmer geführt.»

«Nein. Er ließ Holmes durch mich ausrichten, daß er Sie in mein Zimmer führen solle.»

«Warum eigentlich? Wissen Sie das?»

Cornworthy schüttelte den Kopf.

«Ich habe Mr. Farley nie nach dem Grund seiner Anordnungen gefragt», sagte er trocken. «Das hätte er mir sehr übelgenommen.»

«Hat er Besucher gewöhnlich in seinem eigenen Zimmer empfangen?»

«Meistens, aber nicht immer. Manchmal sprach er mit ihnen in meinem Zimmer.»

«War ein besonderer Grund dafür vorhanden?»

Hugo Cornworthy überlegte.

«Nein. Ich glaube kaum. Ich habe eigentlich nie darüber nachgedacht.»

Poirot wandte sich an Mrs. Farley.

«Gestatten Sie, daß ich nach Ihrem Butler klingle?»

«Gewiß, Monsieur Poirot.»

Sehr korrekt, sehr höflich erschien der Butler auf das Klingelzeichen hin. «Sie haben geläutet, Madam?»

Mrs. Farley deutete auf Poirot, und Holmes fragte höflich:

«Ja, Sir?»

«Wie lauteten Ihre Instruktionen, Holmes, am Donnerstag abend, als ich hierherkam?»

Holmes räusperte sich und sagte:

«Nach dem Essen sagte mir Mr. Cornworthy, daß Mr. Farley um neun Uhr dreißig einen Mr. Hercule Poirot erwarte. Ich sollte den Herrn nach seinem Namen fragen und mir diese Angaben durch das Vorzeigen eines Briefes bestätigen lassen. Dann sollte ich ihn in Mr. Cornworthys Zimmer bringen.»

«Hat man Ihnen auch aufgetragen, an die Tür zu klopfen?»

Ein Ausdruck des Mißfallens huschte über das Gesicht des Butlers.

«Das hatte Mr. Farley angeordnet. Ich sollte immer anklopfen, wenn ich Besucher brachte – das heißt, Besucher, die in geschäftlicher Angelegenheit kamen.»

«Ach so. Darüber hatte ich mir schon den Kopf zerbrochen. Hatten Sie sonst noch Anweisungen für mich erhalten?»

«Nein, Sir. Nachdem Mr. Cornworthy mir diese Anordnungen übermittelt hatte, ging er aus.»

«Um welche Zeit war das?»

«Zehn Minuten vor neun, Sir.»

«Haben Sie Mr. Farley nach dieser Zeit noch gesehen?»

«Ja, Sir. Um neun Uhr brachte ich ihm, wie üblich, ein Glas heißes Wasser.»

«War er da in seinem eigenen oder in Mr. Cornworthys Zimmer?»

«Er saß in seinem eigenen Zimmer, Sir.»

«Haben Sie irgend etwas Ungewöhnliches in seinem Zimmer bemerkt?»

«Etwas Ungewöhnliches? Nein, Sir.»

«Wo hielten sich Mrs. Farley und Miss Farley auf?»

«Sie waren ins Theater gegangen, Sir.»

«Vielen Dank, Holmes, das ist alles.»

Holmes verbeugte sich und verließ das Zimmer. Poirot wandte sich an die Witwe des Millionärs.

«Noch eine Frage, bitte, Mrs. Farley. Hatte Ihr Gatte gute Augen?»

«Nein, ohne Brille konnte er nicht viel sehen.»

«War er sehr kurzsichtig?»

«O ja, ohne Brille war er ganz hilflos.»

«Besaß er mehrere Brillen?»

«Ja.»

«Aha», sagte Poirot und lehnte sich im Sessel zurück. «Damit wäre der Fall wohl abgeschlossen.»

Im Raum herrschte tiefes Schweigen. Alle blickten auf den kleinen Mann, der da so selbstzufrieden im Sessel saß und seinen Schnurrbart zwirbelte. Im Gesicht des Inspektors zeigte sich Verwirrung. Dr. Stillingfleet runzelte die Stirn. Cornworthy starrte ihn verständnislos an. In Mrs. Farleys Blick lag ein verblüfftes Staunen. Joannas Augen sprachen von regem Interesse. Mrs. Farley brach das Schweigen.

«Ich verstehe Sie nicht, Monsieur Poirot.» Ihre Stimme klang etwas ungehalten. «Dieser Traum ...»

«Ja», sagte Poirot. «Der Traum war sehr wichtig.»

Mrs. Farley erschauderte. Sie sagte:

«Bis dahin habe ich nie an übernatürliche Kräfte geglaubt, aber jetzt – Nacht für Nacht vorher davon zu träumen.»

«Es ist ungewöhnlich», bemerkte Stillingfleet. «Wirklich höchst seltsam! Wenn wir uns nicht auf Ihr Wort verlassen könnten, Poirot, und wenn Sie es nicht aus dem Munde des Propheten selber hätten ...» Er räusperte sich verlegen. «Ich bitte vielmals um Verzeihung, Mrs. Farley. Ich meine, wenn Mr. Farley die Geschichte nicht selbst erzählt hätte ...»

«Richtig», warf Poirot ein. Seine bis dahin halbgeschlossenen Augen öffneten sich plötzlich weit. Sie schimmerten sehr grün. *«Wenn Benedict Farley es mir nicht gesagt hätte ...»*

Er ließ eine kleine Pause eintreten und blickte sich im Kreise der verblüfften Gesichter um.

«Wissen Sie, es gab da manches an jenem Abend, das ich mir nicht zu erklären vermochte. Zunächst einmal: Warum wurde so großer Wert darauf gelegt, daß ich den Brief mitbringen sollte?»

«Wegen der Identifizierung», meinte Cornworthy.

«Nein, nein, mein lieber junger Mann. Diese Idee ist wirklich zu lächerlich. Es muß schon ein viel triftigerer Grund dahinterstecken. Denn nicht nur wünschte Mr. Farley, daß ich den Brief vorzeigen sollte, sondern ich mußte ihn sogar bei ihm zurücklassen. Und selbst dann hat er ihn noch nicht zerrissen! Er ist heute nachmittag unter seinen Papieren gefunden worden. Warum bewahrte er ihn auf?»

Joanna Farleys Stimme ließ sich vernehmen.

«Weil er wünschte, daß die näheren Umstände dieses seltsamen Traumes an die Öffentlichkeit gelangten, falls ihm etwas zustieß.»

«Sie sind scharfsinnig, Mademoiselle. Das allein kann der Grund sein, weshalb er den Brief aufbewahrt hat. Wenn Mr. Farley tot sein würde, dann sollte die Geschichte dieses seltsamen Traumes erzählt werden! Der Traum spielte eine sehr wichtige Rolle. Er war von ausschlaggebender Bedeutung!

Ich komme jetzt», fuhr er fort, «zum zweiten Punkt. Nachdem Mr. Farley mir seine Geschichte erzählt hatte, bat ich ihn, mir den Schreibtisch und den Revolver zu zeigen. Er schien sich erheben zu wollen, um mir meine Bitte zu erfüllen, weigerte sich dann aber plötzlich. Warum hat er sich geweigert?»

Diesmal hatte keiner von ihnen eine Antwort bereit.

«Ich will die Frage einmal anders formulieren. Was war dort in dem Nebenzimmer, das mir Mr. Farley nicht zeigen wollte?»

Das Schweigen hielt an.

«Ja», meinte Poirot, «die Frage ist etwas schwierig. Aber es war ein Grund, ein dringender Grund vorhanden, warum Mr. Farley mich im Zimmer seines Sekretärs empfing und sich glattweg weigerte, mich in seinen eigenen Raum zu führen. Es war etwas in diesem Zimmer, das er mich unter keinen Umständen sehen lassen durfte.

Und nun komme ich zu der dritten unerklärlichen Begebenheit jenes Abends. Gerade als ich mich anschickte fortzugehen, bat Mr. Farley mich, ihm den von ihm erhaltenen Brief zurückzugeben. Aus Versehen reichte ich ihm eine Mitteilung meiner Wäscherin, die er prüfend überflog und dann neben sich auf den Tisch legte. Kurz bevor ich den Raum verließ, entdeckte ich meinen Irrtum – und korrigierte ihn. Danach verließ ich das Haus und – ich gebe es unumwunden zu – war völlig ratlos. Die ganze Angelegenheit – insbesondere das letzte Vorkommnis – erschien mir völlig rätselhaft.»

Er blickte die Anwesenden der Reihe nach an.

«Haben Sie es nicht begriffen?»

Stillingfleet meinte. «Ich verstehe wirklich nicht, was Ihre Wäscherin damit zu tun hat, Poirot.»

«Meine Wäscherin», erklärte Poirot, «spielte eine sehr wichtige Rolle. Diese miserable Person, die dauernd meine Kragen ruiniert, erwies sich zum erstenmal in ihrem Leben als nützlich. Aber Sie müssen es doch auch erkennen, es starrt einem ja förmlich ins Gesicht. Mr. Farley sah sich die Mitteilung an – ein einziger Blick hätte ihm sagen müssen, daß es nicht der richtige Brief war. Und doch hat er nichts gemerkt. Warum? Weil er nicht richtig sehen konnte!»

Inspektor Barnett fragte scharf:

«Trug er keine Brille?»

Hercule Poirot lächelte.

«Doch», sagte er. «Er hatte seine Brille auf. Das macht die Sache ja so interessant.»

Er beugte sich etwas vor.

«Mr. Farleys Traum war sehr wichtig. Sehen Sie, er träumte, daß er Selbstmord begehe. Und ein wenig später hat er tatsächlich Selbstmord begangen. Das heißt, er war allein in einem Zimmer, und der Revolver lag neben ihm. So wurde er jedenfalls aufgefunden. Und niemand hat den Raum betreten oder verlassen, als der Schuß abgegeben wurde. Was bedeutet das? Das bedeutet doch, daß es unbedingt Selbstmord sein muß!»

«Ja», sagte Stillingfleet.

Hercule Poirot schüttelte aber den Kopf.

«Im Gegenteil», behauptete er. «Es handelte sich um einen Mord. Einen ungewöhnlichen und sehr schlau geplanten Mord.»

Wiederum beugte er sich vor und klopfte mit dem Finger auf den Tisch, während seine Augen vor Erregung grün schimmerten. «Warum gestattete mir Mr. Farley nicht, an jenem Abend sein Zimmer zu betreten? Was war darin, das ich um keinen Preis sehen durfte? Ich glaube, liebe Freunde, es war – Benedict Farley selber!»

Er lächelte die perplexen Gesichter an.

«Ja, ja, es ist kein Unsinn, den ich daherrede. Warum konnte Mr. Farley, mit dem ich gesprochen hatte, den Unterschied zwischen zwei völlig unähnlichen Briefen nicht erkennen? Weil er, liebe Freunde, ein Mann mit normalem Sehvermögen war, der sehr starke Gläser trug. Solche Gläser machen einen Menschen mit normaler Sehfähigkeit praktisch blind. Stimmt das nicht, Doktor?»

Stillingfleet murmelte: «Gewiß – da haben Sie recht.»

«Warum hatte ich bei der Unterredung mit ihm das Gefühl, daß ich es mit einem Scharlatan zu tun hatte, mit einem Schauspieler, der eine Rolle spielte? Betrachten wir zunächst die Szenerie – den dämmrigen Raum und die mit einem grünen Schirm bedeckte Lampe, deren grelles Licht von der Gestalt im Sessel abgewandt und dem Besucher zugekehrt ist. Was sah ich denn schon? Den berühmten Flickenschlafrock, die Hakennase – gefälscht mit der so nützlichen Substanz Paraffin –, den weißen Haarschopf, die stark vergrößernden Gläser, die die Augen versteckten. Was für ein Beweis existiert, daß Mr. Farley jemals einen Traum gehabt hat? Nur die Geschichte, die mir erzählt wurde, und *Mrs. Farleys* Aussage. Was für einen Beweis haben wir, daß Mr. Farley einen Revolver in seinem Schreibtisch aufbewahrte? Wiederum nur die mir erzählte Geschichte und Mrs. Farleys Wort. Zwei Menschen führten diesen Schwindel durch – Mrs. Farley und Hugo Cornworthy. Cornworthy schrieb mir den Brief, erteilte dem Butler die erwähnten Instruktionen, ging angeblich ins Kino, kehrte aber sofort wieder zurück, schlich sich in sein Zimmer, verkleidete sich und spielte Benedict Farleys Rolle.

Und so kommen wir zu dem heutigen Nachmittag. Die günstige Gelegenheit, auf die Mr. Cornworthy gewartet hat, bietet sich endlich. In der Diele sitzen zwei Zeugen, die beschwören können, daß niemand Benedict Farleys Zimmer betreten oder verlassen hat. Cornworthy wartet, bis sich ein besonders lärmender Verkehrsstrom vorbeiwälzt. Dann lehnt er sich zum Fenster hinaus und hält mit der Faulenzerzange, die er vom Schreibtisch nebenan entwendet hat, einen Gegenstand an Farleys Fenster. Benedict Farley tritt daraufhin ans Fenster, und Cornworthy läßt die Zange zurückschnellen. Während Farley sich hinauslehnt und die Lastwagen vor dem Haus vorbeidonnern, erschießt ihn Cornworthy mit einem Revolver, den er in Bereitschaft hat. Das Fenster geht ja nach der Seite, und gegenüber befindet sich eine blinde Wand. Es gibt also keinen Zeugen für das Verbrechen. Cornworthy wartet über eine halbe Stunde. Dann nimmt er einen Stoß Papiere, unter denen er die Faulenzerzange und den Revolver verbirgt, geht hinaus in die Diele und dann in den Raum nebenan. Dort legt er rasch die Faulenzerzange wieder auf den Schreibtisch und den Revolver neben den Toten, nachdem er dessen Finger auf den Griff gepreßt hat, und eilt nach draußen mit der Nachricht von Mr. Farleys ‹Selbstmord›.

Er sorgt dafür, daß der an mich gerichtete Brief gefunden wird und ich mit meiner Geschichte erscheine – der Geschichte, die ich aus Mr. Farleys eigenem Mund gehört habe, der Geschichte von seinem ungewöhnlichen Traum und seinem seltsamen Drang, sich zu töten! Ein paar leichtgläubige Menschen werden die Hypnose-Theorie diskutieren – aber im wesentlichen wird ohne jeden Zweifel bestätigt, daß es tatsächlich Benedict Farleys eigene Hand war, die den Revolver hielt.»

Hercule Poirots Augen richteten sich auf die Witwe, und er sah mit Befriedigung die Bestürzung, die fahle Blässe, die blinde Furcht ... «Und in absehbarer Zeit», schloß er sanft, «wäre das Happy-End erreicht worden. Eine Viertelmillion Pfund und zwei Herzen, die wie eines schlagen ...»

Dr. John Stillingfleet und Hercule Poirot gingen an der Seite von Northway House entlang. Zu ihrer Rechten erhob sich die hochragende Fabrikwand, und links über ihnen befanden sich die Fenster von Benedict Farley und Hugo Cornworthy. Hercule Poirot blieb plötzlich stehen und hob einen Gegenstand auf – eine ausgestopfte schwarze Katze.

«Voilà», sagte er. «Hier haben wir das, was Cornworthy mit der Faulenzerzange an Farleys Fenster hielt. Farley haßte ja Katzen, wie Ihnen vielleicht bekannt ist, und stürzte natürlich ans Fenster.»

«Warum in aller Welt ist Cornworthy denn nicht nach draußen geeilt und hat das Ding aufgehoben, nachdem er es hatte fallen lassen?»

«Wie konnte er das tun? Das hätte bestimmt Verdacht erregt. Und was denkt sich schon jemand dabei, wenn er diese Katze findet? Höchstens, daß ein Kind hier gespielt und sie verloren hat.»

«Ja», seufzte Stillingfleet, «das hätte ein gewöhnlicher Sterblicher wahrscheinlich angenommen. Aber nicht der gute alte Hercule! Wissen Sie, bis zum allerletzten Augenblick habe ich angenommen, daß Sie irgendeine hochtrabende Theorie von einem psychologischen, ‹suggerierten› Mord entwickeln würden. Ich möchte wetten, daß die beiden das auch vermutet haben! Eine schreckliche Nummer, diese Mrs. Farley! Meine Güte, wie sie zusammensackte! Cornworthy hätte sich vielleicht noch aus der Affäre gezogen, wenn sie nicht diesen hysterischen Anfall bekommen und versucht hätte, Ihre Schönheit mit ihren Krallen zu verschandeln. Nur mit Mühe und Not habe ich Sie aus ihren Klauen retten können.»

Nach einer kleinen Pause fuhr er fort:

«Die Tochter gefällt mir eigentlich ganz gut. Schneid, wissen Sie, und Grips. Würde man mich wohl für einen Glücksjäger halten, wenn ich mein Glück bei ihr versuchte?»

«Da kommen Sie zu spät, guter Freund. Es ist schon ein Anwärter da. Der Tod ihres Vaters hat ihr den Weg zum Glück geebnet.»

«Richtig gesehen, hatte sie ein ziemlich gutes Motiv, um den unangenehmen Paterfamilias in die ewigen Jagdgründe zu befördern.»

«Motiv und Gelegenheit genügen nicht», entgegnete Poirot. «Es muß auch die verbrecherische Anlage vorhanden sein.»

«Werden Sie jemals ein Verbrechen begehen, Poirot?» fragte Stillingfleet. «Ich möchte wetten, daß Sie ungestraft davonkämen. Aber es wäre tatsächlich zu leicht für Sie – aus diesem Grunde schon ist es zu verwerfen; denn es wäre entschieden zu unsportlich.»

«Das», meinte Poirot, «ist eine typisch englische Idee.»

Quellenvermerk